集美大学海丝沿线国家国别研究院资助

海上丝绸之路沿线区域国别研究

(2024)

张海燕　许玉军　**主　编**
饶　妙　陈黄芪　**副主编**

内容简介

本书以海上丝绸之路沿线区域或国家为研究对象，聚焦营商环境、港口发展、语言政策、社会社群等主题，开展基础性和前瞻性研究，全面阐释海上丝绸之路沿线区域国家的地理、历史、文化、经济、政治、社会、法律特征以及与我国文贸交流情况，提出应对各种复杂现实问题的参考方案，是一本独具特色的理论与实践相结合的区域国别研究著作。全书共分为四个部分：第一部分聚焦营商环境、绿色经济、数字经济，第二部分聚焦公共外交与国际传播，第三部分聚焦社会环境与社群生态，第四部分聚焦文明交流互鉴。本书可作为高等院校国别与区域研究相关课程参考书，也可作为了解或研究海上丝绸之路沿线区域国家概况的参考资料。

图书在版编目 (CIP) 数据

海上丝绸之路沿线区域国别研究.2024/张海燕，许玉军主编.——北京：北京大学出版社，2024.10.——ISBN 978-7-301-35588-6

Ⅰ.F113.4

中国国家版本馆CIP数据核字第2024MY5470号

书　　　名	海上丝绸之路沿线区域国别研究（2024）	
	HAISHANG SICHOUZHILU YANXIAN QUYU GUOBIE YANJIU（2024）	
著作责任者	张海燕　许玉军　主编	
策 划 编 辑	韩兆丹	
责 任 编 辑	韩兆丹	
标 准 书 号	ISBN 978-7-301-35588-6	
出 版 发 行	北京大学出版社	
地　　　址	北京市海淀区成府路205号　100871	
网　　　址	http://www.pup.cn　新浪微博：@北京大学出版社	
电 子 邮 箱	编辑部 pup6@pup.cn　总编室 zpup@pup.cn	
电　　　话	邮购部 010-62752015　发行部 010-62750672　编辑部 010-62750667	
印 刷 者	三河市北燕印装有限公司	
经 销 者	新华书店	
	787毫米×1092毫米　16开本　22.75印张　433千字	
	2024年10月第1版　2024年10月第1次印刷	
定　　　价	89.00元	

未经许可，不得以任何方式复制或抄袭本书之部分或全部内容。
版权所有，侵权必究
举报电话：010-62752024　电子邮箱：fd@pup.cn
图书如有印装质量问题，请与出版部联系，电话：010-62756370

序

当今世界正在经历百年未有之大变局。当今的中国已岿然屹立于国际舞台中央，世界亟需中国方案，全球期待中国智慧，加强区域国别研究是时代之需、强国之要、教育之责。

"万物并育而不相害，道并行而不相悖。"党的十八大以来，习近平总书记站在全人类共同发展的高度，相继提出"一带一路"倡议、全球发展倡议等一系列重大倡议和主张，丰富了推动构建人类命运共同体的内涵和实践路径，为应对世界之变、时代之变、历史之变提供了中国智慧、中国方案、中国力量。随着中国的崛起，一方面，中国的发展也将面临外部干扰与遏制，必须对外部世界有全面准确的认知，"一国一策"地针对具体国家建构话语体系、宣传中国形象；另一方面，中国企业在海外投资的比例逐年上升，但是对一些中小国家的了解还不够充分，这不仅导致许多"出海"企业由于准备不足而出现大面积亏损的现象，还导致一些判断和决策出现失误，由此带来巨大损失。因此，高水平的区域国别研究不可或缺，对区域国别综合性复合型人才的需求日益紧迫。

集美大学办学始于著名爱国华侨领袖陈嘉庚先生1918年创办的集美学校师范部和1920年创办的集美学校水产科、商科。习近平总书记在福建工作期间曾担任集美大学校董会主席，多次到学校考察调研和指导工作，为学校改革发展把方向、定目标、谋规划、解难题、办实事，创造性提出了"工、海"办学特色。2018年10月，习近平总书记致信祝贺集美大学建校100周年，为学校奋进新征程指明了前进方向、注入了强大活力、提供了根本遵循。新征程上，集美大学牢记习近平总书记殷切嘱托，始终以服务国家急需为己任，主动融入服务国家发展大局，紧贴省市发展需求，强力推进学校"大改革、大调整、大发展"，一批新型研发机构应运而生。正是在此背景下，2022年10月，集美大学海丝沿线国家国别研究院揭牌成立，以东南亚、西亚（中东）、非洲国家为研究对象，挖掘、宣传我国与海丝沿线国家的地缘、文缘、亲缘与商缘等，建设海丝文化智库，为"21世纪海上丝绸之路"倡议贡献集大智慧，与讲好"中国故事"、发出"中国声音"、展示"中国愿景"、塑造"中国形象"形成共振效应。

今天，我们欣喜地看到，《海上丝绸之路沿线区域国别研究（2024）》一书呈现在大家面前。该书聚焦于海丝沿线区域国家的营商环境、港口发展、语言政策、社会社群等关键主题开展基础性和前瞻性的研究，全面阐释海丝沿线国家地理、文化、经济、政治、社会的内涵和特征，提出应对各种复杂理论与现实问题的应对方案。这是研究院迈出的重要一步，体现了研究院服务国家战略的责任担当意识。

衷心希望广大专家学者、社会各界朋友，能够给予本书更多的关注和支持，敬请批评指正，让我们共同推动海上丝绸之路沿线区域国别研究走向深入。

是为序，谨以此纪念陈嘉庚先生诞辰150周年。

沈灿煌

于集美大学尚大楼

2024年3月24日

目　录

第一篇　海上丝绸之路营商环境、绿色经济、数字经济研究

"21 世纪海上丝绸之路"倡议对越南投资环境的影响研究/
　　甘婷　阮氏玉英　李若昕 ·· 3
中越数字贸易发展问题研究/黄颖慧 ·· 14
中国与印度尼西亚的经贸合作：形势与对策/何伟琼 ························ 26
中国企业在印度的投资并购分析/饶妙　邓建平 ······························ 35
中国与马来西亚的经济合作现状及未来展望/施晓丽　刘久铉 ············ 43
中菲经贸创新发展示范园区建设的愿景与对策/杨慧盛 ····················· 55
平台类跨境电商出海东南亚地区的拓展研究与政策建议/郑婕 ············ 67
马来西亚港口航运绿色发展研究/吴小芳 ······································· 77
疫情时代中南半岛航运业现状、风险与发展对策/薛晗 ····················· 90

第二篇　公共外交与国际传播研究

以羽为媒构建中印尼新型大国关系探究/许玉军　林炜翔　胡昱明 ······ 107
小马科斯上任后菲律宾主流媒体中的中国形象研究/樊斌　韩存新 ······ 119
新冠疫情以来中国与斯里兰卡的公共外交关系探究/庞潇　刘茵茵 ······ 129
中泰旅游文创产品开发研究/张译丹　周伟薇 ································ 139
全球化教育场域中 PISA 政策的国际影响力/朱梅花 ························ 148
土耳其的语言政策与语言政策动机评析/王涌骅　张海燕　李英姿 ······ 159
缅甸语言政策与地缘政治外交关系研究/张海燕　林佳怡　张晶 ········· 169
中柬医农合作区先行先试研究/苏欣迪 ·· 179
中印乒乓外交与新型大国关系的构建/杨艳姿　耿良凤 ···················· 188

第三篇 海丝社会环境与社群生态研究

东南亚女性社会地位的变迁研究/李爱云 …………………………………… 201

疫情以来日本大学生就业状况和就业政策研究/梁新娟 ………………… 209

重大公共事件下中国公民赴日旅游影响与柔性对策研究/林涛 ………… 220

新加坡海洋生态保护困境与对策/潘慧萍 刘立香 …………………… 231

马来西亚对染疫遗体处理的政策制定、困境及对策/魏明宽 任江辉
………………………………………………………………………………… 239

新加坡生育新政及启示研究/许平 ……………………………………… 250

新加坡"下一代港口"规划动态研究/蒋莹 …………………………… 262

第四篇 文明互鉴研究

宋元时期后渚港与阿拉伯国家的商贸文化往来研究/陈婧 …………… 277

从福建普度在日传承看日本对民俗文化的保护利用/陈婧璇 ………… 286

新加坡"小贩文化"成功申遗启示研究/郭雅诗 ……………………… 298

跨文化传统民俗的保护与传承——以日本长崎宫日节为例/黄燕青 … 307

英属海峡殖民地华侨聚落"家"的空间及形意关系建构——基于移民
　　社会组织方式的微观史调查/赵龙 李润妍 刘冰 ………………… 320

马来西亚新生代华侨华人参与"一带一路"建设的现状与路径/张劲松
………………………………………………………………………………… 329

印尼华侨华人对中国文化的认同与困惑/周建为 ……………………… 339

明末清初厦门港兴起的历史过程及启示研究/黄燕 …………………… 350

第一篇

海上丝绸之路营商环境、绿色经济、数字经济研究

"21世纪海上丝绸之路"倡议对越南投资环境的影响研究

甘婷[①]　阮氏玉英[②]　李若昕[①]

2013年10月3日，中国国家主席习近平在印度尼西亚国会发表题为《携手建设中国—东盟命运共同体》的重要演讲，倡议筹建亚洲基础设施投资银行，与东盟国家共同建设"21世纪海上丝绸之路"。该倡议唤起人们对古代海上丝绸之路贸易繁荣的回忆，通过加强海上丝绸之路沿线国家合作交流来达到促进贸易往来、经济共同发展的愿景。越南是中国重要的邻邦，从秦朝时起就通过海上贸易与中国结缘，自古以来越南就是海上丝绸之路重要的沿线国家。"21世纪海上丝绸之路"倡议的实施为越南的投资环境带来许多机遇和挑战。

一、古代海上丝绸之路上的越南

"丝绸之路"一词，最早由19世纪70年代德国地理学家、地质学家李希霍芬在《中国》（第一卷）中提出，他在谈到中国经西域到希腊、罗马的陆上交通路线时，认为在通过这条道路进行贸易的货物中，中国的丝绸是最具有代表性的，遂称之为"丝绸之路"。其最早的定义是"自公元前114年至公元127年连接中国与河中以及印度的丝绸贸易的西域道路"。"海上丝绸之路"一词的提出

---

①集美大学外国语学院。
②集美大学海洋文化与法律学院。

可以追溯到法国汉学家爱德·沙畹在《西突厥史料》中的"丝绸之路有陆海两道",将丝绸之路区分为陆海两途。后于1956年,法国学者让·菲利奥扎(Pierre Sylvain Filliozat)明确提出海上丝绸之路的概念。概括而言,海上丝绸之路是指以丝绸贸易为象征,在中国古代长期存在的,中外之间的海上交通线以及与之相伴随的经济贸易关系。古代海上丝绸之路航道的形成并不是某一个国家在某一个时期的功劳,而是许多国家经历漫长的时间共同完成的结果。从公元前4世纪马其顿国王腓力二世征服整个希腊,他的儿子亚历山大征服整个古波斯帝国,打通了对东方贸易的海陆通道开始,希腊、罗马、波斯、印度、中国等文明古国不断致力于发展海上交通,为构建海上丝绸之路作出了各自的重要贡献。海上丝绸之路历史演变格局大致可分为三条航线:一是东洋航线,由中国沿海港口至朝鲜、韩国和日本的航线;二是南洋航线,由中国沿海港口至东南亚诸国航线;三是西洋航线,由中国沿海港口至南亚、西亚和东非沿海口及美洲诸国的航线。

越南作为中国自古以来重要的邻邦,位于中国古代海上丝绸之路的南洋航线。越南与中国从秦朝时就通过海上贸易结缘。越南有部分学者认为越南立国的起点是南越国。南越国是秦汉时期秦将赵佗定都于番禺(今广州)建立的地方政权,最盛时领土之广涵盖了整个越南中部。在广州市出土的南越国文帝陵中,有与越南出土的纹饰图案类似的船纹和具有西亚特色的器物。李庆新(2016)认为,南越时期前后的番禺与扶南的俄厄(今越南境内)一样,在建筑上与西亚、印度文明存在联系,这也从侧面说明当时海上贸易带来的影响。汉武帝灭南越国后,汉朝在岭南设置了包括交趾、九真、日南(三郡均在今越南境内)等九郡,打通了南海诸国的海上通道。《汉书·地理志》是中国最早记录海上丝绸之路的文献,它明确记载了北部湾沿岸的徐闻、合浦、日南与番禺是汉代南海交通的主要港口。魏晋南北朝时期,位于今天的越南北部和中部地区有一个能左右东南亚局势的强大国家扶南,也以海上贸易闻名。中国商人在扶南的海港城市俄厄与印度洋商人进行贸易交往,扶南受印度影响大,佛教盛行,扶南僧人在当时来到中国从事佛经翻译,扶南商人也运载来自地中海、印度、中东和非洲的商品前往中国交换丝绸。隋唐时期,中国经济重心南移,对外交往从陆路为主转向海路,此时地处欧洲与东方之间的大食帝国兴起,海上丝绸之路进入大发展时期。阿拉伯古典地理学名著《道里邦国志》记录了唐朝南部沿海的几个港口,首先是鲁金(今越南河内),其次才是唐朝最大的港口汉府(广州)。唐朝宰相贾耽撰写的《皇华四达记》记录了广州通海夷道,是唐朝进入"四夷"的七条路线,其中第六条路线就是安南(今越南河内)通天竺道。广州通海夷道贯穿南海、印度洋、波斯湾和东非海岸的 90 多个国家和地区,是当时世界上最长的远洋航线。明朝时期,海禁政策压制了蓬勃发展的海洋贸易,中国商人很少再跨越马六甲海峡,只在东南亚地区进行海上贸易。当时的安南(今越南)进入"南北朝"和郑阮对峙时期。北边的莫朝归附于明朝,南方阮朝被称为"广南国"。因广南国国力逊于北方,阮氏一方面不断向南扩张,一方面大力发展海上贸易。于是中国、日本、后来的葡萄牙、荷兰商人络绎不绝,广南国的会安迅速崛起成为海上贸易的中心。中国商人甚至在会安建立了大量会馆,有福建会馆、广肇会馆、海南会馆、潮州会馆等。像这样的华人居住区,当时越南北方的庸宪(今越南海兴省兴安)也有。可见中越通过海上丝绸之路往来之密切。清朝时期,不满清朝统治的广东人郑玖来到暹罗湾(位于越南中南部和马来半岛之间的海域)建立政权河仙国,向广南国称臣。河仙境内多粤人,18 世纪中期,每年往来广州与东南亚的船只中,驶往河仙与会安的占 85%~90%。在这一时期,中国有大批百姓来到越南,数量多至当时掌权者阮氏为此建立特殊华人村社——明香社(后改名为明乡社,成为越南基层组织),并给予减免赋税、经商方便等政策便利华人生活。从秦汉至明清,中越通过海上丝绸之路不断进行经济往来、文化交往,时间之长、往来之多在世界各国的发展史上都是少见的。

二、"21 世纪海上丝绸之路"倡议的背景与内涵

"21 世纪海上丝绸之路"倡议是在复杂艰巨的国际贸易环境中提出的,具有深刻的时代历史意义。自 2008 年全球金融危机爆发以来,欧洲主权债务危机日益加深,导致金融危机的中心逐渐转移到欧洲。随着经济危机的扩散,全球经济不得不进入转型调整期。各国为了维护自身利益,加强了贸易保护主义的实施。英国智库(经济研究中心)发布报告说,最富裕国家 2013 年比 2009 年多采取了 23% 的保护主义措施。

国际上此起彼伏的"中国威胁论"严重影响中国与周边国家的贸易往来。中国在过去 30 多年的改革开放中取得了令人瞩目的发展成就,2010 年成为了世界第二大经济体,这样的"中国奇迹"引发了一些国家,尤其是美国的疑虑和担忧。这种疑虑和担忧在西方媒体的炒作下不断加剧,使得中国形象不断被抹黑和曲解。因此,中国亟须通过适当的对外政策阐述自身和平发展的目标来减少甚至消除外界对中国的误解。在全球化不可阻挡的形势下,中国发展面临着来自国内和国外的巨大压力。除了大国之间的全面竞争、受美国所影响个别周边国家采取"骑墙战术"所产生的外交压力外,国内地区发展不平衡、环境污染、收入

差距过大的问题也是巨大的挑战。面对这样的处境，中国无法脱离世界大环境而解决自身的发展问题，合作共赢是最大公约数。

2013年4月，习近平主席在海南举行的博鳌亚洲论坛2013年年会上的主旨演讲中指出："中国将坚持与邻为善、以邻为伴，巩固睦邻友好，深化互利合作，努力使自身发展更好惠及周边国家。"2013年9月，习近平主席在访问哈萨克斯坦时提出倡议共同建设"丝绸之路经济带"，10月访问印度尼西亚时提出构建"21世纪海上丝绸之路"的倡议，使已经沉寂的海上丝绸之路重焕生机。之后，党的十八届三中全会明确提出要推动"一带一路"倡议的实施。"一带一路"倡议是在历史上古代东西方之间"丝绸之路"交流传统的基础上，在和平与发展的时代主题下，积极发展与沿线国家的经济合作伙伴关系，以政策沟通、设施联通、贸易畅通、资金融通为主要内容，打造政治互信、经济融合、文化包容的利益共同体、责任共同体和命运共同体。

不同于欧洲人的航海扩张，中国古代海上丝绸之路与21世纪海上丝绸之路始终都是和平之路、合作之路、友谊之路，中国与沿线国家的交往一直是以和平的方式进行的。这是因为"21世纪海上丝绸之路"倡议基于"和而不同""包容性发展"的合作理念，秉持"开放合作、和谐包容、市场运作和互利共赢"的基本原则，始终把"务实""共建"放在首位，使中国与各个沿线国家充分发挥协同作用，共商、共享、共赢经贸往来的成果。

三、"21世纪海上丝绸之路"倡议的实施对在越中资的影响

自1987年12月越南国会通过《外国投资法》以来，进入越南的外国直接投资（FDI）不断增加，成为融入国际经济的重要突破口。在对越南投资浪潮中，中国脱颖而出成为越南的重要合作伙伴。中国对越南的直接投资始于1991年11月底，当时中国广西有一家餐饮企业与河内企业合资，在河内开设了和龙餐厅。从此，中国在越南的投资和两国间的双边贸易稳步增长。从投资规模看，中国对越南投资可以分为三个阶段：

第一阶段，1991—2001年，中国对越南的直接投资还只是探索性的。与这一阶段其他国家对越南的直接投资总额相比，中国对越南投资的项目数量和投资金额并不多。据统计，截至2001年12月，中国在越南投资项目总共110个，其中，投资金额超过1000万美元的项目很少（除了胡志明市铃中出口加工区基础设施建设项目，初始投资额为1400万美元，许可注册资本总额2.21亿美元）。

总体来说，在此阶段中国对越南的投资规模较小且大多数中国投资项目技术含量低，大部分的投资项目都是基于满足日常消费需求。

第二阶段，2001—2012 年，中国对越南的直接投资进入发展阶段。2001 年，中国加入世界贸易组织，2002 年中国与东盟 10 国签署《中国—东盟全面经济合作框架协议》。根据该协议的规定，2015 年中国与东盟新成员，即越南、老挝、柬埔寨和缅甸建成自贸区。此后，中国对越南直接投资项目数量和资金规模均不断增加（约 250 万美元/项目），不少项目投资额从 100 万美元左右发展到 1000 万美元。2007 年，越南加入世界贸易组织。随着国际经济一体化的深入，越南的投资环境日益改善，中国对越南的直接投资项目从 1000 万美元到 1 亿美元以上的陆续落户越南，项目平均资本也提高到 430 万美元。根据越南《西贡解放日报》的报道，2010 年，越南与中国之间的贸易额达 273 亿美元，增长近 30%；中国在越南正开展的直接投资项目多达 749 个。

第三阶段，2013 年中国提出"21 世纪海上丝绸之路"倡议之后，中国对越南直接投资的情况发生显著变化。自越南实施革新开放以及国际经济一体化以吸引外商直接投资以来，中国对越南投资排名在 10 名开外。2012 年中国对越南的直接投资金额急剧下降至 3.12 亿美元。2013 年，"一带一路"倡议提出当年，中国对越南的投资金额上升到 23 亿美元，新批项目 110 个，这一巨大的增长使中国在 2013 年对越南投资的 101 个国家和地区中排名第四，成为越南引进外资的六大主要国家之一。据越南国家统计局的数据，2013 年越南贸易顺差达 8.63 亿美元，同比增长 10%，其中在越的外资企业贡献最大：全年越南国内企业进口额为 568 亿美元，出口额为 438 亿美元；外商投资企业进口额为 745 亿美元，外商投资企业出口额为 884 亿美元。

总体而言，自 2013 年"21 世纪海上丝绸之路"倡议实施之后，中国对越南直接投资发生显著变化。中国对越南的直接投资规模迅速扩张，涵盖了众多领域和项目。中资涌入越南的投资重点主要集中在制造业，特别是电子、纺织、服装和家具制造等行业。中国商务部等的统计显示，中国对越南直接投资从 2010 年的 3.05 亿美元增至 2021 年的 22.08 亿美元，年均增长 19.7%；存量从 9.87 亿美元增至 108.52 亿美元，后者约是前者的 11 倍，2021 年末存量排名第十五，主要投向制造业、电力、热力、燃气及水的生产与供应业、建筑业、租赁与商务服务业。此外，也有越来越多的中资企业投资于服务业、基础设施和房地产等领域。目前中国在对越南投资的国家和地区中排名前列，据越南计划投资部的统计，2023 年前 9 个月，中国对越南投资 29.2 亿美元，已超过日本排名第二。

四、越南政府对"21世纪海上丝绸之路"倡议的态度演变

"21世纪海上丝绸之路"倡议提出之前,越南政府曾提出"两廊一圈"计划。2004年5月20日,越南政府总理潘文凯访问中国时提出与中国共建"两廊一圈"的提议。"两廊一圈"指云南昆明—老街—河内—海防—广宁和广西南宁—谅山—河内—海防—广宁的两个经济走廊以及环北部湾经济圈。中国的"一带一路"倡议提出之后,越南政府起初持有谨慎的保留态度。在"一带一路"倡议提出之际,越南政府正在积极谈判加入彼时美国为成员国的《跨太平洋伙伴关系协定》(Trans-Pacific Partnership Agreement),越南意图凭借该协定来减少越南经济对中国的依赖。另外,越南对中国方面提出的"一带一路"倡议的针对性、可操作性存有疑虑。尤其是越南担忧"21世纪海上丝绸之路"倡议有可能涉及中越在东海(南海)存在争端的敏感问题。因此越南拒绝涉及并回避有关"一带一路"倡议,特别是"21世纪海上丝绸之路"的议题。

在中越双方的共同努力下,中越政治外交关系于2015年开始"回暖","21世纪海上丝绸之路"倡议也被越方重新思考与研究。2015年4月,越南共产党中央委员会总书记阮富仲对中国进行正式访问。习近平在两国领导人会晤时表示:"中方欢迎越方参与21世纪海上丝绸之路建设,愿同越方一道用好双边合作指导委员会机制,落实好中越全面战略合作伙伴关系行动计划,成立基础设施合作工作组和金融合作工作组,推进互联互通合作,推动经贸合作迈上新台阶。"阮富仲则表示:"越方正积极研究参与21世纪海上丝绸之路建设,希望同中方加强农业、制造业、基础设施、互联互通等领域合作,大力开展科技、卫生、教育、文化、环保、旅游、媒体、青年、地方交流合作,不断增进两国人民相互了解和友谊。"同年7月张高丽副总理访问越南期间再次提及"一带一路"倡议,越南的高层领导人并未就此做出正面回应。可见,越南政府领导人对丝绸之路战略仍持观望态度。直到2015年9月18日,越南政府副总理阮春福参加第十二届中国—东盟博览会(China-ASEAN Expo,CAEXPO)的时候首次表明越方对"21世纪海上丝绸之路"倡议的态度:"我们高度评价中国政府已经提出的'一带一路'等构想,其中中国—东盟博览会的举行将给企业带来更多的发展机会,继续为对接中国与东盟当好桥梁。"2015年11月5日至6日,中共中央总书记、国家主席习近平对越南社会主义共和国进行正式访问,这也是时隔九年之后中国最高领导人首次访越。11月6日中越双方发布联合声明,在中方提出的"一带

一路"倡议达成共识:"加强两国间发展战略对接,推动'一带一路'倡议和'两廊一圈'构想对接,加强在建材、辅助工业、装备制造、电力、可再生能源等领域产能合作。加紧成立工作组,积极商签跨境经济合作区建设共同总体方案,推进中国在越前江省龙江、海防市安阳两个工业园区的建设并积极吸引投资,督促和指导两国企业实施好中资企业在越承包建设的钢铁、化肥等合作项目。"该声明还就海上经贸合作做出了具体的部署:"双方宣布于 2015 年 12 月中旬启动北部湾湾口外海域共同考察海上实地作业,认为这是双方开展海上合作的重要开端。双方将稳步推进北部湾湾口外海域划界谈判并积极推进该海域的共同开发,同意加大湾口外海域工作组谈判力度,继续推进海上共同开发磋商工作组工作,加强低敏感领域合作,宣布启动中越长江三角洲与红河三角洲全新世沉积演化对比合作研究项目。"

近年来,越南对"21 世纪海上丝绸之路"倡议的态度延续较好的发展势头。2017 年 5 月 14 日至 15 日,越南国家主席陈大光率领越南高级代表团出席在北京举行的首届"一带一路"国际合作高峰论坛。在会议上,陈大光表示越南支持经济和区域互联互通倡议,包括"一带一路"倡议,并愿与各国合作研究、开发和实施具有共同利益的项目,为可持续发展目标的成功实现作出贡献。2017 年 8 月"一带一路"倡议与中越合作新机遇研讨会在越南举行。

2017 年 11 月,在中国国家主席习近平访问越南并参加 APEC 峰会之际,越南与中国签署关于"推动'两廊一圈'和'一带一路'倡议构想对接"的备忘录。2019 年 4 月 25 日至 27 日,越南政府总理阮春福率团参加第二届"一带一路"国际合作高峰论坛并出席了开幕式、圆桌峰会和高级别会议等活动。阮春福说:"越方很早就支持'一带一路'倡议,愿加强共建'一带一路'同'两廊一圈'规划对接,深化广泛领域互利合作,促进地区发展。越方愿按照双方共识,同中方一道,管控好海上问题,不使其影响两国关系发展大局。"

应国务院总理李强的邀请,越南政府总理范明政于 2023 年 6 月 25 日至 28 日对中国进行正式访问并出席在天津举行的第十四届夏季达沃斯论坛。访问期间,双方一致认为,当前中越两党两国关系发展良好,两国全面战略合作取得务实成果。双方同意积极推动两国战略发展对接,加强"两廊一圈"和"一带一路"对接。2023 年 9 月 13 日至 14 日,越南计划投资部部长阮志勇出席在中国香港举行的以庆祝"一带一路"倡议十周年为主题的第八届"一带一路"高峰论坛。在会议上,阮志勇部长表示,越南在中国与东南亚国家之间具有"桥梁"地位。因此,越中在"一带一路"开展合作对促进地区合作和交流具有重要意义。9 月 14 日下午,在外交部例行记者会上,越南外交部发言人范秋恒回答记者如何评价近年来越中在"一带一路"框架内合作的问题时说："越南希望'一带一路'倡议继续为促进经济联系、区域互联互通、支持各国基础设施建设、缩短各国之间的发展差距以及市场拓展作出贡献，为地区和世界各地的企业和人民带来新的机遇。"目前，越南计划投资部和中国国家发改委正在推动"一带一路"倡议与"两廊一圈"战略对接的实现：2017年首趟中越国际班列开通、2023年"石家庄—河内"直达专列顺利运营。中越国际班列为越南商品进入中国市场创造了更加便利的条件，也为越南企业开拓中国市场提供了强有力支撑。

五、"21世纪海上丝绸之路"倡议下的越南投资环境

（一）外资投资政策的调整

"21世纪海上丝绸之路"倡议实施之前，越南政府颁布的外资投资政策经历了从利好到收紧的过程。越南《外国投资法》诞生于1987年12月29日，这是越南自1986年"以华为师"革新开放以来的第一部有关外商投资活动的法律文件。这部法律构建了外商投资活动的基本法律框架，包括投资资本所有权、投资形式、投资程序等。同日，越南国会通过《贸易进出口税法》，以加强对进出口活动的管理。该税法规定了外国直接投资企业的税率及企业所得税优惠：按照《外国投资法》第26条的规定，外商投资的基本税率为25%，比越南本土企业根据企业不同性质缴纳30%、40%、50%的税率（1990年利润税法）优惠很多。另外，越南政府对激励投资项目实行10%、15%、20%等税率分层优惠，外资企业自开业起最多4年免税，未来4年应缴所得税最高额减免50%。1997年，越南政府颁布《企业所得税法》（施行期限为1999年1月1日至2003年1月1日）。根据1997年《企业所得税法》的规定，外商直接投资企业的基本税率为25%（30/1998/ND-CP号法令第10条），与国内企业适用的税率为32%（1997年企业所得税法第10.2条）相较，外资企业还是优惠不少。外商直接投资企业继续享受2年免税、未来2年以及满足投资激励标准的项目最多4年应缴税款减免50%等税收优惠。特殊情况外资企业的免税期最长可达8年。不过，2003年发布的《企业所得税法》进行了重大改革，统一了内资企业和外商直接投资企业之间的纳税义务和税收优惠，企业所得税税率统一为28%。此后，外资企业不再享受比本土企业更多的税收优惠。

自2011年起，越南政府着力税收制度改革。2011年5月17日，越南政府发布第732/2011/QD-TTg号决定关于2011—2020年税收制度改革策略，其目标是

"建立同步、统一、透明、有效、符合社会主义导向、适应市场经济体制的税收政策体系"。2011—2020年期间越南税收政策体系包括以下主要税费：增值税、特别消费税、出口税、进口税、企业所得税、个人所得税、自然资源税、农业土地使用税、非农土地使用税、环境保护税等。

不过值得注意的是，越南政府承诺的减税政策真正落地是在2014年，这恰好是在"21世纪海上丝绸之路"倡议实施之后，且税率3年降了2次。从2014年起，企业所得税的税率已从25%降为22%，从2016年开始降为20%。其中，年收入总额不超过200亿越南盾的企业自2013年7月1日起适用20%的税率。税收优惠政策专门针对鼓励在经济条件困难地区的投资项目，使其享受更多的优惠政策。2020年7月1日起施行的修订后的《税收征管法》规定，若税务机关制定的税收政策对企业造成不好影响，属于税务机构的过错。国家管理机构发布的优惠政策不符合规定，企业不会受到行政处罚，由发布机构承担责任。这是一个提高税收政策透明度并鼓励投资者在越南投资的方案。

（二）人口与土地租金政策的变化

越南政府在2013年以前施行严格的生育政策。从20世纪60年代初开始，越南政府颁布了以降低生育率为目标的政策，通常被称为人口计划生育政策。几十年过去，随着社会经济的发展、计划生育的坚持和推广，越南的生育率迅速下降，现已达到较低水平。1965—1969年育龄妇女平均生育6.8个孩子，到2005年仅为2.1个左右。

2013越南政府对计划生育开始松绑，颁布了降低三孩党员纪律等级的规定。在此之前，没有执行计划生育政策的越南共产党员将受到处罚：越南共产党员如果生育三胎将受到警告，生育四胎的会被开除党籍。根据越南政府总理的第2013/QD-TTG号决定，2013年后，生育三胎的党员只受到训斥，生育四胎的将被警告。并且，政府鼓励在低生育率地区每对夫妇生育2个孩子。根据2023年4月的人口统计，越南总人口数已达到1亿，在东南亚国家中，越南总人口数排名第三，在世界上排名第十五。越南在"人口红利"时期人口达到1亿，劳动年龄人口（15~64岁）占总人口比例达到67.5%。庞大的人口规模与"人口红利"比例的结合，给越南带来了充足的劳动力资源。另外更重要的是越南的劳动力价格也比较低廉。目前，越南人每月平均工资约为300美元，远低于亚太地区其他国家。人口政策的变化令越南的劳动力市场有非常大的价格优势。

在土地租金方面，越南政府为外国投资者提供土地使用权，并根据投资项目的性质和规模，提供土地租金减免或优惠。政府根据投资项目的范围酌情确定期限，最长期限为 50 年。在特殊情况下，可授予最长 70 年的期限，艰苦地区的企业可以享受最长减免 11 年土地租金的优惠，而特别艰苦地区的企业可以享受最长 15 年的租金减免。

结语

中国"21世纪海上丝绸之路"倡议实施以来，越南政府的态度历经谨慎地保留观望、小心翼翼接触试探到主动加强合作的过程。在"一带一路"倡议的推动下，快速发展的双方经贸合作为越南的投资环境带来许多机遇：一方面，中国加大对越南的直接投资，中国已经跃升为越南外资第三大投资国，同时资本的输入带来科学技术的传播，提高了越南企业的技术水平；另一方面，越南政府积极改变外资投资政策与人口土地政策，如不断降低外资投资的税率、增加人口红利、降低劳动力成本、加大土地租金优惠等，成为东盟国家中最具吸引力的外国投资目的地之一。越南投资环境的改善、中越经贸合作的加强，还促进两国之间教育、文化、旅游等领域的交流。2023年正值"一带一路"倡议提出十周年，中国政府提出的高质量共建"一带一路"正朝着"硬联通"（基础设施互联互通）、软联通（政策对接规则互通）、心联通（人文交流民心相通）方向迈进，这一定会为中越双方带来更广阔的合作发展空间。

参考文献

[1] 习近平. 习近平在印度尼西亚国会的演讲［N/OL］. 新华社，（2013-10-3）［2023-10-16］. https：//www.gov.cn/govweb/ldhd/2013-10/03/content_ 2500118. htm.

[2] 耿昇. 法国汉学界对丝绸之路的研究［J］. 西北第二民族学院学报（哲学社会科学版），2002（02）：5-13+111.

[3] 赵春晨. 关于"海上丝绸之路"概念及其历史下限的思考［J］. 学术研究，2002（07）：88-91.

[4] 尚慧霞，刘慧. "一带一路"战略提出的国际背景探析［J］. 淮海工学院学报（人文社会科学版），2017，15（05）：10-12.

[5] 李庆新. 海上丝绸之路［M］. 合肥：黄山书社，2016.

[6] 越南中国研究院. 回顾20多年中国对越南直接投资［N/OL］.（2014-10-5）［2023-10-16］. http：//vnics. org. vn/Default. aspx? ctl=Article&aID=516.

[7] 阮周江. 提高引中国对越南吸直接投资的效果［N/OL］.（2017-12-31）［2023-10-16］. https：//tapchitaichinh. vn/nang-cao-hieu-qua-thu-hut-von-fdi-cua-trung-quoc-vao-viet-

nam. html.

[8] 王剑. 越南经济，究竟怎么样了［N/OL］.（2023-8-8）［2023-10-16］. https：// new. qq. com/rain/a/20230808A01OKC00/.

[9] 明玉. 2023年前9个月实际FDI资本创历史新高［N/OL］.（2023-9-27）［2023-10-16］. https：//baochinhphu. vn/von－fdi－thuc－hien－9－thang－nam－2023－cao－ky－luc－10223092715520971. htm.

[10] 文烟. 国家主席陈大光出席"一带一路"国际合作高峰论坛［N/OL］.（2017-5-16）［2023-10-16］. https：//www. qdnd. vn/chinh-tri/tin-tuc/chu-tich-nuoc-tran-dai-quang-tham-du-dien-dan-cao-cap-hop-tac-quoc-te-ve-vanh-dai-va-con-duong-507481.

[11] 翠娟. 阮志勇部长出席第八届一带一路高峰论坛［N/OL］.（2023-9-14）［2023-10-16］. https：//www. mpi. gov. vn/portal/Pages/2023-9-18/Bo-truong-Nguyen-Chi-Dung-tham-du-Hoi-nghi-cap-caokvibfv. aspx.

[12] 杨氏雪绒，陶氏雪. 越南对外商投资企业历年税收政策［N/OL］.（2021-2-8）［2023-10-16］. https：//tapchicongthuong. vn/bai-viet/chinh-sach-thue-doi-voi-doanh-nghiep-co-von-dau-tu-nuoc-ngoai-tai-viet-nam-qua-cac-thoi-ky-78608. htm.

[13] 黎春长. 越南吸引外商投资的税收政策［N/OL］.（2019-6-25）［2023-10-16］. https：//mof. gov. vn/webcenter/portal/vclvcstc/pages＿r/l/chi－tiet－tin? dDocName＝MO-FUCM155565&＿afrRedirect＝438287963157955.

[14] 张霸俊. 越南企业所得税政策：问题及建议［N/OL］.（2022-9-7）［2023-10-16］. https：//mof. gov. vn/webcenter/portal/vclvcstc/pages＿r/l/chi-tiet-tin? dDocName＝MO-FUCM248571.

[15] 如显. 人口、计划生育工作：成就与挑战［N/OL］.（2016-7-1）［2023-10-16］. http：//t5g. org. vn/cong-tac-dan-so-ke-hoach-hoa-gia-dinh-ds-khhgd-thanh-cong-va-thach-thuc.

[16] 青友. 对生育第三胎党员的处分［N/OL］.（2016-11-26）［2023-10-16］. https：//thuvienphapluat. vn/chinh-sach-phap-luat-moi/vn/thoi-su-phap-luat/tu-van-cua-luat-su/15063/hinh-thuc-xu-ly-ky-luat-doi-voi-dang-vien-sinh-con-thu-3.

中越数字贸易发展问题研究

黄颖慧[①]

一、引言

数字经济正在成为全球经济发展的重要引擎，引起世界各国的广泛重视。2017年习近平主席首倡共建"数字丝绸之路"，将数字经济发展与"一带一路"倡议相结合。目前，我国数字经济发展总体水平位于世界前列，并在一定程度上成为地区科技创新企业的战略投资者、新技术新模式的传授者和下一代数字基础设施的建设者。2022年我国数字经济规模达到50.2万亿元，总量稳居世界第二。越南是中国的重要邻国，同时也是"一带一路"沿线重要支点。近年来，越南利用其在数字信息领域里的后发优势，抓住工业革命4.0和中美战略竞争带来的机遇，加速实施"数字强国"战略，数字经济发展速度之快令世界瞩目。中越两国均高度重视数字经济发展，中国在数字经济合作上的优势与越南数字化转型需求具有互补性，但中越数字贸易面临重重挑战而未能充分释放潜力。研究中越数字贸易有助于了解两国数字贸易的现状和发展趋势，为制定数字贸易政策提供参考，对促进两国数字经济合作与发展、推进两国关系再上新台阶具有重要意义。

[①] 集美大学外国语学院。

二、文献回顾

数字经济是以使用数字化的知识信息作为关键生产要素、以现代信息网络作为重要载体、以信息通信技术的有效使用作为效率提升和经济结构优化的重要推动力的一系列经济活动。在数字经济背景下，数字技术渗透到各行各业，引发产品和服务贸易的数字化变革。目前国际社会尚未对"数字贸易"这一概念达成广泛共识。国际经合组织（OECD）、世界贸易组织（WTO）等国际组织主张宽口径，认为数字贸易是"所有通过数字订购和/或数字交付的贸易"。美国国际贸易委员会（USITC）则主张窄口径，将数字贸易定义为"任何产业内公司通过互联网提交的产品和服务"。宽、窄口径定义的区别在于前者涵盖了跨境电子商务，后者则认为数字贸易是服务贸易中的分支，不涵盖跨境电商类的货物贸易。本文认为以宽口径来理解数字贸易能够更全面反映数字经济的实际运行，便于准确了解数字贸易的影响和潜力，研判国际发展形势，把握发展机遇。数字贸易的发展涉及多个要素，包括：数字基础设施、电子支付系统、电子商务平台、跨境贸易政策、数字化营销、物流和供应链管理、安全和隐私保护、人才和技能等。这些要素相互作用，相辅相成，共同推动数字贸易的发展。

作为我国共建"数字丝绸之路"上的重要贸易伙伴，越南近年来数字经济蓬勃发展，引发学界关注。姚云贵和吴崇伯介绍了越南"东西数字走廊"的建设情况和影响，并提出促进两国数字经贸关系高质量发展的建议。金丹和杜方鑫分析了中越两国数字经济发展现状和面临的挑战，提出共同推进智慧城市建设等合作路径。当前，关于中越数字领域的研究大多聚焦于数字经济的宏观层面，鲜有对数字贸易发展现状和具体问题的探讨。数字技术发展日新月异，相较于对美欧日等发达国家的关注，国内学界对越南的关注明显不足，导致很多人不了解越南在5G技术方面的成就及其进入欧美市场的能力。因此，本研究拟剖析后疫情时代中越数字贸易发展现状和存在问题，探讨合作机遇和挑战，提出两国共建"数字丝绸之路"的路径和建议，为政策制定和企业决策提供参考。

三、中越两国数字贸易发展现状

（一）数字基础设施

快速、可靠的互联网连接是数字贸易的基础。良好的数字基础设施包括宽带互联网、移动网络覆盖和高效的数据中心。

中国数字基础设施规模能级世界领先。截至 2022 年底，我国累计建成开通 5G 基站 231.2 万个，5G 用户达 5.61 亿户，全球占比均超过 60%。IPv6 规模部署应用深入推进，活跃用户数超 7 亿，移动网络 IPv6 流量占比近 50%。我国数据中心机架总规模超过 650 万标准机架，近 5 年年均增速超过 30%，在用数据中心算力总规模位居世界第二。

越南政府大力推进数字基础设施建设，移动网络覆盖率达 99.7%，已广泛覆盖 3G 和 4G 移动网络，正在进行 5G 移动网络测试。截至 2022 年 4 月，越南全国移动用户达 1.2 亿多户。越南是 IPv6 实施国之一，其互联网市场占有率最大的运营商 VNPT 在 2022 年 IPv6 部署率达到 40%。为弥补缺乏综合数据库的不足，越南政府批准国家数据中心项目，其设定的目标是到 2025 年底，建成并运行与国家数据库同步、与人口数据库协同开发的综合数据库。

近年来，美国利用政治经济筹码直接或间接向越南施压，并通过各类媒介向越南民众灌输"中国威胁论"，试图压制中越在数字基础设施等领域的合作。越南虽然坚持不选边站的一贯立场，但在芯片和 5G 等领域却选择终止与华为和中兴合作。中美战略竞争加剧的国际环境为越南从外部获取先进技术提供了前所未有的机遇。苹果、三星等科技巨头生产线迁移越南也为其掌握高端数字技术奠定了基础。在科技水平总体落后的情况下，越南利用后发优势，集中有限资源，优先发展数字领域技术，不仅是首批掌握 5G 通信技术的国家，并且可以制造 5G 通信技术设备，其产品得以进入欧美市场。凭借在 5G 通信技术和信息网络领域的相对优势，越南积极打造连接越老柬缅四国的"东西数字走廊"，主导建立四国数字网络社区，扩大在中南半岛的影响力。

尽管越南在数字基础设施领域拥有技术优势，但其发展面临诸多制约因素。越南的电力需求增长迅速，长期以来电力供不应求，限电现象时有发生。不稳定的电力供应已经成为越南经济社会发展的瓶颈。2023 年 11 月美国科技巨头英特尔就因电力问题将在越南的芯片投资计划搁置。此外，数字基础设施建设对人员素质、资金需求及其适配性都有着较高要求。越南面临高层次人力资源不足、公共外债逐年攀升、资金缺口巨大等挑战。

当前中越两国在数字基础设施领域尚存分歧。2023年12月习近平主席访越，中越双方达成广泛的合作意向并发表联合声明，但声明中并未涉及5G、芯片等具有战略意义且中美存在激烈竞争的领域。这一方面反映越南担心在这些领域与中国合作惹恼美国进而对本国产生不利影响，另一方面也显示越南实际对华还有较强的防范心态。有待强化建设的深层互信，是未来两国深入开展数字贸易必须着力突破的挑战之一。

（二）电子支付系统

电子支付利用电子手段实现货币支付或资金流转。安全、便捷的电子支付系统是数字贸易不可或缺的一部分。

中国电子支付覆盖面广、普及率高、体量巨大，处于世界领先地位。2022年，人民币跨境支付系统处理业务440.04万笔，金额96.70万亿元，同比分别增长31.68%和21.48%。在越南，新冠疫情改变了消费者以现金为主的支付习惯，电子支付迅猛增长。2021年，越南激活电子钱包账户超过2800万个，电子支付交易额达150亿美元。2022年，无现金支付较2021年数量增长225.36%，金额增长243.92%。随着越南消费者对数字技术越来越熟悉，未来越南电子支付将继续呈现增长趋势。

跨境支付方面，长久以来，人民币与越南盾无法直接兑换，需借助美元等中间货币，而两国均实施外汇管制，导致跨境贸易存在摩擦。此外，越南电子支付市场尚处于半开放状态，跨境资金的进出需要与指定的服务机构合作。以支付宝、微信支付为代表的中国电子支付企业，在越南经历了从开放到封杀再到半开放的过程。2017年11月，蚂蚁金服与越南国家支付公司NAPAS合作，允许中国游客在越使用支付宝。同时，越南支付商VIMO支持微信支付。但2018年5月，因部分商家使用未经授权的POS机和二维码进行人民币收款，脱离越南法定货币体系引发税收流失，越南央行封禁支付宝和微信支付。此后在越南使用支付宝和微信支付需通过当地支付中介。随着跨境人民币的不断壮大，在国家监管机构的鼓励和支持下，跨境支付合作项目和开放生态系统正在发展。2023年5月，银联国际与NAPAS签署合作备忘录，双方约定共同推动越南国家二维码VietQR聚合银联支付信息，提升对当地居民在本地及跨境移动支付的服务能力。

中越跨境电子支付是中越数字贸易发展的关键一环。支付不畅，贸易必然受阻。中越两国在电子支付领域的合作面临监管政策、市场开放程度、风险控制等因素影响，机遇与挑战并存。越南政府高度关注电子支付方式的发展，中国电子支付企业希望在越南展业，需要充分了解政策环境，加强政策沟通，与越南官方打好交道。

（三）电子商务平台

电子商务平台，通常简称电商或电商平台，是指通过互联网等电子渠道提供商品或服务交易的平台。

近年来，我国电商企业加速布局跨境电商业务，跨境电商平台迅速增长。2023年前三季度，我国跨境电商进出口总额达1.7万亿元，增长14.4%。虽然我国跨境电商行业渗透率逐年攀升，但其全球影响力仍不及亚马逊、eBay等国际电商平台。2023年全球电商平台排名中，亚马逊以47.9亿次的月访问量居首，eBay以12.1亿次紧随其后，而我国仅有全球速卖通跻身前5，月访问量5.25亿次，仅为亚马逊11%。2021年4月，亚马逊掀起大规模封号潮，揭示了我国跨境电商在平台规则上仍受制于人的现实。此外，我国电商跨境收款大多依赖全球广泛使用的第三方支付工具PayPal。2022年，PayPal以违反《用户协议》为由，两次大规模封禁我国卖家账号并冻结资金。据不完全统计，被PayPal冻结、清零的资金超6亿元人民币。这一系列事件凸显了我国电商企业在国际竞争中加强自主规则制定、实施合规经营管理的迫切性。

越南工贸部数据显示，2018—2022年，越南电子商务市场规模保持了20%~30%的高速增长。2022年，越南零售电商市场规模164亿美元，占全国零售市场销售总额的7.5%。广阔的发展空间和高速增长吸引众多外资注入越南电商市场。其中Shopee、TiKi和Lazada三大电商平台，均有中国资本入股。字节跳动也依靠TikTok Shop完成电商业务闭环，强劲入驻越南电商市场。随着入场电商增多，竞争日趋激烈。2023年上半年，越南电商市场卖家店铺数量锐减，超过7.6万卖家停运。随着全球经济下行，消费疲软，疫情红利消退，优胜劣汰仍在继续。

当前跨境电商发展的内外部环境正在发生深刻变化。跨境电商平台从增量扩张时代走向存量竞争时代，市场竞争愈演愈烈，传统铺货和泛品类经营模式呈现疲软之势，新兴数字技术赋能，精细化数字化运营，品牌化发展应成为中越两国电子商务平台共同发展的战略选择。

（四）跨境贸易政策

良好的跨境贸易政策和法规能够促进数字贸易的发展，降低贸易壁垒、简化海关手续和加强知识产权保护对数字贸易至关重要。

我国政府历来重视跨境数字贸易，不断释放利好政策信号。党的二十大报告明确指出：推进高水平对外开放，提升贸易投资合作质量和水平，加快建设贸易强国。2022年，我国进一步出台了《关于进一步加大出口退税支持力度促进外贸平稳发展的通知》等多项政策文件，制定跨境电子商务知识产权保护指南，便利跨境电商进出口退换货管理，促进跨境电商合作和外贸平稳增长。同时，我国持续放宽服务领域市场准入，数字贸易自由化、便利化水平进一步提升，市场化、法治化、国际化营商环境不断优化。

近年来，越南积极调整和完善法律法规，营商环境不断改善。2020年7月，越南国会通过新《投资法》，进一步提高了外资市场准入透明度，减少行政审批环节。越南已签署16个自由贸易协定，包括《区域全面经济伙伴关系协定》（RCEP）等，进一步提高贸易投资自由化、便利化水平。

随着数字贸易的增长，知识产权保护成为一个重要问题。虽然越南政府已出台保护知识产权的规定，但实施力度仍然有限。越南是全球多个最受欢迎盗版网站的聚集地，每月的访问量至少达到20亿次。尽管越南当局广泛强调这些网站正在侵权，或涉及有组织犯罪，并试图采取行动阻止访问，但许多网站仍在持续运营。保护知识产权，防止盗版和侵权行为，是中越两国开展数字贸易需要共同面对的持续挑战。

（五）数字化营销

数字化的营销工具和手段，如社交媒体广告、搜索引擎优化等，在数字贸易中能够帮助企业更有效地与潜在客户互动，提高品牌曝光度，推广产品和服务，有利于实现增加销售的目标。

社交媒体逐渐成为全球用户线上活动的核心载体。社交媒体营销以用户为中心，强调体验与社交互动，通过个人分享触达用户，并通过用户间的分享和传播提升商品曝光度和购买转化率，实现更有效的推广和销售。TikTok在海外的成功为我国的跨境社交电商和直播电商创造了无限可能。数字技术与跨境直播的应用场景持续扩展，VR工厂体验等新型直播形式涌现，也为跨境电商开辟了新流量渠道。

越南人口结构年轻化，社交媒体在当地的使用率高。近年来，以美国为首的一些西方国家政府、媒体和非政府组织利用其强大的舆论话语体系，在越南用户使用较多的Facebook、X（原Twitter）和YouTube等社交媒体上投放各类攻击、污蔑、抹黑中国的新闻，对越南民众认知中国和中国产品造成巨大影响。中国跨境电商应积极运用社交媒体等数字平台，塑造正面形象，传递真实信息，抵御负面舆论影响，促进越南民众对中国和中国产品的正确认知，推动中越数字贸易的健康发展。

（六）物流和供应链管理

高效的物流和供应链管理是数字贸易成功的关键。快速、准确的配送系统和供应链优化可以降低成本并提高客户满意度。

近年来，我国跨境电商物流服务能力不断增强，海外仓数量及面积持续增长。截至 2022 年，我国已有超 2400 个海外仓，面积超 2500 万平方米，并逐步实现精细化管理。越南数字经济的快速发展给物流行业带来巨大机遇，中国及国际物流企业纷纷扩张在越业务。国际物流企业竞争激烈的同时，越南本土的物流业规模也在加速扩张。但越南本土物流企业因地理环境复杂、交通基础设施薄弱、企业规模小、信息化水平低，目前物流效率和成本均缺乏竞争力。中越两国在物流领域的合作发展面临服务成本优化、基础设施建设和完善以及数字化转型推进等多方面挑战，机遇与风险并存。

在全球经贸摩擦和经济下行背景下，国际产业链供应链格局正在重塑。中国经济不断发展，在全球供应链中的角色逐渐转变。尽管中国仍是制造业的重要参与者，但越来越关注产业升级、价值链升级和向高附加值领域过渡。越南凭借较低的劳动力成本和有利的商业环境，吸引越来越多制造业从中国转移到越南，逐渐成为全球供应链中的重要一环。中越两国地缘相近，产业链和供应链深度融合，可利用优势互补，在全球供应链中建立共生关系，打造一体化的区域生态系统，增强区域竞争力。

（七）安全和隐私保护

数字贸易涉及大量的数据传输和交换，因此安全性和隐私保护至关重要。数据的泄露或不当使用，不仅影响数字贸易健康发展，也对个人、企业或国家安全造成威胁。

我国数字安全保障体系不断完善，网络安全法律法规和标准体系逐步健全，网络安全防护能力大幅提升。2021 年相继出台的《数据安全法》《个人信息保护法》等法律法规，为确保数字贸易规范有序发展提供了法律支撑。2022 年我国网络安全产业规模近 2170 亿元，同比增长 13.9%。圆满完成北京冬奥会、党的二十大等重大活动网络安全保障。

越南数字化转型加速的同时，网络安全问题日益凸显。2021 年越南有 7070

多万台电脑感染病毒,远高于世界平均水平。2022 年前 5 个月越南共有 5463 起网络攻击,直接引发信息系统出现问题。虽然近年来越南出台并实施《网络安全法》,并组建越军网络特种作战部队"86 号司令部",越南的网络安全保障仍然落后,不仅影响民众对数字经济发展的信心,也使中越数字贸易面临更多的不确定性和不稳定性。

(八) 人才和技能

人才和技能是数字贸易发展的关键因素。具备先进数字化技能的专业人才,是推动数字贸易可持续发展的必要条件。

我国高度重视数字人才的培养。近年来,数字人才供给能力持续提升,初步搭建起数字人才自主培养链,数字贸易人才需求总量仍在不断扩大,数据治理、平台运营等高层次人才供不应求。越南各省数字经济发展不均衡,数字素养差异大,高层次人力资源匮乏。据不完全统计,越南每年信息技术人才缺口多达 7 万人。中越两国可以在人才培养和技术交流等层面加强合作,联合培养数字贸易人才,为两国数字经济的可持续发展提供支持。

四、发展数字贸易、共建"数字丝绸之路"的路径和建议

虽然当前中越两国数字贸易面临多重挑战,但双方的共同利益远大于分歧。中国可根据越南具体国情和发展特点,精准施策,加深加强中越两国数字贸易合作,共建"数字丝绸之路",共享数字经济福利。

(一) 加强顶层设计,深化双边互信,高层引领和企业推动相结合

随着中美战略竞争的加剧,越南的国际地位不断提高,在各大国之间的回旋空间不断扩大。中越两国需增加对话,明确双方的需求和困境,深化双边互信。在政治互信的基础上,加强顶层设计,进行系统规划,增强数字经济战略的对接,加快数字贸易规则的制定,共同提升两国在全球的数字贸易话语权,同时明确政府和企业职责,支持企业主导地位,强化企业合规管理,完善监督体系,避免项目风险及不良政治效应。中方企业应在技术、经验和人才培养方面对越南企业发展数字贸易给予帮助,赢得相互信任,确立合作机制。

（二）优化对越宣传，展现数字丝绸之路共赢之景，携手开创数字贸易新篇章

中越经济合作助力越南经济社会发展，但中国企业和中国制造在越南主流媒体和社交平台上的正面报道却十分有限。中国需优化对越宣传，讲好中国故事，传播好中国声音，展现"数字丝绸之路"和平合作、开放包容、互学互鉴、互利共赢的原则，消除越南民众的疑虑。中国企业应积极与越南主流媒体以及社交平台合作，投放新闻和广告，利用虚拟现实等数字技术提供相关文化、场景等沉浸式体验，增加越南消费者对中国文化的兴趣与理解，提高中国品牌的国际传播能力，宣传国家和企业正面形象，增信释疑、凝心聚力，持续提升在数字贸易领域的吸引力和影响力。

（三）发挥基建优势，错位发展良性竞争，共建通信及物流基础设施

我国在基础设施建设方面经验丰富，近年来取得诸多成就并形成领先全球的技术优势。中南半岛5G基础设施建设需求大，中越两国均将中南半岛数字基础设施视为优先目标，并制定了相应的业务布局和拓展预期，因此，两国在共建中南半岛信息通信基础设施时应错位发展、良性竞争，以期形成互利共赢的良性互动格局。越南电力供需矛盾日益突出，但现有能源基础设施不足，电网系统薄弱，资金缺口较大，中国企业可积极参与越南可再生能源项目的融资和建设，助力缓解越南电力供需紧张局势。同时，越南现有交通物流设施也难以满足数字经济高速发展的需求，中国企业还可在公路、轨道交通和港口等多个领域参与建设，畅通贸易之路，为双方创造更广阔的合作空间。

（四）着力利益交汇点，探索多元跨境支付方式，打造中越网络安全共同体

作为两个完全独立的国家，中越两国不可避免地存在利益上的分歧和认知上的差异，在数字贸易中也必然追求本国利益最大化。应务实理性地看待两国之间的分歧，重点着力利益交汇点。在电子支付领域，两国都在积极推进数字货币的发展，在对接数字人民币与数字越南盾、探索在本地区建立多元化国际支付方式等方面有着共同诉求。在数字支付领域的合作不仅能推动双边经贸关系的深化，更可增强两国经济和金融系统的稳健性。在网络安全方面，维护网络空间主权、反对网络霸权主义、确保国家数字安全是中越两国共同的需求。合作开发网络安全和数据管理相关项目，共同打击网络犯罪，保护知识产权，协调构建中越网络

安全共同体，有助于促进双方凝聚共识，为数字贸易发展提供有力保障。

（五）提升跨境电商贸易便利化，强化物流支持创新，优化配套政府服务

跨境电商是中国既有优势领域，结合越南的线上消费增长趋势，应大力支持面向越南的跨境电商业务，健全中越跨境电商生态体系。提升贸易便利化水平，抓住 RCEP 生效的机遇，简化海关程序，推进通关便利化。强化物流服务，构建物流网络，支撑跨境电商商品交付，降低出海成本。支持跨境电商创新发展，利用数字化技术培育新的增长点。引导企业精细化运营，扩大优质商品进口，优化出口商品结构和质量。优化政府服务，提供法律、税务等多种服务。支持企业赴越参展洽谈，引导跨境电商合规经营，降低风险。

（六）联合培养数字人才，充分开展技术交流，助力数字贸易可持续发展

数字人才是促进数字贸易可持续发展的关键，中越两国均面临数字人才不足的问题。中国在数字人才质和量方面均有比较优势，培养体系建设经验也更为丰富。中国可利用自身优势，与越南在人才培养与技术交流方面展开合作，如：设立联合培养项目，共享两国数字教育资源；加强数字技能培训，提升现有劳动力的数字技能和素养；建立人才交流平台，促进信息交流与沟通协作；举办技术交流活动，共同探索技术创新；鼓励企业参与培养，建立产学研一体化平台，促进高校、研究机构、企业之间的合作，全方位培养具备实际工作能力的数字人才。

五、结语

2023 年是共建"一带一路"倡议提出十周年。十年来，友好合作是中越关系的主流。全球数字经济发展浪潮无形中彰显了中越两国面临的共同挑战，进一步证明了中越两国是具有战略意义的命运共同体。分析中越两国数字贸易的发展现状可以发现，两国在数字化转型过程中存在局部利益分歧，但共同利益远远大于局部分歧。中越两国发展数字贸易，要做到知己知彼、相互尊重，既要尊重彼此合理的利益诉求，又要高度重视存在的局部分歧，在互谅互让、平等互利的基础上进一步推动双边友好合作，深入推进双边关系的发展，共商、共建、共享"数字丝绸之路"，为促进中越两国繁荣发展注入强大动力。

参考文献

[1] 闫志君,翟崑.中国东盟共建数字经济"一带一路"核心区[N].中国经济时报,2019-05-08(5).

[2] 中华人民共和国商务部.中国电子商务报告2022[R/OL].(2023-06-09)[2023-10-20].http://images.mofcom.gov.cn/dzsws/202306/20230609104929992.pdf.

[3] 二十国集团杭州峰会.二十国集团数字经济发展与合作倡议[Z/OL].(2016-09-20)[2023-10-20].http://www.g20chn.org/hywj/dncgwj/201609/t20160920_3474.html.

[4] 中华人民共和国商务部服务贸易和商贸服务业司.中国数字贸易发展报告[R/OL].(2023-01-17)[2023-10-21].http://images.mofcom.gov.cn/fms/202301/20230117111616854.pdf.

[5] United States International Trade Commission. Global Digital Trade 1: Market Opportunities and Key Foreign Trade Restrictions, Inv. 332-561.[R/OL].(2017-01-07)[2023-10-21].https://www.usitc.gov/publications/332/otap2016.html.

[6] 姚云贵,吴崇伯.越南"东西数字走廊"建设及影响研究[J].亚太经济,2023(04):85-94.

[7] 金丹,杜方鑫.中越共建"数字丝绸之路"的机遇、挑战与路径[J].宏观经济管理,2020(04):78-83+90.

[8] 商务部国际贸易经济合作研究院,中国驻越南大使馆经济商务处,商务部对外投资和经济合作司.对外投资合作国别(地区)指南-越南[R/OL].(2023-04-08)[2023-10-20].https://fdi.mofcom.gov.cn/go-touziyoushi-con.html?id=313.

[9] 全球IPv6论坛.2022全球IPv6支持度白皮书[R/OL].(2022-12)[2023-10-22].http://221.179.172.81/images/20230109/48631673244647676.pdf.

[10] 越通社.国家数据中心项目获批[EB/OL].(2023-10-31)[2023-11-01].https://zh.vietnamplus.vn/国家数据中心项目获批/203403.vnp.

[11] Daniel Gonzales, Julia Brackup, Spencer Pfeifer, et al. Securing 5G: A Way Forward in the U.S. and China Security Competition[M]. RAND Corporation,2022.

[12] 慕楚.全面剖析越南支付市场,落后但有机会[EB/OL].(2022-5-16)[2023-10-23].https://www.mpaypass.com.cn/news/202205/16165137.html.

[13] 移动支付网.越南国家二维码将支持"云闪付"扫码支付[EB/OL].(2023-5-23)[2023-10-23].https://www.mpaypass.com.cn/news/202305/23160351.html.

[14] Jake Pool. The World's Top Online Marketplaces 2022[EB/OL].(2023-8-8)[2023-10-23].https://www.webretailer.com/marketplaces-worldwide/online-marketplaces/.

[15] 欧雪.跨境电商合规警钟再响,Paypal向南财回应大规模冻结卖家账户:是常规行动[EB/OL].(2022-7-25)[2023-10-23].https://m.21jingji.com/article/20220725/herald/

53539c2c4a85a7ac1ff53925474f2689_ths.html.

［16］跨通社.越南半年超7万卖家退出市场,残酷淘汰仍在继续［EB/OL］.（2023-7-25）［2023-10-25］.https：//www.dsb.cn/223356.html.

［17］中国保护知识产权网.越南将成立专门机构打击与"有组织犯罪"有关的盗版网站［EB/OL］.（2023-10-26）［2023-10-30］.http：//ipr.mofcom.gov.cn/article/gjxw/lfdt/yz/bqyz/202310/1982075.html.

［18］王道征,胡菊.越南特色的网络安全治理实践：越南《网络安全法》观察［J］.情报杂志,2019,38（02）:105-109+200.

中国与印度尼西亚的经贸合作：
形势与对策

何伟琼①

引言

2013 年，中国国家主席习近平在印度尼西亚（简称印尼）国会首次提出了共建"21 世纪海上丝绸之路"倡议，再连同丝绸之路经济带的提议，"一带一路"倡议就此拉开序幕。两国十年的"一带一路"合作在众多领域中成绩斐然，成为其他发展中国家互利合作和共同发展的典范，如今中国是印尼最大贸易伙伴，印尼也是中国在东盟第二大投资目的地。中国的经济对外发展，特别是在"一带一路"框架内，越来越侧重于印尼。本文主要从印尼国家内部政治和经济发展的主要形势、中国和印尼合作的重要进展情况以及未来发展机遇与挑战等方面展开分析。

一、印度尼西亚政局稳定助推经济增速

近十年印尼社会政治稳定，吸引了众多投资者，也促进了经济蓬勃发展。总统佐科·维多多（Joko Widodo）自 2014 年连任两届总统，深得民众爱戴，粉丝跨越社会各阶层，大印尼行动党总主席普拉波沃·苏比安托（Prabowo Subianto）

---

① 集美大学海丝沿线国家国别研究院。

赞扬了英明伟大的佐科·维多多总统,甚至说,历史可能会将维多多记录为印度尼西亚最好的总统之一。2014年新加坡外交部原部长杨荣文(George Yong-Boon Yeo)称印尼是"具有爪哇特色的民主"。这是指当年总统竞选激烈,但是维多多采用"党派"联盟办法,将朋友和敌人都带入内阁。维多多的大度让印尼政治稳定。其中有力的例子是普拉博沃既是前陆军将军,又是最富有的总统候选人,曾在2018年与维多多展开过激烈的竞选对战,落选后,总统维多多却任命他为国防部长。

二、印度尼西亚多项经济政策奏效,成为投资热土

(一)印尼借鉴中国经验优先发展工业政策

印尼在国际上经常被赞誉为"崛起之国"和"充满希望之国"的原因是近年经济发展快速。2014年,维多多就任总统后马上制定了"振兴制造业"的国策,后来的产业政策也在不断加持着制造业。2019年,印尼公布《工业4.0路线图》,将汽车、电子、化工、制药等确立为优先发展产业,以全面提升工业能力。2023年印尼的《2025—2045年国家长期发展规划》提出目标:2035年成为工业强国,2045年(即印尼独立100周年)成为发达国家、成为世界前5大经济体。

在发展规划上,印尼借鉴中国经验,设立19个经济特区、70多个工业园区和6大经济走廊。其中雅万工业走廊(雅加达—万隆)吸引了海尔、三一、蒙牛以及众多跨国企业入驻。印尼是纺织、食品、箱包等轻工业聚集地,而总统维多多最看重的是金属矿业和汽车制造业。

(二)"出口导向"和"吸引外资投资"的"经济外交"政策

印尼大搞"经济外交",中国《环球时报》2022年11月17日刊载《从被忽视到中等强国,印尼靠什么崛起》的社论称:印尼的外交主轴围绕经济发展与合作展开,总统维多多接见外国驻印尼大使或进行外事活动时,常以招商引资为主要活动目标和内容。总统采取的外交政策显见"经济外交"的痕迹,通过经济外交,加强同相关国家的关系,更惠及民生。印尼推出引进外资投资系列优惠政策:外资工厂可100%持股;进口设备、原料等免征进口税;外资的投资资金和利润可自由进出,没有外汇管制。此外,印尼充分利用与多国的贸易协定优势,与中国签有RCEP协定,与欧洲自由贸易联盟签有自由贸易协定,又享受美国普

惠制待遇，国际贸易蒸蒸日上。当然，印尼与中国之间的经济联系最为紧密，创造了高度相互依存的关系。中国成为印尼最大的贸易伙伴之一，印尼则为中国的经济提供了重要的自然资源。这种相互依存关系加强了彼此之间的政治动态，双方都有动力确保持续的互惠贸易。

（三）加速国家经济转型和升级

2020年印尼颁布了《创造就业综合法》，旨在加速国家经济转型和升级进程。该法放宽了就业监管，简化了企业申请和政府审批手续，有利于社会大众特别是中小微企业创业和创造更多就业机会，政府也为中小微企业提供诸如承担清真哈拉认证等手续费，提供融资和业务培训、税务优惠和产品促销等援助，增加业务研究预算开支。同时也吸引了更多的外国投资，例如一些制造业从中国转移到印尼。虽然印尼2012年曾被美国投资银行摩根士丹利列为"脆弱五国"之一，理由是这些新兴经济体特别容易受到美国利率上升的影响。十年后的2022年，美元加息对一些发展中国家的经济和社会造成了巨大的冲击和破坏，以及全球经济正遭受着乌克兰战争，全球能源、粮食和气候危机的打击时，印尼的成绩却已成为大家所惊呼的"不可能、绝对不可能的黑马"。2022年印尼通货膨胀率相对较低，银行也继续贷款，出口蓬勃发展。据中新社雅加达2月6日电（记者林永传），印尼国家统计局2023年2月6日公布的数据，印尼2022年GDP增长5.31%，创9年来最高增速；在印尼削减汽油补贴之前，8月的通货膨胀率为4.7%，是全球最低的通货膨胀率之一；货币印尼盾是2022年亚洲表现最好的货币之一；股市创下历史新高；在2022年大宗商品价格飙升的背景下，8月出口279亿美元，同比增长30.2%，为有记录以来的最高水平。

（四）印尼矿产工业制造政策影响全球相关产业链布局

"万岛之国"的印尼拥有丰饶矿藏，煤炭储量226亿吨居全球第十，煤炭出口常年世界第一。石油储量13亿吨居东南亚第一，是欧佩克唯一的亚洲成员国。金属资源丰富，镍矿7200万吨，全球占比52%，居世界第一；锡矿80万吨，全球占比17%；铜矿5100万吨，全球占比6.1%；金矿2500吨，全球占比4.6%；铝土矿12亿吨，全球占比4%。

值得重点关注的是，印尼矿产工业制造政策极大影响了全球相关产业链的布局。印尼限制镍、铝、铜、煤等矿产出口，目的是吸引全球下游产业入驻印尼，将产业效益留在印尼。印尼利用镍等矿产资源的优势，试图成为全球动力电池的"世界中心"，也为其制造业增添了强劲动力。镍是电动汽车电池的关键成分，总统维多多最重要的一个产业政策是他试图利用印尼巨大的镍储量来创建印尼电动汽车产业，以期将来从繁荣的电动汽车行业中受益。2020年1月，印尼政府彻底禁止镍矿石出口，不断引入中国的宁德时代、亿纬锂能、华友钴业以及韩国LG新能源等企业，力图通过对关键矿产的精加工，全面提高矿业附加值，并掌控电动汽车的关键产业链。这些外国公司（多是中国公司）开始到印尼提炼镍矿石，预计印尼将提供全球电动汽车行业所需的新镍供应的很大一部分。印尼限制镍矿石出口额和提高出口税额，使镍矿价格上涨，镍矿给印尼带来的收益从五年前的每年11亿美元提高到2022年的近209亿美元，并且未来镍出口将增加40倍或60倍的金额。

长期以来，印尼靠出口矿产原材料盈利。2022年，印尼铝土矿产量为2770万吨，但国内仅吸收780万吨。这在短期内为印尼创造大量外汇，但同时也让印尼陷入"资源诅咒"。有数据显示，2019年，矿产和煤炭行业对印尼GDP的贡献只有5%。因此印尼冀望摆脱"资源诅咒"，将"禁镍出口"复制到"禁锡铝"等矿产。全球对用于铝生产和可再生能源的材料的需求也在增长，尽管印尼锡、铝土矿等全面禁止出口将面对WTO的裁定，但总统维多多认为此举可以为人民创造就业机会，为印尼带来产品附加值，逼下游产业往印尼迁移。事实的确如此，在印尼，韩国LG正建电动汽车电池厂，现代汽车建电动汽车厂，中国宁德时代同意投资汽车电池厂，美国特斯拉也可能来投资。但是，印尼禁止将有毒的镍业产生的废物尾矿残留物倾倒到海里，而在常降雨的热带环境中，"干堆放"这些尾矿也很困难；另一个问题是使用肮脏的燃煤为镍加工厂供电，这两个破坏环境的因素导致美国和欧盟的环保主义者会对特斯拉等公司施加压力，拒绝接受印尼的镍电池在欧美出售。

三、中国与印度尼西亚的政治经贸合作成绩斐然

在政治上，中国与印度尼西亚的政治经贸合作逐年深化。2013年中国与印尼双方建立全面战略伙伴关系，2014年印尼提出将印尼变成"全球海洋支点（Global Maritime Axis，印尼语：Poros Maritim Dunia）"的国家发展构想，旨在"重塑印尼作为海洋大国的辉煌"，扩大与包括中国在内的其他国家的经济伙伴关系，以加快基础设施发展并缩小印尼不同地区之间的发展差距。据新华网香港2015年12月14日电，印尼旅游部长阿里夫在参加"第二届东盟发展论坛"时表示，印尼的"打造全球海洋支点"计划可以与中国的"一带一路"倡议相互契合。2015年中国和印尼双方签署了继续加强全面战略伙伴关系的文件和雅万

高铁的两国合资建设项目。2018至2023年，中印尼两国政府签署了多份合作备忘录，涉及的主要内容有共建"一带一路"和"全球海洋支点""区域综合经济走廊"建设合作、"两国双园"和"全面战略伙伴关系行动计划（2022—2026）"等合作协定。

在经济上，自"一带一路"倡议启动以来经济发展强劲。通过商业友好型政策和结构性改革，印尼政府一直在努力增加投资和经济增长。"一带一路"倡议被视为加强区域互联互通、促进贸易和改善印尼基础设施的机会。中国和印尼在"一带一路"倡议下，扩大经济和商业领域合作，在投资基础设施、创新和科技、旅游和海事合作方面取得了显著成绩。2022年中印尼两国贸易额同比增长19.8%，达到1491亿美元，其中中国出口713.2亿美元，同比增加106亿美元，增长17.8%；进口777.7亿美元，同比增加140亿美元，增长21.7%。中国对印尼直接投资同比增长160%，达82亿美元，成为印尼第二大投资来源国，中国对印尼全行业直接投资21.5亿美元，同比增长14.4%。中国连续10年成为印尼最大贸易伙伴，连续7年位列印尼前三大外资来源地，两国产业链供应链深度交融，实现相互成就。

中国的企业几乎在全面提升印尼这个国家的制造能力。双方深化高质量共建"一带一路"和"全球海洋支点"合作，如期建成雅万高铁这一首要旗舰项目，打造"区域综合经济走廊"和"两国双园"等新旗舰项目。"两国双园"是指两个主权国家在对方境内互设园区、联动发展的一种新型产能合作方式。如今这一设想已变为现实，并步入高速发展阶段。中方确定福建省福州市福清元洪投资区为吸引印尼企业在华投资的园区，印尼方则采取一园多区模式，即由民丹岛（Bintan）、三宝垄（Semarang）及巴唐（Batang）共三个工业园成为合作园区。中印尼共建"两国双园"，是落实中国"一带一路"倡议和印尼"全球海洋支点"发展构想对接的重要举措，也是福建与印尼在RCEP框架下交流合作的生动实践。

（一）中国企业与印尼的经贸合作成果丰硕

1. 基础设施成功共建。"一带一路"倡议一开始就旨在作为全球投资和合作建设基础设施的平台，中国对印尼基础设施的投资支持了经济增长和地区互联互通。印尼政府在八年内修建了2042千米公路、16个机场、18个港口、38座新水坝和雅加达—万隆高速铁路。雅万高铁是中国高铁第一次全系统、全要素、全产业链在海外承建落地，也是印尼制造的一场胜利：雅万高铁75%以上的服务和采购来自印尼本地，双方还在勘察设计、工程施工、装备制造、人才培养等方面展开合作，这不但为印尼制造提供了重要的人才支撑，也为雅万工业走廊的腾飞注入了活力。雅万高铁的高质量、高标准建成及其获得国内外高度评价也对将来"一带一路"各国与中国合作投资、深化地区互联互通起到了示范引领作用。

2. 矿产新能源与汽车制造产业链合作深度互嵌。总统维多多主张印尼不能只充当"矿工"，印尼不但想制造电池，还想制造电动汽车。如上所述，印尼对其国内镍、铝等矿产出口的限制政策，使得不少电动汽车厂商只能到印尼设立工厂。印尼强力推动电动汽车"国产化"，只要国产化率超40%，企业增值税就从11%降至1%。利好的政策吸引了中国的五菱在印尼布下全产业链，甚至带动电机、电控等核心供应商来印尼设工厂，从而让五菱的"印尼国产化率"大幅提升，享受到印尼增值税补贴。2022年仅五菱一家就狂揽印尼电动汽车78%市场份额。印尼持续吸引奇瑞、比亚迪等车企入驻。印尼政府规划是2025年实现电动汽车占比达20%，2050年禁售燃油车。总统维多多的雄心是将印尼打造成世界上最大的电动汽车制造中心。印尼2022年生产了147万辆汽车，2023年超越泰国，问鼎东南亚汽车第一产能之国。

3. 中国企业成为印尼实现工业制造现代化的领头雁。当下印尼相对发达的产业是轻工业，虽然是矿产大国，但是矿产加工技术和产量仍旧落后，钢产量不到2000万吨，机械设备和重化工原料如丁二烯、乙烯、丙烯等主要依赖进口。但现在印尼抓住了新能源电池和汽车产业这个牛鼻子，重工业、重化工很快被带动起来了：中国德龙投资的德信钢铁已在苏拉威西全线投产，其未来产能足够单挑印尼130多家钢企的总和。在北加里曼丹也将建成一家中国泰昆石化，其强大产能将全面提升印尼的重化工实力：24万吨/年聚丙烯、37万吨/年光伏级EVA材料、50万吨/年聚乙烯。中国太阳能电池板工厂信义也打算在巴淡岛投资115亿美元建设全球第二大厂，利用印尼的石英砂和矿藏打造绿色能源。

（二）中国与印尼元首层面制定的未来合作方向

2022—2023年，两国政府连续发布了四份联合声明：《中华人民共和国和印度尼西亚共和国两国元首会晤联合新闻声明》（2022年7月）、《中印尼加强全面战略伙伴关系行动计划（2022—2026）》（2022年11月）、《中华人民共和国和印度尼西亚共和国联合声明》（2022年11月）、《中华人民共和国和印度尼西亚共和国关于深化全方位战略合作的联合声明》（2023年10月）。

中国与印尼元首层面制定的未来合作方向的重点主要体现在以下几方面。

- 中印尼全面战略伙伴关系自2013年建立以来保持强劲发展势头。特别是近年来，面对百年变局和世纪疫情，双方对两国2022—2026年各领域交往合作进行系统规划和部署，推动政治、经济、人文、海上"四轮驱动"合作格局提质升级。中国支持印尼推进"黄金印尼2045"愿景建设，支持印尼新首都建设和北加里曼丹工业园开发，乐见地方和企业发挥自身优势参与合作，开展更多促经济、惠民生的"小而美"项目。

- 在深化资源禀赋和产能优势互补方面，打造更多优质合作项目，包括深化矿产加工合作以加强本地价值创造，在能源基础设施、清洁能源发展重点产业开展更多高质量合作，包括太阳能光伏发电、新能源汽车生态系统项目。双方还将拓展智慧城市、5G、数字经济等高新技术和新兴产业合作。

- 在可持续发展方面，将在减贫扶贫、乡村振兴、反腐败合作、发展筹资、能源转型、绿色发展、数字经济等方面加大合作，维护产业链供应链稳定，确保粮食和能源安全。两国将在互利互惠基础上扩大双边贸易和投资规模，支持在经贸活动中扩大本币使用，提升贸易便利化水平。

- 在基础设施建设方面，持续推进高质量共建"一带一路"和"全球海洋支点"合作，建设好"区域综合经济走廊"和"两国双园"等新旗舰项目。推动雅万高铁这一基础设施旗舰项目以带动当地经济社会发展，提升区域互联互通水平。

- 在卫生健康方面，如加强药物研发、疫苗与基因联合研发和生产等合作，完善全球公共卫生治理。

- 在人文交流方面，深化教育、文化、旅游、青年及科技创新等领域合作，加强留学和人才培训合作交流，推动两国民间和宗教团体开展更多交流互访。

- 在海上合作机制方面，如海洋科研环保、渔业等领域合作，开展好印尼"国家鱼仓"等项目。

- 中印尼关系具有重大战略意义和深远全球影响，同意确立共建中印尼命运共同体的大方向，打造发展中大国互利共赢的典范、共同发展的样板、南南合作的先锋。

四、新形势下中国与印尼合作的机遇与挑战

（一）在互利互惠基础上进一步拓宽双边贸易合作和投资规模

印尼政府将继续推动出口以刺激大规模投资，目的在于巩固印尼作为中国产

品和服务的主要市场，同时促进中国在印尼大规模投资发展的商业环境，有利于两国之间合作协同增长。例如，印尼作为重要的资源供应国，石油、黄金和其他自然资源商品向中国出口，这对加强与中国的经济交流发挥了关键作用。同时，双方支持在经贸活动中扩大本币使用，提升贸易便利化水平，高质量实施《区域全面经济伙伴关系协定》，实现强劲、均衡、包容和双向的可持续的贸易，共同维护产业链供应链稳定。

（二）印尼迁都给中国企业带来的机遇与风险

2022年总统维多多正式签署了关于迁都计划的2022年第3号法律。这是一个雄心勃勃、最具争议的计划——一个300多亿美元的提议，将印尼首都从正在下沉的雅加达转移到丛林覆盖的婆罗洲岛努桑塔拉（Nusantara）。这个项目将重新定义总统维多多的传奇影响力。总统维多多向《金融时报》记者透露："我们想把印尼首都从雅加达转移到丛林覆盖的婆罗洲岛，打算在森林和大自然间建设一座未来的智慧城市作为新首都，这将展示印尼的转变。"新首都的建造费仅有20%来自国家预算，其余80%通过公私联营模式以及私人企业和个人投资来筹集。然而新首都建设同时提供了机遇与风险，因为截至目前，新首都只完成了核心地区38%的建设工程，许多投资公司处于观望状态，甚至有日本公司宣布停止原有的投资。如果下届总统不继续建设新首都，项目可能面临随时喊停的风险，因此，据《雅加达邮报》2023年8月22日报道，印尼国家发展规划署署长苏哈索日前在众议院听证会上说，修改《国家首都法》对向投资者保证新首都建设将按计划持续到2045年至关重要。中国企业在中国有30年高速的房地产投资和建筑经验，可以考虑进入印尼参与迁都的业务中来，但同时也需警惕印尼迁都政策是否持续。

（三）印尼国内生产总值可能下降和通货膨胀上升

印尼出口产品有纺织品、鞋服类、家具、电子产品、汽车、机械。印尼的主要大宗商品出口，例如煤炭和棕榈油，在推动增长方面仍然起着"重要作用"，然而雅加达中亚银行首席经济学家戴维·苏穆尔（David Sumual）却提出警示性预测，他认为随着西方经济放缓，2023年及其接下来的年份，大宗商品价格可能会开始失去动力，未来GDP可能下降。

其实从2022年印尼对一些大宗商品限制出口之事就可以推测出印尼GDP可能在未来几年出现下滑。除了镍、锡等矿产的出口限制，食用油或棕榈油也被限制，令全世界意想不到的是作为世界最大的棕榈油生产国和出口国的印尼突然宣布为了应对国内食用油价格上涨的问题,决定从 2022 年 4 月 28 日起对该商品实施出口禁令,这项政策是在一次关于满足人民基本需求的会议上决定的,目前印尼国内食用油供应方面已出现暂时短缺的情况。印尼的棕榈油出口约占全球棕榈油出口的 57%,占全球植物油出口的 32%,印尼这一令人吃惊的出口禁令已经足以让中国重视必须从内部确保粮食供应的问题了。

印尼取消燃料补贴,导致通货膨胀率上升,印尼央行后来加入了全球加息周期,为此他们必须采取更多、更快的措施来应对通货膨胀。

(四) 两国应该共同重视法规保护双方共同利益

经济合作会对当地社会和环境产生影响。对印尼政府而言,为了确保经济增长不会损害当地社区和环境,就需要逐步制定严格的、可持续的资源管理和人权保护的法规。中国政府和企业应了解印尼的国情以便未来更好的合作。印尼是一个具有高度异质性的群岛,1340 个部落分散在 17508 个岛屿上。在国家发展进程中,所有区域既相互依赖,又不忘优化自己。除了这种多样性之外,印尼还采用了具有高度区域自治权的民主政府制度,高度重视个人自由。利益冲突也时常发生,高度区域自治也常导致各机构和区域政府之间的协调问题。这造成了一种在其他国家很少发生的复杂性,这些复杂性需要密集的互动、谈判过程和协调,因此在制定公共政策管理国家发展和企业投资或实施合作计划时,应考虑到这些因素。

参考文献

[1] 本报讯. 普拉波沃回顾十年竞选历程 [N]. 国际日报,2022-08-15 (A1).

[2] Ruehl M, Leahy J. Indonesia's unexpected success story [N]. FT.com,2022-09-20.

[3] 熊剑辉. 印尼,世界经济的下一个王炸?[N/OL]. (2023-10-20) [2023-10-25]. http://www.hsmrt.com/article/12404.

[4] 李志全. 印尼"禁铝",影响几何?[N]. 国际日报,2023-06-13 (A5).

中国企业在印度的投资并购分析

饶妙[①]　邓建平[②]

当前,全球经济整体呈现弱复苏态势,全球贸易紧张局势和政治不稳定也给经济增长带来了挑战。2022年金砖五国中,中国作为全球第二大经济体,GDP总量达到18万亿美元,占全球总量的18.45%。印度的经济总量位列全球第五,在2022年GDP达到3.39万亿美元,占全球总量的3.3%,增长了7.2%,是全球增速最快的大型经济体。数据表明,金砖国家将继续成为全球经济增长的主要驱动力,中国和印度等新兴经济体将继续保持强劲的增长。2022年,受到地缘政治、食品和能源价格高企以及债务压力等全球危机的影响,全球对外直接投资(FDI)下降。根据联合国贸发会议(UNCTAD)预计,2023年国际营商环境和跨境投资的全球环境仍面临挑战。2022年亚洲的发展中国家外商投资流入量和过去持平,占全球外商投资流入量的一半以上。印度和东盟成为吸引外资投入的最大东道国,分别增长9%和5%。最近几年来,不管是并购的数量还是金额,中国近邻、海丝沿线国家印度正在成为中国重要的投资并购目标国。在2018—2022年,中国赴印度的并购数量同比增长了13.6%。本文将以中国企业赴印度投资并购为研究对象,旨在为中国企业出海印度提供建议。

[①]集美大学外国语学院。
[②]厦门国家会计学院。

一、中国企业赴金砖国家投资并购情况分析

随着金砖五国经济体量不断增大,近年来,金砖各国的贸易活动和投资活动也日益增加,在全球扮演越来越重要的角色。2022年,金砖国家吸收外资占全球25%,整体的对外直接投资达1993亿美元,比2021年增长了约37倍,占全球的13.38%。其中,中国是推动其稳定增长的主要力量。

从并购规模数量上看,2013—2017年,中国企业赴金砖国家的投资并购数量达到165宗,相比上个五年提高了1.46倍,交易金额高达428.37亿美元,增长了56%。但疫情给全球经济带来较大的负面影响,全球经济复苏脆弱乏力,在2018—2022年,中国企业赴金砖国家跨国并购数量降为133宗,降幅达19%,并购金额降为84亿美元,降幅为80%。2022年中国担任金砖国家轮值主席国,金砖五国领导人第十四次会晤批准了《金砖国家第十二次经贸部长会议联合公报》,达成《金砖国家加强多边贸易体制和世贸组织改革声明》《金砖国家数字经济伙伴关系框架》《金砖国家贸易投资与可持续发展倡议》《金砖国家加强供应链合作倡议》等成果文件,进一步推动了金砖国家间的经贸和投资往来。中国也是迄今为止金砖国家间投资的最大流入国和流出国。

从区域上看,近年来,印度逐渐成为我国对外投资目的地。1998—2022年,中国对其他金砖国家的投资主要集中在巴西、俄罗斯和印度;在并购金额方面,巴西占比为59%,俄罗斯为21.1%、印度为14.6%、南非为5.3%;2018—2022年,中国企业赴印度投资占比最高,达到37.6%,其次为巴西达35.3%,俄罗斯和南非分别为18%和9%。这主要是因为近年来印度受人口红利不断凸显、土地成本低廉、市场广阔等要素影响,逐渐成为全球投资热点地区。

二、中国企业赴印度投资并购概况

(一)印度经济发展与产业政策

印度作为全球经济增长最快的国家之一,近十年的平均名义GDP增长达10.6%,在2021年成为世界第五大经济体,正迎来产业加快发展和国内市场需求爆发的关键时机。印度在2022年实际国内生产总值增长6.7%。印度正成为世界第一人口大国,人口总量上超过14亿,人口年轻,中产阶级人数多,购买力和消费潜力大。印度的优势产业包括钢铁、制药和信息技术等行业。

自从 2000 年以来，印度最终消费占其经济总量比重平均为 67.1%。2020 年下半年，印度受疫情影响严重，私人消费支出同比下降 23.7%，政府支出同比增长 13.6%。印度私人消费支出占 GDP 比重在 2021 年三季度后保持环比正增长，在 2022 年上升至 59.3%。由于 2020 年新冠疫情对印度国内需求的打击，2020 年印度国内信贷增长率下降至 9.1%，比 2019 年下挫 0.7 个百分点。

在推动投资便利化方面，印度政府提出了"印度制造（Make in India）"的政策。2020 年以来，印度莫迪政府大力推进"自力更生"政策，设计了振兴制造业的五大支柱，即经济、基础设施、科技驱动机制、充满活力的人口和需求。为此，莫迪政府启动了土地、劳动力、资本和农业等多个领域的改革行动，消除地区之间的贸易壁垒；提供电子交易平台，扩大农民农产品出售的自由选择权；为中小微企业提供资金与政策支持，助其拓宽市场渠道；进一步推动国企私有化，向私企开放所有行业。

印度签订系列双边自贸协定。莫迪政府在 2014 年上台之初曾认为此前印度签署的所有自贸协定对印度无益。2019 年，莫迪政府退出了《区域全面经济伙伴关系协定》（RCEP）最后阶段的谈判。最近两年，莫迪政府大幅调整对外贸易政策，掀起了罕见的自贸协定商签潮，先后与澳大利亚和阿联酋签署临时自贸协定和经济伙伴关系协议，还重启了与加拿大、以色列、英国、俄罗斯、阿曼、欧盟、海合会、非洲南部关税同盟等经济体的贸易促进谈判。印度旨在生物、低碳、半导体、网络和稀土等领域构建富有韧性、多元、安全的供应链，推动印度制造业发展。

印度把外商投资企业分为鼓励、限制和禁止三类行业。鼓励发展的行业包括电力、石油炼化产品销售、采矿业、金融中介服务、农产品养殖、电子产品、电脑软硬件、贸易、批发、食品加工等。限制行业包括电信服务业、私人银行业、多品牌零售业、航空服务业、基础设施投资、广播电视转播等。针对限制行业，政府对外商投资持股有 20%~74% 不等的上限规定。外商投资如超过规定投资比例上限，需获得有关部门批准。禁止行业包括核能、博彩业、风险基金、烟草业等。

（二）中国企业赴印度投资并购概况

中国企业在印度的跨国并购近年来总体上呈现出早期快速增长、近期增长趋缓的态势。

1. 在并购总量趋势方面，2013—2017 年，中国赴印度投资并购有了显著增加，总量达到 44 宗，相比上一个五年增长了 5.3 倍，金额累计 19.8 亿美元，增长了31倍。主要原因是莫迪政府在2014年上台后推动了多项促进外资进入的政策举措。一是机构改革上新建了促进投资的机构，建立快速投资通道，减少投资审批环节。2017年印度废除外国投资促进委员会（FIPB），外资的审批仅由直接负责的政府部门审批，减少审批周期。二是放宽准入条件，修订基础设施、保险、养老、零售业等各行业FDI政策规定，通过法律修正案，在2015—2016年颁布和修订《统一外资直接投资政策》，制造业、服务业和金融业领域对FDI的放开幅度较大。2017年，印度向外资开放6大行业47个方向，其中，25个方向的投资不需要政府审批，全部向外资开放。三是2016年实施新的破产法加强了对债权人的保护，增强了印度商业环境的透明度和可预见性，用全国性的商品和服务税取代了复杂的税收网络，承诺出台终结"税收恐怖主义"的政策。

2. 在并购数量和金额方面，随着2009年金砖国家领导人首次会晤，金砖国家合作机制不断深化，促使金砖国家间相互投资更加活跃。在此基础上，2013年以来，中国企业赴印度的并购数量和金额实现了显著的提升。金砖国家合作机制的建立使得中国和印度之间的投资更加频繁。在2018—2022年的最近五年中，中国赴印度投资并购增长较为缓慢，并购数量为50宗，同比增长了13.6%；金额累计46.3亿美元，同比增长了1.34倍。

3. 在并购行业方面，印度的高科技行业和工业在2018—2022年属于受到中国海外并购投资者最偏好的两个行业。这主要是因为印度鼓励发展的行业包括电力、电子产品、电脑软硬件等高科技行业和工业行业。这些年中国公司在印度的科技和互联网领域投资巨大，涵盖了电子商务、移动应用、金融科技等。中国企业在印度的制造业中也有投资，包括手机制造、电子设备、汽车制造等；中国企业还涉足了印度的基础设施项目，如港口、公路、铁路等；中国的金融公司也在印度的金融服务领域进行了投资，包括银行和支付服务。与此同时，印度的零售业在近五年来成为吸收中国境外并购投资的第三大行业领域，这主要是因为近年来印度经济增长以私人消费驱动为主。与此同时，服务业近年来逐步成为印度拉动经济增长的重点行业，涵盖了餐饮、酒店、旅游等行业，都与零售业具有较大关联性。2019年印度服务业增加值占GDP比重达到49.4%，吸纳了33.2%的就业人口。

4. 在并购交易目的方面，得益于近年来软件、线上业务等服务外包行业的快速发展，2013—2017年，共22.8%的并购交易发生在数字领域，中国企业通过购买印度企业的人工智能、大数据、云计算、区块链、数字运用等技术帮助自身数字化转型。2018—2022年仍有11.5%的企业开展数字化转型相关的并购交易。2020年，新冠疫情在全球范围内进一步催生了移动办公、实时通信、后台运营等服务需求，促使印度企业仍然有数字化转型需求。

5. 在并购支付方式上，2018—2022年，有7.1%的企业采取现金和资产支付，相比上一个五年有所下降；3.6%的企业开始采用股票支付方式，企业更倾向于降低并购交易初期的资金支出；82%的企业运用对赌、金融市场工具等其他方式进行支付，相比过去有了较大提升；7.1%的企业通过组合支付方式完成并购交易。中国企业赴印度的跨境收购热衷于使用盈利支付（Earn-out）等类似对赌的方式开展并购交易，这主要是由于印度的高科技类并购和数字化转型相关的交易较多，企业在早期需要投入更多资金进行研发，难以支付高昂的现金；同时，高科技行业在后期会随着产品的研发成功而具有较高的回报率，所以采用对赌协议方式支付更为适合。当买卖双方对出让资产或出让公司价值评估存在差异的情况时，对赌协议能根据交割后资产标的盈利情况进行支付，有助于促成交易。在高增长的行业中，当目标公司表现好的时候，能够为目标公司带来超额收入。与此同时，并购方也能够不支付过多现金延后进行支付，控制交易风险。

6. 在并购方层面，近五年来，中国的国有企业参与到跨国并购的数量不断减少，国企比例从2013—2017年间的26.91%下降到2018—2022年间的14.99%。赴印度开展跨国收购的并购企业规模和盈利能力都不断增加，在2018—2022年间，并购方平均资产达到600.15亿美元，相比上一个五年，资产规模扩大了2.23倍；并购方平均销售额达到207.81亿美元，扩大了2.37倍；并购方平均净利润达49.03亿美元，扩大了1.78倍。与此同时，越来越少的印度国有企业成为被收购对象，在2018—2022年间，仅有2%的目标企业为国有企业。接受中国企业投资的印度目标方企业国有比例不断下降，这主要是受到莫迪政府上台后大力推行市场化改革并放松对私营企业的管制的影响。根据国际商业协会（International Chamber of Commerce）公布的《市场开放程度报告》，印度市场开放指数为2.9，排名第64/75，印度的中央和地方政府对私有财产采取征收和国有化措施的可能性较小。因此针对外资进入方面，印度政府会更多地让中国资本投资到私营企业。平均而言，印度的目标公司资产规模不断增大，但是销售水平和盈利水平不断下滑。2018—2022年间，印度的目标公司平均资产规模为8.27亿美元，增长了3.46倍，但是平均销售额为2.06亿美元，下降了51.1%，净利润为-1.39亿美元，下降了80.44%。

（三）中国企业在印度投资并购案例

这些年中国在赴印度投资过程中有不少成功案例。比如中国企业在印度高科技行业进行了多项并购交易。中国电子商务巨头阿里巴巴投资了印度移动支付和电子商务公司 Paytm，这项投资有助于 Paytm 扩大其在线支付和金融服务业务；中国智能手机制造商小米也在印度进行了多次投资，支持了印度的初创公司，尤其是在物联网和生活方式领域；中国手机制造商 OPPO 和 VIVO 也在印度扩大了其业务，建设生产基地和研发中心；TikTok（抖音）的母公司字节跳动（Bytedance）曾在印度进行了一系列收购，包括收购了印度的媒体公司 Inshorts 和购物应用 ShareChat。这些中国企业在印度高科技行业的投资和并购案例有助于中国企业进一步扩大其在印度市场的影响力，并获取印度市场的技术和创新优势。

但有些投资失败或者未取得预期并购成果。中国科技公司 LeEco 曾计划收购印度智能手机制造商 Micromax。然而，由于 LeEco 本身面临资金问题和内部管理问题，这笔交易最终未能完成；中国房地产巨头大连万达集团曾计划在印度移动支付和电子商务公司 Paytm 中投资，但由于监管审查和政策变化，这笔交易未能实现。Tencent 投资了印度出行平台 Ola，但并没有取得战略控制权。中国科技巨头腾讯曾投资印度电子商务巨头 Flipkart，这项投资为 Flipkart 提供了重要的资金支持，并加强了两家公司之间的合作，但该投资最终没有带来战略控制权或充分的影响。腾讯曾试图增加其在 Flipkart 的持股份额，但最终未能成功。

三、印度投资便利化分析

尽管印度在金砖国家中投资便利化水平位于前列，但其投资便利化相较于国际领先水平仍有诸多提升之处。

（一）基础设施发展

总体来看，印度基础设施建设领域的发展低于预期。公路方面，道路路况较差，道路运输能力不足，国道中约 75%的路段为单向 2 车道及以下。公路交通秩序混乱，运输效率不高。相对于印度经济的增长率来说，落后的公路交通已经成为经济发展的瓶颈。铁路方面，印度铁路相对老化而落后，铁道标志和车辆老旧，铁路系统面临运力不足、运行不安全及车速难以提升等问题，铁路系统亟待升级改造。在电力供应方面，印度仍面临较大缺口，除部分经济发达地区外，其他各邦用电高峰期间断电的情况时常发生，妨碍企业正常运营。

（二）法治环境

尽管近年来印度不断改革完善国内的司法体制，加大执法力度，积极打击腐败，取得了一些成果，但整体法律环境仍有待进一步改善。印度法律制度较为完善，但执法能力较低，腐败、洗钱等问题已成为制约印度经济发展的障碍。

（三）投资环境

印度政府行政机构较为庞杂，政府办事效率不高，对企业经营活动造成负面影响。印度开办企业手续多于南亚平均水平。印度土地买卖流程复杂，交易周期长，征地缓慢，环境评估手续繁杂。在实际操作过程中，在印度购买土地或房产往往周期漫长且成本难以控制，导致在印度经营的外资企业多选择租赁房屋、土地的形式开展经营。

（四）劳动力市场

印度涉及劳工的法律法规较多、较复杂，主要涉及工作环境、劳资关系、工资、福利和社保等内容。庞大而复杂的劳动法律体系一定程度上成为外资企业进入印度的挑战。印度人口众多，劳动力资源丰富，对外国劳动力流入限制较为严格。外国人在印度工作必须事先获得工作签证，相关签证的申请人必须是有专业资格的高级技术或高级技能的专业人员，无专业技术或高级技能的相关人员不在签证申请的受理范围内。

四、建议

中印之间促进投资并购的成功实施需要采取一系列战略和政策措施，以确保顺畅的交流和合作。

（一）促进政策协调和合作，提高中印投资依存度

中印政府应该加强政策协调，利用金砖国家平台，制定有利于投资并购的政策，促进中印投资依存度合作文件的出台和落地实施。

亚太经济合作组织（APEC）、二十国集团（G20）和东盟成员之间相互投资的依存度远远超出了金砖国家当前的水平。中印两国可以借鉴成熟的做法，加强组织机构建设，促进金砖国家间投资便利化政策协调，提高相互投资依存度。双方也可以签署双边协议，以确保投资者的权益得到保护。

（二）促进跨境合作项目，提升中印投资合作水平

以基础设施为例，中印双方有合作共赢的基础。中印可以共同推动跨境合作项目，包括基础设施建设、制造业合作和技术共享，这有助于促进双方公司的合

作和投资，特别是提高印度投资便利化程度。中印还可以鼓励商业协会和行业团体之间的合作，以帮助企业更容易地了解对方市场，发现商业机会。此外，政府和商业组织可以提供有关投资并购的信息和支持服务，以帮助企业了解市场和法规，同时提供投资指南。针对目前中方企业在印度面临的困境，双方应考虑建立有效的争端解决机制，以应对可能出现的纠纷和问题。这有助于提高投资者的信心，减少不确定性。

（三）推出更多跨境投资政策，提升印度投资便利化程度

2017 年，金砖国家领导人厦门会晤，金砖五国一致通过了全球首份投资便利化专门文件——《金砖国家投资便利化合作纲要》和《金砖国家投资便利化谅解》等文件，标志着投资便利化水平已成为金砖各国在发展经济合作伙伴关系进程中共同聚焦的问题。在此基础上，金砖国家还采取了一系列积极措施，如《2025 年金砖国家经济伙伴关系战略》（2020 年）、《金砖国家贸易投资与可持续发展倡议》（2022 年）等旨在加强投资便利化合作，推动金砖国家之间的相互投资。中印应加强合作，促进这些文件的落地实施。如中方可以敦促印度降低对中国企业的市场准入壁垒，包括放宽外国直接投资政策、提供更多的商业机会等，以鼓励更多的中国企业进行投资。此外，中印可以考虑签署自由贸易协议或双边投资协定，以促进贸易和投资。这将大大降低贸易和投资的成本，增加双方的商业合作机会。

（四）开展文化交流，促进商业合作

文化交流可以帮助加深双方之间的理解和信任，从而促进商业合作。中印两国可通过丰富文化交流活动，包括学术交流、文化节日和艺术展览等，来强化彼此的联系。

参考文献

[1] 崔日明，黄英婉."一带一路"沿线国家贸易投资便利化评价指标体系研究[J]. 国际贸易问题，2016（09）：153-164.

[2] 郝宇彪，梁梦阳. 投资便利化的起源、发展与评估[J]. 区域经济评论，2022（05）：110-121.

[3] 禹小明，黄森. 金砖国家投资便利化水平测度[J]. 北方经贸，2020（01）：28-31.

中国与马来西亚的经济合作现状及未来展望

施晓丽[①②]　刘久铉[①]

引言

在东盟、亚太经合组织等多边组织的推动下、"海上丝绸之路"的倡议下以及伴随 RCEP 的生效实施,中国与马来西亚间的经济联系日益密切,两国的经贸合作不断深入,贸易和投资均呈现积极良好的发展态势,未来两国经济合作前景广阔。

一、中国与马来西亚经济合作现状

(一)双边贸易额迅速增长,贸易合作不断深入

2024 年是中国与马来西亚建立全面战略伙伴关系 11 周年,将迎来两国建交 50 周年,中国与马来西亚都处在新的历史方位上,两国的外交理念相近,中国是马来西亚第一大贸易伙伴,同时马来西亚也支持并积极参与共建"一带一路",两国间的经贸合作不断深入,双边贸易额大体呈增长趋势。

[①]集美大学地方财政绩效研究中心。
[②]集美大学财经学院。

表1中列出了2009—2022年中国与马来西亚双边贸易的相关数据。中国自2009年起连续第14年成为马来西亚最大贸易伙伴,由表1可见,除了个别年份中马两国双边贸易额增长率是负数(2014—2015年由于油价、国际形势的影响导致中国与马来西亚的双边贸易额略有下降),其余年份增长率均为正数,大体呈持续上升态势。到2022年,中马双边贸易额首次超过2000亿美元,达到2035.9亿美元,同比增长15.3%,两国的双边贸易额占到中国—东盟贸易总额的20.87%,在东盟十国中排名第二。

表1 2009—2022年中国与马来西亚的双边贸易

年份	双边贸易额（亿美元）	增长率（%）	中国出口额（亿美元）	增长率（%）	中国—东盟占比（%）
2009	519.63	-2.98	196.43	-8.45	24.40
2010	742.32	42.86	238.02	21.17	25.35
2011	900.23	21.27	278.86	17.16	24.81
2012	948.31	5.34	365.26	30.98	23.70
2013	1060.84	11.87	459.31	25.75	23.91
2014	1020.89	-3.84	463.55	0.92	21.25
2015	972.91	-4.60	439.90	-5.10	20.61
2016	868.76	-10.70	376.63	-14.38	19.21
2017	960.27	10.50	417.25	10.79	18.65
2018	1086.25	13.00	454.03	8.81	18.48
2019	1239.62	14.2	521.34	14.9	19.32
2020	1311.61	5.7	564.28	8.2	19.16
2021	1768.04	34.5	787.42	39.9	20.13
2022	2035.90	15.3	937.11	19.7	20.87

数据来源：中国海关。

当前我国构建新发展格局,强调"以国内大循环为主体,国内国际双循环相互促进",着力推进高质量"一带一路"的建设,同时相继出台一系列改革措施来巩固全球最大的消费市场地位,这些改革政策红利不断促进中国与马来西亚之间的经贸合作。

如表2所示,在中国与马来西亚的双边贸易中,中国出口马来西亚的优势商品主要集中在机电、音像设备及其零附件、矿产品、贱金属及其制品、化学工业及其相关工业产品等类别。中国自马来西亚进口的商品主要有机电、音像设备及其零附件、矿产品、贱金属及其制品、化学工业及其相关工业产品、塑料橡胶及其制品、光学、医疗仪器等。

表2　2022年中马双边贸易主要品类　（单位：万美元）

商品名称	进口	出口
总值	10987898	9371125.2
机电、音像设备及其零件、附件	4834759.7	3751218.5
矿产品	3972588.6	286023.4
贱金属及其制品	538471.8	833718.5
化学工业及其相关工业产品	374286.9	573525.3
塑料及其制品；橡胶及其制品	369642.9	537691.3
光学、医疗等仪器；钟表；乐器	346215.1	174604.3
动、植物油、脂、蜡；精制食用油脂	242235.2	22619.1
纤维素浆；废纸；纸板及其制品	67826.7	144829.8
食品；饮料、酒及醋；烟草及制品	62922.2	313402.5
活动物、动物产品	55111.8	35765.3
植物产品	28532.9	163390.6
纺织原料及纺织制品	24378	673923.4
矿物材料制品；陶瓷品；玻璃及制品	19274.5	232377.3
杂项制品	15697.6	686673.5

数据来源：联合国商品贸易统计数据库（UN Comtrade）。

（二）投资形式多样化，合作领域不断拓展

在"一带一路"倡议叠加RCEP实施生效的背景下，中国与马来西亚之间的投资形式愈发多样化，涵盖了各个领域，两国间的合作也在不断拓展。

近些年，马来西亚不仅对中国的投资额在增长，投资项目的领域也在拓宽，集中在制造业、金融服务和房地产等领域，这些行业在中国的经济增长和开放政策中占据重要地位。由于中国具有良好的投资环境，以及马来西亚近年来的经济多元化发展战略，对马来西亚而言，中国依然是其首选的投资目的国。马来西亚

在中国设立了大量的贸易和投资促进机构，以加强双边合作和促进商业交流。

在基础设施领域，中国企业在马来西亚参与了多个重大项目建设，例如马来西亚东海岸铁路计划、吉隆坡—新加坡高铁项目等。在制造业领域也投资建设了为数不少的生产企业，这些企业不仅提供了大量的就业机会，还促进了中马两国间技术和管理经验的交流。此外，中国与马来西亚在能源、旅游、农业等领域也展开了多项合作。

（三）共同建设"一带一路"，互利合作不断深化

中国与马来西亚是重要的合作伙伴，两国间长期以来保持着紧密的经贸联系。近年来，随着中国提出建设"一带一路"倡议与 RCEP 协定的生效，中马两国的合作进入了新阶段。

第一，中马双方在基础设施领域取得了显著成果。中国企业参与了马来西亚的高速公路、铁路、港口等重大基础设施项目的建设，为马来西亚经济发展注入了新活力。此外，在经济贸易和投资领域，中国与马来西亚间的合作也实现了突破性的进展。中马两国签订了自由贸易协定，并实行税赋减免等支持政策，为双方的货物贸易和服务贸易提供了更加便利和优惠的条件。

第二，中马双边贸易额稳定增长，两国间的投资项目也逐年增加，涵盖了电子、新能源、制造业、房地产、金融业等多个领域，推动了两国产业的结构调整和升级。另外，中国与马来西亚在人文交流领域密切合作，互派学生和教师交流，举办艺术团交流、文化展览等活动，促进了两国人民之间的相互了解和友谊。

中国同马来西亚共建"一带一路"是互利合作的典范，双方在经贸、基础设施建设、人文交流等领域成果显著。这一系列合作不但促进了中马两国经济的发展，也为地区的互联互通和合作提供了新的机遇。

二、影响中国与马来西亚经贸合作发展的主要因素

（一）中国与马来西亚两国政治互信不断增强，出台鼓励双边贸易的政策

加强政治互信是中国与马来西亚未来关系发展的重要目标。中国与马来西亚的政治互信在过去几年中不断增强，两国领导人的频繁互访、高级别会议的举行以及各项合作协议的签署都表明了两国政治关系的良好发展态势。

2023年9月中国国务院总理李强在广西南宁会见来华出席第二十届中国—东盟博览会的马来西亚总理安瓦尔。李强表示，中马是守望相助的好邻居、共同发展的好伙伴。中方愿同马方加强发展战略对接，继续高质量共建"一带一路"，共同实施好《区域全面经济伙伴关系协定》，落实好"两国双园"、东海岸铁路等中马经贸合作项目，同时打造新能源汽车、数字经济等合作新增长点，进一步加强教育、科研、文旅、地方等领域交流。安瓦尔表示，马来西亚政府高度赞赏习近平主席提出的全球发展倡议、全球安全倡议、全球文明倡议，愿同中国进一步密切各层级交往，加强在基础设施、数字经济、绿色发展等各领域的合作，深化文明交流互鉴，加强国际和地区事务中的协调配合，打造更加强劲的中马关系。此次会面，马来西亚总理安瓦尔带来了大量的促进两国关系密切的措施和政策，例如大马赴中国免签证、南海的和平、与清华大学的合作、双边经贸之间的投资和合作等。

（二）"两国双园"新模式的开创

中马两国间的"两国双园"是指中马钦州产业园区与马中关丹产业园区，两个产业园区先后于2012年4月、2013年2月开园，分别设立在中国和马来西亚，开创了两国在对方互设产业园区进行合作的新模式，该模式是双方经贸合作发展的重要举措，对两国友好互利合作关系的深化和经济发展有着积极的影响。

随着建设步伐不断加快，各国企业纷纷入驻，两个产业园建设取得了丰硕成果。截至2022年，中马钦州产业园区总开发面积已达30平方千米，累计签约落户项目超200个，实现工业总产值575亿元，完成固定资产投资275.5亿元，总投资超2600亿元。截至2023年8月，马中关丹产业园累计完成开发投资约15亿元，招商入园签约项目13个，总协议投资额约460亿元，完成产业投资约120亿元，工业总产值超600亿元。同时在RCEP实施后，中马"两国双园"在助推两国经贸合作、国际产能合作方面有了更为广阔的发展前景。

在新冠疫情冲击下，各国经济复苏乏力，而拥有优越的区位、政策、平台、资源、环境等优势的中马"两国双园"，通过在拓展投资、贸易、技术等方面的合作，大大推动了中国与东盟产业互补和协同发展，从而被视为助力疫后经济复苏，打造"一带一路"的新典范、新动力和新亮点。未来，中马双方有望继续通过"两国双园"模式推动两国交流发展，注重吸引马来西亚企业进入产业园区，从而为中国经济发展注入活力，通过鼓励中国企业在产业园区投资设厂，进一步拓展东盟市场。

(三) 中国推广"数字丝绸之路"与马来西亚实现数字化转型的需求相匹配

中国推广"数字丝绸之路"与马来西亚实现数字化转型的需求相匹配促进了两国经贸合作的深化和互利。"数字丝绸之路"是中国提出的一个重要合作倡议,旨在通过数字技术和信息通信技术的推广和应用,促进沿线国家的数字化转型和经济发展。随着信息技术的快速发展和普及,数字经济已经成为全球经济发展的主要驱动力。

马来西亚作为一个具有较高经济发展水平和信息通信技术基础的国家,实现数字化转型已经成为该国的主要发展目标。中国推广的"数字丝绸之路"适时地提供了巨大机遇,将极大地促进马来西亚在数字化转型方面的进展。中国与马来西亚共同推广"数字丝绸之路"的倡议,不仅有助于深化两国数字经济合作,加强两国间的数字基础设施互联互通,还将促进双边数字技术创新与合作,共同应对数字安全挑战。

通过数字化技术的推广,马来西亚可以从中国的经验和技术支持中受益。双方在电子商务、数字支付、物联网等领域开展合作,推动数字经济的发展。中国的技术和投资助力马来西亚提升数字基础设施建设,提高网络安全水平,加快数字经济的发展。同时,数字化技术还可以提高供应链的效率,推动物流和仓储业务的发展,为双方贸易合作提供更强的支撑。

因此,中国与马来西亚在数字化转型方面的合作将进一步促进两国经贸合作的深化和互利。两国将共享数字化转型带来的机遇,加强技术交流与合作,开辟新的经济增长点,为两国的经济发展和互利合作注入新动力。

(四) RCEP 的正式生效

RCEP 的生效实施对中国与马来西亚间的合作产生积极影响:促进中马两国间的贸易和投资的便利性,降低两国间的贸易壁垒,并为双方提供更广阔的市场和合作机遇,进一步深化双方的经贸合作关系。

一方面,RCEP 的实施进一步打开中国与马来西亚的市场,推动中国与马来西亚之间的贸易自由化,为双方的企业提供更广阔的市场准入机会。通过扩大市场准入和深化经济合作,中国和马来西亚的企业获得更多的机会参与跨境贸易、投资与合作,为双方的商品和服务贸易创造更多的机遇。

另一方面,RCEP 的实施提供了更加稳定和可预测的投资环境,加强了对投资的保护和促进。中国与马来西亚的企业在对方国家的投资和经济合作的信心增强，推动双边投资的增加。此外，RCEP 有助于促进中国和马来西亚之间的供应链和价值链合作。通过规则的统一和沟通的加强，双方企业可以更好地连接供应链，实现资源共享、技术合作和产业协同发展，并通过紧密的合作，从而实现物流、运输等方面的便利化，降低贸易成本。

总的来说，在 RCEP 推动下，中国与马来西亚间的关税和非关税壁垒进一步缩减，为双方货物与服务进出口贸易开拓出更大的增长空间，加速了中马两国的产业链供应链融合，区域经济联系更紧密，加速各类投资便利化措施的落地实施。

(五) 马来西亚政坛的变化对中国与马来西亚经贸关系的影响

政治因素对两国之间经贸关系的影响大体上可以分为两方面：一方面是政治环境的稳定性，另一个方面是政策手段的有效性。稳定的国内政治环境和有效的政策手段有利于促进中国与马来西亚两国间的经贸合作的发展，反之则会阻碍两国深层次、多领域的经济交流。

近年，马来西亚政坛风云变幻，两年里历经马哈蒂尔、穆希丁和伊斯梅尔三任总理，中马两国的关系也因为马来西亚政局的动荡出现变化。如马来西亚叫停东海岸铁路项目，使得中国与马来西亚两国间关系陷入低潮局面；宣布东海岸铁路项目恢复建设，两国关系重回正轨。2022 年马来西亚新总理安瓦尔上任，其致力于提升与中国的关系，将对华外交看作马来西亚外交的优先方向，凸显了马来西亚对两国关系的重视。不可否认的是，通过加强与中国的经贸合作，不仅为马来西亚带来了经济利益，还提升了政府的形象和声誉，赢得了更广泛的民众支持。

随着亚太地区局势的变幻，南海问题仍将是两国关系的主要风险点，成为中马关系的一大不稳定因素，但中马双方在维护南海和平上具有重要的战略共识，双方表示愿意通过对话和谈判协商来解决分歧和争端，并保持了务实合作的态度。中国与马来西亚间的关系在短暂低潮后呈现积极向好的趋势，这是由马来西亚政局、国际环境变化以及两国关系自身规律所致，体现了中马两国友好合作关系的强大韧性。

三、中国与马来西亚经济合作的未来发展前景

(一) 互惠互利的贸易关系将继续增强

在全球经济新背景下，中马双方在贸易领域的合作日益密切，互利互惠的经

济合作成果不断显现。随着"一带一路"倡议的不断推进，马来西亚已成为"一带一路"建设的重要节点之一，两国之间的贸易合作更加全面和深入，呈现稳定和持续的增长态势。

首先，马来西亚对中国的投资继续增长。近年来，中国强劲的经济增长势头、廉价的劳动力、巨大的国内市场以及不断改善的投资环境，吸引大批马来西亚企业到中国投资。当下，马来西亚作为新兴经济体，其经济出现了快速增长的势头。在出口导向型经济模式下，马来西亚国内的经济发展将进一步推动国内企业向中国投资。

其次，中国到马来西亚的投资日益增多。马来西亚是中国投资者打入东盟市场的重要渠道，中国企业在马来西亚的投资所涉及领域包括基础设施建设、制造业、能源、生物工程等，这些投资不仅促进了马来西亚的经济发展，也为中国企业提供了更广阔的市场和投资机遇。

最后，中国和马来西亚之间签署了一系列双边贸易协议和合作协议，为贸易往来提供了更加稳定和有利的环境。

中国与马来西亚开展经贸合作，一方面有助于马来西亚实现国家发展战略，推动产业结构升级，助力马来西亚形成具有竞争力的产业体系；另一方面为中国大量的外汇储备及基础设施建设和制造业方面的产能找到投资渠道，填补马来西亚进行工业化的资金和技术缺口。中国与马来西亚间的经贸合作，已然成为两国在"一带一路"框架下实现互惠共生的理想模式。

（二）双方在优势领域合作的潜力不断释放

与其他东盟国家相比，马来西亚在营商环境、华裔群体、自身对外资需求等方面拥有一定的优势。除电子商务、基础设施建设、电子产品以外，还有一些可持续发展的领域，如农渔业、人文交流等，这些优势为中国外贸企业提供了良好的营商环境，将促使中马两国在各自优势领域继续展开深层次经贸合作。

首先，马来西亚地理位置优越，连接东亚和南亚，与世界各地的贸易中心相连，紧邻马六甲海峡和新加坡，使得马来西亚成为重要的海上航运枢纽。这个战略位置促使马来西亚成为国际转口贸易的理想选择。中国与马来西亚的经贸合作，为中国企业与世界各地进行贸易往来提供便利，不仅提供了高效的运输通道，还大大缩短了货物的运输时间和成本。

其次，马来西亚积极参与自由贸易协定的谈判和签署，与多个国家和地区达成了自由贸易协定。这些协定为企业提供了更广阔的市场准入和更低的关税壁垒，为投资马来西亚的中国企业开创国际市场创造了有利条件，方便中国企业通过马来西亚市场，将产品转口到其他国家。

（三）新发展格局下共建"一带一路"新方向

为响应"高水平对外开放"的决策，共建"一带一路"倡议成为重要的实战平台。中国将以更加开放的姿态，拓展与马来西亚进行经贸合作的新领域，将数字经济、绿色经济和"海上丝绸之路"经济带结合起来，使得"一带一路"在建设的第二个十年实现数字化赋能和绿色转型。

近年来，中国同马来西亚间的智能科技领域合作成果丰硕，是马来西亚数字经济发展道路上最重要的伙伴之一，两国探索在5G应用技术、芯片技术、云计算、大数据等领域的合作，双方高新技术产业合作力度持续扩大深化。随着数字经济的快速发展，中国与马来西亚可以加强在电子商务、数字支付、人工智能等领域的合作，推动双方数字经济的发展和创新。

未来，"一带一路"除了向数字化方向延伸，还会向绿色化转型。诸多新能源、节能环保、污水处理的企业在其中发挥重要作用。在绿色能源合作领域，中国广核新能源控股有限公司是东盟最大的独立发电商，也是马来西亚清洁能源的主要提供商。该企业创造了大量的就业机会，惠及民生，带来了先进的技术，帮助马来西亚摆脱对传统能源的依赖。

四、促进中国与马来西亚经济交流、提升双边贸易的建议

事实证明，共建"一带一路"倡议有利于推动中马两国互联互通，扩大贸易市场规模，充分释放中马两国的发展潜力，为世界经济增长提供强劲动力和广阔空间。共建"一带一路"倡议满足马来西亚国家现代化和融入全球化的需要，有利于破解马来西亚发展面临的"机遇和挑战"并存的情境，促进马来西亚更好地融入亚太经济圈，共建"一带一路"为两国关系特别是经贸合作发展提供了政策引领、设施保障、资金便利和民意支持，为进一步促进两国的经济交流，提升双边贸易，可着力做到以下几点：

（一）强化在政治安全、经济贸易和社会人文三方面的认同意识

在中马双边层面，政治安全、经济贸易和社会人文三驾马车日益协调、稳健，推动全面战略关系走向深入。目前中国与马来西亚两国多次举行高层对话，对话内容涵盖了三驾马车各个领域，推动了三驾马车的顶层设计与规划，使得中

国与马来西亚双边合作进入机制化、规范化轨道。

在政治安全方面，增强政治安全认同意识有利于建立两国之间的信任，增强经贸合作的稳定性，减少潜在的政治风险和不确定性。通过政治安全认同，中马两国能够更好地识别和追求共同的利益和目标，从而增强合作的动力和效果。此外，政治安全认同可以加强中马两国在面对风险和危机时的合作与应对能力，更好地维护两国的安全和利益。为了进一步加强中国与马来西亚间的政治安全合作，以便促进两国贸易往来，中马两国应加强两国高层对话和沟通。通过定期的高层会晤，双方能够就共同涉及的政治安全问题进行深入交流，增进相互了解和互信。就跨国犯罪、国境问题和网络安全等问题展开磋商，共同制定应对措施和加强相关的合作。

在经济贸易方面，增强经济贸易认同意识可以帮助中国与马来西亚认识到彼此的互利共赢的潜力，更好地了解对方市场的需求，提升贸易规模和产品质量，扩大市场份额，促进两国在贸易和投资领域的合作，实现经济互补和共同发展。此外，增强经济贸易认同意识可以促使双方减少贸易壁垒和限制，加强贸易便利化和自由化，提升双方的贸易流通效率和竞争力。要增强两国在经济贸易方面的认同意识，一方面，中国同马来西亚可以加强政策的对接和沟通，通过签署双边合作文件，为企业和项目提供更好的政策支持和保障。另一方面，中马两国需要推动贸易便利化措施的落实。例如，简化海关手续、加快通关速度、优化贸易流程等，以便降低贸易成本。

社会人文方面的认同意识对促进中马两国友好关系和人文交流至关重要，增进社会人文方面的认同意识可以促进中国与马来西亚间的文化交流和互鉴，增进双方对彼此文化的理解和尊重，促进文化多样性的发展。要增强中马两国在社会人文方面的认同意识，首先，要加强民间的人文交流，例如文化艺术交流、体育交流等，通过文体活动增进两国人民间的相互了解和友谊；其次，要协同弘扬和传承共同的价值观，例如尊重多样性、平等与公正、和平与合作等，从而增进中马两国的认同和共识；最后，要加强教育和学术领域的合作，包括学术交流、留学生互换等，促进双方知识和智力的共享。

（二）提升贸易投资自由化、便利化，提高产业链和供应链运行效率

在促进中国与马来西亚两国经贸合作的道路上，应不断优化结构，扩大对外开放程度，提升贸易投资自由化、便利化，从而实现进出口促稳提质，把优质存量外资留下来，把更多高质量外资吸引过来。

第一，中马两国提升贸易投资自由化、便利化，可以通过签署双边投资保护

协定等文件，降低贸易壁垒和进口关税，鼓励互利互惠的贸易，扩大双边贸易规模。第二，中马两国可以鼓励和促进双向投资，提供更好的投资环境和保护，加强投资合作的法律框架、监管机制和政策支持，确保双方的投资者在对方国家的权益得到保护，提供稳定的和可预见的投资环境。第三，中国与马来西亚需要简化和加速贸易手续办理，双方共同努力改善贸易环境，加快通关速度，减少贸易限制和审批程序，降低贸易成本，提高贸易便利化水平。第四，中马两国需要加强企业间的合作，鼓励技术转让和人员交流，提高产业链的完整性和供应链的稳定性。通过产业链对接，促进产业链的延伸和深化，优化供应链管理和物流配送，提供供应链的效率和可持续性。同时促进产业链供应链互联互通，提升产业链供应链的数字化、智能化水平，以数字化打通产业链供应链的各个环节，提高产业链供应链运行效率。

（三）加大在数字经济、绿色经济、人工智能等新兴产业上的经贸合作

数字经济、绿色经济、人工智能等新兴产业是全球经济发展的重要方向，中国同马来西亚加大在这些领域的合作可以推动两国经济的转型升级，提高经济竞争力，并且通过发展新兴产业的合作与合资，可以促进科技创新的交流合作，推动两国技术进步和产业发展。除此之外，绿色经济的发展可以促进资源的有效利用和环境保护，利于中国与马来西亚共同应对气候变化和环境挑战。

第一，中马两国政府可以签署相关合作协议，建立双边工作组，定期举行高层对话，共同制定政策和规划，推动两国在新兴产业领域的合作。双方加强政策沟通和协调，制定支持数字经济、绿色经济、人工智能等领域发展的政策，提供优惠政策和投资环境。第二，中马两国可以通过开展人才培训、交流计划，促进新兴产业领域的人员互访和技术交流，提升两国人才的专业能力和合作水平。第三，中国同马来西亚可以建立合作平台，例如科技园区、研发中心等，为两国企业提供合作机会和资源支持；或是举办双边经贸论坛、研讨会等活动，为企业提供交流的平台，从而促进中马两国新兴产业的合作与发展。

参考文献

[1] 郑达. 试析马来西亚华商对华投资的发展、问题与对策 [J]. 南洋问题研究，2009 (03)：67-76+82.

[2] 丁晓利. 双边贸易保持高速增长 [N]. 中国国门时报，2021-09-13 (001).

[3] 白舒婕.中马经贸：释放新红利显现新机遇[N].国际商报，2022-05-10（001）.

[4] 黄科宏.中马"两国双园"提质升级促高水平开放[J].当代广西，2023（04）：12.

[5] 文园园.中马"两国双园"产业合作新模式的思考与启示[J].企业改革与管理，2022（08）：171-173.

[6] 郭艳，林奕杉.RCEP助力中马经贸合作投资领域持续拓宽[J].中国对外贸易，2021（09）：64-65.

[7] 李源.访马来西亚前副总理安瓦尔：中国是最强有力的发展合作伙伴[EB/OL].（2008-10-26）[2022-05-23].http://cpc.people.com.cn/n1/2018/1026/c164113-30364810.html.

[8] 常辉，徐超群."一带一路"倡议前后中国与马来西亚经贸合作之比较分析[J].中共济南市委党校学报，2020（02）：46-52.

[9] 黄家泉.马来西亚相遇中国"一带一路"倡议——背景与机遇的探讨[J].文化软实力，2017，2（02）：5-9.

[10] 梅叶灵."一带一路"倡议下的中国与马来西亚关系研究[D].厦门：厦门大学，2019.

[11] 刘婷婷."一带一路"背景下中国与马来西亚经贸合作发展与前景分析[J].经贸实践，2017（22）：110-111.

中菲经贸创新发展示范园区建设的愿景与对策

杨慧盛[①]

一、引言

2021年是中国与东盟建立对话关系的第30年，30年间，中国与东盟在政治合作、经贸互通和文化交流等领域取得了丰硕的成果，其中经贸互通所取得的成果最为显著。菲律宾作为东盟的主要成员国，多年来一直是中国在东盟的第一大贸易伙伴、第一大进口来源地和第三大出口目的地。2016—2021年，中菲双边进出口总额从472.1亿美元增长至820.5亿美元，同比增长34%。2022年，随着《区域全面经济伙伴关系协定》（RCEP）正式对菲律宾生效，中菲双边贸易额达877.25亿美元，若计入中国港澳台地区与菲律宾的贸易额，中菲进出口总额达到1115亿美元，占菲律宾全年贸易总额一半以上。

2021年11月22日，习近平主席在中国—东盟建立对话关系30周年纪念峰会上提出，高质量共建"一带一路"，全面发挥《区域全面经济伙伴关系协定》的作用，尽早启动中国东盟自由贸易区3.0版建设，提升贸易和投资自由化、便利化水平，共建经贸创新发展示范园区，打造"一带一路"国际产能合作高质量发展示范区。

[①] 集美大学外国语学院。

中菲经贸创新发展示范园区的建设是中菲双方加强双边合作，推动贸易发展的必然选择，本文拟将分析中菲经贸创新示范园区建设的原因，简要介绍创新示范园的情况，对示范园区建设的愿景做出展望，并提出相应的对策。

二、中菲经贸创新发展示范园区建设原因

中菲经贸创新发展示范园区的建设是中菲两国近年来深化国际合作的新模式、推进"一带一路"建设的重要举措。从历史积淀、亲缘关系、地理位置、经贸往来和产业互补等方面来看，"两国双园"项目是历史、现实和时代的必然选择。

（一）历史积淀

明朝"隆庆开关"伊始，漳州月港便与东南亚、中南半岛、朝鲜等国家和地区有直接贸易往来，主动参与世界大航海时代的"马尼拉大帆船贸易"，闽商的月港—马尼拉航路的接驳，将"马尼拉大帆船贸易"延伸到东亚大陆和欧洲大陆。这一时期，月港的贸易航线有18条，通往世界各地多达47个贸易国家和地区，连接起"马尼拉大帆船贸易"航线中马尼拉（菲律宾）、阿卡普尔科（墨西哥）、塞维利亚（西班牙）等重要港口，成为东南沿海与东西洋之间的贸易中心和交通中心，是当时从中国经马尼拉（吕宋）至美洲、欧洲的"海上丝绸之路"的主要启航港。

（二）亲缘关系

随着漳州月港的开放，中菲贸易日益发展，越来越多的漳州商人附搭月港商船到马尼拉定居。侨居在马尼拉的闽南商人多来自漳州府，尤其是漳州府下属的海澄、尤溪和漳浦等地的村镇。据20世纪80年代的统计数据，祖籍漳州的菲律宾华侨有约3.3万人。中国改革开放后，一批漳州人通过投亲、投资移民菲律宾，他们在中国出生成长，接受故乡教育，与祖国和家乡感情深厚，联系密切，更了解祖国和家乡的政情、社情和民情。

（三）地理位置

在地理位置上，漳州与菲律宾直线距离约1060千米，海上航程只需3天。漳州海岸线长达682千米，居福建省第二，具备与菲律宾隔海相望、面向东南亚的区位优势，地理位置优越，区位优势明显，岸线资源丰富，港口条件得天独

厚。目前漳州港共有 6 个港区，分别分布于龙海、漳浦、诏安、东山 4 个沿海县市，从东北至西南依次为镇海、招银、石码、古雷、东山和诏安。全港规划码头岸线 54 千米，深水泊位 60 个以上，各港区集疏运条件优越，水路、铁路、公路运输便利。

（四）经贸往来

福建省作为"21 世纪海上丝绸之路"建设核心区，与菲律宾在经贸、投资等方面有着密切联系，是菲律宾主要贸易伙伴，也是双向投资的关键来源地和目的地。近五年来福建与菲律宾进出口贸易额年均增长 15.6%，2022 年达 845.1 亿元人民币，增长 11.7%。地处福建核心区的漳州区位优势明显、资源要素丰富、产业基础扎实、侨台资源优越，与菲律宾有着紧密的贸易往来，在经贸领域的合作前景广阔。2018—2022 年，漳州与菲律宾进出口贸易超过 100 亿元，菲律宾对福建投资的 55% 流往漳州。

（五）产业互补

在农业和渔业方面，菲律宾的农业资源丰富，海产品年产量可达 420 万吨。项目可依托漳州园区在科技、物流上的优势，建设现代化农业产业园区和活禽及活畜进口加工基地。菲律宾是东盟重要的食品制造国，食品加工是漳州的传统优势产业，双方可基于各自在食品加工上的优势，共同打造国际化的食品加工产业链。

在制造业方面，菲律宾的热带林业资源极为丰富，铜、镍等金属矿产和砂石储量全球排名第五。漳州的造纸业、家具业对原材料需求量很大，风电、光伏等新能源产业优势明显，双方可在林木深加工和新能源等方面共同打造国际化产业链、供应链。

三、中菲经贸创新发展示范园区概况

"两国双园"项目有利于深化中菲双边贸易往来，进一步加快贸易便利化，加强跨境电商、海外仓、大宗商品等领域合作，不断优化贸易结构、扩大贸易规模。同时，示范园区建设能够共促产业合作，以食品加工、海洋渔业、石油化工、新材料新能源等产业为合作重点，加快国际产业链、供应链、价值链深度融合，共同壮大产业集群。示范园区的建设包括漳州园区和菲律宾园区的建设。

漳州园区目前形成了"一园、五片区、多基地（中心）"的架构，总规划面积 266.73 平方千米，以食品加工、海洋渔业、石油化工、新材料新能源、林木深加工等产业为合作重点，打造产业链、供应链、价值链深度融合的国际分工合作模式，深入推进双边合作。漳州园区包括诏安片区、东山片区、漳州开发区片区、常山片区和古雷片区。

菲中经济合作产业园区拥有一站式的行政服务、成熟的招商政策、完备的生产制造要素和高技能的人力资源，支持加工制造业、电子半导体、造船、物流、服务外包、能源、现代农业和旅游业的运营发展。目前菲方已有两个园区与漳州开展合作，分别是亚泰产业园和菲中经济合作产业园。

四、中菲经贸创新发展示范园区建设的愿景与对策

中菲经贸创新发展示范园区的建设发展将从以下四个方面进行：
1. 建设资源互补的贸易投资园区。
2. 打造创新发展的服务贸易平台。
3. 探索以科技研发为中心的产业合作新模式。
4. 构筑服务业合作新高地。

中菲示范园区将以食品加工、海洋渔业、石油化工、新材料新能源和林木深加工等产业为合作重点，发展坚持分步实施，到 2035 年最终实现国际产业服务体系完备、对外合作机制完善、经贸创新发展窗口作用显现，成为与菲律宾等东盟国家经贸合作的桥梁和纽带。

（一）食品加工领域的愿景与对策

食品加工业是漳州传统优势产业，菲律宾和东盟农产品是食品加工业的重要原材料来源，菲律宾也是东盟食品制造业的重要国家，打造农副食品原材料生产——大宗农副食品加工——食品消费端精深加工的国际食品产业链，充分发挥漳菲在国际食品产业链上的分工优势，推动国际食品产业链和供应链深度融合。

中菲经贸创新发展示范园区有望在初级产品、中级产品和最终产品三方面形成食品加工产业链和供应链的深度融合。

在初级产品方面，中菲双方可在农副产品和农业机械等领域开展合作。农副产品种植宜布局在菲律宾，在菲律宾园区建立制糖农业产业园、特色水果种植基地、标准化蔬菜种植基地和食用菌种植基地，提供椰子、香蕉、菠萝、芒果、食用菌、甘蔗、茶叶等初级农副产品。农业机械宜布局在漳州，在漳州园区建设智慧农业机械装备生产线、农业机械修造基地和技术培训中心以及中菲农业科技合

作中心，专门用于研究果蔬、食用菌、经济作物等农业种植技术、甘蔗制糖技术和智慧机械制造技术等，并生产植保机、轨道搬运机、重量分级机和拖拉机等机械产品。

在中级产品方面，中菲双方可在大宗农副产品加工和大宗饲料与宠物食品等领域进行合作，利用漳州在食品加工方面的优势，在漳州建设国家级食品工业基地、水产饲料工厂和跨境宠物食品贸易基地，努力开发粮食和粮油加工技术、饲料添加剂技术、宠物饲料配方技术、制糖技术等，生产大米、玉米、豆类糖、食用油、木薯粉、淀粉糖、乙醇以及宠物的主粮、罐头、处方粮、零食等。

在最终产品方面，中菲双方可在健康休闲食品和食品包装两个领域进行合作。在漳州和菲律宾园区布局健康休闲食品和食品包装产业，建设菲律宾椰子加工基地、热带果蔬加工基地，生产冻干、罐头、果汁、果酱等水果加工食品，生产果胶、色素、香精油、柠檬酸等副产品以及椰子油等功能食品。在漳州园区布局食品机械产业，建设先进的包装生产线，开发先进的水果加工技术、椰子油提取技术及智能包装、生物可降解、无菌包装等技术。

为建成这三方面的食品加工产业链和供应链的深度融合，中菲双方可进行如下三个阶段的建设：

首先，推动农副食品贸易规模扩大，形成国际食品产业链初步分工。政府应开启漳菲农副食品产业合作谈判，同时完善港口配套基础设施，制定鼓励漳菲农副食品贸易的政策，为招商引资做准备。漳州示范区的企业应根据政府的指导政策，启动重大项目，利用自身的物流和食品加工优势，建设中国—东盟粮油食品物流中心和国家级食品工业基地，逐步扩大大宗粮油商品贸易，启动大宗粮油深加工等项目。另外，引导企业布局菲律宾园区，建设健康休闲食品生产线和食品包装生产线。

其次，延伸国际食品产业链，推动分工向纵深发展。推动中菲两国政府合作，进行招商引资和重点项目策划。企业应在菲律宾园区建设种植基地和配套农业基础设施，如：建设特色种植基地，并为基地建设配套的果蔬加工基地和相应的基础设施。在漳州园区扩大健康休闲食品产能，提高企业的食品包装效率。

最终，形成成熟的国际食品产业链分工模式。中菲两国政府应开启在产业投资基金、种植技术转移、人员交流培训等领域的合作。在菲律宾园区建设种植基地人员与技术培训中心、创办农副产品初级加工厂、建设农业机械修造基地和技术培训基地。在漳州园区建立中菲农业科技合作中心，继续推进大宗粮油加工项目，开启大宗饲料与宠物粮食项目。

（二）海洋渔业领域的愿景与对策

充分发挥菲律宾的水域自然资源与中国海洋渔业的技术和产能优势，大力推动中菲两国在海洋产业规划、海洋环境监测、海洋资源勘探、环境友好型水产养殖、资源养护型渔业捕捞、水产品加工、渔业装备、渔业基础设施、海事服务、海洋保险等领域交流合作。

中菲双方有望在资源循环、初级产品、中级产品和最终产品等四个方面进行交流合作。

在资源循环方面，中菲双方应开展海洋渔业产业规划、渔政管理、海事服务和海洋保险合作，共同进行海洋环境监测、资源勘探。充分利用菲律宾的鱼类、虾蟹类、贝类、藻类资源和珊瑚礁生态系统，在菲律宾园区建设南太平洋大数据中心、海洋环境监测中心、渔业公共服务信息平台，设立海洋产业投资基金，共同发展海洋生态保护与修复技术、北斗卫星导航与遥感技术、鱼群监测技术和海洋工程勘察技术。

在初级产品方面，中菲双方应在资源养护型渔业捕捞、环境友好型水产养殖、渔业养殖装备与设施、渔业船舶装备、渔业基础设施和水产育种保苗等领域开展合作。在漳州园区建设远洋渔业捕捞生产基地、渔业装备修造基地、中菲渔业技术转移中心、绿色渔船修造中心、饲料工厂和种苗繁育基地。共同开发网箱养殖技术、疾病防控与育种技术、渔业装备修造技术、渔农综合种养技术等，以生产智能网箱、深海养殖工船、围网渔船、远洋捕捞船舶，开发新型渔具，进行鱼、虾、蟹、贝、藻等品种的科学育种。

在中级产品方面，中菲双方应在水海产品养殖、饲料肥料原料、海洋生化原料、远洋渔业和休闲渔业等领域开展合作。布局菲律宾渔业主产区，在菲律宾园区建设菲律宾渔业中心、冷链冷库基础设施，发展观赏鱼和渔事体验等休闲业态。在漳州园区布局水产品深加工产业，建设渔获加工分拣中心、水产品加工出口基地，研发冷冻储藏生产技术、饲料原料加工技术、水产品综合利用加工技术和远洋渔业综合监管技术，生产冷冻水产品、水产干制品。

在最终产品方面，中菲双方应在海洋食品、海洋日化及生物制品、海洋药物、医用生物材料和新型饲料肥料等领域开展合作。在漳州园区布局海洋生物制品产业、海洋生物医药和海洋大健康产业，建设海洋功能食品工厂、海洋健康休闲食品工厂、海洋生物医药研发中心、海洋大健康产业基地。在菲律宾园区布局海洋日化及生物制品制造产业，建设新型饲料工厂。中菲双方共同研发水产品冷冻食品加工技术、水产品罐藏食品加工技术和海洋生物医疗加工技术，生产休闲海洋产品零食、鱼类罐头产品、海洋保健品、海洋化妆品和新型饲料、饲料添加剂等。

为达成上述四方面的海洋渔业产业发展，中菲双方可进行如下三个阶段的建设：

首先，探索海洋渔业投资合作新模式。中菲两国应共同推动开展渔业合作谈判，签署渔业合作框架协议，同时开展海关、渔业资源调查合作。企业应该在菲律宾园区成立赫兹水产品加工公司，依靠菲律宾的渔业资源，布局金枪鱼、沙丁鱼及水海产品初级加工工厂。中菲企业应开展渔业加工装备清关合作，布局船舶修造基地，同时充分利用已有的渔业数据资源，在漳州园区建设水产交易平台、水产品检验检测平台和冷链物流基地。

其次，合作提升水产品生产和加工规模。中菲两国政府应共同推动合作规划，支持企业通过不同形式扩大生产规模和产能。企业可通过合资、并购、入股、境外注册公司等形式开展渔业养殖、捕捞和加工。菲律宾园区可进一步完善渔业基础设施配套建设，建设渔业基地、冷链物流基地和远洋牧场项目等。同时在漳州园区布局海洋生物医药制品项目，建设中菲医疗健康产业园区、海洋健康基地以及水产育苗技术合作中心等。

最后，推动渔业养殖和加工工业产量、质量和附加值提升。中菲两国政府应加快在产业投资基金、渔业技术转移、人员交流培训等领域的合作，并在此基础上打造跨国渔业产业链。企业应在菲律宾园区建设大型渔业养殖基地，扩大渔业生产规模、建设休闲渔业综合体、建设渔业技术转移中心。同时，在漳州园区扩大海洋生物医药、海洋食品等高附加值终端产品生产规模，建设南太平洋渔业大数据中心。

（三）石油化工

依托古雷开发区港口，重点发展石化贸易，建立稳定、可靠的境外资源供应渠道，扩大对菲律宾基础化工原料出口，向下游化工新材料及精细化工产品延伸。构建"石油勘探开发—油气贸易—石油炼化—化工基础原料—精细化工及化工新材料—下游应用"的跨境产业链。

中菲双方有望在资源开发、初级产品、中级产品和最终产品等四个方面进行交流合作。

在资源开发方面，中菲双方有望在海上油气勘探和油气贸易两个领域进行合作。在漳州古雷片区和菲律宾油气产区布局油气勘探开发技术中心、海洋工程装备产业园和石化产品贸易中心，共同研发深水油气勘探开发技术、建造海洋工程船舶，搭建油气生产平台。

在初级产品方面，中菲有望在石油炼化领域开展合作。在漳州古雷片区布局炼化一体化生产基地，研发炼油化工一体化技术、节能减碳生产工艺、二氧化碳捕集和资源化利用技术，用以生产成品油、烯烃和芳烃等有机化工原料。

在中级产品方面，中菲双方有望在高端通用合成材料、化工新材料和精细化工等领域开展合作。在古雷片区布局化纤工厂，建设工程塑料生产基地、日用化工材料生产基地和电子化学品生产基地，共同开发高性能复合材料技术和先进的高分子材料技术，用以生产 PTC 树脂、聚苯醚等高性能工程塑料，光刻胶、特种环氧树脂等电子化学品以及聚酯纤维和碳纤维等化工产品。

在最终产品方面，中菲双方有望在织造和染整、鞋服、家纺、塑料加工和医疗健康用品等领域开展合作。在菲律宾巴朗牙产业园布局纺织服装工厂、母婴用品工厂、医疗用品工厂和塑料制品厂，研发纺织和染整智能化技术、服装设计和制造技术、塑料改性及加工技术，用以生产熔喷布、无纺布、鞋服、家纺、塑料包装、塑料薄膜、母婴用品和医疗卫生用品等。

为达成上述四方面的石油化工发展，中菲双方可进行如下三个阶段的建设：

首先，扩大基础化工业原料出口。中菲政府应积极推动两国签署轻工纺织合作框架协议，并开展纺织品等标准的认证合作。中菲企业应合资成立纺织服装公司，可在菲律宾园区建设鞋服、家纺生产线，并开展纺织机械装备清关合作。成立油气贸易合资公司，建立可靠的境外资源供应渠道，如在漳州园区建设石化线上贸易平台、扩大炼化一体化产能、建设化工新材料生产基地等，在菲律宾园区建设塑料包装、日用塑料生产基地。

其次，探索石油化工合作新方向。中菲政府应探索重启南海油气合作，建立磋商机制，建立石化技术转移机制，并开展石化及纺织人才合作培养。两国企业应开展化工装备清关合作，发展服务一体化合作模式。同时在菲律宾园区建设油气联合勘探中心、服装设计中心及纺织技术研究中心，在漳州园区申请设立古雷综合保税区，打造石化保税中转基地和国际航线补给线基地，并布局海洋工程装备产业园。

最后，推动石化产业向价值链高端延伸。中菲政府应构建"石化产业+金融"的合作模式，探索石油化工多边合作。中菲企业应成立化纤纺织服装企业合作联盟，开展海洋工程装备清关合作。在菲律宾园区布局医疗卫生用品，建设塑料薄膜生产基地和特种工程塑料生产基地。在漳州园区扩大精细化工及化工新材料生产基地规模，建设塑料制品检验检测平台。

（四）新材料新能源

依托菲律宾丰富的铜矿、镍矿等重要资源，以矿产资源开发为纽带，构建利益共同体，增强矿产资源保障能力。推动优势产能规模化向外转移，从资源合作不断向矿山机械等装备合作、技术合作延伸。以绿色建材和新能源材料为重点方向，推动产业延链强链，构建"矿山开采—选矿冶炼—矿产品精深加工"国际产业链。

中菲双方有望在资源循环、初级产品、中级产品和最终产品等四个方面进行交流合作。

在资源循环方面，中菲双方将在矿产资源调查与评估领域开展合作，并签订合作备忘录。在菲律宾园区矿业主产区建设矿产品贸易中心和中菲矿业交流合作平台，共同开发矿产勘探技术和检测技术，主要生产金属、非金属和石材原料。

在初级产品方面，中菲双方将在金属矿开采及冶炼和非金属矿开采领域进行合作。在菲律宾矿业主产区及相关工业园区建设绿色金属矿业开采基地，镍、铜矿冶炼工厂和非金属矿采选加工基地，共同研发矿山开采技术、冶炼技术、矿山保护与修复技术和矿山装备，主要出产镍矿、铜矿、铬铁矿、金矿、石灰石、磷矿等。

在中级产品方面，中菲双方将在钢铁加工、玻璃及建筑材料和新能源电池材料等领域开展合作。在菲律宾巴朗牙产业园建设玻璃建材加工基地、钢材加工配送中心和高冰镍生产基地，研发玻璃建材加工技术、金属半成品材料加工技术和电池材料技术，主要生产平板玻璃、中空玻璃、水泥、瓷砖、钢材、铜管和三元材料等。

在最终产品方面，中菲双方将在新能源汽车和新能源装备两个领域开展合作。在漳州开发区片区、诏安片区、东山片区和福建省相关产业园建设海上风电设备产业园、光伏装备制造基地和新能源汽车及零部件基地，研发三电技术、金属制品深加工技术和可再生能源装备制造技术，主要生产高端不锈钢、风机、叶片、电缆、光伏组件和新能源充电桩等。

为达成上述四方面的新材料新能源发展，中菲双方可进行如下三个阶段的建设。

首先，探索矿业投资合作新模式。中菲政府应签署矿业合作框架协议，完善境外矿产资源勘查开发协调机制，并搭建中菲矿业合作平台，主要负责信息发布、资源拍卖、政策服务等。中菲企业应成立合资矿业投资公司，获取矿石加工专有权，并成立合资冶炼厂。在菲律宾园区进行镍矿、铜矿、铬铁矿开发项目，布局阴极铜、镍铁、高冰镍等冶炼及初加工项目。在漳州园区建设矿业产品贸易平台和有色金属检验检测中心。

其次，提高矿产开发利用水平。中菲政府应探索建立矿业技术转移机制，合作开展矿业人员培训。中菲企业应建立企业战略联盟，开展矿业设备清关合作和矿业产品贸易、物流运输合作。在菲律宾园区建设钢材加工及配送中心，建设平板玻璃、水泥、瓷砖加工项目。在漳州园区建设矿山机械装备生产维修基地，建设废钢、钢材质量检验平台。

最后，提高下游产品加工规模及附加值。中菲政府应共同推动完善矿业治理体系，推动矿业战略、政策、标准按规范对接互认。中菲企业应建立矿业利益共同体，开展新能源装备清关合作。在菲律宾园区布局绿色建筑材料生产基地，建设新能源电池材料生产基地和可再生能源电站。在漳州园区建设新能源汽车及零部件制造基地，建设风电、光伏装备制造基地。

（五）林木深加工

依托菲律宾丰富的热带林业资源和中国市场需求与技术优势，构建林竹木及家具跨国产业链，对接两国林业发展需求，推动两国在林业基础设施、植树造林、生态保护、林竹产品加工、林木贸易等领域的交流合作。重点发展造林育种、木材、制浆与造纸、板材制造、精加工木制品和印刷包装六大产业领域，推动两国林业产业链提质升级和林业资源的可持续开发。

中菲双方有望在资源循环、初级产品、中级产品和最终产品等四个方面进行交流合作。

在资源循环方面，中菲双方有望在热带林业资源调查与评估、热带林业产业规划、热带林业公共管理三个领域进行合作。在菲律宾热带林业主产区建设热带林业技术服务平台、热带林业生物物质资源库和林业公共服务信息平台，共同研发农林业环境保护与修复技术、北斗卫星导航与遥感技术和农林业检测技术，搜集林木资源数据，建立木材流通和批发平台。

在初级产品方面，中菲双方有望在造林与育种、森林病虫害防治、树木种植和林业机械四个领域开展合作。在菲律宾热带林业主产区栽种经济林和药材林，建设高标准种植基地和肥料工程、树苗繁育基地，共同研发高产高效栽培技术、疫病防控技术、种植培训技术和农业机械装备修造技术。

在中级产品方面，中菲双方有望在木材初级加工、木材原料、纸浆、板材四个领域进行合作。在菲律宾热带林业主产区建设木材加工基地和木浆纸浆加工基地，研发干燥、萃取、粉碎技术，木材加工利用技术和农林类产品综合利用加工技术，主要生产木浆、林竹浆、胶合板、纤维板、细木工板和绿色功能性板材等。

在最终产品方面，中菲双方有望在造纸及纸制品、家居木业、绿色包装品和林下药材四个领域开展合作。在漳州园区建设食品加工厂、家居工厂、造纸及纸制品工厂和林下药材深加工基地，共同研发食品加工技术、家居制造技术、日化产品加工技术以及林下药材加工技术，主要生产家具为主的木质用品、纸制品、包装品、印刷品和林下药材。

为达成上述四方面的林木深加工发展，中菲双方可进行如下三个阶段的建设。

首先，探索林业合作新模式。中菲政府应开启中菲两国林业合作谈判，两国企业基于谈判成果进行合作，开展两国林业资源调查和林业机械设备清关合作。在菲律宾园区建设林竹产品初加工项目、林下药材初加工项目和林浆纸一体化基地。在漳州园区建设高端家具生产基地和造纸、印刷包装生产基地。

其次，合作扩大林产品合作范围和热带林业生产加工规模。中菲政府应合作开展重点项目清单编制，开展种植采伐技术培训。中菲企业应合作建立工业原料林基地，投资林业基础设施建设。在菲律宾园区建设木浆生产基地、建筑板材生产基地和家居加工生产基地。在漳州园区建设纸浆、木材等原料贸易平台，扩大造纸和印刷包装生产规模。

最后，推动种植、采伐、加工规模扩张和价值提升。中菲政府应开展林业资源生态开发和保护交流合作。中菲企业应合作建立天然纤维研究中心、成立合资林业高新技术公司。在菲律宾园区扩大原料基地规模和板材、家居生产基地规模，建设林业废料回收利用基地。在漳州园区建设家具家居展示贸易中心，完成漳州林竹浆纸一体化。

四、结语

2023年是"一带一路"倡议提出十周年，"两国双园"项目是近几年来我国推进"一带一路"建设的重大举措，是中菲双方深化国际合作的新模式，是两国"双向奔赴"、互利共赢的经贸合作新模式，为中菲经贸合作搭建新的平台、开辟新的赛道。中菲两国应充分把握《区域全面经济伙伴关系协定》（RCEP）正式生效的历史契机，以中菲经贸创新发展示范园区建设为支点，充分利用好示范园区协同发展的优势特点，以食品加工、海洋渔业、石油化工、新材料新能源、林木深加工等产业为合作重点，深化中菲两国的经贸合作，探索并打造产业链、供应链、价值链深度融合的国际分工合作模式，深入推进双边合作，共建可持续和富有弹性的商贸环境，共享发展红利，维护和促进区域经济稳定繁荣，推动共建"一带一路"高质量发展，为携手推进人类命运共同体的构建而努力。

参考文献

[1] 赵锦飞，杜正蓝. 月港，大航海时代的丝路传奇 [N]. 福建日报，2023-05-19（7）.

[2] 林依妮. 开创共建"一带一路"合作新模式——中菲经贸创新发展示范园区诞生记 [N]. 闽南日报，2023-08-18（1）.

平台类跨境电商出海东南亚地区的拓展研究与政策建议

郑婕[①]

作为全球跨境电商的新兴市场之一，东南亚在短短几年内迅速发展。近两年自新冠肺炎疫情影响，欧美市场面临需求下降、消费紧缩，东南亚却一跃成为全球增速最快、潜力最大的细分增长市场，其数字经济规模预测将于2030年达1万亿美元，数字经济下的东南亚在未来十年显露出更大的价值经济，并在全球市场中日益上升。同时，随着中国与东南亚贸易规模日渐扩大，尤其《区域全面经济伙伴关系协定》（RCEP）签订并生效落地后，拥有文化地缘政治接近优势的东南亚成为中国电商企业的下海热门之选。

跨境电商企业平台以其丰富性、兼容性、开放性及便捷性成为中国企业出师海外市场的先遣部队。阿里巴巴、京东等电商航母从2013年起就争先恐后进驻东南亚，大刀阔斧地开疆拓土、逐鹿争霸。2016年阿里巴巴通过收购 Lazada 和 Redmart，快速占领东南亚主要电商平台，实现全境覆盖的目标；2014年京东在印尼、越南等东南亚国家重金布局，2015—2016年又分别与印尼、泰国本地的龙头企业一起合资合作成立了京东印尼和泰国站；腾讯也通过投资东南亚本土的电商 Shopee 进入东南亚市场进行掘金；TikTok 也自2021年起在东南亚市场正式从短视频媒体发展到电商带货，并于2022年6月全面上线小店功能，开展跨境电商业务；拼多多国际旗下的 Temu 也在2023年6月将菲律宾作为其进军东南亚

[①]集美大学外国语学院。

的首发地。

在东南亚电商市场日趋白热化的情况下，并不是所有的电商平台都能一帆风顺，不少跨境电商在东南亚电商市场明显遭遇水土不服。比如，京东在投入超100亿元人民币之后，遗憾地收缩东南亚业务，关闭印尼子公司和京东泰国站。东南亚地区地域广阔、地理状况复杂、文化多元、基础设施有待完善，中国跨境电商能否在此复制中国经验和电商模式，再创行业的辉煌？本文将从学理根源和实践角度对数字时代的东南亚进行分析，并针对商流、信息流、物流、资金流四方面的困局为中国平台类跨境电商企业在东南亚的发展提出对策建议。

一、数字时代东南亚市场的新机遇

随着数字技术的快速发展和数字产业化的不断深入，再加上近年来新冠肺炎疫情深刻改变了社会经济活动，数字经济正在成为世界上许多国家的重要发展趋势。"数字经济"指"以使用数字化的知识和信息作为关键生产要素、以现代信息网络作为重要载体、以信息通信技术的有效使用作为效率提升和经济结构优化的重要推动力的一系列经济活动"。数字经济为东南亚各国提供了新的发展机遇。东南亚自身数字经济发展潜力大，将成为中美欧以外全球第四大数字经济市场。据统计，2022年东南亚的数字经济总交易额接近2000亿美元，占GDP数值的5%~10%，同比增长20%，预计2030年数字经济总额可达到1万亿美元，其增长速度将达到GDP增长速度的2倍。其中，东盟最大的六个经济体的增长尤为明显，如下图所示，届时印度尼西亚将增至2200亿~3600亿美元，新加坡将增至400亿~650亿美元，马来西亚将增至400亿~700亿美元，泰国将增至1000亿~1650亿美元，菲律宾将增至1000亿~1500亿美元，越南将增至1200亿~2000亿美元。

东南亚地区尽享数字经济增长的天时、地利、人和。当今世界第四次工业革命浪潮来袭，数字经济成为战略新高地。单看2019—2022年的东南亚数字经济发展就可见一斑。虽然疫情对地区经济产生一定的负面影响，但是疫情之下在实行社交距离规范的情况下，电子商务交易大幅增加，疫情催生的"宅经济"改变了人们传统的消费习惯，消费者纷纷转向电子商务平台，给电子商务和数字经济的发展创造了更多的机会，在线销售额逆风直上，中小企业纷纷走上数字化转型之路，同时这场全球大流行的疫情在一定程度上给东南亚各国政府施加压力，让他们尽快地改善基础设施和配套服务，为电子商务和数字经济提供强有力的政策支持。

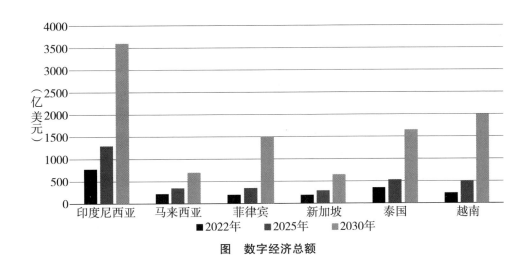

图　数字经济总额

各国高度重视本国的数字化进程，分别在数字经济发展所需的要素禀赋、基础设施、政府治理与监管和营商环境等四个指标上进行了一定程度的改革和完善，并提出相关政策辅助其发展。比如泰国提出了数字泰国4.0战略，颁布了包括《泰国经济和社会发展战略数字计划（2020—2024）》在内的一系列计划，目的在于推动数字经济发展，转变成"以价值为基础的经济体"，同时设立东部经济走廊（EEC），有望将该地区打造成一个技术制造和服务枢纽；马来西亚为了推动相关服务业企业的数字化转型和公共部门的结构改革，加快电子商务发展，相继发布多项相关数字经济政策和计划，比如《国家工业4.0（2018）》《国家第四次工业革命政策（2021）》以及《马来西亚数字经济蓝图（2021）》，希望在10年内构建"可信、安全和道德的数字环境"，"创建一个包容性的数字社会"；印度尼西亚在《国家人工智能战略2020—2045》中提出其国家发展的数字化愿景，期待推动印尼的数字化转型，着重健康、政府机构改革、教育和研究、粮食安全以及智慧城市和出行这五个战略重点领域实现数字化转型；新加坡提出《智慧国家2025倡议》，旨在更好夯实数字基础设施与平台、数据资源、网络安全三大基础的支撑，进一步在私营企业和公共部门中开发和实施人工智能和数据分析，推动数字化转型的深入。

同时，地域合作成为数字经济发展的新助力。首先，为了推进区域一体化，加强东盟各成员国在数字经济领域的合作，东盟密集发布一连串的数字战略规划，旨在将东盟建成"一个由安全和变革性的数字服务、技术和生态系统所驱动的领先数字社区和经济体"。在可预见的将来，东盟各国之间的数字差距将大大缩小，东南亚地区将建立无缝的数字贸易生态系统，从而大大促进经济发展，加快数字经济一体化体系的建设。其次，作为友好邻邦，中国和东盟延续20年互利合作关系，在数字经济发展上继续相互支持，不断加快数字发展战略对接。从2017年开始，中国与东盟共同制定了一系列数字经济合作文件，共同推进的数字贸易产业化正逐步成为推动全球经济发展的主要引擎之一，尤其在习近平主席提出建设中国—东盟信息港、打造"数字丝绸之路"之后，从签署数字经济协议，到搭建数字经济框架，中国与东盟在数字经贸合作领域展开循序渐进式的合作，正在为数字一体化、跨境支付结算、无缝物流和区域供应链安全等关键政策领域提供具体且实际的便利，中国—东盟自贸区3.0建设正在积极推进中。中国与东盟在2022年签署的《区域全面经济伙伴关系协定》（RCEP）也为双方的数字经济合作提供了强有力的纽带，并为进一步拓展数字经济领域内的高质量合作带来了巨大发展机遇。

民众的数字能力也是衡量数字经济发达与否的标志之一。从人口规模来看，东南亚是一个充满活力的新兴市场，人口结构呈现出年轻化的趋势，拥有着全球规模最大的网民群体。全球新冠肺炎疫情也改变了民众的习惯，传统的消费习惯正在数字经济浪潮中被重塑，2023年，接近90%的东南亚互联网用户成为智能手机用户，这一比例高于北美和西欧等经济发达地区。作为推动经济发展的基础性力量，数字消费是一项重要指标，在疫情期间，东南亚地区数字支付的采用和使用速度比以往任何时候都要快，2022年支付总额超过8000亿美元，比2019年飙升了35%以上。同时，基于迅速增长的数字消费群体，东南亚地区的电子商务展现出巨大活力，成为最大的数字经济增长动力。据统计2023年东南亚国家电商规模增速均达到了12%以上。

在国内电商市场日趋饱和的情况下，东南亚这片广阔的市场因其巨大的发展潜力成为很多国内跨境电商的目标。但随着入场卖家的增多，东南亚市场的竞争也愈加激烈。虽然中国跨境电商企业已积累了大量的经验，但一味以中国经验强行抢占滩头并不明智，毕竟环境和文化不同，任何市场行为都以文化价值观划定边界，不受时间、空间限制的跨境电商无法回避文化影响，因此，从文化根源出发对本地市场和当地消费者进行深入分析，跨境电商才能取得成功。

二、从文化定势障碍到时代新挑战

"东南亚"这个区域设定并不是自然赋予的，而是人为构建的。这样的命名要追溯回19世纪殖民主义时期，"二战"中西方盟国为了更好地进行军事管理，才将"亚洲大陆东部的领土,包括中南半岛、印度尼西亚和菲律宾在内的面积广大的群岛"正式命名为"东南亚"。而且战后很长一段时间人们都"没有将东南亚视为一个协调一致的地区",也认为其不存在"潜在或实际的地区特性标准"。直到 20 世纪 60 年代学术界就"东南亚"整体地区概念和现代主权国家概念达成共识,改变了以前该区域各自为政的态势,并且 1967 年东南亚国家联盟(ASEAN)的成立进一步促成东南亚各国贸易与区域一体化,加强了各国之间的政治、安全、经济和社会文化合作。追根溯源,"东南亚"这一区域名称从无到有,它是一个"想象的共同体",即社会建构或集体想象力的产物。

作为"国际体系中的中小国家群体",东南亚地区民族众多,地域零散差异大,且各国长期存在着较强的多样性和异质性,在发展阶段、社会制度、宗教和文化等方面存在较大差异。尤其文化上因其文化来源多样、多民族混居呈现出显著的复杂多元的特征,人们"来往但不融合",从而导致当地经济体在权力机制的支配下具有"被动性"且"极易分裂"。文化因素是构成市场环境的重要因子,不了解目标市场的文化,就无法进行准确的市场环境分析和消费心理分析,无法保证跨国营销的成功。

从本源上看,东南亚既不存在单一的文化,更没有主导性的文化,更多呈现出来的是一种多元文化共生的状态。优越的地理位置让这片土地"进出容易、高度开放,而且与外围世界紧密联结","使多元族群得以借助外在影响发展复杂的社会与文化架构",而且历史上东南亚各族群之间的密切来往和频繁迁徙,也使其具有文化开放性和发展灵活性的特征。同时由于其开放性,为了防御外来入侵,当地居民群体形成了强烈的自我意识,并结盟形成更大量且更为广泛的网络。这与德勒兹哲学中的"块茎"(Rhizome)和"巴洛克"(Baroque)概念不谋而合,因此借助这两个概念理解东南亚复杂的文化状况,可以更好地寻求应对之法。

"块茎"由德勒兹和瓜塔里于 1987 年提出,与等级分明的"根—树结构"不同,"块茎"并没有一个主导的根茎系统,而是彼此独立,每个块茎自身具有"异常多样的形态,从在各个方向上分叉的表面延展到凝聚成球茎和块茎的形态"。"块茎"具有连通性、异质性、多重性和扩展性的特点,用块茎思维来思考东南亚各国文化特征再合适不过了。东南亚市场并不是单一"根"上萌发出来的,比如,东南亚的宗教不是一教独大,而是多教共存,佛教、印度教、基督教、伊斯兰教和道教各宗教相互融合和演变,共同繁荣,形成了具有多个起源和节点的异质集合体,并向多个方向扩展,有着不同的发展特征。

这个类块茎的异质集合体没有中央结构,而是由无数个环环相扣的节点联结而成。在东南亚传统文化中，人们对于集权统治并不认同，相较国家权力更倾向于认同与联合民族或宗教团体。"每个群体都有自己的宗教、自己的文化和语言、自己的想法与行为方式"，"社群里的各个族群在同一个政治体中共享生活空间"。比如，在印度尼西亚，各式各样的公民社会联盟如雨后春笋般诞生，目的是监督本地发展，特别是解决贪腐问题。在泰国，小型激进团体合力阻止不负责任的法人或国有企业强占土地与资源。东南亚文化如同块茎一样一方面催生更紧密的社会联结，另一方面显露出"令人困惑的交互作用"。

块茎结构还具有特别的生命力和复原力，即使一部分断裂、消亡或被摧毁，它仍会继续向任何可能的方向蔓延，不仅仅只向地下扎根或破土而出，还寻找新的缝隙、路线和空间发芽，并建立新的联系。也就是，类块茎的文化个体相对独立，彼此之间相互联结，形成一个更为开放和联结的网络系统，而这个系统不一定强调深度，而是更偏向于广度的拓展。这个不断拓宽的网络系统，不像必须依靠主干及根基的树状结构，即使一部分摧毁了，其他部分也不受影响，更不会对整体产生毁灭性的打击。虽然历史上东南亚各国相继遭受外来殖民征服、内部政治暴力、军事政变的冲击，政治经济受到严重打击，但多元文化的韧性数世纪以来支持着稳定局势的动态多样性，使不同种族与宗教的人们能够长期和谐共存。

另一个关键词"巴洛克"最早是指文艺复兴时期在欧洲建筑、绘画及音乐等艺术中流行的主要风格，强调"自由和涂绘"，"从形体明确到不整齐转变"，这些艺术作品"消解所有结构元素"，"努力追求其他艺术形式的效果"。20世纪末，德勒兹赋予巴洛克新的内涵，它不再指向过去某一时代或风格，提出"巴洛克风格的特征就是趋向无限的褶子"，也就是不断地重复折叠—展褶—再折叠。折叠就意味着包裹，成为一个严密的统一体，将种种差异和分歧渐渐收拢成为一体，展褶就是打开折叠，闭合的结构就此开放，将隐藏的差异性显露出来，之后再折叠也就是收起差异性和多样性，缩小、减退直至"返回一个世界的深处"。可以说，巴洛克兼具差异性和统一性，多元性和不可分割性。从这点出发就不难理解东南亚为什么看似活力十足实则变化无常、裹足不前，也能解释东南亚各国即使在东盟这个统一的大框架下也是松散地联结在一起的原因。

巴洛克是一个永无止境的曲折运动过程，必然会卷入新的异质力量，打破已有的规范和谱系，绵延不绝地给原来的主体带来活力，并且"随着有机体的变化和发展不断发生形变"，再也不可能回到原来的样子。东南亚文化不断吸收外来文化，形成自己纷繁复杂的文化，而且这个过程还在不断地延续着。比如，儒学由中国先后传入东南亚其他国家，对这一地区的政治、经济、文化教育和伦理道德的发展产生深远影响，但后来周边国家外来移民不断涌入，尤其16世纪随着葡萄牙、西班牙、荷兰、英国、法国强势入侵带来的西方文化，各种文化在这个地区不断碰撞和影响促成了不同文化间不同程度的融合。在当今东南亚大多数国家所信奉的儒教早已不成气候，由当地元素起主导作用，嬗变成一系列的宗教流程。总之，不管是"块茎"还是"巴洛克"，东南亚文化都绝不是同一和整齐划一的，而是一个多样且充满差异的多元体，具有灵活性、离散性、关联性以及难以预测性。

除了传统的文化定式以外，现在的东南亚还随时受到全球潮流和国际环境的影响。近年来随着全球地缘政治冲突不断，民族主义和区域主义甚嚣尘上，逆全球化思潮再度来袭，具体表现在"经济领域的保护主义、政治领域的孤立主义、文化领域的民族主义、社会领域的民粹主义和生态领域的帝国主义等'多维一体'的思潮格局"。由于对安全与经济议题联动的认知不断强化，再加上中国的影响力与日俱增，东南亚国家在与中国开展经贸合作时，都存在防止对华过度依赖的考虑。因此，对于异国他乡发展的企业来说，东南亚的经营环境并不稳定。

虽然跨境电商贸易并不受地域和时间的限制，但产品推广、物流、跨境支付等方面还是容易受到地方保护主义的影响，行政壁垒和技术壁垒等成为阻碍其发展的主要因素。再加上东南亚各国逆全球化趋势及地方经济壁垒愈演愈烈。比如，印尼2023年第31号贸易部长令中明确表示，印尼已禁止社交媒体平台上的电子商务交易。同时，新规定还要求印尼电商平台对从国外直接购买的某些商品设定最低价格为100美元，并且所有提供的产品均应符合当地标准。这一禁令对跨境电商企业造成了重大打击。

近年来越来越多中国企业进军东南亚市场，但看似欣欣向荣的东南亚市场却危机四伏，复杂的文化差异、多变的东南亚经营环境和交流沟通障碍成了拦路虎。过于乐观的心态以及"一刀切"式的经营管理模式只会让这些进军东南亚市场的电商企业落败而归。中国企业只有真正做到有效沟通与交流，积极进行文化沟通与整合，同时灵活应对，随时调整经营规划及战略，才能站稳脚跟，所向披靡。

三、对策与建议

近些年国内电商企业竞相出海争夺"蓝海"，纷纷抢滩东南亚市场，但海外市场机遇与风险是并存的，容易出现水土不服的情况，比如中小型电商盲目投资导致大额亏损、冒犯当地风俗习俗遭到民众抵制、资金链断裂、局部地区冲突等问题。这都警示我们重视当地市场的全方位研究,重视企业的本土化进程和合规文化建设。基于之前的文化分析,要适应东南亚市场的复杂状况,更好地适应当地文化,可以双管齐下,既要化繁为简,利用 RCEP 框架下的一系列协议,乘船出海,又要小心谨慎,细分市场,区分对待,否则必将步履维艰、深陷泥淖。

(一) 利用好 RCEP 平台,做好跨境电商出海东南亚的排头兵

RCEP 提供了平台和规则,在某种程度上化多为一,不仅满足成员国需求、关切和发展规划,而且通过搭建高标准的自贸区网络、构建亚洲的区域价值链发挥"1+1>2"的作用。尤其 RCEP 协议中明确表明支持电子商务的跨境经营,保障商业信息跨境传输,并对协议中货物贸易条款、海关程序与贸易便利化以及对跨境电商企业在物流和成本方面给予大力支持。例如,各缔约方产品最终零关税的比例达到 90% 以上,其生效将有效扩大我国出口产品优势,推动跨境电商发展,促进缔约方投资发展,促进区域协同以及人民币的国际化等。国家政策方面也在积极行动,包括鼓励发展"丝路电商"、引导多元主体投入建设海外仓、鼓励构建智慧物流平台、加快出口退税等措施。2010 年中国—东盟自贸协定全面实施以来,中国与东盟的贸易关系不断深化,依托 RCEP 对于贸易便利化、为电子商务创造有利环境(推动无纸化贸易、电子认证和电子签名、消费者保护等举措)、促进跨境电商发展等理念和措施,各类 B2B、B2C 类电商平台可以从中分一杯羹,助力提升国内相关行业的国际化水平和区域一体化水平。

(二) 电商企业要把握东南亚电商的红利期,锤炼本土化运营能力,努力营造跨境电商企业生态圈

跨境电商基本流程可分为采购、销售、推广、物流、交付五个环节,整体产业链也可以据此归纳为商流、信息流、物流、资金流四个方面。首先,商流和物流方面,全链资源的综合获取与整合能力成为考验东南亚物流服务供应商的重点。在这种情况下,对航空运力资源、清关资源与当地物流资源的获取与整合能力对于跨境物流公司的重要性就日益重要。大量资金流入跨境电商物流行业,推动物流公司打通新的物流节点、引进智能化设备等。资本助力跨境物流企业加速物流资源整合,促使企业围绕行业上下游并购和对周边进行增值服务布局,加速向一体化解决方案提供商转型。更多的干线资源,更多的直客,更多的客户认可,实现不断的正向反馈,加速行业的集中化。

其次,信息流上,通过信息技术、人工智能、数字支付、流媒体等技术和平台的协助,构建市场推广、市场反馈和市场评价体系,提升市场反应能力。海外

市场的营销更具有挑战性，流量的获取、分析、沉淀和转化需要跨境电商具备优质的广告策略和强大的营销能力。在进入市场初期，因为文化、语言、习俗等的差异，跨境电商企业对环境的理解难度较高，对目标市场客群的消费能力、消费习惯等的认知也存在从无到有、从浅到深的过程，通过不断的数据沉淀、分析以及人工智能技术的协助，最终实现精准触达目标人群，精准推送，带动客户转化率的提升，发挥平台集结的作用，以开放性挖掘无限的可能性。随着不断的正反馈发生，转化率和流量聚集效应将日益显现和增强，从而达到深刻理解目标市场客群心理、行为以及季节性、节日性习惯，进而为未来需求预测提供有益借鉴。

最后，在资金流上，平台型电商平台可以迅速照搬国内全链条数字化能力优势，依托海外跨境支付专业服务商，迅速建立数字化身份认证和数字支付能力。随着市场规模和企业规模的日益增长，广告收入和客户消费收入不断累积，海外电商平台还可以依托资金池，在跨境汇率等方面进行一定的资金套利行为。

（三）深度分析具体对象国市场状况，升级跨境电商公司的盈利模式和盈利空间，寻找适合自己的生存之道

未来的发展需要不断摆脱偏低端的价格战和薄利多销思维，将企业发展带入品牌红利阶段，小企业要形成自己的品牌，减少贴牌代工，大企业要尽快做大做强，加强品牌投入和知识产权保护投入，形成头部企业集群，做精做深，提高进入壁垒，争夺中高端市场利润。多元化、本土化、精细化运营也将成为平台类电商企业未来转型成功与否的关键。多元化布局就是平台电商基于自身实力定位和战略需要，推出独立站和子品牌独立运营，努力开拓细分领域和创造细分领域新的增长点。精细化运营与本土化运营就是要实现全链条数字化，选择与搜索引擎、电信运营商、社交平台合作，实现自由站内流量和站外流量双驱动，亦可以借鉴亚马逊理念"重推荐，轻广告；重展示，轻客服；重产品，轻店铺；重客户，轻卖家"中的一些精华部分，用算法决定转化率高的产品优先展示，通过技术推动企业变革等方式。最终实现高效的生产、采购、交易、支付、物流、仓储、营销等各流程迅速响应，不断优化提升运行效率，降低错单、破包率，提升客户满意度和响应度。

随着中国—东盟经贸合作的不断深化，中国企业拓展东南亚市场从规模和速度上都呈现出前所未有的态势，中国企业只有把握好时机，深耕东南亚各国的文化、经济、政治具体状况，更好地制定出适合目标国的策略，才能乘风破浪走向机遇之海。

参考文献

[1] 翟崑. 数字全球化的战略博弈态势及中国应对[J]. 人民论坛, 2021 (17): 86-88.

[2] JongwanichJuthathip. Readiness of Thailand towards the digital economy [J]. Journal of Southeast Asian Economies, 2023, 40 (1): 64-95.

[3] Lee Cassey. Strategic Policies for Digital Economic Transformation [J]. Journal of Southeast Asian Economies, 2023, 40 (1): 32-63.

[4] Anas Titik, Cahyawati Estiana. Strategic Investment Policies for Digital Transformation [J]. Journal of Southeast Asian Economies, 2023, 40 (1): 96-126.

[5] Kevin C. Desouza. Indonesia has the largest economy in Southeast Asia and has several of the vital ingredients needed to become a digital leader [EB/OL]. (2023-08-09) [2024-06-04]. https://www.businessofgovernment.org/blog/indonesia-digital-transformation.

[6] Erh Joey. Singapore's Digital Transformation Journey [J]. Journal of Southeast Asian Economies, 2023, 40 (1): 4-31.

[7] Ethan Cramer-Flood. Global retail ecommerce forecast 2023 [EB/OL]. (2023-02-21) [2023/10/13]. https://www.insiderintelligence.com/content/global-retail-ecommerce-forecast-2023.

[8] 魏玲. 东南亚研究的文化路径: 地方知识、多元普遍性与世界秩序[J]. 东南亚研究, 2019 (6): 14.

[9] 迈克尔·瓦提裘提斯. 疾风吹拂的土地: 现代东南亚的破碎与重生[M]. 张馨方, 译. 上海: 上海人民出版社, 2021: 11, 87.

[10] 德勒兹, 加塔利. 资本主义与精神分裂 (卷2): 千高原[M]. 姜宇辉, 译. 上海: 上海书店出版社, 2010: 7.

[11] 海因里希·沃尔夫林. 文艺复兴与巴洛克[M]. 沈莹, 译. 上海: 上海人民出版社, 2007: 13, 14, 24.

[12] 吉尔·德勒兹. 褶子: 莱布尼茨与巴洛克风格[M]. 杨洁, 译. 上海: 上海人民出版社, 2021: 3, 10, 13.

[13] 董楠, 袁银传. 百年未有之大变局下逆全球化思潮的表现、趋势及应对[J]. 思想教育研究, 2022, 9 (339): 103-110.

马来西亚港口航运绿色发展研究

吴小芳[①]

一、基础背景

马来西亚位于洲际和亚洲内部海上贸易航线的中心地带,优越的地理位置和良好的连通性使马来西亚成为其他国家进入东南亚市场的首选国家之一。根据联合国贸易和发展会议的数据显示,马来西亚在航运连通性方面在世界上排名第五,超越了荷兰和美国。尽管当前新加坡仍是东南亚地区的主要港口,但扩展空间有限,陆路连接也受限;而马来西亚因拥有大量便宜的土地、维护良好的基础设施和繁荣的经济,其区域门户优势被不断加强。

2000年以来,马来西亚的集装箱吞吐量增长了400%,占东南亚区域集装箱吞吐量的近25%。马来西亚作为区域集装箱转运中心,在处理和出口石油、天然气产品方面处于市场领先地位。2009—2018年,马来西亚港口的货物吞吐量平均增长了3%,其中约70%的货物通过集装箱运输。2018年,马来西亚港口总吞吐量为2490万标准箱,同荷兰鹿特丹港和比利时安特卫普港的集装箱数量相当;其中虽然大部分是转运货物,但马来西亚的出口和进口分别占了450万和440万标准箱的吞吐量,而后每年明显增长,至2021年,马来西亚货柜港口吞吐量达2826万标准箱。此外,马来西亚还是世界上最大的液化天然

[①]集美大学港口与海岸工程学院。

气（LNG）出口国之一，拥有世界上第一个浮动式 LNG 港口设施和最大的棕榈油码头。

马来西亚港口由政府指定机构协调、私营机构运营。主要的集装箱装卸港位于马来西亚半岛的西海岸；主要的散货装卸港位于东海岸以及沙巴（Sabah）和沙捞越（Sarawak）（婆罗洲（Borneo））。目前，马来西亚有八个联邦直属港口，包括巴生港（Port Klang）、丹戎帕拉帕斯港（Port of Tanjung Pelepas）、柔佛港（Johor Port）、槟城港（Penang Port）、民都鲁港（Bintulu Port）、马六甲港（Malacca Port）、关丹港（Kuantan Port）和槟城港（Kemaman Port）。其中，巴生港和丹戎帕拉帕斯港 2018 年的货物吞吐量占马来西亚港口总吞吐量的 64%。槟城港为区域进出口枢纽；柔佛港为石油和天然气工业的重要港口，是马来西亚的深海港，主要服务于马来西亚中部和北部的采矿业，也是离岸运营商的枢纽；民都鲁港是沙捞越的主要入境港口，是世界上最大的液化天然气贸易中心之一。

马来西亚致力于提高对航运企业的吸引力，促进海运辅助服务创新和可持续增长，并增强马来西亚港口的竞争力和生产力。马来西亚作为国际海事组织的成员国之一，还承担着让海事更加生态友好的责任与压力。马来西亚位于马六甲海峡的重要战略位置，对国际航运和全球贸易十分重要，这也使得马来西亚港口航运绿色发展格外重要。马来西亚港口因其国家石油公司（PETRONAS）能够生产符合新要求的燃料，被认为有机会在国际低硫燃料使用规定中获益。

二、重要情况

（一）国家战略

因传统工业的发展，马来西亚区域仍面临着环境问题，包括废水、废气和废物污染，森林砍伐，水土流失和生物多样性等。为此，马来西亚政府部门提倡环境保护，强调可再生能源开发和绿色科技发展，提倡使用低碳、节能和绿色技术来改善环境问题。早在 2006 年，马来西亚便实施了《国家生物燃料政策》，旨在用可再生资源补充日益枯竭的化石燃料，利用当地资源生产生物燃料，运用当地技术为运输和工业部门生产能源，为生物燃料出口铺平道路。2009 年 7 月，马来西亚能源、绿色技术和水利部发布了《国家绿色科技政策》，提出"绿色科技应成为加快国民经济发展、促进可持续发展的动力"。马来西亚还在联合国可持续发展峰会上提出致力于实现 2030 年可持续发展议程和联合国可持续发展目标，并签署了《巴黎协定》。

近年，马来西亚政府持续提出绿色发展政策，包括：①《2017—2030年绿色技术总体规划》，提倡运用涵盖电动汽车、生物燃料等绿色技术提高能源效率、减少碳排放；②《能源效率和节约法案》，致力于实现关键部门有效利用能源、电力和热能的愿望；③《2019—2030年国家运输政策》，不仅为运输业创造有利的生态系统，还实施绿色交通系统战略和低碳运输倡议；④《2021—2030年低碳运输蓝图》，致力于使用智能和绿色技术以提高港口运营能效、支持港口作业使用替代燃料，并推广低排放车辆，如电动车和混合动力车；⑤《2023年国家能源转型路线》，不仅推进马来西亚绿色和可持续增长进程，还推进电子氨（e-ammonia）和电子甲醇（e-methanol）共存及生物燃料和其他未来替代燃料等多样化燃料。

2021年，马来西亚在其国家第12个规划（Twelfth Malaysia Plan，RMK-12）（2021—2025年）中明确倡议"港口转型"，不仅涵盖绿色港口指数建立、至2030年减少45%温室气体排放、至2050年达到净零排放等目标，还号召提高供应链服务效率、利用数字技术推进绿色倡议、优先绿色倡议等。马来西亚港口运用"两阶段路线"来制定绿色港口战略规划，即：①排放基线评估，包括制定全面、明确的基线评估以衡量评估为实现净零碳排放的目标所需的变革措施，并制定温室气体排放、能源使用、水消耗和废物管理等清单以了解其环境影响；②识别绿色机会，不仅通过节能技术、可再生能源、可持续交通模式、绿色基础设施、废物管理实践改进等来识别减排机会，还监测和评估所识别机会的性能以实现可持续发展目标。

（二）绿色港口政策

马来西亚港口主要通过实施"绿色港口政策"来推进其绿色发展进程。该政策由柔佛港务局于2010年引入，将环境问题纳入港口核心战略，不仅关注经济效益，还提倡社区影响，致力于在任何港口规划、开发和运营中保持环境、社会和经济的平衡。该政策概述了绿色港口方面简单的原则、战略和做法，不仅有利于环境还具有商业的可行性。其中，原则方面包括：

（1）保护社区免受港口作业带来的有害环境影响；

（2）在港口规划、开发和运营中保持环境、社会和经济的平衡；

（3）在组织框架内融入可持续发展理念，重点提高可持续材料或技术的认知和使用；

（4）引导港口内部遵守环保法规和保护环境；

（5）防止污染，改善个人、社区和环境健康；

（6）鼓励对周边社区带来超越经济效益的积极影响；

（7）与社区互动和沟通；

（8）采取节能、节电和节油举措。

综合来看，该政策涵盖环境、社区参与和推进可持续发展，其中，环境包括空气质量、水质量、水生态与海洋栖息地、废物管理、环境管理等方面；社区参与主要目标是与社区就港口运营和环境计划进行互动；推进可持续发展旨在实施港口可持续实践，通过采用最佳设备和实践来使用绿色技术以减少环境影响和用水量。绿色港口政策的具体内容如表1所示。该政策将环境可持续原则引入马来西亚主要的港口倡议中，以支持企业决策、运营和发展；通过可持续发展，如使用可再生能源、设备电气化、优化物流和供应链管理、可持续采购实践、减少废物和水消耗、节能照明等实施绿色倡议。该政策还提出了能够更好管理当地社区和环境影响的前沿技术路线和简单方案。

表1 绿色港口政策的具体内容

主要领域	倡议
能源消耗	实施太阳能电池板系统； 使用北港的13台电气化橡胶轮胎龙门架； 使用岸电
可持续社会与环境发展	在各分区之间开展景观竞赛； 保护港口周围的红树林； 每年两次开展3R（减少、再利用和再循环）的宣传活动； 提高节能意识，鼓励员工随手关灯，并将空调温度调节到25℃
水质量	海水水质监测和处理； 废水排放到港口水域前进行处理； 排放废水监测，包括船舶产生的污水/废水
废物管理	建立废物管理中心； 专人回收泄漏货物
空气质量	监测港口设备和车辆碳排放； 防止空气污染
可持续商业实践	进行港口的可持续开发，比如推进新项目及在码头开发和重新设计中增强其气候适应能力； 与供应商一起探索环保设备和可生物降解产品

(三) 绿色港口实践

随着绿色港口政策的实施，马来西亚的主要港口，包括巴生港北港、柔佛港、巴生港西港、丹戎帕拉帕斯港、槟城港等，开展了一系列绿色港口实践。

1. 巴生港北港

巴生港北港于 2011 年完成了 Terberg 码头牵引车队的设备和发动机的更换，较之 2008 年节约了 43% 的能耗；在橡胶轮胎龙门吊（RTG）液压系统中安装微型清洁过滤器和功率转换器，每年为 RTG 分别减少 21669.83 和 4160 千克的二氧化碳排放；通过实施船舶减速策略，减少约 55% 的二氧化碳排放；通过安装 LED 路灯，提升 70% 的能耗效率，每个月减排 250 千克的二氧化碳；通过为 40 台空调使用绿色天然气，每年减少 24178.56 千克二氧化碳排放；开展大气污染研究等。2013 年，北港还主动购买了 13 台电动橡胶轮胎龙门起重机（E-RTG），不仅帮助节能减排，还能节省运营成本，是马来西亚第一个使用 E-RTG 的港口。

2014 年，北港推出"北港绿色总体规划"，其中包括从基础设施设备、运营和形象改进方面，实施排放控制技术、更换设备和发动机、降低船速、绿色建筑等措施。该规划结合战略实施时间和成本、维护成本、技术可行性和减排量等要素，优先考虑运营战略，其次为基础设施设备战略，而后为形象改进战略。

当前，北港采取了谨慎的能源消耗管理措施，努力降低能源成本，并同集团可持续发展目标保持一致，尤其是联合国可持续发展目标中的第 7、第 9、第 11、第 12 和第 13 个目标。虽然北港目前尚未制定具体的能源政策，但其设施部门已开始监控能源效率，同时计划采用更稳健、更全面的可再生能源议程。北港开始实施节能产品和设备采购政策，将传统的电气装置（如灯泡、空调等）更换为更节能的替代品。北港公司还开始在仓库屋顶安装太阳能电池板，推进航站楼内采用更多的绿色能源。

此外，北港启动了碳足迹基线研究，以建立全面的去碳化框架及具体的减排目标和行动计划。按范围划分，北港的主要碳排放源包括港口运营过程中消耗燃料的设备和作业车辆，及从国家电网购买的电力。虽然北港尚未制定有关排放控制的具体目标，但已开始采取积极措施减少排放，包括在新仓库配备太阳能光伏阵列以产生可再生能源，将现有的传统电气设备升级为节能型，并更多地依靠自然采光和通风系统。北港所有新建的集装箱堆场也都将使用 E-RTG，电动起重机最终将取代传统的柴油动力起重机以大幅减少碳排放。

水管理方面，北港已经开始将收集的雨水作为一种可使用的水源，并实施减少无收益用水或抽取之后损失、去向不明的项目，以提高水的可利用率、降低成本且增加供水公司的收入。

废物管理方面，北港采取了系统的方法来管理港口作业产生的废物，即基于生命周期分析，跟踪废物从摇篮到坟墓的整个过程，并开发港口接收设施来管理进港船只产生的废物，确保产生的所有废物被安全、负责任地处理。北港是马来西亚第一个建造现场垃圾处理设施的港口，已于2020年开始运行。此外，北港不仅对所有废弃物进行跟踪，还推出"3R"（减少、再利用和回收）计划，并审查了废物污染关键绩效指标。未来，北港计划安装厌氧发酵装置，将废物转化为堆肥。

北港一直严格监测环境绩效，特别是对空气和噪声污染。北港每周根据标准对空气质量进行监测，每五年进行一次噪声风险评估，符合《职业安全与健康（噪声）条例》。北港致力于确保所有流程均符合最新的政府法规和行业标准。

2. 柔佛港

柔佛港于2014年推出绿色港口政策，并据此制定2014—2020年的行动计划。根据柔佛港口管理集团2022年的可持续报告显示，柔佛港不仅正开展减少能源消耗的措施研究以实现集团的环境、社会和管治（ESG）目标，还通过降低能源需求以减少碳排放。当前，柔佛港已开始建立碳排放基准数据集，通过综合研究来指导未来的管理，包括根据范围确定主要排放源和安装空气环境监测系统以监测其工地周围的空气质量。到目前为止，结果令人满意，没有发生任何空气污染事件。

柔佛港与内部港口社区合作，采用了综合的质量、健康、安全和环境政策，为包括废物管理在内的所有可持续发展举措提供指导；还实施了多种宣传计划，如举办环境讲座和电子废物回收活动。通过内部备忘录和官方网站，柔佛港向利益相关者发布废物管理通知，并引进了一套健全的废物管理系统，使其完全符合三项国际标准（ISO 9001、ISO 55001 和 ISO 45001）。

此外，柔佛港要求所有项目提供环境影响评估文件，确保所有流程都符合当地的执法法规，要求所有项目在施工前提供工作安全分析和方法说明。目前，柔佛港的所有运营数据都经过第三方验证，符合ISO 55001：2014资产管理系统标准。

3. 巴生港西港

巴生港西港于2020年承诺推出"绿色港口政策"，并对现有的环境与可持续发展政策进行补充。该政策涵盖港口运营各方面，包括能源管理、废水管理、废物管理、噪声污染、气候变化等，旨在通过绿色举措减少集团运营对环境的影响，在各级员工中培养可持续发展和环保意识。

巴生港西港引领马来西亚港口的可持续运营，其2021年可持续报告显示，西港从以下几方面坚持可持续运营：①保护环境，如预防和控制当地污染、减少排放及释放和管理废物；②践行绿色配送，即在整个供应链中尽可能做出绿色选择，最大限度地减少环境损害；③更有效地消耗自然资源和能源、减少温室气体排放，并在可能的情况下进行内部温室气体审计；④提高环保意识，必要时就污染等环境问题与利益相关者进行磋商；⑤在整个运营过程中实施环境管理体系，监控集团环境绩效，并定期报告显著的环境问题；⑥优化码头牵引车和起重机车队，如果对业务和/或环境有利，定期评估替代燃料或能源的来源；⑦逐步与供应商、服务商、承包商和其他主要业务合作伙伴接触，通过与流程、服务相关的要求来提高环境绩效，并对能够证明更负责任的供应商进行更有利的评估。报告还显示，从2009年开始，100%的港口现场已通过ISO 14001认证，且至2021年，环境管理体系覆盖了100%的港口运营活动；在2020年的采样期间，所有空气排放监测结果均低于《2014年环境质量（清洁空气）条例》中规定的标准；在噪声方面，没有接到任何投诉或导致调查、纠正计划的违规事件；港口近岸的红树林也为多种生物提供栖息地，促进生物多样性发展；通过植树增加碳汇，其中2021年通过植物封存的二氧化碳总量为595.9951吨；2021年港口减少了25%的纸的使用量，还实施了"禁止一次性塑料政策"；港口的五个厕所都安装了自动水流系统，还通过水表监控用水量。

4. 丹戎帕拉帕斯港

丹戎帕拉帕斯港已开始实施多种转型战略，包括可持续发展和数字化，并提出到2030年减排45%的目标。目前，丹戎帕拉帕斯港已将许多资产电气化、数字化，例如将实现所有橡胶轮胎龙门起重机（RTG）和堆场的电气化；2021年，公司的碳排放量比2011年减少30%。港口还正在研究打造成替代燃料的绿色加油中心，以吸引航运公司将其船舶改为使用绿色甲醇。

丹戎帕拉帕斯港采用综合的方法管理资源，确保资源精心规划、有效利用，并优化产出水平。港口致力于通过探索创新机会和合作伙伴关系，减少不必要的消耗和废物产生。港口的目标是实现垃圾零填埋，并通过"向一次性塑料说不"活动，回收利用、再利用、再使用和共同加工等举措，努力实现循环经济。此外，港口还聘请持证的第三方承包商，根据最佳实践和当地监管要求，处理有害废物的储存和处置。

丹戎帕拉帕斯港采取基于风险的方法来实现环境绩效。首先确定风险，然后建立控制风险的机制。所有的流程和合规导则将会在任何项目开展之前通过《环境影响评估》文件进行概述。

2022 年，丹戎帕拉帕斯港正在迈出数字化征程的下一步，利用人工智能（AI）驱动的港口信息管理系统（PMIS）解决拥堵问题，提高可持续发展能力。港口将部署 Innovez One 的"MarineM"解决方案，以优化拖船和引航员的操作，最大限度地减少物流链第一千米和最后一千米的延误，并减少排放。

2023 年，丹戎帕拉帕斯港推出可持续发展框架和目标，即"共同迈向可持续发展的未来"，并将其作为 ESG 指南，纳入核心业务。该指南旨在通过更好的管理治理和改善内部框架，帮助港口在决策和日常运营中全面考虑 ESG 因素。根据指南，港口管理集团期望在供应链、能源使用和废物管理、材料消耗模式及人权方面产生积极的内部影响。

2023 年 6 月，丹戎帕拉帕斯港成为"基础设施伙伴"，即马来西亚和澳大利亚之间的政府脱碳计划的一员，旨在将马来西亚的脱碳努力延伸至海运业，并通过东南亚的可持续基础设施促进包容性增长。同年 7 月，丹戎帕拉帕斯港与柔佛港务局携手合作，通过学校志愿服务加强当地社区的环境可持续发展能力。

5. 槟城港

槟城港推出能源管理战略，已购买了 7 台混合动力 RTG，以更省油的型号取代传统的柴油动力。槟城港主要排放源分三类，即港口作业设备和车辆使用燃料所产生的排放、从国家电网购买电力所产生的排放及港口运营控制之外的排放源。更多混合动力设备的使用将有助于港口减排。港口正开始开展概念验证工作，研究将所有其他传统 RTG 转换为混合动力型的可行性。为了引入更多可再生能源，槟城港还计划安装浮动太阳能系统，这将增加槟城港码头对太阳能的使用，减少对国家电网的依赖。

此外，槟城港也开始进行无收益水管理，以管理正确的账单、消除水浪费，并制定了减少用水量的目标。槟城港为员工组织了多次培训和宣传活动，除了教授正确的废物收集和处理方法外，还向员工灌输环保意识，从而减少废物的产生。槟城港已计划扩展其现有的废物管理系统，并将在港口提供一个专用场所，以收集和处理进港船只产生的废物。

通过与槟城能源部的密切协商，槟城港不仅对环境绩效实施了基于风险的机制，还对暴露于高水平噪声的地区开展了战略性评估。目前，槟城港的所有流程均符合《环境质量法》和《包装、标签、储存和运输表列废物指南》。

(四) 绿色港口评价

通过各方所做的绿色港口方面的努力,巴生港和丹戎帕拉帕斯港于2016年被授予亚太港口服务组织（APSN）"绿色港口"的称号;2017年,柔佛港和民都鲁港获得同样的"绿色港口"称号;2019年萨庞格湾集装箱港获得此殊荣;2020年为巴生港;2022年,11个获得"绿色港口"殊荣的港口中马来西亚港口占了3个,即柔佛港、关丹港和槟城港。该APSN绿色港口的评级指标如表2所示,不仅注重理论认识,还强调具体行动实施及其效果。

表2 亚太港口服务组织绿色港口评级指标体系

初级指标	二级指标	参考标准
承诺和意愿（25%）	绿色港口意识和意愿（60%）	（1）绿色战略或发展计划; （2）绿色支持资金; （3）绿色年度报告; （4）其他
	绿色港口推广（40%）	（1）绿色培训计划; （2）绿色推广活动; （3）其他
行动与实施（50%）	清洁能源（15%）	（1）使用可再生能源; （2）使用液化天然气; （3）使用岸电; （4）其他
	节约能源（30%）	（1）使用节能设备和技术; （2）优化供电系统; （3）其他
	环境保护（40%）	（1）防止空气污染; （2）噪声控制; （3）废物处理（液体和固体）; （4）其他
	绿色管理（15%）	（1）绿色环境管理系统; （2）绿色绩效评估; （3）其他

续表

初级指标	二级指标	参考标准
效率与成效（25%）	节能（40%）	（1）能源消耗减少； （2）增加可再生能源； （3）其他
	环境保护（60%）	（1）空气质量改善； （2）噪声控制成果； （3）液体和固体污染控制； （4）其他

（五）绿色航运倡议

2011年开始，马来西亚绿色航运倡议被逐渐重视，呼吁减少航运碳排放。马来西亚鼓励采用绿色航运技术，包括混合动力和液化天然气技术，以减少船舶排放，促进绿色航运发展。当前，马来西亚已批准近一半的国际海事组织公约，其中海洋环境保护是首要关注的问题，尤其是绿色技术开发、零碳能源使用、船舶能效提高等。尽管马来西亚并没有出台具体的政策将国际海事组织公约融入马来西亚实际的海事实践，但马来西亚积极鼓励船东和航运公司遵循国际海事组织公布的相关规定，如2030年和2050年的碳减排目标、现有船舶能效指数（EEXI）、碳强度指标（CII）、替代燃料、低速航行、绿色航运技术投资等。

马来西亚2022年的海事周将"绿色航运新技术"作为主题以支持海事行业绿色转型；2023年的海事周主题为"国际防止船舶污染公约五十年——约定继续"，坚持航运能源转型，坚持国际海事组织保护环境的倡议。

2023年，马来西亚加入"绿色航行2050项目"，倡导航运业根据国际海事组织关于减少航运业温室气体排放的初步战略向去碳化过渡。该项目分为四个主要部分：①开发支持该初步战略的全球工具。首先解决海事温室气体减缓工作对"有利环境"的具体需求，然后根据国家优先事项和《国际防止船舶造成污染公约》附件Ⅵ、国际海事组织温室气体初步战略和《巴黎协定》规定的义务，将这些需求转化为国家海事政策、战略、路线图和国家行动计划；②能力建设、政策制定和国家行动计划制定。在国家层面，该倡议协助伙伴国发展所需的人力和技术能力，以实现《国际防止船舶造成污染公约》附件Ⅵ的能效标准和国际海事组织的初步温室气体战略。全球层面的能力建设是关于替代燃料、解决船舶—

港口界面排放问题、制定国家行动计划以及确定、制定和实施试点项目等的专门技术合作倡议；③鼓励建立战略联盟，同相关倡议和组织建立联系，并形成伙伴关系，以保证有效地实施项目目标和目的；④技术合作、创新和试点示范，协助各合作国家确定潜在的试点项目机会，以最大限度地减少航运排放。"2050 项目"由马来西亚交通部和海事局牵头，致力于召集各利益相关方，如船东/运营商、港务局、学术界和技术提供商。通过积极参与这些项目，马来西亚希望进一步遵守《国际防止船舶造成污染公约》附件 VI 的规定，促进交流有效的运营战略，推动采用节能技术，并调查使用低碳和零碳燃料的潜在途径。

三、因果分析

基于上述背景和重要情况整理，我们可以将马来西亚港口航运绿色发展原因概括为以下几方面。

（1）国内国际环保压力：马来西亚当前仍面临着严峻的环境问题，包括空气、噪声、水等污染，而马来西亚港口往往靠近城区，随着货运量的不断增加，港口航运活动带来的污染问题越来越严峻。为了提高区域环境质量，马来西亚制定了严格的环境保护法律法规，如《环境质量法》《污染控制法》《垃圾管理法》等；国际海事组织也制定了越来越严格的环保标准，如船舶排放控制区域（ECA），要求船舶减少硫氧化物和氮氧化物排放。为了遵守这些国内国际环保要求，马来西亚港口必须采取绿色措施。

（2）社会压力和公众意见：公众和当地社区对港口航运对环境的潜在负面影响越来越敏感。减少噪声、空气污染和其他环境影响有助于减轻社会压力，并确保港口同当地社区和环境和谐相处。另外，公众也常常将航运企业是否实施绿色发展战略同企业声誉与形象挂钩，直接影响公众对企业的可信度。海员的健康需求也是行业发展需要考虑的重要内容。

（3）增加竞争力：马来西亚港口位于重要的马六甲海峡国际航线，其港口航运的绿色发展对国际航运绿色发展十分重要。较之于同样位于马六甲海峡、在绿色港口航运领先的新加坡港，马来西亚港口航运实施绿色发展战略有助于提高其竞争力。更高效、环保的运营能够帮助降低运营成本和遵守国际环保法规，有利于吸引船公司和货主选择马来西亚港口。

（4）国内能源发展机会：马来西亚石油公司在生产国际低硫燃料方面具有优势，这使得马来西亚能够在绿色港口航运发展上获益；马来西亚在国内可再生能源发展方面也取得了一些进展，如太阳能和风能，这为港口航运提供了更多使用清洁能源的机会，帮助降低排放。

（5）可持续性考虑：可持续发展已经成为全球关注的核心议题，包括港口航运业。尽管当前仍面临着技术限制、融资限制、人力资本问题和来自供应商的挑战，但马来西亚政府和港航企业认识到，采取绿色措施是确保港口可持续性和长期成功的关键因素。

四、预测和建议

（1）马来西亚将持续推进"绿色港口政策"在各港口中的实施，尤其是在联邦直属的主要港口中实施，并融入环境、社会和管治目标；

（2）"低碳或零碳"和"能源转型"将作为马来西亚绿色港口建设的重点内容；

（3）马来西亚将持续强调通过绿色技术手段，并结合地方能源优势尤其是可再生能源优势，来支持港口航运绿色发展；

（4）马来西亚还将结合数字化手段建立港口航运数据库，支持行业决策，并鼓励通过建立国际伙伴关系，推进绿色发展进程；

（5）针对国际航运方面，马来西亚将积极履行国际海事组织成员国的责任，持续推进落实国际海事组织的绿色发展要求，提高国际航运竞争力。

"绿色"是"一带一路"倡议发展的底色。2023年10月18日，国家主席习近平在第三届"一带一路"国际合作高峰论坛开幕式上发表主旨演讲，其中强调持续深化绿色交通领域合作，加大对"一带一路"绿色发展国际联盟的支持，继续举办"一带一路"绿色创新大会，落实"一带一路"绿色投资原则等。马来西亚作为"一带一路"倡议的重要参与国家，其当前较为积极的港口航运绿色发展政策措施有助于我国绿色"一带一路"倡议的实施。对此，提出以下建议供参考：

（1）加强合作与协调：中国与马来西亚应加强合作与协调，以确保"一带一路"倡议的实施与马来西亚的港口航运绿色发展相协调。双方可以建立更紧密的合作机制，分享信息和最佳实践，并共同制定可持续性和环保标准。

（2）支持绿色技术和创新：中国可以提供技术支持和资金投入，以帮助马来西亚港口航运采用更绿色的技术和设施，如清洁能源技术、绿色运输技术和废物管理创新。

（3）促进绿色金融和投资：中国政府可以鼓励中国金融机构和企业参与马来西亚港口航运绿色发展项目，通过提供低成本融资和投资来支持这些项目，帮助和推动马来西亚绿色港口航运基础设施建设。

（4）推动绿色交流与合作：中国可以促进"一带一路"国家之间的绿色交流与合作，以分享经验和最佳实践。这可以通过组织绿色技术研讨会、环保培训和合作研究项目来实现。

（5）激励绿色实践：中国可以通过奖励和认可那些在"一带一路"项目中采取绿色措施的企业和项目，鼓励绿色实践，帮助推动更多的参与者采取绿色措施。

参考文献

［1］社会价值投资联盟．全球 ESG 政策法规研究-马来西亚篇［EB/OL］．（2020-08-07）［2023-12-11］．https：//www.casvi.org/h-nd-1038.html．

［2］Ministry of Plantation Industries and CommoditiesMalaysia. The National Biofuel Policy［EB/OL］．（2006-03-21）［2023-12-11］．https：//policy.asiapacificenergy.org/sites/default/files/Malaysia%20Biofuel%20Policy.pdf．

［3］Idris H. Southeast Asian Port Development：Policy and Initiatives Towards Achieving 2030 Agenda on Sustainable Development Goals［J］．Akademika，2022，92（2）：129-142．

［4］Yaakub S，Abdullah N a R N，Subhan M，et al. Environmental Sustainability Strategies and Impacts：A Case Study in Northport，Klang，Malaysia［C］．International Symposium on Technology Management and Emerging Technologies，2015．

［5］Malaysia Shipowners' Association. MALAYSIA MARITIME WEEK 2023（MMW23）-Join Us！［EB/OL］．（2023-06-23）［2023-12-11］．http：//masa.org.my/event/mmw23/．

［6］David Yeo. How AI Will Boost Sustainability at the Port of Tanjung Pelepas［EB/OL］．（2022-09-15）［2023-12-11］．https：//www.marinelink.com/news/ai-boost-sustainability-port-tanjung-499487．

［7］MMC Corporation Berhad. Progressive Advancement Through Sustainability［EB/OL］．2022［2023-12-11］．https：//www.mmc.com.my/MMC%20SR2022%20（Hi-Res）.pdf．

［8］Beleya P，Veerappan G，Ding W J，et al. Challenges in Attaining Sustainable Development Goals in Port Klang：Port Management Perspective［J］．International Journal of Supply Chain Management，2020（9）：349-355．

［9］Jozef E，Kumar K M，Iranmanesh M，et al. The effect of green shipping practices on multinational companies' loyalty in Malaysia［J］．International Journal of Logistics Management，2019，30（4）：974-993．

疫情时代中南半岛航运业现状、风险与发展对策

薛晗[①]

一、航运相关基础背景

2023年是共建"一带一路"倡议提出10周年，我国与中南半岛的航运业在服务"一带一路"建设中发挥了重要作用，沿线航线是我国对外贸易的重要桥梁。

自2019年新冠疫情暴发以来，疫情波及全球的生产力水平、消费需求、进出口贸易等。疫情对航运业也产生了一定影响。我国因防疫得力，各行各业都已开始复苏。2023年1月，由于疫情防控措施以及受春节长假影响，多数主要港口班轮挂靠数处于低位，准班率表现低于同期正常水平，但由于运输市场受到短期需求的支撑，运价较为坚挺。节后新增运力投放，市场运价开始调整行情。自2月起，港口挂靠数及准班率均呈现回升态势，随供应链体系恢复正常运转。第二季度，集装箱出口市场运价在一定区间内小幅波动。不同航线因各自供需基本面不同，走势有所分化，综合指数平稳运行。2023年以来，在国家相关政策措施指导下，船舶行业经济运行形势稳中向好，在后疫情时代延续复苏态势，国际市场占有份额再创新高，产品结构不断优化，经济运行质量明显改善。2023年前5

[①]集美大学航海学院。

个月，国际集装箱运输市场基本从新冠疫情的影响中摆脱出来，港口拥堵、集装箱流转不畅等现象得到明显改善，港口作业效率大幅提升。航运在疫情的挑战下焕发活力，继续成为我国与中南半岛国家经济合作与文化交流的桥梁。

中南半岛的主要港口如表1所示。

表1 中南半岛主要港口

国家	主要港口
越南	胡志明港、岘港、海防港
老挝	洛士塔港、万象港
柬埔寨	西哈努克港、金边港
泰国	曼谷港、林查班港
马来西亚	巴生港、槟城港、关丹港、柔佛港
新加坡	新加坡港、裕廊港、普劳布科姆港、森巴旺港、丹章彭鲁港
缅甸	仰光港、勃生港、毛淡棉港

来源：《世界港口交通地图集》。

二、重要情报梳理

（一）"一带一路"航贸指数

我国的"一带一路"航贸指数包括"一带一路"贸易额指数、"一带一路"集装箱海运量指数、"海上丝绸之路"运价指数。疫情以来中南半岛与中国的进出口数据如图1所示。

2019—2022年中南半岛的进出口数据如表2所示。

2019—2021年入境外国游客人数如表3所示。

（二）对接中南半岛海上干支线

我国很多港口深耕中南半岛市场，构建了以七国为核心，辐射中亚的"一带一路"综合物流网络，依托在中南半岛的产业链运营及全球供应链布局，聚焦金属矿产、能源化工等产业链，提供内贸海运、国际多式联运等一站式综合物流解决方案。各港口对接"一带一路"倡议的主要举措如表4所示。

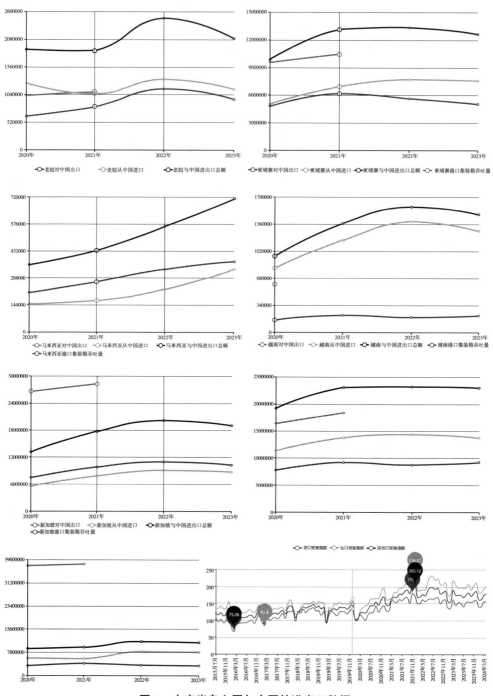

图 1　中南半岛七国与中国的进出口数据

来源:"一带一路"官网。

表2 2019—2022年中南半岛进出口数据

国家	日期	对中国出口（万美元）	从中国进口（万美元）	与中国进出口（万美元）	港口集装箱吞吐量（标准箱）
柬埔寨	2019-12-31	144432.3229	798153.0879	942585.4108	633236
	2020-12-31	149748.6585	805448.9807	955197.6392	600107
	2021-12-31	210043	1156509	1366552	—
	2022-12-31	183820	1393798	1577619	—
老挝	2019-12-31	215700.039	176245.3821	391945.4211	
	2020-12-31	208828.934	149127.7597	357956.6937	
	2021-12-31	267570	166677	434247	
	2022-12-31	335127	226671	561798	
马来西亚	2019-12-31	7190997.5137	5214178.1876	12405175.7013	26215322
	2020-12-31	7517442.1604	5630131.4831	13147573.6435	26669483
	2021-12-31	9830508	7865488	17695996	28261849
	2022-12-31	10983860	9171921	20155781	—
缅甸	2019-12-31	638805.9154	1231099.2449	1869905.1603	1121750
	2020-12-31	634679.808	1254752.2172	1889432.0252	1020793
	2021-12-31	812208	1052395	1864603	1090000
	2022-12-31	1149475	1328764	2478239	—
泰国	2019-12-31	4616164.9902	4558483.8927	9174648.8829	10130294
	2020-12-31	4813973.7245	5051423.9522	9865397.6767	9568488
	2021-12-31	6183263	6935458	13118721	10436689
	2022-12-31	5655290	7721773	13377063	
新加坡	2019-12-31	3523781.8236	5479848.8296	9003630.6532	37195000
	2020-12-31	3161807.126	5762612.1928	8924419.3188	36870900
	2021-12-31	3881973	5510346	9392319	37470000
	2022-12-31	3364172	7942248	11306419	
越南	2019-12-31	6411667.4838	9786888.2174	16198555.7012	15297028
	2020-12-31	7847442.5894	11381565.6726	19229008.262	16394723
	2021-12-31	9231942	13789507	23021449	18359845
	2022-12-31	8794254	14387570	23181824	—

来源："一带一路"官网。

表3 2019—2021年入境外国游客人数

线路	2019年	2020年	2021年
泰国—福建	71135	18997	1463
马来西亚—福建	622773	84522	7006
新加坡—云南	187300	6200	—
泰国—云南	554700	22600	—
马来西亚—云南	246000	14400	—

来源：福建统计年鉴2022、云南统计年鉴2022。

表4 对接"一带一路"倡议的主要举措

港口	对接"一带一路"倡议的主要举措
武汉	开通至东盟四国（泰国、柬埔寨、越南、老挝）航线，推动中西部地区与东盟国家的经贸发展
宁波	开发东盟等新航线，东亚航线新增5条
广州	开辟了珠三角地区首条直航东南亚的件杂货班轮航线，班轮挂靠越南胡志明、马来西亚巴生、泰国曼谷等东南亚沿线港口，可根据客户的需求加挂东南亚其他主要港口，并增加运力、缩短班期
南京	成为我国连结全球的江海转运综合枢纽，涉及越南等国的化肥农药、化工原料及制品、钢铁、石油制品、煤炭等货种的进出口业务
厦门	建设国际邮轮母港，开辟"一带一路"东盟新支线
青岛	完成缅甸30万吨油码头首船靠泊作业

来源：《"一带一路"倡议与上海国际航运中心建设》。

中远海运集团对接"一带一路"倡议的举措主要在运输市场结构调整、航线网络布局统筹和海外码头布局加速三个层面。在运输市场结构调整方面，开拓了东南亚、中东欧、南美、非洲、中东等地区的新兴市场。在航线网络布局统筹方面，打通了东南亚区域货物的出口通道，推出汉越泰快航，开辟西非航线和印巴航线，改造原有越南航线，将其延伸至北部湾（钦州、高栏），北行加挂海南洋浦，提供洋浦和北部湾到越南胡志明直航，大同北部湾和海南经由蛇口、盐田及香港中转外贸进出口的快速通道。升级华东泰越航线，将起始点延伸至营口、天津、大连，提高华北口岸到泰越直航运能和效率，成为目前国内"中泰越"流向、舱位最大经营航线。2022年，新加坡中远新港码头年吞吐量超过 500 万标准箱，成为中远海运集团与新加坡国际港务集团合作共赢的成功典范。

印度洋地区国际通道以昆明国际陆港为核心的五条多式联运线路空间布局，包括孟中印缅保山通道、中缅陆水联运章凤通道、中缅德宏通道、中缅临沧通道、中老泰磨憨通道。章凤口岸是中缅陆水联运大通道前沿港，自古是中缅贸易的重要集散地、"西南古丝绸之路"重点门户，有"贡道"和"官道"之称。如今形成我国连接东南亚、南亚最便捷的陆水联运通道，我国与缅甸、印度、孟加拉国等国贸易和文化交流枢纽。

马来西亚 95% 的贸易通过海运完成。巴生港是其最大的港口，2019 年集装箱吞吐量 1358 万标准箱，同比增长 6.5%，全球排名第 12 位，是东南亚集装箱的重要转运中心。根据联合国商品贸易数据库，2019 年马来西亚进出口前十大贸易伙伴中，中国位居榜首，出口额为 336.9 亿美元，占比 14.2%，进口额为 423.6 亿美元，占比 20.7%。在机电产品领域，马来西亚和中国存在强大的产业内分工和贸易。

（三）澜沧江—湄公河国际航道快速发展

澜沧江—湄公河是我国重要的国际航运通道。其港口码头情况如表 5 所示。

表 5　澜沧江—湄公河港口码头情况

所属国家	港口
中国	思茅、景洪、勐罕、关累
老挝	班赛、班相果、梦莫、班坤、会晒、琅勃拉邦
缅甸	万景、万崩
泰国	清盛、新迈

来源：《后疫情时代背景下澜沧江—湄公河航道的虚拟水流动及航运安全问题探讨》（宋玲等，2022）。

澜沧江—湄公河国际航运货物以农副产品为主，约占货运总量的 45%~50%；其次为日用百货等，干散货运输占主导地位。据中国云南省交通厅分析预测，至 2035 年，货运总量可达 230 万吨。云南对五国的进出口贸易情况如表 6 所示。

表6 2019年云南省澜沧江—湄公河航运进出口总额

国家	进口商品总额（万美元）	年增长率（%）	出口商品总额（万美元）	年增长率（%）
泰国	68650	81.7	89480	36.7
缅甸	478088	33.8	334797	11.1
越南	168731	-11.2	278524	23.5
柬埔寨	22300	-18.9	334797	-22
老挝	86019	11.2	40043	39.1

来源：《后疫情时代背景下澜沧江—湄公河航道的虚拟水流动及航运安全问题探讨》（宋玲等，2022）。

《澜沧江—湄公河合作五年行动计划（2018—2022）》由中、老、缅、泰、柬、越六国签署，与"一带一路"倡议对接，旨在建立澜沧江—湄公河国际航道沿线国家命运共同体。

（四）新加坡港口挂靠率高

2023年9月4日—10日，全球远洋干线中集装箱班轮主要挂靠162个港口，挂靠数合计为1591艘次，较上期增加91艘次。新加坡港排名第一，挂靠数为81艘次，较上期增加6艘次。主要港口远洋干线的班轮准班率为56.07%；船舶平均在港时间为1.62天。全球主干航线收发货服务挂靠数排名前三的航线为亚洲—地中海航线、亚洲—波斯湾航线和亚洲—美东航线。其中亚洲—地中海航线排名第一，挂靠数为208艘次，较上期增加14艘次。2023年全球主要港口班轮挂靠数和准班率如表7所示。

表7 2023年全球主要港口班轮挂靠数和准班率

港口	挂靠数			准班率		
	2023年前5月	2022年前5月	同比（%）	2023年前5月	2022年前5月	同比（%）
上海	1462	1338	9.27	56.00	30.70	82.41
新加坡	1674	1479	13.18	56.44	33.78	67.08
宁波舟山	1212	1140	6.32	42.48	20.53	106.92
深圳	1251	1161	7.75	63.00	20.66	204.94
广州	352	287	22.65	61.94	24.78	149.96

续表

港口	挂靠数			准班率		
	2023年前5月	2022年前5月	同比（%）	2023年前5月	2022年前5月	同比（%）
釜山	965	877	10.03	33.70	22.96	46.78
香港	622	513	21.25	71.98	37.59	91.49
青岛	522	500	4.40	60.07	39.53	51.96

来源：上海航运交易所。

2023年9月4日—10日全球港口平均在港时间和平均在泊时间如表8所示。

表8 2023年9月4日—10日全球港口平均在港时间和平均在泊时间

港口	2022年吞吐量（万TEU）	平均在港时间			平均在泊时间		
		本期(天)	同比(%)	环比(%)	本期(天)	同比(%)	环比(%)
上海	4730	1.61	−20.3	−15.7	0.92	0.0	−4.2
新加坡	3729	1.38	−6.1	7.0	1.03	−7.2	9.6
宁波舟山	3335	1.74	−10.3	−14.3	1.04	15.6	−1.0
深圳	3004	1.42	−4.7	30.3	0.94	−8.7	17.5
广州	2460	1.53	61.1	44.3	0.71	−5.3	14.5
青岛	2567	1.31	−24.3	−31.1	0.84	−6.7	−13.4
釜山	2207	1.36	−1.4	−4.9	1.06	2.9	−5.4
天津	2102	1.59	1.3	−9.7	0.98	1.0	−17.6
香港	1669	0.81	−15.6	11.0	0.69	−12.7	16.9
鹿特丹	1446	2.03	−15.4	20.8	1.48	−7.5	25.4
迪拜	1397	1.49	8.0	−17.2	1.09	0.0	−17.4
巴生	1322	1.39	−2.1	24.1	1.05	−0.9	28.0
厦门	1243	1.14	11.8	−2.6	0.97	19.8	−6.7

来源：航运交易公报。

2023年前5月，全球各主要港口集装箱班轮挂靠数扭转了2022年同期下跌的表现，重回上升趋势；各港口准班率均有明显提升。全球主干航线收发货服务班轮准班率，排名前三的航线分别是欧洲—美东航线、亚洲—澳新航线和亚洲—欧洲航线。其中亚洲—澳新航线升至第二，准班率为60.27%，较上期下降

2.41%；收发货服务挂靠数为73艘次。亚洲—南美航线是主干航线中准班率唯一上升的航线，准班率为49.57%，较上期上升1.42%。主要班轮公司收发货服务准班率整体有所下降，排名前三的班轮公司分别是太平船务、达飞轮船和中远海运。其中太平船务排名第一，主干航线准班率为62.50%。2023年9月4日—10日全球主要班轮公司收发货服务准班率如图2所示。

其中排名第一的太平船务有限公司是新加坡的公司。新加坡拥有多家经营船舶进出口贸易、转口贸易和国际船舶航运。从亚洲市场看，2023年上半年，我国对新加坡的船舶出口额最高，达到47.1亿美元，同比增长286%，占比30.9%，主要出口船型分别是浮动/潜水式钻探/生产平台、机动散货船等。

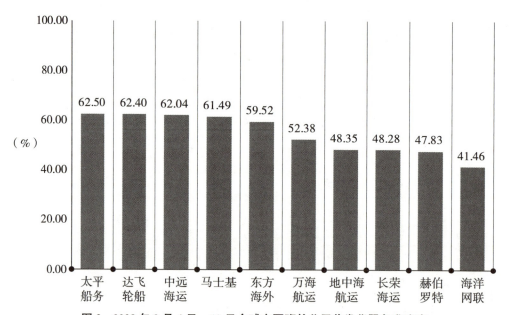

图2　2023年9月4日—10日全球主要班轮公司收发货服务准班率

来源：航运交易公报。

（五）广西北部湾海运

2023年10月8日，西部陆海新通道海铁联运班列第30000列成功发车。运行6年来，畅通了国内国际双循环，发送货物逐年增多，班列数量大幅增长。

广西北部湾港是我国西部地区便捷的出海口，也是西部陆海新通道的重要枢纽港口。目前已开通外贸集装箱航线48条、内贸集装箱航线28条，辐射范围涵盖100多个国家和地区的200多个港口。海铁联运班列开行规模稳步增长，扩大辐射带动效应，降低物流成本。

三、因果分析研究

(一)"一带一路"倡议下的航运机遇

1. 国家政策和发展战略支持

海上"丝绸之路"这一倡议的提出,引起了国内国外广泛关注,我国政府高度重视"一带一路"建设,积极推动与航道沿线国家交流合作,签署了一系列合作条约促进国际航道的开发利用。作为资源进口大国与工业强国,需要从中南半岛五国进口大量的原材料,如各类矿产、木材、农产品等,以缓解资源短缺问题,并出口如工业制品、运输设备、化学制品等劳动密集型产品。各国也利用中国完善的工业体系弥补本国的工业短板。各国对国际航道的交通运输能力要求越来越高,以期利用水路运输将本国的资源优势转化为经济优势。我国提升航运出口竞争力,推动海陆双向持续发力,有效衔接起广大中西部地区与中南半岛国家经贸往来,不断稳固枢纽港地位。

2. 港航信息化支撑

我国在港航信息化发展领域的总体实力,优于"一带一路"沿线的大部分国家。我国已推出"一带一路"港航指数信息服务,在数据共享网络和交换标准方面已有一定基础,成为航运电子商务平台发展集中的国家之一。以港口为中心整合物流服务和通关服务的电子商务平台也初现端倪。航运、物流、贸易三者发展呈现融合趋势,有配套支撑和保障,实现了港口、船舶、信息化与航道协调发展,充分发挥航道经济和社会效应,提升航道综合服务水平。

3. 大国地缘战略交汇区地缘关系

中国等亚太地区新兴经济体的持续崛起,引发了以美国等为首的大国调整地缘战略,在我国周边地区形成多个大国地缘战略交汇区,如中南半岛、朝鲜半岛、中亚地区等,造成我国周边区域地缘关系复杂多变。未来中国—中南半岛地缘合作,需要中国在经济领域与日本形成的同期竞争背景下,提升中国经济影响力的同时,突出区域合作机制的吸引力和引领作用,为中南半岛周边国家提供必要的安全支持和服务,缓解美国等国家带来的安全困境。

4. 交流互助提升信任与认同感

共同语言能促进贸易的发展。加强双边文化交流,比如举办博览会、设立孔子学院，提升政治互信与文化认同感，减少贸易阻碍，实现民心相通。新冠疫情期间，马来西亚政府与私企捐助了中国政府医用手套1800万只，许多民间组织也发起了各类抗疫物资筹集活动，帮助武汉防疫前线。在文化艺术界方面，马来西亚华人文化协会与马来西亚华文作家协会联合发起"武汉，我们与您同在"征文活动。马来西亚中国文化艺术协会与马来西亚中国企业家联合会联办"2020马中抗疫正能量短文竞赛"。我国在马来西亚新冠疫情紧张时，派出医疗专家赴马交流，前后捐助了各类型口罩673万只，防护服14万件，手套55000只，检测试剂27.5万人次，护目镜13000多副。

目前亚太地区已有东盟地区论坛、大湄公河次区域、亚太安全合作理事会、东盟与中日韩合作"10+3"、东亚峰会等东盟主导的多边机制。2020东亚海洋合作平台青岛论坛以"交流互鉴，开放融通"为主题，围绕"港口、贸易、航运、金融"主线，设立海洋港口航运展区。2023东亚海洋合作平台青岛论坛暨东亚海洋博览会上，"双碳"成为高频词，青岛论坛获颁"零碳会议"证书，委托中国船级社对论坛活动温室气体排放进行核查与评价。

（二）中国—中南半岛航运发展的制约因素

1. 航道基础设施受不同国家经济发展水平限制

货运量呈现快速增长态势，但与之配套的标准化体系、港口集疏运体系、航道信息化管理体系均有待完善。中国与中南半岛国家之间的经济发展水平处于比较不平衡的状态。周边国家及地区经济科技教育水平发展落后，沿线产业结构相对单一，难以产生足够消费需求和有效的工业支撑，带动航道建设发展。水运管理方式较为落后，中泰两国建立了比较完整的法律体系，老挝与缅甸由于国内原因，未投入足够人力物力用于航道基础设施建设与水运行业管理。各国存在发展、文化、认知差异，经济发展水平不一，难以统一监管。现有的航运规则和标准不协调，没有规范管理，容易导致国际航道效率低下。存在未经治理的浅滩以及尚未开发通航的流域，航行风险未完全消除，未能完全发挥水运优势。海关合作力度不够，海上船舶运输信息透明度有待加强。

2. 航运安全风险控制能力有待提高

目前南海诸多岛屿的归属问题仍存在争端。南海有着国际重要通道的运输枢纽，如果处理不当，将给航运安全造成隐患。部分中南半岛国家政局动荡，内政带来不确定性。美国实施亚太再平衡战略，加强与传统盟国泰国的联系，与缅甸、越南等关系升温。"中国威胁论"的谣言甚嚣尘上，造成部分国家对我国信任不够或产生误解。沿线部分国家存在域内外恐怖主义、宗教极端主义和民族分裂主义,部分航道存在非法走私活动,航运企业"走出去"面临的政策和制度风险加剧,航运安全环境面临挑战,航运安全风险控制能力有待提高。

3. 航运环保还需接轨沿线发达国家标准

沿线大部分国家处于工业化初级阶段或发展过程中。沿线国家经济发展水平存在差异,碳排放标准不尽相同,与鹿特丹港、新加坡港、洛杉矶港等先进港口尚存在一定的差距。航运业的发展与生态环境之间的矛盾日益尖锐,引起各国环保部门和民众的普遍关注。

四、未来建议

(一)有效利用合作平台和机制

我们应着力推动现有合作机制的创新,与东盟保持密切配合,确保既有机制的良性运转,使制度更好地适应航运发展。遵循联合国政策准则和互联互通行动计划,增强区域互联互通水平,共同提高双边货物的进出口运输效率。加快双边或多边自贸协定进程,加强与沿线国家在经济领域的对话与合作,深化与周边各国经济贸易伙伴关系。如推动上海合作组织与亚太地区既有机制间的有效互动,建立孟中印缅泰地区国际物流通道论坛和安全对话合作机制。

(二)用好资金加强国际航道管理

用好合作专项基金,支持合作领导人会议。鼓励各国发挥社会市场资源作用。在恢复国际航道运行的同时,加强对航道的安全管理,把安全管理与日常生产工作相融合,提高安全管理意识,排除可能存在的安全风险。航运安全问题与经济问题紧紧相连,应组织合理有效的安全管理工作,保证航运安全。建立更为完备的陆海联运体系、航运管理体制、法规体系,逐步建立统一的决策和管理机构,统筹重大事宜、日常协调管理、共同开发。

(三)打造"智慧航运",完善防疫体系

从发展历程来看,航道根据不同的时间、技术和需求条件,分为原始、助航、标准、高等级、数字和智能航道。近年来自动化码头发展迅猛,未来航运发展呈智能化、无人化、网络化趋势,能够减少与境外人员接触,有效减缓疫情扩

散，完善防疫体系。作为全球首个提出无人船规范的国家，我国加强港口、航道信息化建设，开展船联网建设，发展航运电子商务。

（四）强化环境保护，接轨先进港口绿色环保标准

绿色发展既是发展方向和发展潮流，也是一种全新的价值观，推进实施"一带一路"绿色航运建设，对航运产业转型升级和国家形象的提升意义重大。要实现低碳经济，需要解决航运业高污染和高排放等问题，调整结构，提高利用效率，形成保护生态环境的产业结构绿色航运，保护生态环境和全球自然环境，促进航运业良性发展，降低企业对空气、环境、生态方面的污染和伤害，提高航运市场竞争力，增强市场优势。应重新审视绿色航运概念的国别化差异，参与"一带一路"绿色航运标准的制定和修改，强化在航运环保标准化上的国际话语权，引导国内港航企业与沿线国家的环保标准顺利接轨。拓展实施船舶排放控制区，以排放的限制促进船舶的环保升级，以港口岸基供电等国际合作项目为抓手，进一步提高靠港船舶使用岸电比例。以负面清单的管理模式，实现污染物减排目标，推动绿色科技创新计划。

（五）构建航运数据标准体系与大数据平台

建立航运数据交易平台，推动航运数据要素流通，释放数字红利，建立数据标准规则与商业生态，发掘、汇集、提炼、利用数据真正价值。航运数据围绕"船—港—货"，关联船舶生命周期、国际物流供应链、国际商贸金融结算、保险服务、大宗商品期货投资、产业投资、商品物流过程和物权信息，涉及海关、商务、交通、工业、海事、外管等多个政府职能部门，分布在码头、船公司、代理、车队、堆场、仓库、报关行、银行等众多节点中，信息共享需要突破多重职能和利益壁垒。港航业应联合金融业、产业界，使航运数据赋能融资租赁、大宗期货量化交易、股票量化交易（利润—运价—运力周转）、供应链金融、保险产品设计、航运运价衍生交易，把服务能力精细化到业务细分领域的原始数据上。如货物追踪数据为金融机构控货和评估融资人的征信起到关键作用，通过校验货物装卸船称重数据和运输数据，堆场堆存的散货可有效避免重复质押，船舶租金和运费指数还可用于对应市场的期货衍生交易。

综上所述，在中国与中南半岛各国逐步迈向多层次、多元化深度合作的进程中，障碍与羁绊在所难免，但随着各国共同努力，为航运经济贸易合作提供新思路和新机遇，一定能走出一条契合多方利益的航运共同发展之路，开创中国与中南半岛之间贸易经济合作的新时代。

参考文献

[1] Xiaofei Geng, Guangcai Zhong, Jun Li, et al. Molecular marker study of aerosols in the northern South China Sea: Impact of atmospheric outflow from the Indo-China Peninsula and South China [J]. Atmospheric Environment, 2019, 206: 225-236.

[2] 刘阿明. "一带一路"国别研究报告:马来西亚卷 [M]. 北京:中国社会科学出版社, 2023.

[3] 吴本健, 肖时花, 王海南. 中国-中南半岛经济走廊 [M]. 中国经济出版社, 2018.

[4] 中国地图出版社. 世界港口交通地图集 [M]. 北京:中国地图出版社, 2022.

[5] 宋玲, 张代青, 李想, 等. 后疫情时代背景下澜沧江—湄公河航道的虚拟水流动及航运安全问题探讨 [J]. 中国水运(下半月), 2022(1): 8-10.

[6] 蒋璘晖, 李红亮. 澜沧江—湄公河国际航道货运发展需求分析 [J]. 交通企业管理, 2019(4): 53-55.

[7] 真虹. "一带一路"倡议与中国航运互动发展 [M]. 上海:上海浦江教育出版社, 2016.

[8] 汪传旭. "一带一路"倡议与上海国际航运中心建设 [M]. 上海:格致出版社, 上海人民出版社, 2019.

[9] 国家统计局. 中国统计年鉴 汉英对照 2022 [M]. 北京:中国统计出版社, 2022.

[10] 黄剑辉. "一带一路"沿线重点国别研究 [M]. 北京:中国金融出版社, 2020.

[11] 任珂瑶. 中国—中南半岛经济走廊建设研究——基于互构—关联—辐射的地缘分析框架 [D]. 苏州:苏州大学, 2021.

[12] 吴娅男. 中南半岛国家物流绩效对中国农产品进出口贸易的影响研究 [D]. 昆明:云南财经大学, 2021.

[13] 杨莹. 中国—中南半岛经济走廊基础设施建设对中国进口的影响 [D]. 石家庄:河北经贸大学, 2021.

[14] 熊琛然. 大国地缘战略交汇区地缘关系研究:以中南半岛为例 [D]. 北京:中国科学院大学, 2021.

第二篇

公共外交与国际传播研究

以羽为媒构建中印尼新型大国关系探究

许玉军[①] 林炜翔[①] 胡昱明[①]

引言：体育与社会

美国《社会学百科全书》明确指出，体育社会学侧重于探讨体育作为一种社会制度的形式，其结构、内容、变化和发展的过程，也涉及到由此而产生的社会行为、关系以及它在社会中的作用，包括体育系统内部的相互影响和其他社会系统之间的相互影响。日本学者菅原礼则从社会学的角度，将体育社会学定义为旨在促进体育合理化进程的体育现象的科学研究以及与体育有关的问题。国际体育理事会体育社会学会会长安德斯指出，体育社会学是一种以描述和研究与运动及其社会功能有关的社会现象为重点的经验科学。它通过探究促进或阻碍运动发展的各种因素，揭示运动的发展规律，并在预期范围内推动运动的进步。

体育社会学的研究重点是体育社会现象。它的研究内容主要包括体育的内在结构，体育的运行规律，体育在社会中的地位、价值及其与其他社会成分体的相互作用。体育社会学的学科目标在于推动体育运动和整个社会的健康、正常发展，通过深入理解体育现象，为体育政策的制定和实施提供科学依据。体育社会学作为一门应用社会学，运用社会学理论和方法，多角度、多层次地对运动现象进行分析，具有综合研究性质。据此，可以把体育社会学看作是体育这一社会文

[①] 集美大学海丝沿线国家国别研究院。

化现象的不断变化与发展的一个整体。对外分析运动与其他社会现象之间的相互关系，对内研究体育的结构、功能、发展动力和制约因素。

当今国际社会复杂多变，经济萎靡亟待复苏，考验地缘政治智慧。中国和东南亚商贸文化交流历史悠久。印尼作为地区大国，与我国的政治、经济、文化渊源深厚。多年来，社会各界都在积极探索适切的媒介、产品或平台，增强中印尼政治互信、赋能商贸通畅，为构建人类命运共同体提供样板。羽毛球作为一项兼具体育竞技和文化媒介特征的活动，在中国和印尼影响深远。以羽为媒充实"体育与和平"内涵，本文尝试以羽毛球为媒介促进中国和印尼国际关系向善发展。

一、羽毛球体育运动对印尼的意涵

（一）印尼羽毛球的政治意涵

现代体育从诞生之初就与政治结下了不解之缘，彼此交织在一起。政治为体育运动提供了强大的支撑与推动力，而体育运动也在某种程度上受到政治条件的塑造与限制。体育运动的价值观念、本质特性以及管理架构等，都不可避免地受到政治因素的影响和制约。体育运动则对于政治的特殊需要给予支持。

1. 国家形象羽毛球化

国际赛场上，人们易于将特定运动与特定国家关联，如乒乓球与中国，羽毛球与印尼，篮球与美国等。运动健儿代表着一个民族的浓缩形象。国家形象是抽象和复杂的，而选手们则将国际形象具体化。印尼羽毛球处于世界顶级水平，是国家形象的重要标识，其曾 13 次捧起汤姆斯杯，1994 年到 2002 年实现了五连霸；3 度捧起尤伯杯；1 次捧起苏迪曼杯。羽球明星辈出，如伊萨克·苏、魏仁芳、陶菲克、林水镜、梁海量、叶诚万、苏吉亚托、索尼等。

印尼曾经多次承办有国际影响力的羽毛球赛事，如印尼羽毛球公开赛（印尼羽毛球超级赛）。印尼承办过 8 次汤姆斯杯羽毛球赛（1961、1967、1973、1979、1986、1994、2004、2008）、5 次尤伯杯羽毛球赛（1975、1986、1994、2004、2008）。国际赛事吸引全球关注，展示国家体育设施、赛事组织能力和体育文化。国际赛事的跨文化传播对国家形象建构和国际传播有积极影响。

2. 民族向心力凝聚

羽毛球作为一项大众运动，为不同的社会群体提供了一个交流互动的平台，对减少社会矛盾和冲突、激发人们的集体荣誉感、提升社会凝聚力等方面都有很大帮助。印尼羽毛球队在赛场上的优异表现，能够将这种集体荣誉感转化为社群、团体、民族和国家的归属感，进而促进社会凝聚力提升，并将巨大的民族自豪感植入民心。羽毛球运动在中国的发展就印证了其对国家凝聚力的提升、对羽毛球运动文化和政治功能的发挥、对物质和精神文明的推动作用。林丹因其在各项世界比赛中夺冠，长时间占据世界排名第一，被称为"超级丹"，让国人愈发感到自豪和骄傲。同样道理，印尼羽毛球众多名将如陶菲克、利利亚纳·纳西尔等，成为印尼年轻人的榜样，激励着年轻人追逐梦想。个人价值和社会价值的统一，是基于个人梦想而实现的。荣誉的背后，承载着家国情怀和民族信念。

3. 助力政治外交

在政治集会或活动中，羽毛球比赛可能被用作展示国家团结和力量的手段。以 2016 年驻华外交使团系列体育赛事为例，这场由中国主办的赛事于当年的 10 月 15 日在北京国际温泉酒店圆满结束。其中，乒羽项目格外引人注目，吸引了来自 9 个不同国家驻华使馆外交人员的热情参与。自 2009 年成功举办首届驻华外交使团体育系列赛以来，此项赛事已经在驻华使团中成为一项备受瞩目的传统赛事，影响广泛。这些赛事不仅为各国外交人员提供了一个展示体育才能、交流文化的平台，也促进了不同国家之间的友好交流与合作。通过体育竞技，各国外交人员增进了彼此的了解与友谊，为国际关系的和谐发展注入了新活力。羽毛球运动赛事的繁荣为各国人民交好、建立跨国情谊搭建了一个交流平台，丰富了赛事"友谊第一"的内涵，为政治外交提供了多种语境可能。

（二）印尼羽毛球的经济意涵

1. 产业链发展

产业链的思想根源可以追溯到英国古典经济学的奠基人亚当·斯密，他的自由竞争与细致分工的理念奠定了产业链形成的理论基础。经济学家马歇尔进一步将这种分工思路扩展到了企业间的互动层面，他强调了企业间的分工合作对于整体经济效率的重要性，可以说这是一种真正意义上的产业链理论渊源。

按照《体育及相关产业分类试行》的规范，羽毛球及相关行业可细分为涵盖从服务业到制造业多个方面的 8 大类。具体来说：（1）羽毛球组织管理活动：包括羽毛球赛事的组织、管理和俱乐部、协会的运作等，构成了羽毛球运动的基本框架；（2）羽毛球场馆管理活动：涵盖羽毛球馆的运营、管理和维护，为羽毛球运动提供高品质的体育环境。（3）羽毛球健身休闲活动：涉及羽毛球运动的健身训练、休闲娱乐等，以满足广大群众的健身需求，促进羽毛球运动的普及。(4) 羽毛球中介活动：包括羽毛球运动员、教练的经纪服务，赛事的赞助、广告等商业活动，为羽毛球产业注入活力。(5) 其他羽毛球相关活动：涵盖与羽毛球相关的教育、培训、科研等多元化服务，促进羽毛球产业的持续发展。(6) 羽毛球用品、服装、鞋帽及相关体育用品的生产制造：包括羽毛球拍、羽毛球、球鞋、球衣等产品的生产制造等。(7) 羽毛球运动用品流动，涉及羽毛球产品的批发、零售等经营活动，将产品送到消费者手中，以满足市场需求。(8) 羽毛球馆建设活动：包括设计、建造羽毛球馆等，为羽毛球运动提供必要的硬件设施。

前5类属于为羽毛球运动发展提供全方位服务保障的羽毛球服务行业，后3类活动构成了羽毛球"相关产业"，共同推动羽毛球产业的繁荣发展。在印尼体育界，羽毛球产业链的地位举足轻重。一方面，印尼羽毛球队在国际赛事中屡获佳绩，不仅提升了羽毛球运动的国际影响力，也极大地刺激了羽毛球运动相关消费的增长。另一方面，羽毛球运动因其简便易行、娱乐性强和健身效果好等特点，在印尼拥有广泛的群众基础，市场前景十分广阔。

2. 就业和收益

球员、教练、裁判、球具制造商、体育用品店等羽毛球链条一应俱全，创造的就业机会为印尼的劳动力提供了稳定收入来源，印尼的羽毛球运动员收入可观。印尼羽毛球协会发言人布罗托·哈皮表示，印尼羽毛球国家队新人的月收入可达3000万IDR（约合2087美元），是印尼平均收入的10倍。若是成为顶级球员还可以通过接代言获得数以亿计印尼IDR的收益。除具体从事羽毛球产业人员外，衍生产业及其就业机会和影响力难以计数。

（三）印尼羽毛球文化传统

千岛之国印尼，素有"羽球之国"的美称。印尼奥委会主席拉贾·奥克托哈里称，无论你到印尼任何地方旅行，"一秒钟内就能看到有人在打羽毛球"。据统计，2016年里约奥运会羽毛球混双决赛在印尼当地的收视份额达到了17.2%。

据历史记载，羽毛球在20世纪30年代便传入印尼，并在短短几十年间取得了举世瞩目的成就。到20世纪50年代末，印尼羽毛球水平已跃居世界顶尖行列。1958年，在新加坡举行的第四届汤姆斯杯决赛中，印尼队以5:4的比分战胜前三届冠军马来西亚队，这场胜利标志着印尼羽毛球运动正式开启了其"世界霸主"的辉煌时代。此后的20多年间（1958—1979年），印尼队以超群的实力在汤姆斯杯赛上7次折桂，将自己在羽坛的显赫风采展现在世人面前。1992—

2008 年 5 届奥运会中，印尼在羽毛球项目中获得过 6 金、6 银、6 铜，合计 18 枚奖牌。

印尼优秀运动员和教练人才辈出，如：陶菲克·希达亚特以卓越的羽毛球技艺，囊括奥运会、亚运会、世锦赛冠军和汤姆斯杯冠军，成为世界羽坛历史上首位囊括奥运会、亚运会、世锦赛冠军的大满贯选手。魏仁芳 1992 年巴塞罗那奥运会上为印尼赢得了第一枚羽毛球男单项目的金牌。而这一历史性成就，让他在国民的崇敬和赞许下，成为印尼的英雄人物。伊萨克·苏吉亚托，获得过多个世界冠军和奥运会金牌。这些明星和赛事起到了示范意义。21 世纪初，体育记者伊格内修斯·苏尼托就指出：羽毛球能够"消除痛苦、贫困、无助和不公正"。

（四）印尼羽毛球员培养模式及挑战

良好的市场前景以及集体荣誉感激发了印尼人民对羽毛球的热爱，羽毛球产业因而蓬勃发展。印尼采用专业化、职业化的培养模式，为羽毛球后备人才的培养注入了源源不断的活力。许多人都喜欢在业余时间打羽毛球，这种深厚的羽毛球文化，为印尼羽毛球的普及和发展提供了有力的保障。

印尼政府对羽毛球的发展非常重视，通过投入资金、建设羽毛球场馆等方式全力支持羽毛球的发展。2020 年印尼羽毛球大师赛，印尼耗资 170 亿印尼 IDR 搭建场馆。然而，印尼羽毛球发展中仍然面临一些问题，如国内优秀选手众多而培养能力有限，基础设施方面也有待改善，包括羽毛球场馆的建设和维护。印尼羽毛球协会以及国家羽毛球队的管理层面也存在一些问题，这些问题导致许多优秀队员对继续留在队伍中产生了疑虑。近些年，印尼羽毛球界经历了一些人才流失的情况，如吴俊明为美国队赢得世锦赛冠军，罗纳德代表新加坡出战，罗纳德曾在雅典奥运会上成功淘汰林丹，他们的离去无疑是印尼羽坛面临的一大挑战。

二、印尼羽毛球特点及与他国的交流

以球速快、打法灵活多变的陈有福为代表的球员，成功地开创了世界羽坛独树一帜的印尼风格，并从 1958 年开始为世界羽坛注入了新的生机。从 20 世纪 60 年代末到 70 年代初，印尼羽坛在对中国羽毛球技术进行深入研究的基础上，从速度和进攻两个角度出发，研制成功了一套具有创新性的劈杀技术。以印尼选手梁海量为代表，结合林水镜的双脚起跳式扣杀技术，这一技术的出现对世界羽坛技术水平的突飞猛进起到了很大的促进作用。陶菲克的控网突击技术，亨德拉的接发球抢攻技术，陈甲亮的封网技术，汤仙虎首创的网前快速下压控制进攻技术，头顶扣杀动作出色，脚步移动迅速灵活，"汤式高吊杀一致性手法"这一战术手段在当时被广泛模仿。从某种意义上说，世界各国的大部分羽球技术发源于印尼。技术的切磋交流拉近了人与人、人与国乃至国与国的距离，从陌生到熟悉。羽毛球技术讲究求同存异，与国家合作类同。

（一）与中国

中国和印尼在羽毛球领域有着深厚的渊源，作为羽毛球强国，两国的羽毛球运动员经常在国际比赛中相遇。印尼羽毛球公开赛是国际羽联超级 1000 巡回赛中等级最高的赛事之一，也是印尼最负盛名的羽毛球赛事。羽毛球运动作为一种世界性通俗体育文化活动，在"一带一路"倡议的推进下，有助于加强中印尼两国间的相互交流与理解，传递不同地域人群对于积极幸福生活方式的共同追求。

（二）与丹麦

丹麦和印尼的羽毛球合作密切。除了技术层面交流，双方还开展了商务合作。2015 年，丹麦王室首次对印尼进行国事访问，当年 10 月 23 日，丹麦大使馆与 Danisa 皇冠丹麦曲奇联合举办了一场活动来宣扬两国羽毛球的辉煌历史。前羽毛球欧洲冠军 Alexander Bond、丹麦亚军 Ditlev Jager Holm 与印尼新星 Hsan Maulana 和 Bellaetrix Manuputty 进行比赛。与此同时，印尼羽毛球传奇人物、前世界冠军 Rexy Mainaky 也分别与丹麦亲王等现场来宾进行了互动。比赛结束后，双方向印尼羽毛球爱好者的小伙伴捐赠了球拍。丹麦丹尼诗食品有限公司 CEO Erik Bresling 表示："羽毛球是一种健康理想的生活方式。同时，丹、印尼两国也有着辉煌的羽毛球历史。如今，我们更需要确保年轻一代在这一传统基础上构建健康的生活，这也是丹尼诗大力支持大使馆组织此次活动的初衷"。

（三）与日本

日本与印尼经常举办友谊赛，促进双方合作与交流，例如日本羽球名将桃田贤斗在 2018 年雅加达亚运会 1/8 决赛中作为对手，与印尼的 Anthony 进行赛前对练，以提高双方球技。除了这些，日本著名运动品牌尤尼克斯也早早开始赞助印尼羽毛球国家队。2015 年 8 月 17 日，尤尼克斯举办了一场羽毛球活动——王者之志雅加达站。尤尼克斯还签约了 Jaya Raya 俱乐部和印尼羽毛球传奇选手陈甲亮，除此以外尤尼克斯还向当地的羽毛球俱乐部赞助了 200 个羽毛球拍，在印度尼西亚羽毛球协会的协助下，共同发展羽球运动。

三、当下全球问题和挑战

地缘政治错综复杂，它涵盖了地理位置、国家综合实力以及国际关系等多重维度。当前，在全球化和多极化趋势日益显著的背景下，地缘政治格局正经历前所未有的深刻变革，各种问题不断出现，对国际社会稳定和发展构成严峻挑战。

（一）国际问题

由于工业化、燃烧化石燃料等人类活动，导致全球气候变暖，引发了极端天气、海平面上升等一系列问题。无论是恐怖主义还是极端主义，都对人类的生命、财产和安全构成了全球范围内的威胁。跨国犯罪活动如毒品走私、人口贩卖和网络犯罪等，同样对国际社会造成了巨大危害，这些犯罪行为不仅破坏了社会的和谐稳定，更对人类的福祉造成了严重威胁。由于战争、政治迫害、自然灾害等原因，导致大量难民涌入其他国家，给国际社会带来了巨大的人道主义危机。全球公共卫生领域正面临着严峻挑战，诸如艾滋病、埃博拉病毒等，给人类的生命健康带来了前所未有的威胁。随着全球人口的增长和经济的发展，对水、食物、能源等资源争夺愈发激烈，这些问题都可能导致国际关系的紧张和冲突。

（二）地区问题

政治问题是地区问题的核心，涉及地区内的权力分配、政府治理、民族关系等方面。这些问题都有可能造成政局动荡，局势紧张，甚至可能引发武装冲突，如俄乌冲突、巴以冲突，非洲的部落冲突等。解决政治问题需要推动政治改革、促进民族和解、加强国际调解等多种手段。经济问题如经济发展水平、资源分配、贸易政策等，可能导致经济发展不平衡、资源争夺、贸易摩擦等。例如，南亚地区的印巴经济之争、非洲的资源争夺等，都是经济问题的典型案例。解决经济问题需要加强国际合作、推动经济发展、促进资源共享和合理利用。文化问题涉及地区内的文化认同、宗教信仰、语言差异等方面，可能导致文化冲突、宗教纷争。欧洲的移民问题和中东地区纷争都是文化问题的突出案例。生态问题涉及地区内的环境破坏、资源过度消耗等，可能导致生态系统失衡、自然灾害频发，如亚马逊雨林的破坏、非洲的荒漠等。

（三）中印尼问题

首先，领土争端是中印尼外交难题之一。例如在加里曼丹岛的油气资源问题上，中国和印尼之间的争议一直存在。两国在一些其他领域存在着领土争端。其次，中国和印尼之间存在一些分歧和贸易摩擦，例如在贸易政策、海关程序等方面可能导致两国的贸易受阻。资源竞争也是一个重要的问题。例如在南海地区的水域划分、渔业资源管理等方面，中国和印尼之间存在一定的矛盾。这些问题的解决，需要双方深入沟通协商，采取互利共赢的合作方式。中印尼关系敏感，需要双方政府、民间达成共识，智慧地提供解决方案。

四、以羽为媒的中印尼关系发展历史

（一）以羽为媒的中印尼关系的发展过程

中国和印尼羽毛球的渊源，在二十世纪五六十年代就有迹可循。当时的印尼华侨为祖国带回了先进的羽毛球技艺，促使中国的羽毛球技术有了很大的提高。独立后的印尼，依然未能完全摆脱荷兰的控制，而印尼人民渴望独立和尊严。1953 年，在万隆会议期间，由周恩来总理提出了和平共处五项原则，为中国在第三世界国家赢得了好感和支持，同样也是在这样的背景下。1953 年 6 月，由印尼华侨青年王文教、陈福寿、黄世明、苏添瑞等著名球星组成的印尼羽毛球队访华，进行巡回表演赛，在国内引起很大反响。鉴于中国对体育事业建设的重视，他们在一年后决定回国振兴中国羽毛球事业。1956 年 11 月，中国第一支省级羽毛球队——福建代表队成立，从此中国羽毛球运动得到了突飞猛进的发展。1963 年 7 月，印尼羽毛球队访华，并与中国代表队一起组织比赛，既促进了双方羽毛球技术的提高，又为双方今后的全面合作打下了坚实的基础。中国羽毛球队最终于 1981 年加入了国际羽联。截至 2023 年 2 月，中国羽毛球队共获得 47 枚奖牌，汤姆斯杯 10 次夺冠，苏迪曼杯 12 次夺冠，尤伯杯 15 次夺冠。在人类命运共同体理念的号召下，中国和印尼携起手来共同振兴中国羽毛球事业是以羽为媒、以羽建媒的生动体现。

（二）以羽为媒的中印尼大国关系构建

2013 年 9 月至 10 月期间，习近平主席出访中亚和东南亚国家，期间提出两项重要倡议，即共建"丝绸之路经济带"和"21 世纪海上丝绸之路"。两个倡议的目的是实现一个共同的目标，即共同致力于建设一个利益共同体、命运共同体和责任共同体，其基础是政治互信、经济融合和文化包容。"一带一路"倡议与印尼政府的大政方针是相互吻合的。也是在这一年，中印尼两国建立全面战略伙伴关系。

中印尼在许多领域都有广泛的合作，包括经济、政治、文化、教育、科技和军事。两国领导人保持着高度一致或相近的立场，在重大国际和地区问题上保持着密切的沟通与往来。2023年10月16日，印度尼西亚共和国总统佐科·维多多应习近平主席邀请，来华出席第三届"一带一路"国际合作高峰论坛，并对中华人民共和国进行国事访。两国元首就中印尼全面战略伙伴关系和命运共同体建设不断深化达成重要共识，就双边关系和国际、地区问题进行了深入交流。为全面推进中华民族伟大复兴，印尼表示支持中国为实现第二个百年奋斗目标而全面建设社会主义现代化国家，积极推进中国式现代化。中方对印尼推动"黄金印尼2045"计划给予坚定支持。两国将深化务实合作，继续推进中印尼命运共同体建设，在各自特色现代化道路上，以更高水平的政治互信和全方位、深层次的战略协作，为两国高质量发展服务，携手并进，为两国和地区以及全球人民造福。

在共建"一带一路"倡议的推动下，中印双方的合作成果斐然，中国印尼贸易持续快速增长。两国的双边贸易额在2022年明显提升，两国累计达到1490.9亿美元，同比增长率高达19.8%。来自印尼投资部门的统计显示，中国在印尼的直接投资在2022年达到82.3亿美元，这使得中国跃升为第二大外资来源国，显示出中国与印尼在经贸领域有着巨大潜力的紧密合作关系。在深化货物贸易、能源、矿产、金融、制造业、基础设施建设等传统领域合作的同时，中国与印尼在能源基础设施、清洁能源发展等方面开展更多高质量合作，包括太阳能光伏发电、新能源汽车生态系统项目等，不断扩大高科技与新兴产业合作，如智慧城市、5G、数字经济等。

五、羽毛球外交可行性

（一）体育外交

在当今国际关系中，体育是一种具有强大政治影响力的工具，体育是世界通用的交流手段。体育外交越来越受到各国政府和国际组织的重视，并被广泛运用于推动国际交流与合作以及维护国际和平的进程中。在《坚持合作共赢开放战略构建体育对外交往新格局》文件中，国家体育总局明确指出，在"首脑外交"中，体育元素成为新亮点。

体育运动与政治的紧密联系是社会发展进程中不可避免的产物，这种联系源于体育自身的政治属性及其所承担的政治功能。而国家外交活动的不断拓展与深化，为体育外交的兴起和发展创造了有利条件，使得体育成为国家间交流与合作的桥梁之一。作为国家整体外交战略的一部分，体育外交涵盖了一国政府为配合和服务国家整体外交政策而从事的旨在配合和服务的全面对外体育关系的内容。体育合作和体育制裁是其两种表现形式。

（二）羽毛球外交

"一带一路"倡议，给羽毛球运动的发展带来了一个全新的契机。体育作为绿色产业，在我国"一带一路"合作实践中发挥着重要作用。羽毛球运动，不仅为双方的运动员带来技术上的交流，还为双方运动员所代表的国家带来可以超越语言、种族和文化上的交流。中国与印尼、泰国、马来西亚等国的外交关系也是以乒乓球、羽毛球等体育活动为桥梁建立起来的。羽毛球可以传递不同地域人民对构建积极而幸福生活方式的共同追求。早在20世纪70年代初，"羽毛球外交"这一独特的外交方式就已经被历史铭记，成为国际关系中的一段佳话。在中国与东南亚各国改善关系的过程中，羽毛球运动的作用举足轻重。

（三）体育外交与政治外交

体育外交通常是指通过运动、文化等领域的交流来促进国家间的友好关系和合作。这样的外交方式是比较柔和，是各方面都比较容易接受的，是可以潜移默化地起到作用的外交方式。例如中国与俄罗斯之间的"冰球外交"就起到了很好的效果。政治外交则是指通过正式的外交途径，如谈判、会晤、公报等方式来处理国际关系中的问题。这种方式更为直接，能够达成明确的协议和成果，但有时可能会引起争议或受到外部因素的影响。体育外交可以在一定程度上作为政治外交的补充，两者相辅相成，共同为国家利益服务。

结论：运动与和平

2013年8月23日67联合国大会正式决议，将每年的4月6日定为"体育促进发展与和平国际日"，大会认为体育具有改变世界的力量，既能加强社会联系，又能促进团结和相互尊重，促进可持续发展与和平。自古以来，人类最根本的愿望就是和平与发展。1892年，现代奥林匹克运动的发起人顾拜旦在一次演讲中指出，体育为人类和平发展服务，是奥林匹克运动的宗旨。他的理念是：通过体育让世界更美好，通过体育让世界更和平。"奥林匹克因和平而起，因和平而兴，历经3000年仍为现代人所喜爱和关注，是全世界参与国家最多、参与人口最多的体育盛会，它具有强大的生命力和号召力，它的一大魅力在于和平，它是一种向上的精神力量。奥林匹克是世界上最大的体育盛会，是"在深深呼唤和平的召唤中孕育而生的现代奥林匹克运动，经过两次世界大战的严峻考验，在吸引更多国家广泛参与的同时，得到升华，共同追求卓越的运动和平理想。"现代奥林匹克运动在20世纪80年代后成为一项为经济发展和保卫和平贡献力量的全球性社会运动。

习近平主席在出席杭州第十九届亚运会开幕式欢迎宴会时发表讲话，号召"要以体育促和平，坚持与邻为善和互利共赢，抵制冷战思维和阵营对抗，将亚洲打造成世界和平的稳定锚"。如今世界上有许多国际体育组织都把促进人类的交流与友谊、推动世界和平作为自己的原则或宗旨。运动能激发与战争胜利相似的快乐和满足感，但与战争不同的是却能将各个国家团结起来，造福世界。

参考文献

[1] 卢元镇. 中国体育社会学学科进展报告 [J]. 北京体育大学学报，2003（01）：1-5.

[2] 杨苗苗. 羽毛球运动文化的传承与传播研究 [D]. 西安：陕西师范大学，2016.

[3] 徐丞雅. 体育赛事志愿者跨文化传播能力现状与提升对策研究 [D]. 北京：北京外国语大学，2023.

[4] 刘天旭. 浅论体育明星的媒介形象塑造 [J]. 东南传播，2018（09）：48-51.

[5] 国家体育总局对外体育交流中心. 2016年驻华外交使团体育系列赛——乒乓球、羽毛球赛成功举行 [J]. 运动，2016（20）：2.

[6] 芮明杰，刘明宇，任江波等. 论产业链的整合 [M]. 上海：复旦大学出版社，2006.

[7] 孔令德. 中国羽毛球产业链的组成与提升研究 [D]. 北京：北京体育大学，2011.

[8] 魏文佳. 哈尔滨市羽毛球后备人才培养现状及对策研究 [D]. 哈尔滨：哈尔滨师范大学，2023.

[9] 汤豆豆. 甘肃省体育教育专业羽毛球课程思政建设研究 [D]. 兰州：西北民族大学，2023.

[10] 赵成彬，梁美花. 中国羽毛球队与印度尼西亚羽毛球队的比较研究 [J]. 凯里学院学报，2011，29（03）：114-115.

[11] 湛江. 对羽毛球运动扣球技术的分析 [J]. 当代体育科技，2015，5（35）：29-30.

[12] 郭童超. 羽坛传奇人物——汤仙虎 [J]. 今日中学生，2016（Z4）：70-71.

[13] 朱尊海. 世界优秀羽毛球混合双打运动员技战术运用研究 [D]. 北京：北京体育大学，2017.

[14] 古晓晴，蔡艺. 中国共产党领导下的体育外交发展历程与经验启示 [J]. 运动精品，2023，42（06）：40-42.

[15] 储江. 论体育外交 [J]. 体育文化导刊, 2009 (04): 6-9.

[16] 张云天. 中国与"一带一路"沿线关键国家双边体育交流研究 [D]. 北京: 首都体育学院, 2022.

[17] 麦延. 马达加斯加队来华集训: 外交与体育的双重友好 [J]. 羽毛球, 2018 (07): 44-45.

[18] 陈娜娜, 韦宏浩. 论中国体育外交——公众外交的有效路径 [J]. 体育科技文献通报, 2010, 18 (11): 113-115.

[19] 李学如, 陈勇. 周恩来对日民间外交思想探析 [J]. 求索, 2011 (09): 244-247.

[20] 郑佳. 国际主流媒体视域下北京冬奥会报道分析 [J]. 科学咨询 (科技·管理), 2023 (17): 77-79.

[21] 孙庆玲. "奥运艺术大使"黄剑: 用一粒粒中国文化的"种子"雕刻和平 [N]. 中国青年报, 2023-10-24 (004).

[22] 郭怡. 现代奥林匹克运动与和平之研究 [J]. 浙江体育科学, 2000, 22 (06): 58-60.

[23] 彭飞. 以体育促和平, 共创更加美好未来 [N]. 人民日报, 2023-10-10 (004).

[24] 陈世阳, 刘晓. 体育对构建人类命运共同体的价值与实施路径 [J]. 北京体育大学学报, 2021, 44 (02): 1-9.

小马科斯上任后菲律宾主流媒体中的中国形象研究

樊斌[①] 韩存新[①]

引言

所谓"国家形象"指的是"一个国家所呈现出的能引起人的思想和感情活动的具体形状或状态"。它是"主权国家重要的无形资产,是国际关系中的一种软国力或软权力"。中国和菲律宾是两个一衣带水、隔海相望的友好邻邦,两国关系在很长的一段历史时期内一直起伏不定,近年来更是因为南海争端导致两国关系一度恶化。但中菲之间不存在根本利益冲突,而且菲律宾还是"一带一路"沿线国家,具有重要的战略地理意义。研究菲主流媒体对中国的国家形象建构,无论是从发展两国关系还是从更好解决南海争端方面来考量,都具有重大的现实意义。语料库技术与批判话语分析相结合的方法是当今社会科学领域前沿的研究方法,赋予了媒介话语研究新的视角。Baker(2013)主张运用基于语料库的批评话语分析方法来考察媒介话语中的态度立场。有鉴于此,本研究将语料库方法与批评话语分析充分融合,在此基础上综合考察小马科斯上任以来菲律宾主流媒体中被"他塑"的中国形象。

[①]集美大学外国语学院。

一、文献综述

近年来，国内学界非常重视对国家形象的研究，在国家形象的概念界定、必要性论证、建构传播的方法与途径等方面均取得了相当可观的成果（参见孙有中，2002；杨雪燕、张娟，2003；李安山，2008；范红，2013）。而考察中国在跨文化媒介话语中的国家形象是国内学界近年来兴起的研究热点，也取得了不少成果，如刘继南、何辉（2006），孙有中（2009）。但是这些研究往往集中在以美国为代表的西方发达国家的媒体上，而对发展中国家特别是中国邻邦国家媒介话语中的中国形象则较少关注。以东南亚地区为例，仅有的数项研究大多将东南亚作为一个整体来研究，如翟崑等（2010）、张旭东（2010）、韩玉贵、安秀伟（2011）。目前基于个别国家媒体报道的中国形象研究只有徐心欣（2012）、黄敏（2013）、周创（2014）、张帅（2015）等少数几项，而基于菲律宾媒体报道的中国形象研究则寥寥可数。除了王乐萍（2015），赵向阳、朱智奕（2019）以外，其他绝大多数是硕士学位论文。

媒体在国际传播中对国家形象的塑造具有极其重要的作用。近年来，中国与菲律宾的交往不断增加，南海争端也愈演愈烈。自小马科斯上任以来，他在南海问题上采取的"非军事化"策略成为了外界关注的焦点。我们认为，分析菲律宾主流媒体涉华报道能够获悉菲律宾主流社会对中国的看法，从而推断中菲关系走势。因此，本文选择菲律宾最受欢迎的主流报刊《马尼拉时报》作为研究对象，分析小马科斯上台后该报网站上的涉华报道。试图综合分析报道并得出结论——指出《马尼拉时报》塑造了怎样的中国形象，使用了什么样的话语策略。

二、研究设计

（一）研究对象

《马尼拉时报》是菲律宾现存最大的一家综合性英文报纸，具有悠久的历史，其观点基本代表政府的立场，并且基本保持较为客观的原则，在菲律宾国内也具有较为广泛的影响力。《马尼拉时报》报道的内容广泛，包括国内时政新闻、国际新闻、国内专家评论、广告、娱乐、体育、生活、读者来信等。该报刊登的国内外消息比较客观、严肃，对菲律宾政府、菲律宾公众舆论的影响力很大。《马尼拉时报》作为菲律宾主流报纸,其发声代表菲官方立场,反映菲主流声音,对菲律宾公众乃至国际社会中的中国国家形象塑造起到关键作用。

(二) 研究问题

1. 《马尼拉时报》中的涉华报道呈现了什么样的中国国家形象?
2. 建构这个中国国家形象使用了哪些话语策略?
3. 为什么要构建这样一个中国国家形象?

(三) 语料库及检索工具

本研究首先通过《马尼拉时报》官网 https：//www.manilatimes.net/ 的搜索功能,以英文单词 China 为搜索词,检索出所有涉华报道。目前《马尼拉时报》官网只提供了 2023 年 10 月至 2023 年 12 月的新闻报道。为了确保语料的有效性,首先通过阅读报道标题,确定了只有标题中含有 China、Chinese 或其他与中国密切相关词汇的新闻报道才可以收录的收录标准。另外,对于转载自中国英文报纸,比如 Global Times、Xinhua News Agency 的新闻报道也排除在语料的收集范围。最后,按照以上标准筛选出合格的新闻报道共计 94 篇,共计 8963 类符,73052 形符。以此为基础构建了"《马尼拉时报》中国新闻报道语料库"。本研究用于语料库检索与分析的工具为 AntConc3.2.4w。

(四) 研究方法

按照 Lee (2008) 的观点,语料库辅助的话语分析主要有三种方法,即定性为主的方法、定量和定性相结合的方法以及定量为主的方法。本研究属于定性和定量相结合的方法中基于语料库的批评话语分析研究。主要运用的是语料库语言学中的一些分析手段,比如词表分析、主题词分析、搭配分析和索引行分析。

三、结果分析与讨论

(一) 词表分析

语料库软件 Antconc3.2.4w 的词表功能能够对语料库中词语出现的频次进行统计,并按照频次的高低进行排列。排在前面出现频率较高的词语被称为高频词。高频词表在一定程度上可以反映一个文本的主题内容。由于功能词反映的主题有限,表 1 仅仅显示前 20 位实词。

表 1 语料库前 20 高频实词

排序	关键词	频次	排序	关键词	频次
1	China	1112	11	vessels	137
2	said	521	12	Xi	137
3	Philippine	380	13	President	128
4	Chinese	363	14	country	120
5	Philippines	380	15	Countries	114
6	US	350	16	Beijing	113
7	Sea	267	17	Marcos	111
8	International	160	18	West	111
9	South	159	19	Government	107
10	economic	146	20	law	103

分析以上高频实词,不难发现,排在前五位的实词,其中四个与中菲两国有关,反映了这些新闻报道主要关注中菲两国的关系和往来。排在第二位的转述动词 said,既反映了新闻报道的动词使用特点,也反映了《马尼拉时报》对中国的报道中转述了大量的权威人士、机构的话语来支持己方的观点,以使己方的行动得到合法化。例如,在中菲仁爱礁冲突中,为了掩盖己方行为的非法性,同时也是为了博取国际上对菲律宾的同情,菲方不仅将己方包装成受害者一方,同时还大量引用盟友的观点来合法化己方的行为,达到操控国际舆论的目的。

例 1 US Ambassador MaryKay Carlson said the US "stands with the Philippines and partners in vehemently condemning the PRC's (the People's Republic of China) repeated illegal and dangerous actions against Philippine vessels, including disrupting the Philippine resupply mission to [grounded BRP] Sierra Madre today [Sunday]."

例 2 French Ambassador to the Philippines Marie Fontanel said she was "seriously concerned once again [about] the very dangerous actions preventing the course of a resupply mission in the WPS today."

以上两个语例具有一定的代表性。转述话语的使用一方面强调了盟友,特别是美国对己方行动的支持,同时也通过他人(美国和法国驻菲大使)谴责了中方的行为,从而达到丑化中国和孤立中国的目的。例 1 和例 2 中,美国驻菲大使

MaryKay Carlson 使用了"condemning",而法国驻菲大使 Marie Frontanel 则使用了"very dangerous"表达他们对中方行动的消极态度。

一个有意思的发现是,除了中菲两国的词汇出现频率较高以外,美国的出现频率高居第6位。为何菲律宾主流媒体对华报道中却频频出现美国的名字?这一方面体现了菲律宾与美国之间不同一般的同盟关系,另一方面也反映了影响中菲关系走向的一个重要第三方国家是美国。中菲之间在南海的争议属于两国的内政问题,任何第三方都无权介入。然而,美国为了谋取自己的地缘政治私利,不断怂恿菲律宾在南海挑起事端,企图以菲律宾为桥头堡来遏制中国、打压中国。中菲近几年在南海的争端不断,在很大程度上是因为美国在背后撑腰指使所致。(见例3~例4)

例3 She condemned China's "aggressive, illegal actions against Philippine BFAR vessels lawfully operating in the Philippine EEZ. This PRC behavior violates international law and endangers lives and livelihoods."

例4 "Obstructing supply lines to this long-standing outpost and interfering with lawful Philippine maritime operations undermines regional stability," US Department of State spokesman Matthew Miller said in a statement released by the US Embassy in Manila on Monday.

例3引用了美国驻菲大使的话,不仅谴责了中国的行动为"aggressive"和"illegal",违反国际法,同时还为菲方行动的合法化提供背书。例4则引用了美国国务院发言人 Matthew Miller 的话语,指责中国的合法行动干扰了菲律宾的海上行动,破坏了地区的稳定。

其他高频实词,如 sea、South、West、international、law 等都与中菲之间的南海争端有关。中国南海(the South China)即菲律宾所谓的"西菲律宾海"(the West Philippine Sea)。这些词汇的频繁出现也反映出媒体对中菲南海争端的高度关注。而 international、law 等词语则常被用来谴责中国的行动违反了国际法。(见例5)

例5 The President maintained that the presence of Chinese ships in the area is illegal and their "dangerous actions" are an "outright and blatant violation of international law and the rules-based international order."

(二)主题词分析

主题词在批判话语中具有重要意义,因为他们显示某种表达信息的方式。主题词所提供的这种信息促使研究者进一步用定性的方法去解读某种语言现象,不失为很好的切入点。

通过语料库检索工具"将一个词表中的词语频次与另一个词表中的词语频次进行比较，然后生成一个主题词列表（keyword list），其中包含了出现的频率比预期高的所有词语"。主题词的显著性是通过软件自动计算出的关键性（keyness）来衡量的。关键性越高，表明该词在语料库中越凸显或越关键。本研究使用的参照语料库是北京外国语大学研发的大型英语平衡语料库 CROWN2021，表 2 为语料库前 20 位实义主题词。

表 2 语料库前 20 位实义主题词

排序	主题词	频数	对数似然率	排序	主题词	频数	对数似然率
1	China	1112	6009.770	11	Beijing	113	610.705
2	Philippine	380	2053.698	12	Marcos	111	599.896
3	Chinese	363	1961.822	13	West	111	599.896
4	Philippines	363	1961.822	14	Shoal	97	524.234
5	US	350	1891.564	15	United	97	524.234
6	Sea	267	1442.993	16	Ayungin	93	502.616
7	South	159	859.311	17	international	160	486.794
8	Xi	137	740.412	18	Taiwan	89	480.998
9	President	128	691.772	19	Guard	85	459.380
10	vessels	137	691.448	20	Coast	84	453.97

比较表 1 和表 2 可以发现，两表中有很多重合的词汇，这也验证了高频词汇所描述的主题与主题词所揭示的主题是基本一致的，即新闻报道都是围绕着中菲之间的南海争端展开。少数与表 1 不同的主题词汇 Shoal、Ayungin、Guard、Coast 也与南海争端有关。通过查看索引行发现，Ayungin Shoal 总是连在一起使用，用来指代中国的仁爱礁，而 Coast Guard 则指代中菲双方的海警。近段时间，中菲海警之间在南海仁爱礁附近发生了数起严重对峙事件，引起国际社会的广泛关注，自然也成为菲律宾主流媒体的报道焦点。在这些报道当中，中国被刻画成为一个以大欺小、充满攻击性且不遵守国际法的国家。

例 6 Let me reiterate what is settled and widely recognized: Ayungin Shoal is within our exclusive economic zone, any foreign claim of sovereignty over it is baseless and absolutely contrary to international law.

例 7 The Sindangan was monitored to be closely engaged with the militia ship Qiong Sansha Yu 00012, while the CCG 5305 and two other militia vessels encircled the Sindangan about 13.5 kilometers from the entrance to the Ayungin Shoal.

例 6 中引用了菲律宾武装部队参谋长 Gen. Romeo Brawner 的话，强调仁爱礁位于菲律宾的专属经济区内，任何外国对此礁的主权声索都是没有基础的，是不符合国际法的。在例 7 的海警对峙冲突描述中，菲方将己方描述为一个无辜的受害方，受到了中国多艘船只的"围攻"。菲律宾媒体的这些歪曲事实的描述，掩盖己方的非法行为，同时也抹黑中方的合法行动，在国际上塑造了一个具有"侵略性"的中国国家形象。

（三）搭配分析

搭配是在文本中短距离内互相出现的两个或多个单词。Baker（2006）认为，虽然所有单词在某种程度上都彼此期待出现，但是当一个单词经常出现在另一个单词附近，并且这种关系达到了统计意义上的显著性时，则将共现词语称为搭配词，并且某些词语频繁出现别的词语旁边或附近的现象被称为搭配。正如有的学者所指出的那样："[…] 单词出现在特征性搭配中，显示了它们的关联和内涵，因此体现了它们包含的假设。"本研究用来测量搭配强度的统计手段是 MI 值。一般认为 MI>3，所得到的搭配词可以认定为显著搭配词，如表 3 所示。

表 3 "China" 的前 20 位显著搭配词

排序	搭配词	频数	排序	搭配词	频数
1	virtually	6	11	testing	3
2	landmass	3	12	Republic	12
3	Hainan	3	13	Policy	3
4	fiercely	3	14	militarized	3
5	CIMC	3	15	Ltd	3
6	abuse	3	16	links	3
7	Expo	4	17	Like	3
8	Engineering	4	18	involve	4
9	Vehicle	4	19	infringing	3
10	underscores	3	20	Import	4

例8 The conventional wisdom is that China claims sovereignty over "virtually all South China Sea islands and their adjacent waters." Its claims are 'sweeping' and more expansive than those of any other rival claimant.

例9 China claims virtually the entire South China Sea as its own territory and refuses to acknowledge claims from the Philippines and four other governments to some or all of the waterway. Beijing has dismissed the findings of a United Nations-backed arbitration tribunal that invalidated China's sweeping historical claims under the UN Convention on the Law of the Sea.

从例8和例9可以看出，virtually主要用来形容中国对南海群岛主权要求的贪婪性。声称中国认为整个南海都是中国的，并拒绝了菲律宾和别国的主权要求，建构了一个具有"欺压性"的中国形象。排在第二位和第三位的显著搭配词landmass、Hainan则构成一个短语Hainan landmass，常常被用于支持菲方主权声索的语境中。

例10 Second Thomas Shoal is about 200 kilometers from Palawan, and more than 1,000 kilometers from China's nearest major landmass, Hainan island.

例11 Ayungin, or Second Thomas Shoal, is about 200 kilometers from Palawan and more than 1,000 kilometers from China's nearest major landmass, Hainan Island.

例10和例11显示，菲律宾认为仁爱礁离本国巴拉望仅200千米，而离中国最近的主要陆地领土海南岛却有1000多千米。菲方这样描述的目的是想证明菲律宾比中国更加接近仁爱礁，理应获得仁爱礁的主权。可是，这样的描述有意隐瞒了仁爱礁离中国的领土南沙群岛美济礁约14海里距离的事实。排在第四位的显著搭配词fiercely，通过考察上下文语境我们发现，菲律宾媒体认为菲方不应该只是提出"南沙群岛位于菲律宾的专属经济区内"，而应该对其提出更有价值的主权要求。

例12 But this is not actually how China lays claim to 90 percent of the South China Sea. China's abuse and misapplication of international law is a bit more complex. There are four levels that build on one another.

例13 Sen. Ana Theresia "Risa" Hontiveros said that it is unfortunate that while this recent incident is alarming, it is not entirely surprising. This pattern of abuse is one that China has mastered and will continue to follow without remorse.

例12和例13显示，显著搭配词abuse主要用于指责中国滥用和错误使用国际法，塑造中国一个"恃强凌弱"的国家形象。

结语

中菲之间的南海争端由来已久。通过分析菲律宾主流英文媒体《马尼拉时报》中有关中国的新闻报道发现，菲律宾主流媒体十分关注南海争端，也热衷于报道中菲之间的南海对抗。新闻报道大量引用了盟友以及本国权威机构和人士的话语，用于证明菲方行动的合法化，并将菲方包装成受害者一方，而把中国塑造成一个"贪婪、恃强凌弱、不遵守国际法"的国家。中菲之间南海争端对抗升级是美国在背后怂恿操纵的结果，是美国为了实现自己的地缘政治私利，为了扰乱中国、遏制中国而实施的暗中破坏行为。中菲之间的领土纠纷和主权争议属于两国的内政问题，只能由双方谈判协商来解决，任何第三方都无权介入和干涉。

参考文献

［1］ Baker P, Gabrielatos C, McEnery T. Discourse analysis and media attitudes: the representation of Islam in the British press［M］. Cambridge University Press, 2013.

［2］ Dinnie K, Lio A. Enhancing China's image in Japan: Developing the nation brand through public diplomacy［J］. Place Branding and Public Diplomacy, 2010 (3): 198-206.

［3］ Lee D Y W. Corpora and discourse analysis: New ways of doing old things［C］//BHATIA V, FLOWERDEW J, JONES R. Advances in discourse studies. London: Routledge, 2008: 86-99.

［4］ 范红. 国家形象的多维塑造与传播策略［J］. 清华大学学报（哲社版），2013, 28 (02): 141- 152 +161.

［5］ 管文虎. 国家的国际形象浅析［J］. 当代世界, 2006 (6): 36-38.

［6］ 韩玉贵, 安秀伟. 论中国在东南亚的国家形象塑造［J］. 山东社会科学, 2011 (04): 56-60.

［7］ 黄敏. 越南《年轻人报》报道中的中国形象——以 2010 年与 2011 年为例［J］. 东南亚研究, 2013（04）: 4-16.

［8］ 胡范铸, 薛笙. 作为修辞问题的国家形象传播［J］. 华东师范大学学报, 2010 (6): 35-40.

［9］ 李安山. 为中国正名：中国的非洲战略与国家形象［J］. 世界经济与政治, 2008 (04): 6-15+3.

［10］ 刘继南, 何辉. 中国形象：中国国家形象的国际传播现状与对策［M］. 北京：北京传媒大学出版社, 2006.

［11］ 钱毓芳. 媒介话语研究的新视野［J］. 广西大学学报, 2010, 32 (3): 80-84.

［12］ 钱毓芳. 语料库与批判话语分析［J］. 外语教学与研究, 2010, 42 (3): 198-202.

[13] 孙有中. 国家形象的内涵及其功能 [J]. 国际论坛, 2002 (03): 14-21.

[14] 孙有中. 解码中国形象: 纽约时报和泰晤士报中国报道比较 [M]. 北京: 世界知识出版社, 2009.

[15] 王乐萍. 菲律宾主流媒体中的中国国家形象呈现与动因——以《马尼拉时报》为分析样本 [J]. 传媒观察, 2015 (11): 61-63.

[16] 徐心欣. 泰国华文媒体眼中的中国国家形象研究 [D]. 昆明: 云南大学, 2012.

[17] 杨雪燕, 张娟. 90年代美国大报上的中国形象 [J]. 外交学院学报, 2003 (01): 41-48.

[18] 张帅. 马来西亚华文报纸镜像中的中国国家形象 [D]. 广州: 暨南大学, 2015.

[19] 翟崑. 中国在东南亚的国家形象 [J]. 东南亚纵横, 2010 (11): 28-30.

[20] 赵向阳, 朱智奕. 菲律宾主流媒体上的中国国家形象建构分析 [J]. 传播与版权, 2019 (08): 95-97+100.

[21] 张旭东. 东南亚的中国形象 [M]. 北京: 人民出版社, 2010.

[22] 周创. 海外华文媒体中国国家形象建构研究 [D]. 武汉: 华中科技大学, 2016.

新冠疫情以来中国与斯里兰卡的公共外交关系探究

庞潇[①] 刘茵茵[①]

一、公共外交基本理论

(一) 公共外交基本概念

全球著名公共外交研究机构——美国南加州大学公共外交研究中心（The USC Center on Public Diplomacy）将公共外交定义为："一国通过电视广播、学术交流、留学生和观光旅游项目、语言培训计划以及其他文化交流活动来告知和影响海外公众态度的外交行为，旨在提高本国在海外公众中的形象和声誉，进而促进外交政策目标和国家利益的实现。"我国学者赵可金在《公共外交的理论与实践》中谈道："公共外交是一个国家为了提升本国知名度、美誉度和认同度，由中央政府或者通过授权地方政府和其他社会部门、委托本国或者外国社会行为体通过传播、公关、媒体等手段与国外公众进行双向交流，开展针对另一个国家民众的外交活动。"由此可见，国内外学者对公共外交的定义虽不同，但其内涵要义是相对确定的。首先，公共外交的实施主体既可以是国家政府，也可以是其他各类团体。其次，公共外交的服务对象主要是他国的广大公众。再次，公共外交

---
① 集美大学外国语学院。

的实践过程涉及经济、教育、人文、媒体、科技等多个领域。最后，公共外交的目标是通过增强互信、解答疑虑，影响和改变他国公众对本国的态度和认知，从而更好地维护国家的根本利益。

（二）公共外交的表现形式

公共外交主要有四种表现形式，即媒体外交、文化外交、民间外交和经济外交。

媒体外交是指本国媒体机构等行为主体通过各种传播方式发布官方权威信息、就争议话题开展对话讨论、组织合作采访报道的国际活动。

文化外交是促进不同国家及其人民在观点、信息、艺术形式以及其他文化领域内的交流与交往，打破彼此之间的文化壁垒。文化外交主要有艺术交流、文学交流、学术交流、体育交流等形式。

民间外交的定义仍存在争议。王庭岳认为："民间外交可泛指一切通过非官方渠道、非正式途径开展的对外交往活动。"李寿源认为："民间外交是以各国人民之间进行国际交流为重心的一种外交形式。"由此可见，民间外交主体是非政府行为体，不必具有国家正式外交资格。其宗旨在于配合政府外交，开展非正式对外交流活动。其特点为外交观念多元、外交方式多样、外交目标宽泛且无固定方向。

经济外交的定义目前尚未统一。周永生学者认为："经济外交作为外交的一个分支，主要有两方面内涵：其一作为外交目的，经济外交的所有活动都以获取最大的经济利益为目的。其二作为外交手段，国家利用经济外交推动本国经济发展。"开展外交经济活动有助于维护外部经济贸易环境的稳定、维护国家的发展利益，并扩大发展空间。

二、中斯建交历史渊源

（一）斯里兰卡战略地位

斯里兰卡被誉为"印度洋明珠"，地理位置极其重要。斯里兰卡是一个位于南亚次大陆以南印度洋上的岛国。每年经过斯里兰卡南部海岸的船只超过35000艘。斯里兰卡是连接印度洋东西方海上交通的重要枢纽，也是通往南亚地区的重要门户之一。因此，这个位于东方十字路口的国家在交通枢纽和贸易要冲方面发挥着重要作用。2013年中国提出21世纪海上丝绸之路倡议，斯里兰卡在其中占据重要地位。

斯里兰卡是一个多民族国家，主要民族是僧伽罗族、泰米尔族和摩尔族。僧伽罗语、泰米尔语同为该国官方语言，上层社会多用英语。公元前3世纪佛教从印度传入斯里兰卡，76.7%的居民信奉佛教，少数信奉印度教、伊斯兰教和基督教。作为信仰佛教的古老国度，斯里兰卡拥有众多佛教古迹。僧人在斯里兰卡享有很高的地位。

斯里兰卡是一个以种植园经济为主的农业国。70%的土地用于种植橡胶、茶叶和椰子等经济作物；这三大经济作物占其出口总额的90%，是国家财政收入的主要来源；粮食则依赖进口，其中大米年需求量约40万吨。斯里兰卡的工业基础薄弱，主要以服装加工业和采矿业为主。此外，旅游业也是斯里兰卡经济的一大重要支柱，游客主要来自欧洲、印度、中国、东南亚等国家和地区。

（二）中斯公共外交回顾

中斯两国人民自古以来交往就十分密切。东晋时期我国高僧法显抵达斯里兰卡，遍访诸寺、四处参学。元朝时期中国与斯里兰卡多次互派外交使团进行访问，访问频率和次数达史上最高。明朝初期海禁政策虽然阻碍了海上贸易的发展，但郑和领导的几次大规模远洋航行又连接起了中斯之间的关系。新中国成立后，在和平共处五项原则的指导下，中斯友好关系逐渐发展起来。1950年，斯里兰卡承认新中国。1952年，斯里兰卡冲破西方封锁，与中国签署了《米胶贸易协定》，开启了双边经济关系新篇章。1957年，中斯正式建立外交关系。2013年，斯里兰卡总统马欣达·拉贾帕克萨访华，将双边关系升级为战略合作伙伴关系。2014年，习近平对斯里兰卡进行国事访问，这是中国国家元首时隔28年再次访斯。2015年3月，中国颁布了《共建丝绸之路经济带和21世纪海上丝绸之路的愿景与行动》倡议。斯里兰卡在海上丝绸之路中占据重要地位。

新冠肺炎疫情暴发后，中斯同舟共济、守望相助。斯里兰卡总统戈塔巴雅·拉贾帕克萨代表斯政府和人民两次向中国捐赠锡兰红茶。斯里兰卡时任总理马欣达·拉贾帕克萨率内阁成员赴寺庙为中国人民诵经祈福。斯里兰卡出现疫情后，中国始终秉持人类命运共同体的理念慷慨相助，全力支持斯里兰卡抗疫。中国政府、企业和个人通过不同渠道向斯里兰卡提供大量援助物资，积极同斯里兰卡分享防控和诊疗经验。2022年斯里兰卡遭遇严重经济和社会危机后，中国加紧落实对斯里兰卡紧急人道援助工作。中国政府宣布向斯里兰卡提供5亿元人民币紧急人道主义援助，地方政府、友好组织与协会也纷纷向斯里兰卡提供多批次、惠民生的援助物资。

(三) 新冠疫情以来中国与斯里兰卡建交面临的挑战

1. 疫情以来斯里兰卡国内动荡不断

斯里兰卡内战结束以来，政府一直采取用外债做基建的经济政策，使得斯里兰卡负债累累；加之 2019 年政府大幅减税，导致国家财政收入大幅减少，引发财政赤字。而长期的生产能力不足、依赖进口使赤字不断扩大，大规模印钞则造成了严重通货膨胀，至 2022 年通胀率创下新高。由于国内通货膨胀，货币贬值，国际上汇率又大幅下跌，斯里兰卡的外汇储备不断下降，更无力偿还外债，引发经济危机。在疫情和俄乌战争的双重影响下，斯里兰卡最依赖的进口燃料价格突涨，经常项目赤字，于 2022 年达到了历史新高。石油价格飞升打击了政府的燃料进口计划，引发了能源危机。战争同时让粮食等全球大宗商品价格暴涨，而禁止进口化肥的法令又让粮食产量大幅下降，粮食危机一触即发。

旅游业是斯里兰卡国内的重要产业支柱之一，但在新冠疫情下，旅游业发展受到严重阻碍，俄乌冲突更是使旅游业复苏举步维艰。旅游业收入大幅下滑和外汇收入骤减，能源与粮食危机爆发，在多重打击下，斯里兰卡政府不堪重负，于 2022 年 7 月宣布国家破产。

2. 大国平衡外交限制中斯关系发展

斯里兰卡自 1956 年以来一直奉行不结盟的外交政策，当下奉行大国平衡外交政策正是不结盟外交战略传统的延续。斯里兰卡希望进一步深化同中国的经贸合作，从中国获得经济利益的同时，又与其他大国紧密联系，这使得斯里兰卡同中国合作时融入大量国际政治因素。例如，斯里兰卡已经将科伦坡的海港城市工程委托给中国公司，却又打算与印度、日本公司共同合作开发西码头。斯里兰卡政府还曾接受印度收购经营了 40 年的拉贾帕克萨国际机场，与印度保持良好关系，以制衡中国对斯里兰卡的影响。这样，斯里兰卡既维护了自己的主权独立形象，又实现了在大国之间的外交平衡。斯里兰卡的对外政策趋于平衡，以追求自身持续稳定的发展；而这一外交策略又一定程度上约束了中斯关系的进一步发展。

3. 中斯关系受"债务陷阱论"诬陷

2017 年 1 月布拉马·切拉尼创造了"债务陷阱外交"一词来抹黑中国对发展中国家的援助。起初"债务陷阱论"的核心在于批判中国通过债务获取债务国战略资产，侵犯别国主权；当前该谬论意在将斯里兰卡经济危机的诱因完全推至中国一方。2022年4月，斯里兰卡发生债务违约，许多西方政客和记者迅速将其归咎于所谓的中国债务陷阱外交。印度某些评论员故意制造"债务陷阱论"，同时美国、日本、英国等国家的分析师也纷纷批评中国的放贷，"债务陷阱论"成了抨击"一带一路"的舆论工具。事实上，斯里兰卡宣布破产时的债务一半以上属于西方国家，而中国只占约10%。尽管斯里兰卡政府对指控抹黑做出了详细回应，但诸如此类的假新闻充斥着偏见与猜疑，在舆论上影响中斯关系的发展。

三、新冠疫情以来中对斯的公共外交策略

（一）人类命运共同体引领中国公共外交

人类命运共同体理念助力中国公共外交发展。2013年，习近平主席在莫斯科国际关系学院讲话时指出："和平发展、合作共赢才是人间正道。不同国家、不同文明要在彼此尊重中共同发展、在求同存异中合作共赢。我们要顺应历史大势，致力于稳定国际秩序，弘扬全人类共同价值，推动构建人类命运共同体。"人类社会正面临诸如贸易保护主义、民粹主义、恐怖主义、网络安全问题以及环境和气候问题等共同性挑战。没有哪个国家可以置身事外，也没有哪个个体可以独善其身。中国在抗疫与公共外交实践中始终秉持人类命运共同体理念，处处体现大国责任意识。疫情暴发后，西方国家为限制中国发展，聚焦和放大"人权"问题与"中国威胁论"，蓄意抹黑中国形象，导致国外民众对中国现状缺乏基本了解，严重损害了中国的形象。对此，中国针对热点问题做好阐释工作，以增进与各国人民的相互理解。同时，中国积极协调非政府组织开展公共外交，助力地方发展，取得了一系列显著的外交成果，受到了国际社会的广泛好评。

（二）新冠疫情以来中对斯的外交公共成果

1. 教育合作

随着中斯文化教育交流与合作的不断深入，汉语教育的水平不断提高和合作领域不断扩展，中斯两国政府已经多次出台了相关政策，为"一带一路"倡议培养汉语人才。

2020年，在疫情席卷全球之时，国际教育也受到了阻碍。中国和斯里兰卡

讨论并签署谅解备忘录，以加强教育领域的合作。尽管新冠肺炎疫情肆虐，中国继续通过对外援助项目向斯里兰卡提供线上和线下培训机会，扩大与斯里兰卡在语言教学方面的合作。在高等教育领域，中斯两国设立联合课程和奖学金，并成立"中国—斯里兰卡联合科教中心"，为中斯两国科教合作搭建平台。2020年召开的第五届"一带一路"高等教育研究国际会议以高等教育合作问题开展专题研究，各参与国分享搭建合作平台的经验，为中斯高校间的交流提供理论基础、智力支撑和实践支撑。2022年召开的中国（云南）—斯里兰卡教育合作论坛更是强调了教育交流与合作的重要性，进一步促进了多边教育的交往互鉴。

自疫情以来，中斯双方继续加强在高等教育方面的合作，开展合作办学，充分利用地理优势，培养应用型、技术型等专业人才。2022年2月，由中国高校与企业和联合国教科文组织合作的科伦坡大学"伟东智慧教室"正式落成。在疫情造成的大规模停课的情况下，智慧课堂为斯里兰卡大学的学生和老师们建立了一个智能教学设施和学习管理平台融合的数字教学环境，确保教学的顺利开展，并对教师进行了数字化能力训练，提高了教师的数字化能力和教学效率。

2. 建设项目

"科伦坡港口城"是两国共建"一带一路"的重点合作项目。该项目由中国交建与斯港务局共同开发。在建期间，科伦坡港口城项目公司高度重视履行属地社会责任，与斯里兰卡民众同呼吸、共命运、齐发展。本着高度的社会责任感，科伦坡港口城项目公司全力协助斯里兰卡政府改善渔民生存环境，提出了"渔民生计改善计划""科伦坡美丽海滩计划"等，为当地民众创造了许多就业岗位，大大提升了中资企业在当地的品牌形象。2020年国内疫情暴发之初，社会各界舆论不断。为维护中国积极应对疫情形象，港口城项目公司主动联系斯里兰卡国家电视台，向斯里兰卡民众介绍公司针对疫情所采取的有效防控措施，积极宣传和转发中国主流媒体发表的署名文章。通过充分有效的沟通，港口城项目公司减轻了当地民众因疫情对中国的疑虑和负面认知，传递了中国企业负责任的形象和中国政府、人民战胜疫情的信心。当斯里兰卡疫情恶化时，港口城项目公司紧急向斯里兰卡政府捐赠50000只口罩、30000双手套、200只护目镜和150套防护服等物资。港口城项目是斯里兰卡最大的外国直接投资项目。即使遭受疫情冲击，该项目仍为斯里兰卡吸引国外投资超97亿美元，是斯里兰卡复苏经济的"生命线"。2021年，斯里兰卡议会通过了政府提交的《科伦坡港口城经济委员会法案》。法案提议设立一个大型经济委员会来管理港口城项目。这为科伦坡港口城项目建设扫清法律障碍，法案通过后将启动二期开发。

3. 文化交流

斯里兰卡中国文化中心是派驻斯里兰卡的官方旅游机构。本着推广中国文化、增进两国人民友谊的职责和使命，斯里兰卡中国文化中心先后完成了多个文化交流和旅游合作项目，举办了多场不同类型的活动。2020年4月，斯里兰卡中国文化中心利用社交媒体举办了"云·游中国"主题活动。该活动通过使用中文、英文、僧伽罗文等多种语言，对中国的文化和旅游资源进行了全面的介绍。该活动在线上展厅开设"抗疫篇"栏目，分享纪录片《中国抗疫志》，并展示斯里兰卡各界为中国抗疫加油、祈福的视频和绘画作品等。2021年2月，斯里兰卡中国文化中心联合中国歌剧舞剧院，借助中心的微信公众号、Youtube以及Facebook等多元化媒体平台，成功举办了"舞动中国——中国歌剧舞剧云端演出季"活动。节目形式涵盖民族歌剧、舞剧及民族交响音乐会，极具中华民族特色，展现了博大深邃的中华传统艺术文化。2023年5月6日，斯里兰卡摄影家协会与该中心联合主办了"斯里兰卡中国文化摄影展"。本次展览旨在为中斯两国的摄影爱好者提供一个交流、学习和展示平台，以促进两国之间的文化交流与发展。

此外，中斯两国旅游交往也十分密切。2022年12月20日，为庆祝中斯建交65周年暨《米胶协定》签署70周年，中斯两国文化和旅游部门联袂打造了一场精彩纷呈的文艺演出。演出内容荟萃了中斯艺术家舞蹈、歌曲、器乐、杂技。后期演出在斯里兰卡国家电视台僧伽罗语主频道黄金时段播出。2023年9月22日至9月25日期间，南京市文化和旅游局组团受邀来到斯里兰卡，共同举办"天涯共此时"中秋系列活动。活动期间，中方向斯里兰卡演奏了中国传统民乐、展示了茶艺文化、介绍了南京丰富的文旅资源。

4. 抗疫援助

面对新冠肺炎疫情，两国政府和人民"投我以木桃，报之以琼瑶"，共筑抗疫长城，巩固和升华了中斯友谊。2020年1月30日，斯里兰卡中国记者论坛协同多位斯里兰卡媒体人共同拍摄了短片《武汉，加油；我爱中国!》，以表达对中国在抗击新冠肺炎疫情工作上的坚定支持。2020年2月5日晚，马欣达·拉贾帕克萨率领多名内阁部长、议员和近千名各界民众聚集无畏寺，共同为中国人民抗击新冠肺炎疫情诵经、祈福。2021年，斯里兰卡疫情大幅反弹，医疗资源特别是医用床位极度短缺。中国航空技术国际工程有限公司第一时间捐献一批医疗帐篷，用于支持斯里兰卡政府抗击疫情。中国航空技术国际工程有限公司的快速响应得到斯里兰卡各界高度认可和赞赏。此外，中国航空技术国际工程有限公司还致力于推动斯里兰卡各领域民生项目，如在当地开展公益活动，助中国红十字会开展灾后救援，捐助项目沿线学校、老人院和特殊教育学校等。尽管疫情对斯里兰卡众多企业的施工进度造成了一定影响，但中国电建集团在该国承建的康提北部综合供水工程项目，施工进度并未受到影响。相反，该项目还为当地创造了上千个就业机会，有效缓解了疫情带来的就业压力。

四、中国推进斯里兰卡公共外交未来展望

随着"一带一路"倡议的推进，中斯公共外交正朝着多角度、宽领域的方向发展。一直以来在双方的共同推进与努力下，中斯合作取得丰硕成果。正值"一带一路"倡议提出10周年，中国与斯里兰卡在合作高峰论坛上发布联合声明。其中，斯方表示愿积极参与中方提出的"一带一路"倡议，与中国共同签订在经济发展、教育和文化交流等关键领域的文件与协议，交流发展经验，为两国高质量共建"一带一路"打造新亮点、注入新动力。

斯里兰卡将港口作为支点，继续深化中斯经济贸易合作，实现共同发展。科伦坡港口城作为"一带一路"标志性项目，其落地实施创造了大量就业机会，吸引超过150亿美元的投资，有力助推了当地民生和经济发展。未来在二期工程持续推动下，科伦坡港口城将继续贯彻共商共建共享理念，充分发挥其发展潜力，给中斯双方带来更多发展机遇。斯方欢迎中国企业加大投资力度，愿为港口城提供有利投资环境；中方将继续鼓励中国企业赴斯里兰卡投资，开展互利合作。2023年4月，九家企业与汉班托塔港签署合作协议，涉及多个领域，助推斯里兰卡现代化进程与经济复苏，助力斯里兰卡发展成为连接东西方的航运和商贸中心。

在"一带一路"倡议提出10周年之际，中斯双方充分肯定教育交流对增进两国友谊的重要作用，将进一步继续加强科教领域合作。一方面，双方同意签署援斯里兰卡普通教育数字化转型项目，发展数字基础设施建设，推动高校数字教育转型；另一方面，中国将借助中国—斯里兰卡联合科教中心，助力斯里兰卡应对海洋环境灾害与气候变化，并重点培养斯里兰卡海域方面的科研人员，为斯里兰卡有关单位提供水文科研训练。该中心将持续大力支持斯里兰卡海洋科学发展，帮助斯里兰卡提高海洋研究与应对气候变化的能力。

中斯双边关系友好发展建立在《联合国宪章》宗旨和原则及睦邻友好原则的基础上，建立在和平共处五项原则之上，建立在"互惠互利，合作共赢"的基础之上。中方将继续坚持亲诚惠容和与邻为善、以邻为伴周边外交方针，坚定

支持斯里兰卡维护国家独立、主权和领土完整，尊重和支持斯方自主选择符合本国国情的发展道路。双方将继续坚定不移地推动真正的多边主义，推动国际关系的民主化，把世界治理推向更公平、更合理的轨道，共同致力于推进全球与地区的和平与安全、发展与繁荣，共建人类命运共同体。

五、结语

中斯建交历史深远，是友好交流的伙伴。中斯在"21世纪海上丝绸之路"倡议框架下保持紧密联系，交流与合作蓬勃发展。但是中斯双边关系同时面临着诸多风险与挑战：新冠疫情肆虐，斯里兰卡爆发经济危机；大国平衡外交以及西方在债务方面对华的"阴谋论"，都在一定程度上阻碍了中国与斯里兰卡的正常合作发展。对此，中斯双方积极采取应对措施：中方协助斯方控制疫情，同时加大对斯里兰卡投资，助力基础设施完善建设，缓解国家破产危机。斯方抓住"21世纪海上丝绸之路"这一发展机遇，加快与中国的合作，扩大可投资领域，助力国家经济复苏。在后疫情时代，中斯两国应继续扩大互利合作，在教育合作、文化交流，贸易港口建设方面取得更丰硕的成果。

以"21世纪海上丝绸之路"为契机，中斯战略合作关系在未来将走向新高度，充分发挥合作潜力，利用资源互补建立全面合作伙伴关系，续写友谊的新篇章。中斯友好建交不仅是历史的延续，还是发展的需要。面对合作关系发展的机遇与挑战，双方应在加强经济贸易合作的基础上，利用现在发达的网络技术，在旅游与教育方面增进人文交流，搭建两国人民之间的友谊之桥。面对质疑，中斯战略合作伙伴关系继续坚持走和平发展道路，有利于维护印度洋地区的和平稳定，推动地区安全可持续的合作发展。

参考文献

[1] 赵可金. 公共外交的理论与实践 [M]. 上海：上海辞书出版社，2007：15-16.

[2] 王庭岳. 崛起的前奏 [M]. 北京：世界知识出版社，1995：425.

[3] 李寿源. 国际关系与中国外交 [M]. 北京：北京广播学院出版社，1999：103.

[4] 周永生. 经济外交 [M]. 北京：中国青年出版社，2004：22.

[5] 蔡成喜. 大米换橡胶：20世纪50年代的中锡贸易 [J]. 当代中国史研究，2008（03）：68-73+127.

[6] 陈利君. 岛国发展困局与中斯经济合作 [J]. 南亚东南亚研究，2022（03）：92-107+

155-156.

[7] D Weerakoon, U Kumar, R Dime. Sri Lanka's Macroeconomic Challenges: A Tale of Two Deficits [R/OL]. (2019-03-28) [2023-10-28]. https://www.adb.org/publications/sri-lanka-macroeconomic-challenges-two-deficits.

[8] 张家栋, 柯孜凝. "一带一路"建设在南亚：现状、挑战与机遇[J]. 印度洋经济体研究, 2021（05）: 19-41+151-152.

[9] 侯道琪. "21世纪海上丝绸之路"视角下中国斯里兰卡关系研究[D]. 长沙: 国防科技大学, 2021.

[10] Howard Nicholas, Bram Nicholas. An Alternative View of Sri Lanka's Debt Crisis [J]. Development and Change, 2023, 54（5）: 1114-1135.

[11] 张慧芳. "一带一路"倡议背景下中斯高等教育合作策略研究[J]. 黄冈师范学院学报, 2021, 41（05）: 67-71.

[12] 屈琦. 四海之内皆兄弟与子同袍共战"疫"[J]. 留学, 2020.

[13] 唐璐. 中企在斯里兰卡最大供水项目传递民生福音[N/OL].（2021-06-28）[2023-12-03]. http://www.xinhuanet.com/fortune/2021-06/28/c_1127604961.htm.

中泰旅游文创产品开发研究

张译丹[①]　周伟薇（通讯作者）[①]　BENJAVILAIKOSOL PRUTHIPONG[①]

一、中泰旅游文创产品开发的利好环境

泰国作为中国"21世纪海上丝绸之路"倡议的重要合作伙伴，与中国的历史文化和宗教信仰有诸多交融，在区域协作和经贸发展方面亦可共商蓝图。在科技飞速发展和全球化发展背景下，促进丝绸之路沿线区域经贸各领域的发展合作，既是对历史文化的传承，也是对该区域蕴藏的巨大潜力的开发。加强中国和泰国的文化旅游产业和文化创意产业合作，有利于中国减少外汇储备，进一步解决产能过剩的问题。旅游业在扩内需、稳增长、增就业、减贫困、惠民生中都发挥了积极的作用，旅游业通过共享经济理念的引入和创新，在消化过剩产能尤其是在利用房地产领域的闲置空置资源方面发挥了积极的作用。2023年9月13日，泰国内阁会议决议泰国将从本月25日起至2024年2月29日对中国游客实行免签制度，为期约5个月。该时段覆盖了中泰两国的旅游旺季，希望能够吸引更多中国游客赴泰国旅游，促进泰国经济发展。可见，中泰双方都有积极合作的强烈意愿，如何直接利用两国的人文及自然景观资源加深两国的文化交流、促进投资与消费、创造需求和就业成为亟待解决的问题。

在外交旅游政策上，中国外交部发言人汪文斌说，泰国政府宣布从2023年9

[①]集美大学海洋文化与法律学院。

月25日开始,面向中国游客实施阶段性免签政策,为期5个月,首批享受免签政策的中国游客抵达泰国,泰国总理赛塔等政府官员前往机场迎接第一批抵泰的中国游客。中方欢迎泰方对赴泰中国游客实施短期免签政策,赞赏赛塔总理对赴泰中国公民予以热情友好的接待。

中泰是亲密友好邻邦和命运共同体,加强人员往来,既是弘扬中泰一家亲传统情谊的应有之义,也是推进新时代中泰命运共同体建设的重要组成部分。中方愿同泰方一道共同拓展旅游、教育、文化等人文领域合作,让中泰两国人民亲上加亲。

从经济投资方面看,来自泰国投资促进委员会发布的数据显示,2023年1—6月,中国是泰国的最大投资来源国,投资总额达615亿泰铢,占比超过20%。据了解,中国对泰国投资的很大一部分资金进入先进制造业和泰国"东部经济走廊"地区。尤其是电动车与电子行业正成为中企在泰投资的新热点。2023年4月,中国电子电路行业协会代表团到访泰国,以更好地了解泰国的投资机会,有助于互联互通带动新增长。

从交通建设方面来看,共建"一带一路"的旗舰项目中泰铁路目前正在建设中,一期工程计划于2026年竣工通车。中泰铁路带来的意义,不仅仅体现于经济层面,更涉及社会的广泛变革。未来,两国将不断提升铁路运输效能,促进贸易与人员流动,从而助推泰国经济社会的发展,还将催生中泰及相关区域间的相互合作,推动经济、贸易、文化等领域的共同繁荣。2023年8月,中泰两国外长在北京会晤时均表示,双方要加快中泰铁路、中老泰铁路连接线建设。中泰两国在旅游、农业、绿色经济和科技创新领域的合作,在高质量共建"一带一路"、推进互联互通领域的合作,都将为两国未来繁荣发展开辟更广阔空间。

从文化交流方面来看,2022年8月9日,驻泰国大使韩志强在曼谷中国文化中心出席"中国影像节"展映暨中国文化体验专场活动时,接受泰国《民族报》《曼谷商报》《每日新闻》和Topnews电视台采访,介绍中泰文化交流进展和成果。韩志强谈道,中国有一句古语,"国之交在于民相亲,民相亲在于文相通"。泰国巴育总理夫人娜拉蓬副教授非常重视中泰两国的文化交流,在娜拉蓬副教授和习近平主席夫人彭丽媛教授两人的牵线搭桥下,泰国甘拉雅尼音乐学院和中国南京艺术学院开展了校际交流合作,甘拉雅尼音乐学院的艺术家们到中国演出、演奏泰国古典音乐,南京艺术学院的艺术家们也同样到泰国来演出。在双方的共同关心与努力下,中泰两国文化艺术合作还将再上新台阶。

韩志强还谈道,中泰文化娱乐产品的交流合作是双边关系的一个新增长点。近年来,来自中国的网络文化产品、网游等得到了泰国民众特别是青年人的好评与欢迎。当前，中泰两国文化交流规模很大、渠道很多，参与文化交流的主体也包括教育机构、文艺团体、文化产业界等多方面，为促进两国关系和两国人民间相互了解和友谊发挥了巨大作用，相信今后这个作用还会越来越大。以曼谷中国文化中心为例，疫情前每年在文化中心举办的活动不下 100 场，从这一个角度就可以看到中泰文化交流的丰富多彩。我们的传统文化项目"欢乐春节"活动也已经在泰国走入第 18 个年头，成为重要文化品牌，在中泰都有着广泛的影响，是促进两国人民友谊与亲情的重要平台。相信未来两国在该领域的合作还将取得进一步长足发展。

秉承"21 世纪海上丝绸之路"共商、共享和共建的原则，以及中国影视作品在泰国的受众基础，拟从"工艺+文创""消费品+文创"及"影视+文创"三维度出发，研究中泰旅游文创产品开发的可行路径和中泰文化交流、经贸交流的关键路径。项目组分别针对白蛇传文创产品、文旅交流文创产品和中泰文化交流与经贸交流三个方面提出倡议。

二、白蛇文创产品建议

文创产品，即"文化创意产品"，指依靠创意人的智慧、技能和天赋，借助于现代科技手段对文化资源、文化用品进行创造与提升，通过知识产权的开发和运用而产出的高附加值产品，如中国百佳文化创意产品。文创产品对旅游业的发展起着重要的助推作用，诸如白蛇传之类的中国经典戏曲改编的古装影视作品，一直以来在泰国广受欢迎。在白蛇传在两国有大量的受众群体的前提下，深挖白蛇传的文化价值，可将其打造成一个可以与多类产品广泛合作的特色 IP。白蛇传及相关影视作品以其本有的文化符号属性，能更好地为中泰文旅文创产业赋能。文创产品所带来的价值会影响消费者对于品牌的喜好，文创产品中的美学和文化内涵对于消费者的价值感知度影响很大，消费者感知品牌价值的基础是高品质，所以文创企业在对文创产品进行品牌赋能时，一定要把控好产品的质量。在打造白蛇文创产品的过程中，要注意其审美、功能和文化三维度的把控，做到文创文旅产品的精准定位，为中泰两国的游客提供更优质、丰富的体验。

第一，从文创产品审美的角度出发，寻求适合的传统产品作为突破口，比如清迈的油纸伞等，通过泰国的特色手工艺制品，强化中国传统经典元素的视觉标识，打造具有强烈东方特色的文创系列符号。比如，油纸伞作为许仙与白娘子的定情信物，不仅在白蛇传的故事中具有推动情节发展的重要作用，在中国传统文化上更是有着深远的文化意蕴，成为中式美学的诗意显现。博桑村的油纸伞工艺加上白蛇传等的传统文化 IP，可以充分发挥文化对产品的附加价值，我们可以与当地匠人达成合作，比如建设白蛇、青蛇等东方特色油纸伞工坊，吸引游客前来，参与油纸伞的制作过程，体验油纸伞文化。这一举措不仅能为当地居民提供更多就业岗位，还能丰富文化旅游路线，为旅客提供更生动的文化体验。文创产品承载着生产者的审美意识以及区域文化，一定程度上起到了传播审美信息、审美文化的功能，推动审美向日常生活、向市场化渗透，引起人们的审美认同，从而使得人们能够通过审美过程陶冶情操，提高审美鉴赏力，最终起到文化育人的效果。从古代海上丝绸之路到 21 世纪海上丝绸之路，中华文化辐射甚广，对以中国为文化中心的东南亚文化圈影响尤为深远。因此，我们应充分利用海上丝绸之路沿岸国家的共同文化基础，提取具有高审美性的文化元素，打造典型中泰文创产品，丰富两国人民文化生活。

第二，从文创产品功能的方面深入，文创产品是一种新型消费品，既具有实用价值又附加了传统文化价值。文创产品所表现出的亲民性、生活性以及商业性比艺术品原作都更胜一筹，拉近了人们与文化、艺术的距离。研发实用性与艺术性的双重属性，这是文创产品与原生艺术品之间本质的区别。由于经典艺术品原作价格高昂，令广大消费者难以接受，文创产品便有了存在的价值。归根结底，文创产品还是要具备必要的实用功能，才能依托当地特色产业，成为备受消费者青睐的优质产品，并促进当地的产业发展。将白蛇传等民间传说与泰国药妆品牌结合，提取"白娘子"和"小青"等东方女性形象特色，重视蛇的药用价值和功效，研发具有东方叙事风格的优质实用产品，包括化妆品与药品。白蛇传不仅是中国和泰国家喻户晓的传统故事，更是传统文化和历史的表达。在历经百年之后，与药妆产品的跨界合作，可以变身为更加充满活力、青春的形象，成为其再现华丽的重要方式。而在产品 IP 化发展中，醇厚的历史底蕴也更能得到消费者的青睐和喜爱。据近几年的调查结果发现，影视媒体或演员是在泰国社会创造流行趋势的最佳影响力，这也是泰国从中国进口更多消费品的主要原因。在泰国传播的白蛇传作品，也是让中国有更多机会去泰国拓展贸易市场的一个环节。在中国，依靠明星和网络红人直播带货代销的方式已获得巨大效益，我们可以借用同样的方式，依托中泰两国的社交媒体平台和网络空间，去宣传与白蛇 IP 相关的药妆品牌，将其打造成中泰白蛇文化旅游的爆款单品。

第三，从文化的高度升华，两国共有对蛇图腾的崇拜和对佛文化的信仰，因此泰剧《三面娜迦》和白蛇传相关视频在中泰两地广为流行。驻泰大使韩志强谈道：中泰文化娱乐产品的交流合作是双边关系的一个新增长点。我们要加快打造重要文化品牌，两国可合作开发相关影视旅游基地，比如，以娜迦守护湄公河和白娘子金山斗法为主题，推出东方蛇神巡游活动。讲好白蛇故事，在开发相关影视文创产品的过程中重视叙事性设计思维，设计师在产品的研发设计过程中更新设计理念，尝试新的设计方法，将叙事性设计方法引入产品设计开发当中，通过对产品设计，使其承载文化内在含义，通过产品的故事叙述满足使用者的情感需求，使消费者产生购买行为，在宣传推广文化的同时，也推动文化产业的发展。只有当故事融入了文创产品，产品才会具有更长线开发的价值，产品才会具有情感和温度。尤其是对与白蛇文化相关的文创产品和文旅路线开发，充分挖掘白蛇故事的叙事价值，并赋予传统故事以新活力，使之焕发生机，吸引更多21世纪海上丝绸之路沿岸国家的投资目光。

三、中泰文化交流与文旅文创产品开发建议

以白蛇传影视作品在泰国的热烈反响看，中国的影视剧作品在泰国有广大的受众群体，有较好的文旅文创产品开发前景。因此，以中泰两国的影视剧为起点，勾勒一条使两国在文化上交流互鉴的文创文旅之路，便成为应然之举。在中泰文化影视交流领域，阿里巴巴影业集团与T&B环球媒体集团达成战略合作协议签署，将在未来共同携手推动两国文化娱乐的交流与发展。在影视剧发行方面，双方将密切合作，提升中国影视剧在泰国的节目发行、短视频宣发等本地化能力，为两国的观众们带来更多元化、更高质量的影视作品。文创文旅产品的开发并非无中生有，中泰两国的影视创作者可从已有的热播影视剧作品中总结成功经验，重视影视剧作品的宝贵价值，将其转换为连接文化与经济的优质产品。

第一，文化交流双向机制。在中国引进泰国电影，并开发文创延伸产品。中泰两国长久以来在影视文化产业方面达成了互利共惠的关系，近些年在电视剧领域的合作更加广泛且深入，据中国东盟报道（chinareportasean）2022年11月16日消息，泰国驻华使馆公使衔参赞娜婷乐在北京国际电影节上表示，泰国和中国通过合拍电影、流媒体合作、参与电影节等方式，在电影产业中建立了密切的合作关系。以《天才枪手》（ฉลาดเกมส์โกง）为例，这部2017年由泰国导演那塔吾·彭皮里亚执导的小成本电影在中国斩获了2.71亿元票房，成为目前在中国最卖座的泰国电影。另外，中国在泰国取景拍摄的电影，2012年《泰囧》（แก๊งม่วนป่วนไทยแลนด์）票房共计12.67亿元，2015年《唐人街探案》（แก๊งม่วนป่วนเยาวราช）票房共计8.32亿元，均取得电影史上瞩目的成绩。这些案例可以为中泰影视合作提供参考，除了对电影的投资与开发，还可以通过爱奇艺、腾讯视频、哔哩哔哩等中国头部视频平台，引入泰国的电视剧和综艺，同

时，这些视频平台也可以拓展相关业务，发展海外市场。

第二，中泰影视周边文创产品开发。针对热播的影视作品，开发相应的周边产品，比如布偶、卡片等。早在二三十年前，中国金庸的武侠小说改编的电视剧在泰国就广为流行，对于华裔家庭来说，《射雕英雄传》（มังกรหยกภาค）《神雕侠侣》（มังกรหยกภาค）《倚天屠龙记》（ดาบมังกรหยก）和《天龙八部》（แปดเทพอสูรมังกรฟ้า）等经典作品成为连接家乡的精神桥梁。另外，中国的一些家喻户晓的古装影视剧作品，如《包青天》（เปาบุ้นจิ้น）《西游记》（ไซอิ๋ว）《天蚕变》（กระบี่ไร้เทียมทาน）《还珠格格》（องค์หญิงกำมะลอ）《观世音》（กำเนิดเจ้าแม่กวนอิม）和《三国演义》（สามก๊ก）等，引入泰国后得到了当地观众的广泛关注，并伴随了一代泰国人的成长，这也是中国文化走出去的具体体现。近年来，《三生三世十里桃花》（สามภพสามชาติป่าท้อสิบหลี่）《延禧攻略》（เล่ห์รักวังต้องห้าม）《如懿传》（หรูอี้จอมนางเคียงบัลลังก์）《琅琊榜》（มหาบุรุษพลิกแผ่นดิน）《武媚娘传奇》（บูเช็คเทียน）和《陈情令》（ปรมาจารย์ลัทธิมาร）等中国古装题材电视剧在泰国持续热播。可见，中国众多影视作品有着 IP 开发的潜力，就目前收集到的资料和讯息来看，上述的影视作品主要分为武侠片、古装片两大类型，这两类正好包含了诸多中华传统文化元素，成为开发文创产品的丰富资源。

第三，人物、传说等旅游线路、打卡点开发。旅游线路、打卡点的开发，主要以中泰两地具有传统文化符号意义的线路、打卡点为主。以影视拍摄点为契机，充分挖掘中泰两地所蕴含的深厚历史文化传统资源，并保障相应的旅游配套服务与基础保障，以传说、神话、故事勾连旅游地，设计旅游地二维码，呈现当地丰富的文化资源；配套旅游线路语音导航与共享单车，实现短距离生态文化游；开发旅游景点线路，比如围绕"白蛇传"主体可以设计"杭州-镇江-鹤壁（河南）-峨眉山（四川）"的全国线路，也可以设计"清波门-雷峰塔-西湖-断桥-金门寺-御街"的杭州线路等；还可以结合泰国福建华人人数众多以及《妈祖》（แม่โจ้）电视剧在泰国7台热播的情况，开发"女性神灵旅游线路"，开发"杭州（白蛇）-湄洲湾（妈祖）"两地游新文旅路线；配套旅游线路的文创产品开发，比如旅游线路元宇宙游、旅游线路线上线下纪念品；旅游线路、打卡点、大众点评网站的开发等。

第四，中泰影视文化艺术双年展。"双年展"就是两年举办一届的艺术展览，为许多国家采用的一种制度化的展览形式，每次围绕一个特定主题展开。通过这一窗口，中泰两国的影视艺术作品可以更系统地展出，亦可以聚合丰富影视资源，促进两国导演、演员和制片等影视行业从业者的密切交流。双年展还可以给新锐导演提供展示的平台，吸引更多的优秀创作者参与中泰影视文化的建设中。中泰两国的爆款影视剧都是小成本大回报，双年展尤其可以关注喜剧片和文艺片两种主题类型，充分发挥泰国本土的人文风情以及景观优势，吸引更多导演和投资人的关注，以期建立更完善的影视文化体制。

四、文化交流、经贸交流的基础性建议

中泰两国的文创文旅合作，要想达成更长远的良性互动，离不开文化和经贸方面的进一步交流与合作。2023 年 10 月 19 日，泰国国家旅游局携手中国八家行业先锋，即蚂蚁集团（Ant Group）、携程集团（Trip. com Group）、华为（Huawei）、爱奇艺（iQIYI）、无忧行（JegoTrip）、美团（Meituan）、春秋航空（Spring Airlines）和新浪新闻（Sina News），在中国北京签署泰国旅游"战略合作意向书"。可见，泰国政府重视全球疫情后旅游业复苏的风口，尤其重视来自中国的大量游客消费群体。泰国国家旅游局局长塔佩妮·佳沛本女士称，本次合作意向书的签署标志着泰国旅游在中国市场的推广已进入全方位、高质量合作的新阶段。中泰的文创文旅产业绝不能只停留在一两部爆款影视作品相关产品的走红，唯有在两国不断完善文化与经贸的合作优惠政策，不断加强与企业和高校的合作，才能在根本上焕发中泰文旅文创产业的活力。

第一，文化传播机构落地与文化政策的落实，特别是针对福建与东南亚广泛联系的传统与优势，加快中泰文化交流人才的培养、文化交流平台的培育。两地的留学生可以借助高校平台，参与有关 "21 世纪海上丝绸之路" 的相关学术活动和项目，加快海上丝绸之路的智库建设，有利于中泰海洋文化的友好交流与合作。另外，通过校企合作的方式，不仅可以给高校学生提供更丰富的就业岗位，还可以直接为中泰文化旅游与文化创意产业输送人才，加快推进相关产业的建设。从更具体之处着手，可以设立白蛇等传统文化文旅和文创相关的奖学金项目，让两国学生通过志愿者以及假期实习等方式，切实投入到两国的文化建设中，通过专业、学科、平台 "三驱" 联动，打造长效育人机制。

第二，中泰语言翻译工具开发。语言是交流的基础，要加强中泰两国的互通往来，还应重视对一些翻译工具的建设与开发。虽然泰国一直热烈欢迎中国游客，许多泰国人也具备汉语基础，但两种语言的交流还是存在诸多障碍。目前，泰国还没有推广使用专业的中泰互译软件，泰国人民多用 Googlen Translate 进行翻译，但其准确率得不到保证。另外，Pleco 鱼 App 和大象词典也是泰国年轻人

会使用的翻译工具，但它们的功能多用于满足学习语言所需，并非专门用于旅游的翻译工具。现在，泰国政府非常重视科技的发展，泰国领先科技组织 KBTG 在 2023 年 9 月 21 日举办了以"跨越人工智能时代"为主题的首届 KBTG Techtopia。人工智能是一个很好的可以运用到中泰语言翻译工具开发的技术，不仅可以大大节省人力成本，还可以更广泛地投放到中泰文化旅游和文化创意产业的各个环节。比如研发人工智能语音导游软件、人工智能识字笔和人工智能语音转换器等。

第三，中泰文化、经济交流权威（顶流）网站的建设。据 MGR Online 报道，2023 年 8 月 19—20 日，泰中同学会（TCSA）举办了以"教育—工作—旅游"为主题的中国展览会暨"一带一路"倡议十周年纪念活动（China Fair 2023 by TCSA: Study-Work-Travel—the 10th Anniversary of BRI），本次活动由中国高校青年学生、泰国驻北京大使馆科技处和中国科学院曼谷创新合作中心承办，并获得了中华人民共和国驻泰国大使馆的支持，由此可见，中泰两国对文化交流越来越重视。在互联网技术时代，中泰两国人民的生活因为历史文化的原因，一直以来有着广泛亲密的交集，在泰国也有许多华人社群。设置开放性网站，可以更快捷高效地连接两国人民的商业和文化咨询，创建一个讯息公开、资源共享的平台。充分利用数字化技术和网络平台，传播中泰文化，展示中泰旅游文化丰富的人文及自然资源，与相关特色产业融合，赋予中泰文化以创意性的表达，促进创造性转化，推动创新性发展。

第四，中泰文化双年展、中泰广交年会等。中泰除了影视文化上有亲密的合作关系，在更广义的文化生活层面亦有诸多交融，因此中泰文化双年展可发挥上述中泰影视文化艺术双年展的功能，起到平台建设和窗口展示的作用。以 2021 年在正大中心启动的"Thai Week"泰国周为例，此活动以庆祝中泰建交 46 周年为契机，以"中泰一家亲"为主题，结合两国经贸合作交流，推出了"泰国优质产品展销会""泰国旅游摄影展"等活动，上演了一场兼具烟火气、文化范、泰国味、时尚潮的文化交流盛宴。另外，广交年会的设立可以在经济贸易上加强两国的合作，成为中泰贸易的重要风向标。中泰广交年会可以为中泰商家提供一个交流互动的平台，有利于促进中泰贸易往来和拓展市场，推动经济合作，还能推动营销，展示各行业发展，增强品牌知名度。通过举办中泰文化双年展和中泰广交年会，双管齐下，促进文化和经贸的交流互鉴，打造独具特色的、具有文化内蕴的中泰经济贸易之路。

参考文献

[1] 文博编辑中心. 首届全国文化创意产品推介活动结果揭晓[EB/OL]. 国家文物局, (2021-05-10)[2023-9-27]. http：//www.ncha.gov.cn/art/2021/5/10/art_722_167880.html.

[2] 黎荔. 消费者价值感知维度下的文创产品营销策略研究[J]. 中国商论, 2023(15)：87-90.

[3] 李俊秀, 王婷. 文创产品价值创造与产业链发展[J]. 山西大同大学学报（社会科学版）, 2023, 37(05)：152-156.

[4] 耿兰兰, 赵荣秀. 现代产业形态下文创产品的流通渠道及其模式优化——以大运河文创产品为例[J]. 商业经济研究, 2023(10)：189-192.

[5] 林宏鸿. 基于叙事性设计方法的闽南文创产品设计研究[D]. 福州：福州大学, 2020.

全球化教育场域中 PISA 政策的国际影响力

朱梅花[①]

引言

国际大规模教育评量在教育国际化发展的时代背景下,通过跨国比较研究对参与国家的教育产生重要影响,为各国教育政策的制定、学校课程、教学改革提供导向。国际大规模评量顺应教育国际化发展时代潮流,有助于了解世界各国教育发展动态,以及各参与国之间教育水准以及教育政策的差异,对国际大规模教育评量的分析与经验总结对教育领域具有一定的理论借鉴意义以及实践指导意义。

一、全球化的教育场域

在全球化浪潮中,教育国际化逐渐成为教育发展的主流,各国政府对国家竞争力或教育绩效的检核愈来愈重视国际标准,因此教育的国际比较是不可或缺的,其主要方式便是近年来兴起的国际大规模教育评量(Large-scale Assessment, LSA),LSA 已经成为评量各参与国家及地区义务教育的"试金石",在国际视野的"棱镜"中审视各自独特的教育系统,从而有助于各国根据评量数据以及国

[①] 集美大学外国语学院。

际指标制定学生发展规划和国家教育政策。

目前国际大规模教育评量包含促进国际阅读素养研究（Progress in International Reading Literacy Study，PIRLS）、国际数学与科学教育成就趋势调查（Trends in International Mathematics and Science Study，TIMSS）、每隔七年举行一次的国际公民教育与素养调查研究（International Civic and Citizenship Education Study，ICCS）、国际学生评估项目（Program for International Students Assessment，PISA）。PIRLS、TIMSS 与 ICCS 是由国际教育成就调查委员会（International Association for the Evaluation of Educational Achievement，IEA）主办。相对于 PIRLS 与 TIMSS 的评量比较接近课程本位的成就评量，PISA 评量强调实际问题解题能力的能力本位评量。

PISA 是由经济合作暨发展组织（Organization for Economic Cooperation and Development，OECD）自 2000 年开始主导的国际学生评估项目，强调学生在主要学科领域运用知识与技能的能力，即在各种不同情境下提出、解读及处理问题时能有效地分析、推理及沟通的能力。它以阅读、数学和科学三个领域为主要评量项目，每三年举行一次，每次以一个领域为主，另两个领域为辅。2018 年以阅读为主要评量项目，数学和科学为辅，2022 年则以数学为主。其参与国逐年增加，PISA 2022 参与者增至 83 个国家及经济体。评量对象为 15 岁学生，旨在了解各参与国完成义务教育阶段（约合 15 岁）学生的学习成果、学习态度，以及和学校、教师、家长甚至各国教育政策有关的各种资讯，堪称当今世界上规模最大的国际教育评量计划。

PISA 的起源与教育政策息息相关，相辅相成。PISA 源于发达国家对于基础教育质量的省思。20 世纪 80 年代初，美国教育学者和社会各界陆续发现，普及义务教育以后，美国的基础教育在持续下滑，从 1964 年 SAT 考试成绩的最高点逐年下降；学生家长对学校的教育质量和学校安全怨言不断，企业拒绝聘用大中学校毕业生，军队发现大批新兵是受过学校教育的"功能性文盲"。这些抱怨直接导致了 1983 年美国教育优化委员会发表《危机中的民族》（A Nation at Risk）。这份报告引起了公众对教育问题史无前例的关注，也引起了美国政府的高度重视，并开始探讨教育问责制。该报告促使许多州的立法机关和当地学校校董会采取措施改进学校工作。此外，英国、法国等发达国家也纷纷发现基础教育的问题，面对这样的质疑与冲击，教育专家和政府一致认为必须重新设定教育标准、改革学校课程教学并建立国际学习质量监测系统，以促进各国教育改革、提升基础教育质量。20 世纪 90 年代末，OECD 的成员国达成共识，以国际学生评价的方法，比较各国的基础教育政策，发现各国教育问题，分享成功经验，推进基础教育的改革与发展。1997 年，为了帮助各国的教育政策制定和学校课程教学改善而提供导向建议，PISA 作为跨国教育测试应运而生。

二、PISA 的政策影响力

面对日益国际化的教育趋势，搜集并比较各国教育成效指标信息，不仅有利于教师深入理解国际教育测评数据所潜藏的教学调整方向，也可以协助教育决策者关注教育成效评鉴的全球视野和客观统计，并积极有效地提升决策品质。关于教育政策的概念，众说纷纭。有学者认为教育政策是权威性的公共政府机构在一定时期内为实现一定的教育目标而制定的关于教育事务的行动准则。总体而言，教育政策是属于国家政策的一部分，体现着执政者的意愿，而其主要解决的问题则是辅助实现教育目标。此外，研究政策不仅要重视以静态的文件形式表现的各种纲要、规划等，更要重视静态文件的具体执行与落实情况。

众多国内外学者认为 PISA 的"政策导向"是其成功发展的关键要素之一。PISA 的"政策导向"是指 PISA 支持参与国改进教育系统，OECD 基于 PISA 结果，总结最佳实践和实例，并据此给出相应的政策建议。马健生等提出 OECD 的教育政策主要是为了传播新自由主义的教育理念，形塑全球教育治理体系，影响参与国教育改革政策的制定。Hopfenbeck 等系统地分析了从第一届 PISA 测验开始，即 2000—2015 年间的相关文献，研究发现大多数探讨 PISA 影响力的文献集中在政策与管理方面，并且这些文献一致认为 OECD 组织通过 PISA 在全世界范围内的施行影响着各国教育决策人员的政策取向，也指导一些相对落后的国家以 OECD 国际化的指标制定教育政策。

PISA 评量报告促进各国以数据为导向的政策制定，对各个国家与经济体的教育系统产生"软政策"（Soft policy）的效用。"软政策"源于国际法律和有关欧洲工会的政治分析，没有法令的约束力或硬性的规条，主要是经由沟通、指引、资源分享等的方式，吸引实施者采纳有关的政策。

PISA 不仅对评量结果不佳的国家教育政策产生影响，也推动优胜国家的教育政策。例如，芬兰借由学生在 PISA 的优异表现，在学习机会均等与教师自主的政策下精益求精。德国在 2000 年的 PISA 评量中表现不佳，引发了举国上下的震惊（PISA Shock）。作为世界经济文化强国，其 PISA 成绩尚未达到 OECD 的平均水平。德国进行了策略性的教育改革：教育标准于 2004 年出台，同年设立了国家教育体系质量发展研究（Institut zur Qualitaetentwicklung im Bildungswesen, IQB），并于 2006 年出台《教育监测全局战略》确认了为检验教育达标程度所设置的教育监测（Education Monitoring）。该战略由四大支柱组成：①以 PISA、PIRLS 和 TIMSS 为代表的国际大规模教育评量；②小学、初中、高中水平考试的州际比较；③基于教育标准的学校评量州际比较；④两年一度的《国家教育发展报告》。其中第一支柱是德国与国际教育进行横向比较；第二支柱是纵向地进行德国国内的比较；不同于前两者均采用抽样测试，第三支柱是采用普查的形式在全国范围内执行；第四支柱作为对国际教育系统的宏观监测。这一系列的改革措施使德国教育在中央监控与地方自主之间达到平衡，得以在 PISA 评量中稳步提升，于 2012 年与昔日王者芬兰并驾齐驱。

除了对各国政策产生影响之外，PISA 还促使相关"国际组织"的诞生。自 2000 年首届 PISA 以来，校长对学校发展和学生学业成就的影响力引起教育界人士的重视。2007 年，"改进校长工作，提高学生成就"的 Leadership Improvement for Student Achievement（LISA）组织应运而生。由 7 个欧洲国家的中学校长联合会组成：英国、德国、挪威、斯洛文尼亚、荷兰、意大利、匈牙利，其核心问题是在不同的教育体系，中学校长的领导风格、态度和实践行为如何直接或间接影响学生学业成就。LISA 的主要目标在于探究在欧洲各国不同文化与政体的背景下学校领导力的运行机制；在国际化背景下开发欧盟范围内学校领导力的概念框架以测量中学校长的领导效能；设计和验证有效学校领导力的模型，探索学校领导特质与学生学习结果之间的关联性因素。

但近年来也有越来越多的学者质疑 PISA 影响力的科学权威。马健生等对 PISA 测试的研究文献以及 OECD 发布的相关教育政策文本进行批判性分析，发现其教育政策主要是为了传播新自由主义的教育理念，形塑全球教育治理体系，影响参与国教育改革政策的制定。因此，在使用 PISA 数据制定我国教育改革政策的过程中要秉持一种批判的立场。王熙从媒介研究视角分析，由于当今媒介力量的参与，从 PISA 公布其测评结果到各国各地教育政策与实践的变革不是一个简单的"信息直达"与"刺激反应"过程，而要经过复杂的意义阐释与再阐释。媒介所受的外在影响，媒介自身的兴趣与利益诉求，以及媒介受众做出的被动或主动的意义阐释都会增加这种意义流变的复杂性。正是这种复杂性使得 PISA 发挥影响力的过程远超出实证科学话语的解释力。

PISA 背后的价值观、专断、对教育系统多样性的危害也值得深思和审查。谢爱磊等在针对 PISA 的教育政策社会学分析中，对其教育政策的效应进行批判。他们指出 PISA 研究从实在论向建构论转变，PISA 数据传统上被视为客观的结果和对现实世界有效或者准有效测量，但在针对 PISA 的教育政策社会学研究中，PISA 数据的生产过程成为问题，看似客观的数据结果既被看作一个建构过程的结果，也被看作一类特殊的社会建构，例如，其指标的选取乃是平衡各方需求的产物，PISA 本身存在各方博弈。PISA 结果的使用同样是一个建构性过程——受制于不同层次的政策行动者如何解释数据，如何使用数据。

基于以上对 PISA 的政策影响力的双向辩驳，因此，对以"PISA 政策"为主题的相关文献进行全面系统的文献计量分析，梳理和分析 PISA 在国际视野下的政策影响力，显得非常必要。

三、PISA 政策的文献计量分析

本研究使用的文献计量分析工具是基于 R 语言的 Bibliometrix 软件包以及 CiteSpace 软件。Bibliometrix 是由 Massimo Aria 团队开发，具有操作简易、数据开源和统计全面等优点。它能够基于文献录入样本数据，通过特定算法对数据进行筛选和分析，建立数据矩阵以进行共引文、耦合、科学协作分析和共词分析，从而深入挖掘文献之间的关系，同时也支持数据可视化分析，生成各类知识图谱以直观展现研究领域全景及研究主题变化。与其他可视化工具相比，Bibliometrix 不仅涵盖了所有文献计量软件的统计分析功能，而且能够将不同的算法应用于文献分析中（如文本挖掘领域的因子分析等），剖析数据样本的概念结构，从而让文献计量结果更加可靠且准确。

截至 2023 年 10 月，笔者以"PISA POLICY"为主题检索，在 Web of Science 核心期刊收录中检索获得 704 篇文献，为保证研究的可信度，本研究只选取"英文"的"学术论文"，而将非英语的文献以及会议论文、新闻报道等学术性较弱的文献剔除，最终获得 565 篇有效样本文献。最早一篇相关文献发表于 2003 年，发表数量的年增长率为 20.01%，国际合著率为 24.6%。

（一）文献年度分布

相关文献的年发表数量如图 1 所示，整体而言，自 2003 年以来，关于 PISA 的相关研究的数量呈现波动上升趋势，尤其从 2009 年起，当 PISA 测评规模扩增到 65 个国家和地区的时候，开始呈现骤增局面；到 2020 年，在 PISA 2018（实际施测日期为 2019 年 12 月）测评完成后，年发表量达到峰值 59 篇。

（二）期刊来源分布

如图 2 所示，载文量较高的国际核心期刊为"Comparative Education""Journal of Education Policy""International Journal of Educational Development"，分

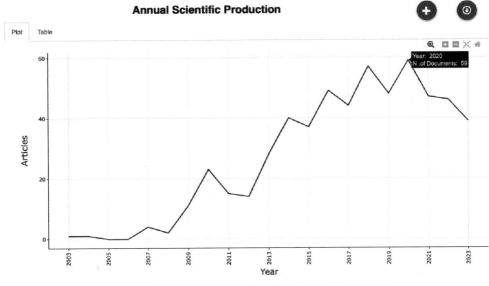

图 1　文献分布的年份以及数量趋势（2003—2023 年）

别收录了 40、32、23 篇文献。其中，值得关注的是创刊于 1964 年的"Comparative Education"，该杂志是比较教育领域的重要期刊，对教育现象、政策和发展进行了严格的分析，具有理论和实践意义。它主要研究全球、跨国和国内力量在塑造教育意识形态、教育体系以及教学模式方面的相互作用。由此可见，大多数关于 PISA 政策的研究主要是在国际视野中的横向比较教育研究。

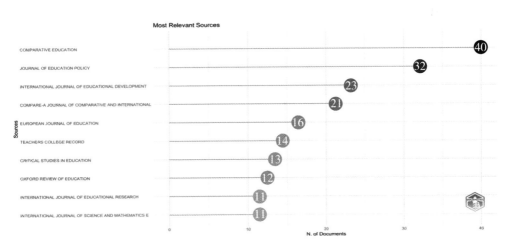

图 2　发表文献最多的主要国际核心期刊

（三）动态热点分布

从动态地呈现历年来的研究热点变迁而言，CiteSpace 软件具备优势。它可计算关键词突现，即运用 CiteSpace 突变检测算法从相关文献的关键词、标题、摘要中提取突然剧增的术语，以追踪某一特定阶段研究的前沿动态。图 3 为 CiteSpace 软件统计出的 2008—2023 年 PISA 相关研究中的关键词的突现动态变化。根据图 3 的关键词突现可知，PISA 相关研究在 2008—2015 年度较关注学生以及学校层面的因素，例如 "科学素养"（突变值为 4.9）、"学业成就"、"能力"、"班级规模"、"权利"、"家庭" 等；之后则从 "国际比较" "大型教育测评" "决定要素" 转而关注 "教育改革"（突变值为 3.02）、"国际教育"。由此可见，PISA 的研究重点随着时代变迁和全球化进程而从微观（学生和学校层面）角度转而关注宏观（国家和国际教育改革）问题。

Top 25 Keywords with the Strongest Citation Bursts

Keywords	Year	Strength	Begin	End	1997—2023
scientific literacy	1997	4.90	2008	2011	
acadwmic achievement	1997	2.77	2010	2011	
choice	1997	2.02	2010	2013	
england	1997	2.80	2012	2014	
attainment	1997	2.69	2014	2016	
class size	1997	1.78	2014	2015	
ability	1997	2.00	2015	2016	
educational reform	1997	3.02	2016	2017	
power	1997	2.64	2016	2017	
family	1997	2.32	2016	2017	
discourse	1997	2.65	2017	2020	
international comparison	1997	2.41	2017	2019	
number	1997	1.93	2017	2018	
market	1997	1.93	2017	2018	
international large-scrge assessment	1997	3.44	2018	2020	
determinant	1997	2.89	2018	2021	
high school	1997	2.49	2018	2019	
growth	1997	2.43	2018	2020	
literacy	1997	2.41	2018	2019	
pisa 2015	1997	1.99	2018	2019	
teacher	1997	2.32	2020	2023	
student	1997	2.80	2021	2023	
secondary education	1997	2.73	2021	2023	
science	1997	2.30	2021	2023	
international education	1997	2.18	2021	2023	

图 3　PISA 相关研究 25 个关键词突现（2008—2023 年）

(四) 发表国家分布

关于 PISA 政策的文献发表总量前三位的国家分别是美国、英国、澳大利亚，中国学者的总发表量位居世界第六。其他在 PISA 评量中表现优异的国家如新加坡、芬兰、德国，其总发表量也位居前列。另外，PISA 研究中跨国合著作品不少，总体国际合著率为 24.6%，以发表量最多的美国为例，其超过 1/3 的文献是国际合著的（见图 4）。相对而言，国际合著的文献（Multiple Country Publications，MCP）相比单一国家著作（Single Country Publications，SCP），其引用率会更高。

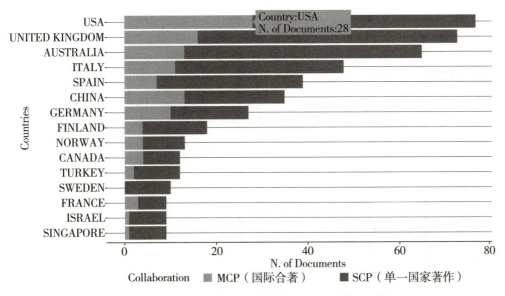

图 4　文章发表数量前 15 名的国家（以通讯作者为界）

(五) 研究热点分布

关键词共现通过提取文献高频关键词，形成共词网络以展现研究领域热点，追踪研究动向。在知识图谱中，每一个节点代表一个关键词。该关键词出现的频率越高，中心度越高，影响越大。进一步分析文献的关键词发现，如图 5 所示，按中心度有三个梯次的分类，第一梯次高频词是"OECD""教育政策""政策借鉴""比较教育"等，这是中心度较高的高频词。中心度位于其次的是"教育平等""跨国""教育改革"等关键词。第三梯次的高频词包含其他大规模国际测评如"TIMSS"和"PIRLS"以及影响"学业成就"的"社会经济地位"（图中的"SES"指代 Socioeconomic Status）也是众多研究关注的重点。由此可见，这三个梯次的关键词从宏观的国际视野过渡到国家的教育改革，最后关注到学校以及学生个体层面。

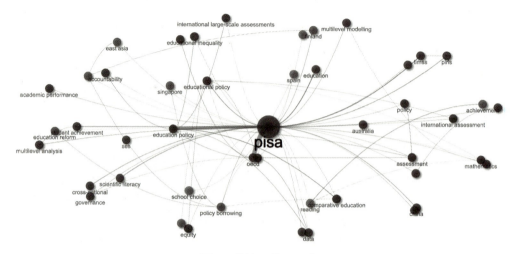

图 5　关键词共现图谱

四、启示与总结

以上分析了 PISA 政策相关文献的年度分布、期刊来源分布、动态热点分布、发表国家分布以及研究热点分布，全景展示了 20 年来 PISA 政策研究领域的发展动态。总体而言，相关研究处于稳步发展阶段，呈现逐年波动上升的变化趋势，尤其是每轮资料新释出的年份，都有一波剧增。另外，从文献计量分析结果可知，PISA 研究领域呈现多层性，从学生层面、学校层面到国家层面的影响因素之间相互融合与渗透。"教育政策"是 PISA 研究领域的一大关键问题，也是其形塑全球教育治理体系的主要方式，国家间的政策互鉴也是 PISA 国际影响力的体现。评量的结果可以诊断出参与国的教育体系存在的问题与不足，并为教育政策制定者以及学校领导力发展提供变革方向。PISA 评量以数据和证据为出发点，多维度搜集信息数据和系统分析数据，有利于政策制定者改变单向度、单方面的政策设计习惯，注重政策制定、实施、评价中的各项内容，包括不同利益相关者、教育目标实现的条件，将教育政策建立在多维度、多因素、多层面复杂系统分析和要素过程模型建构的基础上。

PISA 作为一种国际范围内比较性的监控，也是一种基于科学数据的政治运作，其数据所投射出的教育问题以及对各国教育政策的影响力逐渐引起各国教育领导者的关注。作为一项大规模的国际调查，PISA 的首要特征即政策取向，将学生的学习成果和学生的特性与学校内外影响学生学习的关键因素相互联系，比较各国在评量表现上的差异，以此鉴别优秀学生、高效能学校及教育系统的特征。PISA 为国际社会提供一种动态、定期的教育评价与监控方案，每一轮 PISA 测验也会因时代的发展变化，对测评的内容、形式等进行动态调整。

虽然国际测评有一定的政策价值，但我们使用 PISA 数据进行政策的迁移时要秉持批判性的立场。我们应逐步完善本土教育评价体系，形成与国际测评有效整合的评价系统。教育政策的制定应该建立在研究、信息和数据的基础上，教育政策也会影响教育体系对国际大规模教育评估的态度以及在评估中的表现。一个拥有高开放度教育政策的国家或地区更倾向于参与国际大规模教育评估，也会更加积极融入教育国际化潮流。国际大规模教育评量有助于弥补教育政策的"缺席"，而教育政策最终将化作学校发展规划并依靠学校领导力来实施，这包含文化领导力、课程领导力以及教师领导力等。总之，透过国际大规模教育评量的政策影响力，不仅有助于各国重新审视其教育系统并扬长避短，且有助于完善教育监测机制，最终推动教育的均衡化和公平化发展。

参考文献

［1］Leslie Rutkowski, Eugenio Gonzalez, Marc Joncas, et al. International large-scale assessment data: Issues in secondary analysis and reporting［J］. Educational Researcher, 2010, 39（2）: 142-151.

［2］Steven Lewis, Bob Lingard. The multiple effects of international large-scale assessment on education policy and research［J］. Discourse: Studies in the Cultural Politics of Education, 2015, 36（5）: 621-637.

［3］Therese N. Hopfenbeck, Jenny Lenkeit, Yasmine El Masri, et al. Lessons learned from PISA: A systematic review of peer-reviewed articles on the programme for international student assessment［J］. Scandinavian Journal of Educational Research, 2018, 62（3）: 333-353.

［4］张民选，陆璟，占胜利，等. 专业视野中的 PISA［J］. 教育研究, 2011, 32（6）: 3-10.

［5］李敏. 美国教育政策问题研究——以 20 世纪 80 年代以来基础教育政策为例［D］. 上海: 华东师范大学, 2006.

［6］朱金花. 教育公平: 政策的视角［D］. 长春: 吉林大学, 2006.

［7］谢爱磊，李家新，黄咏欣. 全球药方还是特洛伊木马？PISA 的教育政策效应批判

[J]. 全球教育展望, 2021, 50 (02): 55-79.

[8] 马健生, 蔡娟. 全球教育治理渗透: OECD 教育政策的目的——基于 PISA 测试文献的批判性分析 [J]. 比较教育研究, 2019, 41 (02): 3-11.

[9] 俞可. PISA 撬动德国教育政策变革 [J]. 上海教育, 2013 (35) 70-72.

[10] 俞可, 赵帅. 基于数据的校长领导力——以欧洲 LISA 项目为例 [J]. 外国中小学教育, 2011 (12): 4-8.

[11] 王熙. 反思 PISA 影响力的科学权威——基于媒介研究视角的分析 [J]. 清华大学教育研究, 2019, 40 (5): 91-96+118.

[12] Massimo Aria, Corrado Cuccurullo. bibliometrix: An R-tool for comprehensive science mapping analysis [J]. Journal of Informetrics, 2017, 11 (4): 959-975.

[13] Chen Chaomei. CiteSpace II: Detecting and visualizing emerging trends and transient patterns in scientific literature [J]. Journal of the American Society for Information Science and Technology, 2006, 57 (3): 359-377.

[14] Hamid Darvish. Bibliometric Analysis using Bibliometrix an R Package [J]. Journal of Scientometric Research, 2020, 8 (3): 156-160.

[15] Meihua Zhu, Chao-Yu Guo, Angela Yung-Chi Hou, et al. Graduate employment in higher education: applying bibliometrics to world-system theory [J]. Journal of Education and Work, 2021, 34 (3): 356-372.

[16] 王湘玲, 王立阳. 国际翻译过程研究前沿动态的可视化分析 (2001—2020) [J]. 上海翻译, 2022 (4): 17-22.

土耳其的语言政策与语言政策动机评析

王涌骅[①]　张海燕[①]　李英姿[②]

一、绪言

土耳其共和国（The Republic of Türkiye），通称土耳其，是横跨欧亚两个大洲的国家，古代丝绸之路上中国连接欧洲的重要中转站，新时代背景下海上丝绸之路沿线重要的区域性大国。土耳其一直以奥斯曼帝国继承者和突厥世界大国自居，推行"新奥斯曼主义"，欲成为突厥世界的领袖，承担大国的责任。苏联解体后，土耳其鼓励并主导建立统一的突厥国家联盟，促进实现突厥语国家一体化。突厥语国家组织建立符合土耳其地缘政治战略，为其在国际舞台上践行大国职责提供了机会。

语言是国际文化交流的重要媒介与形态。除了经济、科技等硬实力的保障之外，语言文化的软实力也支持和推动了国家与区域的发展。语言政策是政府针对语言问题所制定的相关政策，是语言规划产生的结果，指导和制约政府后续语言规划的行为，反映了国家或组织对待语言相关问题的根本态度，属于区域国别研究与社会语言学研究的交叉研究。国内针对土耳其语言政策研究还处

[①] 集美大学外国语学院。
[②] 南开大学跨文化交流学院。

于相对缺乏状态。因此，研究土耳其的语言政策有助于理解土耳其主流文化特征和核心价值取向，了解其国家定位和国际地位诉求。鉴于此，本文将区域国别研究从宏观的国家和地区层面延伸聚焦至微观的国家语言政策领域，介绍土耳其自然与人文基本情况，分析土耳其对内语言政策演变和对外语言政策的特点，探讨其语言政策背后的动机与目标，揭示其语言政策行为中的深层动机，为完善我国新时代背景下海上丝绸之路相关的外交政策、区域政策、民族政策和语言政策提供依据。

二、土耳其概况

土耳其位于小亚细亚地区和欧洲的巴尔干半岛东南地区，是连接欧亚大陆的十字路口。土耳其国土总面积约 78.36 万平方千米，其中 97% 的面积属于亚洲，3% 在欧洲。东部与格鲁吉亚、亚美尼亚、阿塞拜疆和伊朗接壤；东南与叙利亚、伊拉克接壤；西部与希腊有海上和陆上边界；西北与保加利亚接壤；北邻黑海；南临地中海；西邻爱琴海。土耳其陆地边境线长 2648 千米，海岸线长 7200 千米。首都是位于安纳托利亚高原中部的安卡拉。

据统计，截至 2023 年 2 月，土耳其人口总数为 8528 万。土耳其族占 80% 以上，库尔德族约占 15%，此外，还有其他少数民族和国际居民。99% 的土耳其居民信奉伊斯兰教，其中 85% 属逊尼派，其余为什叶派（阿拉维派）；少数人信仰基督教和犹太教。

土耳其多民族特征决定了它是一个多语种国家。土耳其有 39 种语言，其中 18 种是土著语言，21 种是非土著语言，其中有 15 种语言的使用人数在下降。除了主要语言土耳其语之外，使用人数最多的语言包括库尔德语（800 万人）、阿拉伯语（230 万人）、扎扎基语（Zazaki 150 万人）、卡巴丹语（Kabardian 100 万人）、阿塞拜疆语（Azarbaijani 54 万人）和土耳其手语（40 万人）。除此之外，在土耳其境内还使用 56 种其他语言，例如历史传承语言（西亚美尼亚语 Western Armenian、库尔德语 Kurdish）、历史移民语言（马其顿语 Macedonian、鞑靼语 Tatar、保加利亚语 Bulgarian）和当代移民语言（阿拉伯语 Arabic、波斯尼亚语 Bosnian、中文 Chinese）。由于统计方式和标准不一致，土耳其语言数量的具体认定结果并不相同，但是不可否认土耳其是一个语言高度多样化的国家。

土耳其语（Türkçe）被认定为土耳其唯一的官方语言，始见于《1876 年宪章》。土耳其语属于突厥语或阿尔泰语，其前身是融合了阿拉伯语和波斯语的奥斯曼土耳其语。1923 年土耳其共和国成立之后，现代土耳其的奠基人穆斯塔法·

凯末尔·阿塔图尔克（Mustafa Kemal Atatürk）积极推动语言文字改革，推广 29 个拉丁字母取代曾经使用的阿拉伯字母并沿用至今。

三、土耳其语言政策

（一）对内语言政策演变

土耳其对本国内部始终贯彻严苛的单语制国家政策和"土耳其化"的语言政策。在 1924 年土耳其大国民议会上，土耳其语的绝对权威地位被纳入《宪法》第 2 条，规定土耳其语是该国唯一的官方语言，从宪法层面确立了土耳其语的国语和官方语地位，但是对其他少数民族语言的使用和地位并没做任何说明。在此之后，土耳其的对内语言政策经历了三次重要变革：①文字改革与语言净化；②强化土耳其语主体唯一性；③提升少数民族语言和方言地位。

1. 文字改革与语言净化阶段

建国初期，土耳其领导人意识到语言不仅是一种重要的交际工具，在塑造民族身份认同过程中也扮演着主导作用。语言文字改革是凯末尔领导的土耳其政府在政治生活和国家治理方面的重点事项。具体来说，土耳其采取了文字改革（Script Reform）和语言净化（Language Purification）的语言干预措施。文字改革指用拉丁字母替代阿拉伯字母，现代土耳其语改用 29 个拉丁字母并沿用至今。1928 年议会通过《土耳其新文字法》和《关于接受和实践土耳其字母法》等法案。土耳其语书写形式的拉丁化标志着新兴的土耳其共和国与奥斯曼帝国文化传统的割裂。语言净化指土耳其政府删除土耳其语中的阿拉伯和波斯词汇以及语法结构，保护土耳其语免受外来语的影响。1932 年土耳其成立土耳其语言研究协会（Association for Research on Turkish Language），该协会于 1936 年正式定名为土耳其语言协会（Turkish Language Association），主要任务是制定出土耳其语净化的具体实施理论、方法和步骤。1945 年土耳其共和国的宪法用土耳其语改写，标志着土耳其语言净化措施取得显著成就。

2. 强化土耳其语主体唯一性阶段

20 世纪 80 年代，土耳其通过法律严格限制少数民族语言的学习和使用，旨在进一步强化土耳其语的官方性和唯一性。在土耳其生活着许多少数民族，语言也呈现多样性，如阿拉伯语、库尔德语、高加索语、亚美尼亚语等。然而，少数民族语言和方言在土耳其并没有得到充分重视，甚至各项法律法规对少数民族语言和方言使用做出了严格限制。1980年，土耳其政府修订《土耳其共和国宪法》，第3条从"土耳其语是国家的官方语言"更改为"土耳其语是国家的语言"，从法律层面上进一步强调了土耳其语在本国的主体唯一性。另外，针对少数民族语言，宪法第26条规定"禁止公开传播少数民族语言"，第42条明确规定，"除土耳其语之外，任何教育机构不可将其他语言作为母语来讲授"。《政党法》第81条规定，"禁止任何政党在一切政务活动中以任何形式使用除土耳其语之外的语言"。另外，5680号《新闻法》第16条规定，"凡是使用禁用语言进行传播的机构，其负责人将处以罚款或承担刑事责任"。这些法律规定强化了土耳其语的唯一官方地位，并否认了公开场合内使用少数民族语言的合法性。

3. 提升少数民族语言与方言地位阶段

刘景珍（2020）指出语言权利，特别是母语教育已成为土耳其加入欧盟的绊脚石。为实现加入欧盟的愿景，自20世纪90年代起，土耳其针对使用少数族群语言和方言的法律法规做出调整和改革，提升少数民族语言和方言在法律层面和社会层面的地位。1991年废除了《关于土耳其语之外的其他语言出版物的法令》。1991年4月，通过《反恐法》允许库尔德语在大众媒体中使用和传播。2001年10月，废除《宪法》中关于"禁止在公开场合传播禁用语言"的第26条和第28条。此外，《新闻法》中关于"禁用语言"的相关内容也被删除，标志着少数民族语言和方言允许在新闻媒体中出现。2002年8月，议会通过决议，"允许在广播和教育中使用库尔德语"，"允许各少数民族语言公开传播"。2003年，土耳其政府通过了《关于土耳其公民在日常生活中使用不同语言和方言的条例》，这在一定程度上放宽了少数民族学习、使用和传播本民族语言的限制。2004年出台的《关于广播电视机构使用本民族语言和方法的法律》，标志着土耳其首次从法律层面上承认了少数民族语言的合法地位。

（二）对外语言政策路径

1. 世界范围内推广土耳其语

土耳其政府一直致力于向全世界宣传土耳其文化，推广土耳其语。土耳其政府为国际学生设立奖学金，每年为近5000名海外留学生提供学费、津贴、住宿、医疗和交通等资金支持。土耳其伊斯坦布尔艾登大学与北京师范大学、华南师范大学、上海大学签订协议展开学生、学者交流，开设免费土耳其语课程。此外，语言文化中心是土耳其推广土耳其语的重要场所。2007年土耳其政府颁布5653号法令，建立尤努斯·埃姆雷学院（Yunus Emre Institute），并以基金会形式于

2009年开始运营。该学院致力于推广土耳其的文化与语言，促进土耳其与世界各国的文化交流，提高其国际认可度和威望。据尤努斯·埃姆雷官方报道，该学院已在海外45个国家和地区设立了58所文化中心，半数以上分布在巴尔干半岛和中东地区。为庆祝中土建交50周年，北京土耳其文化中心——尤努斯·埃姆雷学院于2021年5月正式成立。

土耳其通过政府间教育合作和民间组织竞赛形式加强土耳其语在世界的传播。苏联解体后，土耳其通过与中亚国家合作办学、提供奖学金项目等方式积极支持中亚地区土耳其语教育。2013年，土耳其教育部为海外土耳其移民量身定制《土耳其和土耳其文化》教科书，并在德国的土耳其语课堂推广使用，旨在培养在德土耳其裔青少年的民族自豪感。国际土耳其语教育协会通过举办"土耳其语奥林匹克竞赛"向全世界青少年推广土耳其语和土耳其文化，鼓励更多人学习土耳其语，扩大土耳其语在世界范围内的影响力。

2. 向突厥语国家组织成员推行拉丁字母书写

在世界范围内，土耳其、阿塞拜疆、哈萨克斯坦、吉尔吉斯斯坦、乌兹别克斯坦、土库曼斯坦和北塞浦路斯土耳其共和国（未获得国际承认）采用突厥语及其方言作为国家官方语言，拥有共同语言、历史和文明。突厥语国家组织（Organization of Turkic States）前身是于2009年10月3日在阿塞拜疆共和国的纳希切万成立，总部设在伊斯坦布尔。该组织旧称突厥议会（Turkic Council）或突厥语国家合作委员会（Cooperation of Council of Turkic Speaking States）。成立之初共有四名成员国，包括土耳其、阿塞拜疆、哈萨克斯坦和吉尔吉斯斯坦。该区域性国际组织的创立理念最早由哈萨克斯坦前总统努尔苏丹·纳扎尔巴耶夫提出，旨在促进突厥语国家之间在政治、经济、安全、司法、科技、教育、健康、文化、旅游、体育、通信等领域的全方位合作。2021年11月12日，在突厥语国家合作委员会（Cooperation Council of Turkic-Speaking States）第八次首脑峰会上，土耳其、哈萨克斯坦、土库曼斯坦、乌兹别克斯坦、吉尔吉斯斯坦和阿塞拜疆六国领导人宣布该组织更名为"突厥语国家组织"（Organization of Turkic States），旨在加速突厥语国家一体化进程，建立强有力的政治伙伴关系，利用连接优势推动成员国的经济发展。截至目前，突厥语国家组织的正式成员国有土耳其、阿塞拜疆、哈萨克斯坦、吉尔吉斯斯坦和乌兹别克斯坦，观察成员国有土库曼斯坦、匈牙利、乌克兰和北塞浦路斯（未获得国际承认）。

拉丁字母一直以来被认为是突厥国家意识形态的主要表现形式。1929年11月，土耳其政府宣布采用拉丁字母书写形式，取代阿拉伯字母和波斯字母的书写形式，取得了显著成效，增强了民族自信和认同感，具有文化革命和民族意识的重要意义。因此，土耳其政府一直致力于向突厥语国家组织的其他成员推广拉丁字母书写，强化突厥语国家的意识形态。土耳其文化部和土耳其语言协会负责协助和监督突厥语国家组织成员国的文字改革工作。乌兹别克斯坦、土库曼斯坦、阿塞拜疆先后将本国文字从斯拉夫式的西里尔字母转变成土耳其的拉丁字母书写。2017年10月27日，哈萨克斯坦总统纳扎尔巴耶夫签署第569号总统令，正式批准将哈萨克文字母表由西里尔字母转换为拉丁字母，计划在2025年前分阶段实现字母转换工作。

另外，2022年10月，世界突厥语通用字母表研讨会宣布成立"通用字母委员会"（Common Alphabet Commission），旨在加快突厥语国家语言统一和突厥语国家向通用字母过渡的进程。书写字母的统一符合土耳其对外语言政策的目标，标志着突厥语国家组织在语言上的一体化，增强了成员国的突厥语国家意识形态，提升了突厥语国家组织人民的民族意识，为在各个领域的交流与合作提供了基础和保障。

四、土耳其语言政策动机

国家语言政策是社会掌权者的语言实践行为和举措，表明了一个国家针对本国语言现象的宏观态度和具体规划。因此。语言政策制定与执行需符合国家特定利益与目标。语言政策是国家政治生活的必要组成部分，涉及国家的政治稳定、民族团结、教育发展和社会精神面貌，具有明显的政治、教育和社会色彩。国家语言政策根本目的是通过人为的语言干预管理措施，使语言充分发挥其基本功能与作用，从而更好地服务于国家、政府、组织和社会。土耳其对外和对内语言政策的动机主要涉及三方面：①加强身份认同、强化意识形态；②促进经济发展、加强国际合作；③维护国家稳定，构建大国形象。

（一）加强身份认同，强化意识形态

社会变革促进了国家语言政策的转变。土耳其建国初期语言政策是凯末尔时代极权政治的体现。凯末尔通过语言干预措施满足新国家身份认同和公民自我身份认同的需求，从而缔造一个现代、民主和世俗的国家。语言本身反映了讲者的民族身份，因此土耳其的民族主义不仅要求其语言具有独特性，也要求通过文字改革和语言净化促使土耳其人形成统一的民族意识。所以，从西里尔字母到拉丁字母的文字改革是突厥语国家组织成员国获得民族观点和自我身份认同的重要举

措。此外，土耳其语言净化干预措施反映出土耳其共和国在建国初期强调民族意识的语言意识形态和语言纯粹主义的精神，是土耳其在本国内推行突厥民族主义的具体表现。土耳其通过建立世俗化的单语国家，取代了奥斯曼帝国的多元文化主义和多民族政体结构。

随着苏联解体，土耳其凭借自身经济优势以及拥有相似的历史、语言和文化的基础，向中亚国家提出"突厥语国家共同体"构想，其前提是在语言文字上的统一。土耳其向乌兹别克斯坦、土库曼斯坦、阿塞拜疆、哈萨克斯坦等国家推行拉丁字母书写的语言政策，凸显土耳其语的重要作用和影响，加强突厥语人民的集体身份认同感，强化突厥语国家组织的意识形态，促进突厥语国家一体化进程。值得注意的是，土耳其在世界范围内推广土耳其语本质是在宣扬土耳其文化，使泛突厥主义传播从意识形态工具转向教育文化领域。

（二）促进经济发展，加强国际合作

土耳其一直希望能够加入欧盟，促进本国经济发展，加强国际合作，从而提升国际政治舞台地位和话语权。通过与欧盟其他成员国在经济、科技、文化领域分享资源，加强协作，提升本国在国际事务中的声誉和影响力，实现大国梦。土耳其的单语制国家政策一直为人所诟病，成为妨碍其加入欧盟的主要原因之一，这迫使土耳其必须通过修改有关少数民族语言与方言地位的语言政策达成最终加入欧盟的夙愿。土耳其对内语言政策已经承认少数民族语言和方言的合法性，在一定程度上提升了它们的地位。但由于尚未签署《欧洲区域或少数民族语言宪章》，土耳其母语教育权利始终未能得到彻底解决。因此，土耳其对内语言政策在未来一段时间内将受欧盟态度制约。

（三）维护国家稳定，构建大国形象

凯末尔认为文化多样性现状导致了奥斯曼帝国的衰落与灭亡。土耳其共和国在建立初期就已意识到奥斯曼帝国时期奉行的多元文化主义政策不符合现代民族国家的发展需求。为远离帝国主义，维护国家统一，恢复在国际舞台上的地位，加强自身实力和立法，土耳其政治精英努力实现语言上同质化。在 20 世纪 20 年代和 30 年代，通过语言同化将公民变成"真正土耳其人"成为其核心目标。通过这种政治层面上的同质化，土耳其政治精英消除了潜在危险，维护了国家的稳定。土耳其积极通过促进语言认同提升国家内部各民族成员的认同感。由此可见，土耳其对内语言政策的制定和实施与国家稳定密不可分。

对外推广土耳其语，向突厥语国家推行拉丁字母书写是土耳其在世界范围

内宣扬土耳其文化、构建大国形象的重要手段。土耳其凭借与中亚国家的地缘、族源的特殊优势，采用语言传播战略，结合硬实力和软实力，宣扬土耳其文化，传播突厥主义思想。土耳其希望通过语言文字统一带动全方位进取性地缘政治，结合政治、经济、教育、文化等领域的综合措施，确立在突厥语国家组织中的领导地位，提升国际话语权，跃升为世界性力量，实现自己与生俱来的大国情结。

五、针对土耳其语言政策的深层次思考

作为当今世界上最强大的突厥语国家，土耳其将突厥语民族团结统一和民族繁荣复兴作为自己的首要任务。语言是人类沟通交流的重要表达方式，是文化的重要载体。人类通过语言传递信息、表达情感、记录传统和传承文化。土耳其语言政策反映了在政治、经济、文化和意识形态方面的动机和未来发展目标。表面上土耳其对内语言政策是从强制语言同化到推动语言保护的转变，其本质是土耳其在不同社会历史阶段制定符合本国政治、经济和意识形态利益的语言政策，是实现国家统一、民族团结、经济发展、社会稳定和意识强化的必要措施。

土耳其充分利用对外语言政策促进突厥语国家使用统一的语言文字，将泛突厥主义意识形态向突厥语民族渗透，加强突厥语民族的集体身份认同感，为实现土耳其领导下的突厥语民族地缘政治联盟、促进突厥语国家间协同合作提供强有力的基础性保障。这符合兹亚·乔加勒普在其著作《突厥主义原理》中提出的"泛突厥主义"三步走的地缘政治构想。第一，在土耳其国内确立突厥主义意识形态，限制伊斯兰教对社会和政权的影响。第二，发展世界范围内的泛突厥主义，最少实现三个突厥语国家的联合。第三，联合世界范围内所有突厥语族建立一个"图兰联邦"。1991年苏联解体后，土耳其就抓住中亚及高加索地区出现权利真空的时机，加强与中亚及高加索地区突厥语国家的接触与交流，帮助突厥语国家大力发展经济。土耳其通过利用语言共性建立统一的突厥语国家联盟，增强自身地区影响力，扩大区域与国际话语权，成为"突厥语世界"的龙头老大，旨在重建"奥斯曼帝国"。

六、结语

语言政策是政府基于客观现实和目标动机在语言文字及其使用方面制定的一系列政策。作为新时代背景下海上丝绸之路重要节点区域国家，自土耳其共和国

建国之后，其语言政策是基于不同历史时期现状和预设目标所制定和调整的。对内削弱了土耳其语的唯一官方主体地位，承认少数民族语言和方言的合法性，提升少数民族语言和方言在本国的地位；对外向世界推广土耳其语，对突厥语国家组织成员国推行拉丁字母书写。土耳其语言政策在加强人民身份认同感、强化民族意识形态、助力本国科技与经济发展、促进国际交流与合作、维护国家稳定、构建大国形象等方面发挥了重要作用。土耳其对外语言政策通过扩大土耳其语使用范围，宣传土耳其文化，传播"泛突厥主义思想"，扩大其在突厥语国家组织中的作用和话语权。

我国正处于建立语言政策和语言规划体系的关键期，深入了解土耳其语言政策有助于加深对海上丝绸之路沿线国家的深度认知，制定出符合当前世界格局和我国国情的语言政策，助推我国与海上丝绸之路沿线国家的合作与交流，不断完善新时代背景下与海上丝绸之路发展相关的外交政策、民族政策和语言政策。语言是国家安全的根本保障，我们需根据语言政策丰富国家语言资源，调整国家语言安全部署，致力于维护国家、区域和世界的和平稳定的发展环境。

参考文献

[1] 王辉. 以语言文化交流推动构建人类命运共同体 [N]. 光明日报, 2017-12-17 (12).

[2] 方小兵, 张立萍. 语言政策与规划核心术语 [M]. 北京：外语教学与研究出版社, 2022.

[3] 倪兰, 高艺. 土耳其语言政策与现代化进程密切相关 [OL]. 中国社会科学报, (2015-04-20) [2023-10-28]. http://www.mesi.shisu.edu.cn/03/78/c3713a66424/page.htm.

[4] 汤国忠, 张楠. 土耳其教育研究 [M]. 南宁：广西教育出版社, 2023.

[5] 赵馨宇. 土耳其语言改革文献综述 [M]. 昝涛. 奥斯曼-土耳其研究：学术史的回顾与展望. 南京：江苏人民出版社, 2022：201-219.

[6] 哈全安. 土耳其通史（修订本）[M]. 上海：上海社会科学院出版社, 2021.

[7] 刘景珍. 土耳其库尔德语言政策述评：从隐形化到逐步开放 [J]. 语言政策与规划研究, 2020 (01)：38-48+110.

[8] 魏梓秋, 黄思宇. 中亚国家的多语政策及其对汉语国际教育的影响 [J]. 欧亚人文研究（中俄文）, 2020 (01)：19-26.

[9] Dennis Ager. Motivation in Language Planning and Language Policy [M]. New York：Multilingual Matters, 2001.

[10] 周瑶, 吴长青. 土耳其语言政策的变迁及国际中文教育在土发展对策 [J]. 湖北经

济学院学报（人文社会科学版），2022，19（10）：102-105.

［11］龚颖元，陆香. 土耳其语言政策演变的历史路径［J］. 语言政策与规划研究，2019（02）：25-32+96.

［12］杨涛，王辉. 土耳其的语言规划目标评析［J］. 渤海大学学报（哲学社会科学版），2018，40（03）：21-26.

［13］Bernard Spolsky. Language Policy［M］. Cambridge：Cambridge University Press, 2004.

［14］李琰. 土耳其在中亚地区的语言传播战略及其对我国汉语国际传播的启示［J］. 民族教育研究，2015，26（2）：139-144.

缅甸语言政策与地缘政治外交关系研究

张海燕[①]　林佳怡[①]　张晶[①]

引言

缅甸联邦共和国（The Republic of the Union of Myanmar），简称缅甸（Myanmar），位于亚洲东南部中南半岛西部。东北与中国接壤，西北与印度、孟加拉国相邻，东南与老挝、泰国交汇，西南则紧靠孟加拉湾和安达曼海。国土面积为676578平方千米，是中南半岛上面积最大、东南亚面积第二大国家，首都是内比都。2022年统计数据显示，缅甸总人口为5417万，其中华人华侨约250万。缅甸共有135个不同的民族，包括缅族、克伦族、掸族、克钦族、钦族、克耶族、孟族和若开族等。缅族占据人口的65%，是最大的民族。全国划分为7个省、7个邦和联邦区，省主要是缅族聚居区，而邦多为各少数民族的聚居地。这些少数民族都拥有独特的语言，其中克钦族、克伦族、掸族和孟族等还有自己的文字。此外，缅甸是宗教多样性显著的国家，全国约有85%以上的人信仰佛教，而8%的人信奉伊斯兰教。

[①]集美大学外国语学院。

一、缅甸语言政策溯源

（一）封建王朝时期（849—1824年）

在这一时期，缅甸尚未确立明确的语言政策。当时国内积极推动佛教文化，进行了文字改革以及不同程度的正字运动。一系列书籍如《温纳拨达纳正字法》《文字要津》《智者特征正字法》等被出版，以促进这一文化传统。

（二）英属殖民时期（1824—1948年）

英属殖民时期的语言政策主要以英语为主，对其他语言也相对宽容，中文教育逐渐兴起。缅甸官方语言因英属殖民统治而由缅语变更为英语，英语逐渐普及全国，缅语地位下降。

（三）吴努政府时期（1948—1962年）

在此时期，反法西斯人民自由同盟掌权，积极采取措施提升缅语地位。宪法正式确立缅语为缅甸官方语言，并纳入各级公立学校教学课程，这一举措推动了缅语在全国范围内进一步普及。与此同时，英语地位有所下降，但其使用范围仍然非常广泛。

（四）奈温政府时期（1962—1988年）

奈温政府执政期间，推行"缅甸式社会主义路线"方针，缅语成为主要语言，中文和各少数民族语言受到极大冲击。在接下来的20多年里，政府进一步加强和巩固了缅语的地位，英语地位持续下降。直到1988年，由于国内经济发展和国际交流合作的需要，有了政府的支持，英语地位开始提高，从而形成了多民族、多语言的基本国情。

（五）现政府时期（1988年至今）

现政府统治时期，缅甸政府的官方语言政策经历了转变，从过去的单一语言逐渐发展为涵盖民族语言和外国语言的多元体系。1988年，军政府上台，发起了一场缅语名称标准化运动。在这次运动中，政府首先对缅甸的国名进行了调整，将"Burma"更名为"Myanmar"；其次，将"Burmese"更改为"Myanmar"。同时，一些原本以英语拼写的地名也被替换为与缅语发音相近的形式,例如,"Rangoon"改为"Yangon"。

二、当前缅甸语言政策及其演变过程分析

(一) 维护缅语地位;普及少数民族语言,但成效不高

近20年来,缅甸进行了一系列改革,公立学校开始加入少数民族语言教学,但只是作为第二语言,在全国的普及和实践力度不够。2011年2月4日,缅甸进行大选,选举产生了由吴登盛领导的联邦巩固与发展党组成的新政府。这届新政府继续奉行以缅语为主的政策,同时对其他少数民族语言发展限制有所放宽。《缅甸联邦共和国宪法》(2008)(Constitution of the Republic of the Union of Myanmar)强调了对少数民族语言的鼓励和保护,尊重少数民族使用自己的语言,但没有具体阐述少数民族语言的地位;在实践过程中,少数民族语言仍然没有得到足够的重视,缺乏政治意愿和经济支持,经常引起少数民族争议。2013年,缅甸15个少数民族政党成立缅甸联邦联盟政党,各民族政治地位上升,少数民族语言得到更多尊重。但少数族群语言没有完全得到支持,只有相对少数语言受到重视。

《国家教育战略计划(2016—2017)》增加了着重推广民族语言的规定。缅甸教育部从2013—2014学年起开始民族语言教育计划筹备工作,该计划于2014—2015学年正式启动。根据计划,2016年始,教育部面向全国187个镇区的50余万名中小学生开设54种民族语言课程。克伦族、克耶族、孟族、伯朗族、勃欧族以及掸族等各个少数民族聚居地纷纷建设了寺院,开展以本族语为媒介的语言教学活动。在边境地区,一些社区学校开展了斯高克伦语的非正式教育。缅甸基督教联合会(MCC)也进行了非正规扫盲运动,其中包括那伽语、克伦语、钦语等十余种斯高克伦语语言,重点关注成年人的扫盲工作,少数民族语言得到进一步普及与推广。

(二) 加强英语教学,英语地位得到提升

缅甸政府加强英语教育,一是缅甸政府希望改善同西方国家关系,积极融入经济全球化和市场经济;二是英语作为全球通用语言的地位没有改变,缅甸参与国际政治经济交流合作离不开英语;三是东盟把英语定为工作语言也在一定程度上促使了缅甸政府加强英语教学。加入东盟后,缅甸政府的高级官员也越来越重视英语教育,积极参加国内外英语培训项目。近年来,越来越多私立语言学校提供全日制和非全日制的英语教学课程,开设了许多与英语相关的职业技能培训班。公立学校在

基础教育阶段把缅语和英语均列为必修课，英语在缅甸的地位持续上升。

（三）汉语发展稳定，整体发展趋势向上

在汉语教育方面，自20世纪90年代以来，缅甸与中国在政治、经济、文化方面积极互动，伴随中缅边境贸易的繁荣，缅甸国内对汉语的使用需求持续攀升，由此掀起了汉语学习的热潮，为汉语教育的发展带来了推动力。缅甸政府将汉语设为第二语言，积极推进汉语教学，与中国展开了一系列的合作，同时新建了多所以汉语为第二语言的华文学校（见表1），从而促进了缅甸国内汉语教育的蓬勃发展。在汉语传播方面，目前的汉语国际传播主要动因是经济动因。中国是缅甸第一大贸易伙伴和最大邻国，缅甸在经济上和中国有着频繁的交往交流，经济很大程度上依赖于中国。中缅之间的经济基础决定了汉语在缅甸具有良好的传播土壤。随着中国提出建设21世纪海上丝绸之路的倡议和全球化的发展，汉语将在缅甸迎来巨大的机遇。

表1　中缅两国在汉语教育方面的合作及华文学校的建立

时间	事件
1993年	缅中地区（曼德勒）福建同乡会创立了福庆语言电脑学校
2001年	中缅两国教育部在缅甸共同举办了中国汉语水平考试（HSK），并向缅甸派遣中文教师
2002年	在仰光，福建同乡总会创建了福星语言与电脑学苑，该校是缅甸国内当时最大的中文培训学校
2008年	中国国家汉语言办公室与缅甸曼德勒福庆语言电脑学校以及仰光语言与电脑学苑签订了建立"孔子课堂"的协议
2009年	福庆学校与云南大学合作开办了缅甸首家孔子学堂——曼德勒福庆孔子课堂
2012年	福庆学校孔子课堂与云南大学民族研究院合作，组成了一支高学历本土教师队伍，成立"缅中语言与文化研究中心"
2013年	缅北汉语教学促进会成立
2023年初	多家华文教育机构在疫情后重新开班，有序恢复线下教学
2023年6月	2023"汉语桥"世界大、中学生中文比赛缅甸仰光赛区决赛在缅甸中华总商会大礼堂成功举办
2023年9月	福庆学校顺利举办中缅双语翻译比赛

资料来源：缅甸《金凤凰》报。

回顾缅甸语言政策的演变历史，缅语在英属殖民期经历了低谷，后从缅甸独立至今一直是官方语言；少数民族语言地位缓慢上升；英语经历了重视打压再重视的过程；汉语发展稳定，整体发展趋势向上，这离不开华人华侨的努力。缅甸语言政策的变迁与其国内政治经济局势密切相关。各历史时期的语言政策和语言规划都体现了当时缅甸社会政治、经济、文化等各方面的背景。从殖民时期被迫接受殖民统治，到独立后将缅语确立为国语，并制定优先发展缅语和缅语教育政策；从原本极具排外性的单一国语政策到后来推行多元化语言政策，尤其是在英语、汉语等外语政策上的多次变动，都反映出缅甸政府在积极顺应国际政治经济新形势的同时，结合本国发展需要，进一步调整与完善语言政策和语言规划的意识。缅甸人民热衷于学习缅语、英语和汉语的现象引起了对少数民族语言保护和发展问题的广泛关注。各少数民族语言的倡导者纷纷呼吁政府采取有效措施保护缅甸民族语言多样性，坚持传承与保护缅甸文化。少数民族语言问题关系到缅甸社会长期稳定以及国内各民族的团结发展，亟需引起缅甸语言工作者和相关政府部门足够的重视。

三、未来预测

（一）未来缅语的地位可能会持续上升

缅甸是个以缅族为主体的国家，缅族约占全国总人口的65%。同时，缅甸在独立前的殖民地时期，缅族是与英国和日本争取独立斗争的重要力量，这为缅语的发展奠定了特殊的社会基础。除此之外，缅族是个民族自尊心极强的民族。大缅族主义的思想由来已久，1982年，奈温军政府出台的《缅甸公民法》中"六级身份证制度"的划分是大缅族主义意识的最大体现。缅族人民产生"大缅族主义"思想映射出缅族人心中的优越感，在这样一个缅族占据大部分人口的国家，缅甸政府不可能采用其他语言作为国家官方语言，这是缅语未来地位不断上升的社会环境。回顾缅甸的语言政策，不难发现，国家政治与语言政策的制定之间具有重要的关联。1988年军政府上台，开展关于缅语的标准化运动，大力推行缅语教育，巩固缅语作为全国通用语的地位，提高缅语在国际上的影响力。因此，当权政府采取的一系列措施为未来缅语的发展提供了良好的政治环境。

（二）民族矛盾将继续阻碍缅语发展

缅甸的民族矛盾具有悠久的历史因素。在封建王朝早期，曾经出现了由骠、掸、孟等少数民族创建的国家政权，后来又出现了以缅族人为中心的政权，而当中央政权衰落时，少数民族又会组建军队来争夺政权。在缅甸历史上，缅甸的中央政权大多数时候是在缅族人民手中的，但是缅甸并没有实现高度集权式的中央政府，政府对偏远少数民族的控制还是比较弱的。由此可见，缅族与少数民族之间的矛盾有着深厚的历史渊源。目前，缅北地区是缅甸民族冲突最为激烈的地区，北部的克钦邦独立军是一个以实现克钦邦从缅甸中脱离出来为宗旨的武装力量，是缅北实力最强的民族自治武装之一。缅甸独立后，克钦族逐渐走上了长期武装叛乱的道路，而缅甸政府军和克钦独立军的冲突是过去十年多以来各"民地武"中最激烈、持续时间最长的。此外，果敢同盟军和佤邦联合军也多次与缅甸政府发生冲突。总之，目前缅甸的民族矛盾激烈。民族矛盾的体现之一是语言矛盾。少数民族与缅族之间存在矛盾，必然无法认同缅族语言，这将成为缅语发展的阻碍因素。

（三）经济落后是阻碍语言政策落实的根本

国家的经济发展状况是影响语言教育政策执行的关键因素。缅甸虽然自然条件优越，资源丰富，但是缅甸经济起点低，人均国内生产总值在2020—2022年期间逐年下降，加之受西方国家制裁，是东南亚经济发展比较落后的国家，是世界上最不发达国家之一。缅甸的经济发展较为落后，缅甸的国民教育经费均由国家财政拨款，且总体投入偏低，这会引发教育经费得不到保障的问题，从而影响国家语言政策的实施。语言政策属于宏观调控，具体能否得到落实需要看教师、教材、教学理念和教学方法等微观因素。缅甸实行的是多元化的语言政策，在确保缅语官方地位的同时鼓励其他语言的学习。但是倘若教育经费不足，则会引发教师队伍质量低下、办学条件差、学校的教材无法得到良好的保障等问题，这些问题会导致语言政策无法顺利执行。

（四）英语的影响力将持续扩大

2007年，东盟各成员国在新加坡签署了《东盟宪章》，这是东盟成立40年来第一份具有普遍法律意义的文件，该文件规定东盟的官方语言为英语。自1997年缅甸加入东盟，这一举措对缅甸的政治、经济、外交都产生了一定的积极影响，作为东盟的成员国之一，为了更好地融入东盟集团，缅甸政府致力于提升高级官员的英语能力，许多人都把英语作为首要的外语来学习，英语的地位大大提高。无论是从历史的角度还是现代的角度来看，缅甸要想继续发展市场经济，积极融入全球化发展，就必须继续学习英语，并且未来英语的影响力将持续扩大。

四、启示

（一）坚定维护国家政权

国家政权是语言政策制定的决定性因素。缅甸在封建社会时期，语言主要是为统治阶级掌管的佛教服务；在英属殖民地时期，缅甸的官方语言是英语；在日属殖民地时期，日语得到了大力的推广；在缅甸独立后的各政府统治期间，政府一直明确规定缅语的官方地位。由此可见，当权政府决定着语言政策的制定及实施，只有坚定地维护国家政权，才能保证本国语言的主体地位以及确保语言政策的落实。

（二）促进国家经济发展

经济价值是语言传播的主要动因。在国际交往中，英语的地位是其他语言无法比拟的。那么，英语为何能作为国际通用语在世界范围内使用？其中不可忽视的一个原因就是欧美国家的经济实力。美国有高度发达的现代市场经济，是世界第一经济强国，其在世界范围内有着强大的政治、经济、文化和外交影响力。美国强有力的经济实力在一定程度上造就了其母语——英语在世界语言中的主体地位。而反观中国，中国虽然是世界第二大经济体，但是与成为发达国家还有一段距离，与欧美国家之间依然存在着差距，经济上的落后是导致汉语不如英语影响力广泛的因素之一。

（三）保护少数民族的语言与文化

缅甸在独立前的主要矛盾是各民族人民与英日殖民者之间的矛盾，在独立后主要矛盾就转向了主体民族与少数民族的矛盾。这种矛盾加剧了民族之间的冲突，缅甸国内局势战乱不断。究其矛盾的原因，在于缅甸处于主体地位的缅族有着"大缅族主义"的倾向，"大缅族主义"奉行缅族为本位，而排斥、歧视甚至压迫少数民族。尤其是在吴努政府时期，为了大力推广缅语的使用，极力打压少数民族的语言及文化，这引起了少数民族的极大不满，缅甸的民族问题日益严重，国家政治局势动荡。强调国家官方语言的主体地位固然重要，但这并不意味着要通过打压少数民族的语言来实现。如果一味地排挤只会造成国家局势的不稳定，不利于国内的统一团结，更不利于官方语言的传播。因此，在推广官方语言的同时，要注意保护少数民族的语言和文化，减少民族矛盾，共建一个民主文明和谐的现代化国家。

（四）权衡母语与外语的关系

在新时代国际政治、经济快速发展，全球化进程不断推进的时代大背景下，中国对外开放的步伐也日益加快。为了更好地与外界沟通，学习外语就显得格外重要。那么在这个过程中，母语与外语的教育关系成了争论的焦点。语言政策要在母语和外语之间寻找平衡点，遵循适度原则。倘若过于强调外语而忽视母语，则会导致国民母语意识薄弱，不利于国家的长治久安；一味地发展母语而忽略外语，国家也无法得到快速的发展。分析缅甸的语言政策，可以得知独立后的缅甸在奈温政府时期奉行社会主义思想，大力推行缅语而对英语持排斥态度，导致该时期国民的外语能力大幅下降，国家经济发展处于低迷状态。于是后来的政府重新思考英语的重要性，并从幼儿园开始开设英语课程。缅甸实行改革开放政策以后，政府在推进缅语传播的同时，依然不忘其他语言的重要性，这种开放包容的态度在一定程度上促进了缅甸国民素质的提高，缅甸经济也得到了相应的发展。

（五）积极参与地区合作与交流

缅甸在实施语言政策时，奈温政府一味地维护缅语的地位，排斥英语，这导致了缅甸在该时期国民英语水平下降，与周边国家的合作交流也逐渐减少，国民经济开始下滑。政府意识到了英语及对外交流的重要性之后，开始兼顾缅语与英语。1997年，缅甸加入东南亚国家联盟，这对缅甸的政治、经济和外交都带来了有利的影响，缅甸经济得到回升。"推动构建人类命运共同体"是中国式现代化的本质要求之一，"促进世界和平与发展，推动构建人类命运共同体"，是习近平总书记在党的二十大报告中对于新时代新征程中国特色大国外交作出的重大部署。为了实现该部署，一个重要的途径就是积极参与地区间的合作与交流。加强各国之间的合作与交流可以帮助双方更好地实现本国的发展，例如有利于区域经济的发展、技术上的支持、资源上的相互补给等。尤其是在全球化的时代大背景下，交流与合作变得空前重要。

五、结语

本文针对海上丝绸之路沿线国家之一——缅甸,对其语言政策进行分析研究,以此为依据预示缅甸未来语言政策的发展,未来缅语的地位将持续上升,但民族矛盾和落后的经济仍是其发展的阻碍因素,英语和汉语的影响力将继续扩大。文章借助缅甸语言政策,结合我国具体国情,为我国地缘政治外交和语言政策的制定也提供了一些思路。在世界联系日益密切的时代大背景下,中国应坚定维护国家政权,推动国家经济发展,积极参与地区间的合作,保护少数民族语言及文化,在母语和外语关系之间寻找平衡点。

参考文献

[1] 戴永红,刘金卫. 缅甸民地武新联盟的形成、发展与未来走向 [J]. 国际论坛,2016,18(04):64-71+81.

[2] 方长平,周方银,卢光盛,等. 新时代中国周边外交的理论创新与实践成就 [J]. 国际论坛,2023,25(06):3-35+155-156.

[3] 冯佳. "一带一路"东南亚四国语言现状及其汉语政策的历史沿革——兼论云南的汉语东南亚推广 [J]. 云南开放大学学报,2021,23(01):97-103.

[4] 恒姗姗. 缅甸的语言生态及语言政策研究 [J]. 语言政策与规划研究,2020(02):78-86+114.

[5] 李春凤. 缅甸语言政策对华人语言文化适应性的影响 [J]. 语言政策与规划研究,2023(01):73-81+179-180.

[6] 李佳. 缅甸的语言政策和语言教育 [J]. 东南亚南亚研究,2009(02):75-80+94.

[7] 李伟,焦正达,李彦苇. 汉语和英语在缅甸传播的比较研究 [J]. 云南师范大学学报(对外汉语教学与研究版),2023,21(01):74-83.

[8] 李新婧. 缅甸民众视角下的国内民族问题 [D]. 昆明:云南大学,2020.

[9] 刘权,李彦锋. 缅甸华文教育研究综观 [J]. 红河学院学报,2022,20(01):48-51.

[10] 刘书琳,邹长虹. 中国与缅甸语言政策、语言规划的对比研究及启示 [J]. 广西师范学院学报(哲学社会科学版),2015,36(06):167-171.

[11] 刘泽海. 缅甸语言教育政策的发展特征及趋势 [J]. 学术探索,2016(11):40-44.

[12] 潘巍巍. 英语在缅甸的传播 [J]. 语言规划学研究,2017(01):81-87.

［13］杨国影. 缅甸加入东盟后面临的机遇与挑战［J］. 东南亚, 1997（03）: 46-48.

［14］张栋. 缅甸语言教育政策探微［J］. 北部湾大学学报, 2022, 37（05）: 95-100.

［15］赵燕. 试析缅甸独立后语言地位的演变及其原因［J］. 西南学刊, 2012（01）: 261-268.

［16］郑玉珠. 缅甸语言政策背景下中文教学的现状［D］. 上海: 华东师范大学, 2023.

［17］钟贵峰. 缅北民族冲突及其难民问题——从中国边疆治理的视角考察［J］. 和平与发展, 2016（05）: 82-93+117.

中柬医农合作区先行先试研究

苏欣迪[①]

引言

柬埔寨作为"一带一路"沿线国家,一直是中外友好贸易往来的重要组成部分。如今,随着我国疫情防控进入常态化的稳定新阶段以及中方在柬基础设施建设的逐步完成,两国合作也步入新阶段。与过去传统的大宗货物进出口贸易模式相比,拥有区域特色的需求互补式多角度、深层次合作成为新焦点。从柬埔寨方来看,当地的华人华侨已经成为中医药的重要传播者,他们将中医的治疗理念、诊疗方案、中药材的使用融入当地医疗救助体系当中,尤其在新冠疫情期间,柬埔寨卫生部将连花清瘟纳入指定居家治疗方案,使柬埔寨民众体验到中医治疗的效果,提高了民众对中药的接受度和认可度,但柬埔寨当地存在药材资源开发利用不充分、中医人才短缺、技术水平参差不齐等问题,在很大程度上影响了中医在柬埔寨的推广使用。同时,从中方来看,近几年来我国市场对榴莲、菠萝蜜等热带水果的需求持续增长,根据世界贸易组织的统计(2022),中国是世界上最大的榴莲进口国和消费国,然而,由于地理因素等原因,我国本土对榴莲等热带水果的种植和加工技术还不成熟,大多依赖东南亚鲜果进口,因此借鉴和引入东南亚国家的热带水果种植技术成了助力我国农业发展的重要一步。根据中

[①] 集美大学外国语学院。

柬双方互补的需求缺口来看，中柬双方在中医药和农业方面的交流合作将成为开启中柬"一带一路"高质量发展的新亮点。因此本文将从可行性分析和倡议性方案两大方面展开，详细阐述对中药和中医人才"走出去"以及热带水果种植技术"引进来"共同实施的倡议构想，打造中柬医农合作示范区，为我国在东南亚"一带一路"建设工作提供价值参考。

一、打造中柬医农合作示范区可行性分析

（一）两国友好关系

1. 从官方朝贡往来到民间贸易交往

从历史来看，古中国的大一统为国家的对外交往创造了相应的物质条件。《汉书》中明确记载了汉朝使者到达中南半岛沿岸地区交流的情况，当时柬埔寨已经形成统一的王国，史称扶南王国，得益于当地的湿润气候、开阔的平原地形以及贯穿南北的湄公河灌溉，使得扶南王国的农业快速发展，为两国商贸往来打下基础。

《后汉书》中曾记载两国第一次朝贡往来的经历，"日南徼外蛮夷究不事人邑豪献生犀、白雉"；隋唐时期，中国进入鼎盛阶段，扶南国被真腊取代并转让其与中华的朝贡关系，除了接受真腊敬献的奇珍异宝外，唐朝还通过派遣唐使、封朝贡国的方式进一步将两国关系从单纯的经贸往来和文化交流扩展到政治外交领域；宋代以后，柬埔寨进入吴哥王朝的黄金时期，双方在生产技术、航海技术和相互了解程度上都进一步发展，从而推动了民间大规模海外贸易，当时的真腊国对华政策友好，环境宽松，使得大批东南沿海居民移居柬埔寨，《真腊风土记》就记载了元朝时期我国部分沿海居民移迁东南亚的现象。

综上所述，中柬两国通过经贸往来、文化交流和移民迁徙等多种活动建立了合作交往的地缘友谊。

2. 抵御外来侵略的命运共同体

作为东方文明古国，中柬拥有相似的殖民侵略斗争史。1840年鸦片战争后，中国沦为半殖民地半封建社会，柬埔寨在1863年被法国占领成为法属印度支那的殖民地，自此以后，中柬两国人民都走上抵御西方侵略的道路；二战以后世界进入冷战时期，美苏两国强势崛起，当时的柬埔寨首相西哈努克选择和中国达成战术友好关系；越南战争时期，柬越签署协议，允许开放西哈努克港和110号公

路,转运中国士兵和物资进入越南,柬埔寨始终与中国站在统一战线,中柬双方也在此期间建立深厚的革命友谊。

3. 双边合作

自 1993 年柬埔寨新政府成立以来,中柬关系发展步入新阶段。

在政治上,两国高层频繁往来,深化互利合作,推进中柬命运共同体建设并取得丰硕成果,我国总理李克强同志于 2022 年 11 月 8—11 日对柬埔寨王国进行正式访问,两国联合发表《中华人民共和国政府和柬埔寨王国政府联合公报》;在经济上,大量中国企业在近 5 年间对柬进行有效投资,2021 年底,中柬双边贸易额首次突破 100 亿美元大关,截至 2022 年底,中国企业累计对柬各类投资超过 100 亿美元;在扶贫实践方面,2021 年中国利用本国以往脱贫攻坚过程中的经验心得,在柬埔寨的达弄村启动扶贫示范村项目,帮助建设乡村道路,提供清洁饮水,改善教育和医疗条件,发展养殖和畜牧业,开展技能培训和改善村庄环境等。

(二)柬埔寨现阶段医疗水平及中药市场需求

三年的疫情对世界各国的医疗资源储备和医护水平提出了极大考验。较欧美和中国的医疗水平而言,目前柬埔寨的医疗水准还处于相对落后的状态,据《柬埔寨国家发展战略 2019—2023》的统计,2018 年,柬埔寨全国设置医院不足 150 家,全国共有医生 4045 名,医患数量比为 1∶4000。然而,从医护人才短缺的另一角度来看,柬埔寨医生的专业水平并不滞后。由于 21 世纪以来不少发达国家都对柬埔寨实施过医疗援助,使得大部分医生都有向国外医生学习的背景,他们的医术多被病人肯定。

结合上述情况来看,柬埔寨目前面临的问题就是医护人才的培养以及医疗机构的扩增。就前者而言,柬埔寨与中方拟定医疗人才培养协议和医疗场所设施建设协议很有必要,中国治疗看护方面的经验丰富,同时因为两国地理位置靠近,拥有相似的医疗文化传统,因此让中方负责柬方医疗人才培养的成本低、效率高,同时柬埔寨森林覆盖面积比例大,误食有毒植物、跌打损伤或野生动物咬伤人的概率高,培养中医人才,普及简单的中草药治疗方法能够受益当地民众。

柬埔寨是华人华侨东南亚移民的主要聚居地之一,受亚裔文化和华裔文化的影响,柬埔寨居民对草药有着一定的认识,掌握对常见疾病的中草药疗法,也因此这里一直保持着相关的中草药种植习惯。柬埔寨的传统医学体系受到中医药的影响,认为天然药物如根茎、叶、皮等植物组织的使用能够激活身体的能力,进而恢复和保持身体健康。学者姚霞等人（2017）调查了柬埔寨 24 个省市的 188 名医生的传统药用植物治疗疾病的情况，发现柬埔寨医生日常治疗疾病会用到 300 多种药用植物，其中大部分的植物与我国中草药品类重合。

过去，柬埔寨人由于各种原因一直比较忽视草药治疗，平时在遇到无法自愈的疾病时，他们大多会选择西医的诊疗方案。直到近几年（尤其是 2022 年），中国向柬埔寨派出了首支国家级中医抗疫医疗队，当地民众意识到相同疗效下，中医制药在价格上比西药有更高的性价比，同时当地的华人华侨较多，他们对中医药的信赖感直接影响了当地群众，使得中医的诊疗量和消费群体不断扩大。

（三）天然地理优势：丰富的农业资源和发达的交通要道

从全球地理位置上看，柬埔寨位于中南半岛南部，东西北部三面环山，大部分地区被森林覆盖，中部平原地区占到全国领土面积的 3/4，拥有大量耕地面积和森林资源，加之热带季风气候带来的丰沛降水和充足日照，使得当地农作物长势优良。与农业优势相伴的是人口结构优势，柬埔寨全国 70% 的人口为 50 岁以下的青壮年，劳动力充足，市场发展潜力大。柬埔寨几乎每家每户都有用于耕作的土地，榴莲、棕榈果、菠萝蜜等热带水果的产量高、品质优良、品类多，深受中国民众欢迎，但是这些水果中部分品种目前在亚热带、温带地区的中国难以栽培出类似品质，只能通过进口的方式实现供应需求。

综上所述，柬埔寨在热带果品出口方面已经初步具备种植技术、人力、地理资源和市场基础，可以进一步规模化生产，扩大进出口贸易量，发展具有柬埔寨特色的高品质热带水果产业供应链。

在进出口贸易的交通方面，柬埔寨是一个天然的交通枢纽，向北穿过山脉到中国进而深入亚洲腹地，向东顺湄公河进入南海到达东北亚，向南从西哈努克港出发进入南亚直到非洲欧洲，向西穿过泰国进入孟加拉国直通印度。南面暹罗湾地势内嵌，形成一个优良的出入海港口，湄公河自北向南穿过整片国境，西北部有东南亚最大的淡水湖——洞里萨湖。一旦形成世界性、规模化的贸易往来，将形成发散型的交通网络，极大地促进柬埔寨进出口贸易的发展。

（四）政策导向

中柬两国自古以来密切的政治、经济、文化交往造就了双方相似的医药文化和饮食习惯。在友好交往大背景下，中柬双方在医农合作方面可谓是"双向奔赴"。

21 世纪初，时任柬埔寨卫生部国务秘书的黄匹伦先生就对中药企业进入柬埔寨建厂表示欢迎。"一带一路"倡议提出以后，中国在柬埔寨建设了特本克蒙省医院、考斯玛中柬友谊医院、柬埔寨国家体育馆等健康基础建设场所；《国务院办公厅关于印发"十四五"中医药发展规划的通知》强调了中药产业的高质量发展，制定一系列中药材采收、产地加工、仿野生栽培和道地药材良种繁育基地建设的相关规定，为我国进行中药材的草本良品培育、中成药研发、中药材进出口贸易提供了行为规范和指导；2023年10月12日，"中国—柬埔寨中医药中心"在考斯玛中柬友谊医院正式成立，意味着在两国共促下，两国的医疗卫生人员将在传统医疗领域进行更深层次的合作与交流。同时，柬埔寨当地的华文教育也为推动中医文化在当地传播提供了良好的语言环境条件。柬教育改革后，华文教育正式纳入柬埔寨的国民教育体系中，华文学校也广泛分布在柬埔寨华人华侨居住区。

在农业方面，我国农业农村部对外经济合作中心与柬埔寨农业部围绕中柬两国的农业合作，尤其是热带水果出口内容进行了会晤谈判，中柬热带农业技术合作已成为中柬相关农业领域人士的共识。2021年12月，中国热带农业科学院的专家与柬埔寨皇家农业大学的学生通过线上理论学习结合线下基地实践的教学方式开展多期热带农业技术培训班，与柬方交流了芒果、香蕉、百香果等种植技术及经验，为之后两国分享交流其他农产品培育技术和经验提供了良好示范。

二、中柬医农合作示范区的倡议性方案

（一）中医药和人才"走出去"

柬埔寨自然地理资源丰富，森林覆盖率广，因此借助柬埔寨将农业列为优先发展领域的发展战略，在柬埔寨当地开设中药材培养园区，聘请当地贫困居民进行中药材的栽种、养护、记录和采集，用于研究当地特色植物药用价值以及中国本土中医药材在低纬度热带地区的生长情况，吸纳当地就业人口的同时方便中医医护知识普及，进一步加强当地卫生教育。这将是中柬首个以中医药为主题的中草药植物园区，目的在给柬埔寨当地人民提供经济效益、普及卫生医疗知识的同时，一定程度反哺国内药材市场，促进中柬优势领域合作。为中柬双方的植物研究进一步发展，中柬双方还可共享研究成果，结合当地中草药种植、培养情况，制定一套适合柬埔寨病人和驻柬华人的治疗方案。

1. 打造低纬度中药材培养园区

集医疗救助与良品药材培育为一体。柬埔寨拥有广阔的原始森林资源，同时

地处热带地区，常年高温多雨，在该种环境中生长的中草药生长速度快，不受人工农药或化肥污染，能够保证中药材长期稳定的高纯净度和药用效果，而优质药材的生产等于增加了中成药的药品数量。柬埔寨可以直接在本国走完中草药材的原料生产、采摘、制药、开药等一系列流程，从源头上避免了药品进口过程中出现的药品污染、关税上调、出口国政策调整等一系列问题。从经济角度来看，这样既降低了中成药的加工成本，又提高了中医药在柬埔寨民众中的接受度和信任度，形成药材生产和销售的良性循环。同时，柬埔寨出产的高品质中草药材也适用于作为中国中草药研究和良品培育的母本，通过对比本土药材与低纬度热带地区中草药的生长环境差异和作用效果差异，有助于现阶段我国中草药新品种探索、旧药改良和规模化种植技术的发展。

集扶贫助农与中医文化宣传为一体。尽管柬埔寨近五年来在交通基础设施建设、能源、贸易、旅游业等方面都得到了快速发展，柬埔寨相比于其他东南亚国家的国民经济水平仍旧处在相对较低水平。结合中方在柬的成功扶贫经验，发展农医结合的特色经济也将成为柬埔寨人民摆脱贫困的新选择。鉴于中草药材的多样性，中药材培养示范园区的设立受到地理因素的影响较小，每个中草药示范园区都将能够有效吸纳当地人口，通过规范化职业培训实现就业。园区负责教授当地居民药材园区的环境保护，药材识别、养护及采摘等专业技能，鼓励当地居民通过劳动换取报酬。在此过程中，柬埔寨居民将有机会学习到中医治疗及身体养护的相关基本知识，从而改善当地的卫生医疗条件，减缓公立医疗机构的救治压力。同时，中药材的实际生活使用能够无形中改变柬埔寨公民生病时只能寻求西医治疗的习惯，扩大中医治疗特色文化宣传效果。

集贸易出口与打造区域特色为一体。考虑到柬埔寨当地丰富的林业资源，上承中国、下启东南亚，左抵印度，右连日韩的海上交通要道，一旦中药材培养示范园的经营进入稳定状态并形成一定规模，就能够形成中国在柬埔寨的中药代理加工厂，向周边国家出口高品质的中药材货源，将减少的运输成本投入中草药的良品培育、规模化种植和柬埔寨当地改善民生工作中。柬埔寨中医药示范园区不仅是东南亚的示范园区，更是"一带一路"沿线国家合作的案例典范，通过发展当地特色农业，开发特色对外经济贸易模式，在遵守两国互惠互利、合作共赢的交往前提下，实现了两国甚至多国政治、经济、文化各方面深入交流的利好局面。

2. 中医人才输送培养计划

2021年以来我国多地企业就以援建和优惠贷款的方式帮助柬方建设符合现

代医疗标准的公立医院，并长期驻派中国医护人员进行医护指导、卫生宣传和医疗资源补助。这几年来，柬埔寨的医疗环境和设备服务都得到了大幅提高。硬件设施在进步的同时，还要注意柬埔寨中医人才的维护和培养、药理知识的运用与创新以及中药知识文化的宣传与普及。

中医药理论与问诊观摩相结合。柬埔寨当地中医人才培养项目可以采取线上授课与线下观摩相结合的授课方式，中医药理论知识采用线上教学模式，课程邀请国内各中医药大学相关教授进行授课，线下则要求柬埔寨当地中医院接受中医学生观摩问诊、配药、理疗等中医诊疗过程，培养知行德兼备的全面中医人才。人才培养计划可以将热带中药材培养示范园区和中方在柬建立的考斯玛中柬友谊医院作为两个实习培训基地，由当地的援柬中医医疗队成员担任导师，带领柬埔寨学生学习"望闻问切"中医四诊以及针灸拔罐接骨等其他中医治疗手段。

3. 用药本土化

中国与柬埔寨在地理位置上有着截然不同的气候环境和水文特征，同种药材在两地的药用表现可能不同，在柬当地中医人才培养过程中应当充分考虑当地人的身体素质特征和柬方传统医疗用药习惯，将药方本土化。例如，我国常用金银花进行消炎止痛，而在柬埔寨，当地人民更喜欢用乳香（一种用乳香树的树脂提取而成的药材）来达到同等治疗效果。

对柬埔寨居民普及中药用药知识。从上文对于柬埔寨现代医疗和传统医疗水平、医护人员工作待遇情况来看，柬埔寨当地民众在生病时更倾向于西医或依靠自身免疫力"捱过去"，只有在跌打损伤时会求助于中医的拔罐、针灸疗法，通过使用中药来预防疾病、保养身体的行为大多出现在老一辈的华人华侨中。而疫情以来，彰显中国特色抗疫优势的中国药方正在逐渐被柬埔寨年轻一代所接受，中方所提倡的"三药三方"甚至成为柬埔寨人民家中的常备中药。

4. 柬埔寨中医人才定向就业

柬埔寨国内的经济发展水平并不平衡，大量人口主要聚集在金边、暹粒等几大城市，而其余城市和周边村落的经济、教育、医疗水平还处在较低水平，因此该项目的设立还将有助于弥补柬埔寨其他地区医疗卫生条件不平衡、发展慢的问题，能够在一定程度上填补柬埔寨贫困地区的医护缺口，提升柬埔寨当地卫生医疗水平。那些接受过中医教育的柬埔寨学生被允许根据籍贯所在地就近安排中医诊所，负责当地居民的中医药健康知识宣传、卫生保健、疾病预防和草药良品培育工作。届时他们将同华人华侨共同担负传播中医药文化知识，保卫柬埔寨人民卫生健康的重任。

（二）热带水果种植技术"引进来"

1. 中柬果农互助计划

定期举行中柬果农交流大会。中方与柬方签署热带水果进口专项协议，承诺每年在柬埔寨王国以人民币交易，购买一定数量的优质果品，发往中国国内各地水果市场销售，在产量盈余时开通国内线上销售渠道，帮助柬埔寨农民售卖盈余农产品，同时无偿帮助柬埔寨农民、政府建设规模型果树种植园，提供机械化采摘设备和加工处理技术，以提高柬埔寨方农产品的国外市场竞争力，吸纳就业人口，维护柬埔寨社会稳定。

柬方农民代表团每年定期赴中国参加中柬农民农产品种植技术交流大会，讨论各地特色农产品和农副产品的生产、经营、销售经验。

2. 鲜果和技术双进口

我国热带水果尤其是榴莲市场前景广阔，潜力巨大。中国对于热带水果的消费巨大，但绝大多数热带水果的产地在热带地区，我国需要通过大量进口才能满足市场需求。从具体数字来看，过去两年间，中国进口了 60 亿美元的榴莲，占全国榴莲需求量的 91%，该庞大的需求量不仅源于国人对榴莲的接受度和喜爱程度逐年增高，还源于国内有限的生产种植技术水平，使绝大部分热带水果（如榴莲）无法通过国内种植培育满足需求。

在此种国内大环境下，引进热带水果种植技术已经成为现阶段国内果农探索的方向。

3. 开发热带水果药用价值

2023 年以来，我国放开了对榴莲等热带水果的进口限制，部分东南亚国家为了中国巨大的消费市场展开了激烈的竞争。在这些国家当中，柬埔寨综合热带水果品质、运输成本、国民接受度等方面来看并非中国的最优选。与其在不具备优势的领域夹缝求生，不如结合自身地理优势探索热带水果农副产品的贸易链，开发热带鲜果的药用价值。

三、结语

从过去的"基建狂魔"到如今的"一带一路"探索各国特色发展的道路，中国始终走在不断探索促进共同发展的道路上，并始终坚持与共建国家互利共赢。时代的洪流滚滚向前，世界各国的联系越来越紧密，孤军奋战、一方得利的形式已经不符合国际发展潮流，唯有团结一切能团结的力量，稳扎稳打的同时敢于突破，手拉手共同向前才能抵挡世界新形势的变化，才是时代应有之势。

中国和柬埔寨继续加深合作，利用双方发展优势，通过尝试和探索农业、医疗业的互助互通，进一步加强中柬在农业、服务业和科研领域的多方面深入合作，最终达成解放思想、共同发展、共同进步的共赢局面。

参考文献

[1] 潘慧琼. 唐前中柬朝贡关系考述 [J]. 社会科学家, 2011 (04): 149-152.

[2] 赵和曼. 古代中国与柬埔寨的海上交通 [J]. 历史研究, 1985 (06): 137-153.

[3] 刁涵, 秦博. 两千年之交的"柬铁"——中柬关系历史的演进 [EB/OL]. (2021-04-04) [2023-10-25]. https://www.kunlunce.com/llyj/fl111111111111/2021-04-04/151438.html.

[4] 姚霞, PEN Sunna, 孟一峰. 柬埔寨常用传统药用植物探讨 [J]. 中国现代中药, 2017, 19 (02): 290-294.

[5] 冯学杰, 华敏, 郭利军, 等. 海南榴莲产业的培育对策与发展建议 [J]. 中国热带农业, 2019 (06): 12-14+65.

中印乒乓外交与新型大国关系的构建

杨艳姿[①]　耿良凤[①]

一、研究背景

如今，世界经济萎靡、各国发展缓慢；地缘政治紧张、逆全球化思潮抬头。国际局势本就动荡，俄乌冲突不断、巴以矛盾升级，更是打破了世界表面和平的镜子。然而，在这样的时代背景下，中国积极同各国建立新型关系，谋求互利共赢。作为伫立在世界东方的两头雄狮，中印两国碰撞不断。

（一）中印渊源

自古代开始，中国和印度两大文明体系就开始了密切的经济文化交流。金克木先生曾在《中印人民友谊》一书中，将古近代两国交往大致划分为五个阶段：秦汉时期，中国与印度开辟通道初步接触；魏晋南北朝时期，印度佛教大规模东传；隋唐五代时期，中印政府间往来频繁，中印友谊达到一个高峰；宋元明时期，两国海上交通日益增多，商业贸易盛况空前；近代，两国人民在反帝斗争中并肩作战，艰难挣扎。在长达两千年的交流史中，印度佛教、音乐、舞蹈等先后传入中国；同样，中国的蚕丝、瓷器、茶叶等传入印度。以古代丝绸之路为纲，

[①]集美大学外国语学院。

中印、印中往来为线，两国在滔滔不绝的历史长河中建立起了联系。

新中国成立后，中印两国关系跌宕起伏，时而剑拔弩张，时而亲密无间，两国之间的往来呈现折线式发展。两国关系发展的时期划分大体分为四个主要阶段：一是激情燃烧的蜜月期（1950—1960年），两国总理友好互访，和平共处五项原则更使中印关系进一步发展；二是矛盾激化的碰撞期（1960—1980年），印度借西藏一事干涉中国内政，侵占中国边界领土，中印爆发一系列流血事件，外交关系降到冰点；三是关系回暖的缓和期（1980—2000年），中印领导人再次友好互访，两国签署一系列和平发展的文件，尽管中途偶有摩擦，这个时期中印关系仍是向前迈进一大步；四是理性回归的发展期（2000年至今），中印领导人频繁互访，并在各种国际场合进行会面，在双边和多边关系中两国政治、经济、文化等各个方面合作均有加强。新中国成立后几十年，中印关系跌宕起伏，大致向好。

如今，第三届"一带一路"国际合作高峰论坛在北京举行，又掀起一股国际合作与交流的高潮。自2013年中国提出"一带一路"倡议后，印度对于此倡议态度不断发生变化，刚开始模棱两可，后来积极响应，之后再到否定抵制。现在，印度仍徘徊在"一带一路"倡议之外。不过，"一带一路"不论是在经济贸易还是在文化交流上都取得了巨大成功。桃李不言、下自成蹊，"一带一路"倡议项目的成就有目共睹，不断吸引着世界投资者的注意。随着"一带一路"倡议逐渐获得世界人民的认可，印度的立场也在渐渐动摇。在2023年"一带一路"合作高峰论坛智库交流专题论坛上，印度代表就明确表示，印度肯定会加入"一带一路"倡议。

（二）文献回顾

自中印建交以来，两国崛起，中国和印度拥有越来越多的共同利益，同时，两国竞争也逐渐加剧。七十多年来，中印经济和贸易交流加强，政治互访愈加频繁，两国关系日益成熟。不过，中印双方在边界和领土问题上的争端仍然存在，在地区不平衡发展和地缘政治的影响下，两国关系依然不稳固。中印两国之间的关系一直是国际社会关注的焦点。

政经关系是研究中印关系的主要领域之一。中印政经关系方面的研究取得了丰硕的成果。复旦大学林民旺教授对中印洞朗对峙后的"重启"进程做了阐述，分析了中印关系"重启"的因素并对中印关系未来的趋势进行了评估。他还从印度外交转型的角度，探究了新印度外交对中印关系的影响。华南理工大学亢升、杨晓茹曾对中印数字合作展开探讨，研究丝绸之路背景下中印数字经济合作。另外，王智勇和胡祎黎、谢贵平和张会丽等人曾在 2022 年和 2023 年从政治和经济方面对中印关系进行阐述。有关中印政经关系的研究占比较大，成果丰硕。

另外，中印军政关系也是近年来研究的主要课题之一。南京大学魏涵创新性地从印度四种军政关系出发，通过分析印度对外战争的政治逻辑，探求中印和平相处之道。而曹鹏鹏和冯怀信则认为地位竞争、地缘空间竞争和与美国互动这三者的复合竞争使印度产生本体性不安，最终导致中印边界冲突频发，中国需增加威慑力以避免冲突。此外，李涛和张秋容从中印海洋安全困境的角度出发，指出两国困境安全的动因所在，认为人类命运共同体是解决困境的有效"良方"。冯传禄则从互动行为的后果意义上分析，将美国因素引入其中，分析探讨中印关系发展。中印毗邻，两国安全问题便是重中之重，对中印政治和军事的研究确实有利于未来两国发展。

中印是亚太地区两个地位重要的大国，其双边关系定会影响亚太战略布局和世界发展，因此，以上研究在关注两国政治、经济、军事的同时，也会对全球影响进行展望。然而，在现有的研究中，关于中印文化交流的研究较少，且关注面较窄，两国体育合作研究更是屈指可数。由此可见，中印文化研究，尤其是体育方面，仍存在研究空白。本文将从此空白出发，研究中印乒乓球文化交流，从体育交流方面为中印大国关系构建提出可行性建议。

二、中印乒乓球历史

众所周知，国家的文化软实力是综合国力和国际影响力的一大体现，而体育是我国优秀传统文化的重要组成部分，体育是文化的"活载体"，既是一种社会活动，也是一种既可展示更可传承的文化活动。体育在人文领域扮演着独特的角色，将其与文化有机结合起来，是"一带一路"沿线各国之间进行文化交流、促进各国人民互动和了解的重要窗口。随着中印乒乓球碰撞次数的增多，人们逐渐将目光放在中印乒乓球的历史和未来发展上。

（一）印度乒乓球发展史

19 世纪下半叶，乒乓球运动首先在英国风靡。20 世纪，印度成为英属殖民地，驻印度英国军官常常把乒乓球作为餐后娱乐活动，由此，乒乓球运动传入印度。初期，英国人长期统治着比赛，直到印度乒乓球联合会成立。1926 年，国际乒乓球协会联合会（ITTF）成立，11 年后，印度乒乓球联合会（TTFI）在加尔各答成立。自成立以来，印度乒乓球联合会几十年来一直积极运作，极大地提高了印度运动员的水平，大大提高了乒乓球运动在印度的地位。

1952年，印度首次举办第19届世界乒乓球锦标赛，这也是此类比赛第一次在亚洲举行。1988年，印度乒乓球运动员代表印度参加汉城奥运会。1993年，在哥德堡世锦赛上印度乒乓球运动员表现引人注目，获得第12名。2018年，印度乒乓球运动在英联邦运动会上崭露头角，印度队拿到男女团体冠军。2020年东京奥运会选拔赛上，印度奋勇直前，获得了奥运会参赛资格。2023年杭州亚运会上，印度组合在女子双打比赛中以3∶2战胜中国女子乒乓球队，引发中印两国人民的强烈反响。这次的比赛结果颠覆了既有认知，让人们重新审视印度乒乓球的潜力。

从一百多年的乒乓球发展史来看，印度乒乓球历史大致可以分为三个阶段：第一个阶段是19世纪下半叶至20世纪初期，乒乓球传入印度并逐渐传播开来。在这个时期，印度的乒乓球赛事主要由当地殖民者英国人掌控，比赛单一、人员较少、赛制散漫，没有权威的组织体制；第二个阶段是20世纪中叶至21世纪伊始，随着印度独立和乒乓球联合会的成立，印度逐渐夺回赛事自主权。在这个时期，印度不断发掘培养优秀的运动员、完善体制，并积极参与国际赛事，慢慢进入大众视野；第三个阶段是21世纪初始至今，印度乒乓球一路过关斩将，引起世界关注。近20年来，印度优秀乒乓球运动员层出不穷，在各项世界级比赛中崭露头角，表现出色，斩获数枚奖牌。回顾这一百年，印度乒乓球在夹缝中求生，以其顽强不屈的意志冲破世俗的牢笼，向世界展示它的光芒。

（二）中国的乒乓球发展史

中国乒乓球队成立于1952年，1953年我国乒乓球队第一次站在国际赛场上，从起步来看，我国乒乓球起点较低，选手缺乏国际比赛经验，成绩较差。1959年荣国团赢得25届世乒赛冠军，成为我国第一个乒乓球世界冠军，中国乒乓球开始在世界上崭露头角。1963年第27届世乒赛，中国一路过关斩将，获得3项冠军、21项亚军与7项季军。之后国乒因为客观原因未能在国际舞台上施展拳脚，直到第33届加尔各答世锦赛，国乒才重回大众视野。自1991年后，中国乒乓球队一直处于世界领先地位。

中印两国乒乓球选手曾数次在国际赛场上相遇，互敌互友，惺惺相惜，多年来交流不断。而2023年杭州亚运会更是将双方选手和两国关系推上了舆论的风口浪尖。回顾中印乒乓球发展史，可以发现，两国都是从落后挨打的泥潭中一步步成长起来的，中国有幸在短短几十年内迅速腾飞，印度虽速度较慢但也保持着不断前进。当今世界，全球性经济危机与社会危机叠加发生，国际政治经济秩序面临深刻调整；旧的平衡被打破，在新的力量平衡构建过程中，大国关系走向出现了不确定性。在这种背景下，中印这两个东方大国更应在各方面加强交流，互利共赢。中国作为世界乒乓球运动的龙头，也当同印度这个厚积薄发的后来者打好关系，共同进步。

三、印度乒乓球发展现状

国际赛场一直都是各国体育精英争夺荣誉的舞台。就乒乓球运动而言，中国一直都是这个领域的翘楚，其辉煌历史世界人民有目共睹。而印度在乒乓球方面无论是选手实力还是国际声誉都远远落后于中国，但杭州亚运会上女乒爆冷输给印度组合的消息激起了中印两国人民的热烈讨论。印度乒乓球固然起步较晚，发展缓慢，不过也一直在自己开拓的独特道路上稳步前进。

（一）积极方面

第一，印度开始越来越多地出现在国际舞台上。近年来，印度开始大力发展国内的乒乓球联赛，联赛不仅规模庞大，而且吸引了许多中高水平的选手。除了TTFI之外，石油公司和银行也会提供赞助以推动印度乒乓球事业的发展。例如，石油体育促进委员会（PSPB）在国家层面组织单位间锦标赛、招募印度乒乓球运动员，向他们提供后备支持，极大地促进了乒乓球运动员的进步。此外，印度乒乓球名将阿昌塔（Achanta Sharath）和中国名将刘诗雯同时当选为国际乒联运动员委员会主席，这对印度乒乓球的发展起到了巨大的推动作用。同时，印度也开始举办大型的国际乒乓球赛事，提高自己在国际乒乓球界的话语权。

第二，印度乒乓球运动人才济济，后备力量雄厚。知名老将阅历丰富，比赛无数，为后来人提供经验指导；新兴小将实力强劲、干劲十足，为印度乒乓球团队注入新的动力。沙特拉·卡迈勒（Sharath Kamal）是印度有史以来最好的乒乓球运动员，多年来他在国际赛事中一直表现稳定。作为活跃在国际巡回赛上约二十年的球员，卡迈勒在印度乒乓球界享有传奇地位。除老一代运动员外，新生代优秀运动员也层出不穷。萨蒂延·格纳纳塞卡兰（Gnanasekaran Sathiyan）、玛尼卡·巴特拉（Batra Manika）、苏蒂尔塔·慕克吉（Mukherjee Sutirtha）等选手都是世界级的天才选手。以巴特拉为首的年轻一代印度运动员屡屡展现不凡的实力，是乒乓球界一支不可忽视的力量。

(二)消极方面

尽管印度乒乓球发展迅速,但在这个过程中也伴随着一些问题。

第一,配套设施和服务不完善。许多国家在乒乓球基础设施的发展上投入了大量资金,其中包括建设世界一流的训练中心、高性能训练设备、职业球员训练营等,对乒乓球运动提供大力支持。然而,由于经济和科技的限制,印度提供给本国乒乓球运动员的服务远不如其他国家。乒乓球运动的配套设施不完善,导致运动员无法得到相关数据的及时监测和详细反馈;而且运动员缺乏先进设备的支持和科学体系的指导,许多乒乓球运动员即使已经是国家级选手,仍缺少体系科学的训练,这些都是阻挡印度乒乓球走向世界的绊脚石。

第二,印度缺乏自身外教的投入。在国际比赛中,外籍教练是不可或缺的一个角色,他们对选手的指导、分析和外联有着越来越重要的影响。与本土教练不同,外教在文化背景、知识结构和对外交流方面的作用是本土教练无法取代的。而外教一般来自以某运动称霸的强势国家,其专业能力水平也通常是有目共睹,可以为本土运动员提供高精专的指导。然而,作为世界乒乓球运动的后起之秀,印度乒乓球外教屈指可数。一是因为印度乒乓球发展不稳定,并不是资深教练的选项;二是资金支持不足。任何赛事背后都要有财力的支撑,而印度在乒乓球运动上的投入还远远不够。

四、乒乓小球筑大国关系

海上丝绸之路,是古代中国与外国交通和交往的海上通道,其重要地位可见一斑,2013 年 10 月,习近平总书记访问东盟时提出 21 世纪海上丝绸之路的倡议,从此,中国同沿线国家和地区的交流更上一层楼。自古以来,印度和中国之间的经济贸易和文化交流就绵延不断,印度更是处在海上丝绸之路的关键交汇处。虽然印度并未加入"海上丝绸之路"倡议,但不可否认的是,印度确实从沿线国家和地区的贸易往来中获利。历史证明,海上丝绸之路带动不同文明交流碰撞,推动世界进步发展,促进各国共同繁荣。面对海上丝绸之路的成功,印度也在慢慢转变态度,而在此关键时刻,中国更应采取友好姿态,同印度开展多领域深层次的合作。

随着全球化进程的推进,国家之间的交流越来越多,外交也深入政治、经济、文化等各个领域。其中,体育外交因其亲和性、民主性和趣味性而备受关注,深受世界人民的青睐。鉴于体育外交的诸多优势,体育外交也确实在国际关系中扮演了较为成功的角色。

而对于中印体育外交，乒乓球就是一个不错的选择。

首先，乒乓球简单易学，交流范围广泛。乒乓球运动以其价格便宜、灵活多变的特点，在中印都有着深厚的群众基础。"乒乓外交"可以提供一个开阔的平台，通过举办民间友谊赛等使得两国乒乓球爱好者能够聚集在一起进行交流，交换心得。其次，中国乒乓球外交经验丰富，可以提供借鉴。自20世纪70年代中美外交破冰以来，中国乒乓球就开启了其在外交历史上的长跑之路。多年来，作为乒乓强国，中国在国际上开展了多项乒乓球交流互助活动，普及传播了乒乓球文化，拉近了世界人民同中国的距离，树立了乒乓大国可亲可爱的形象。得此便利，中印在乒乓球运动上开启更为深入的合作交流必然会使两国人民更加亲近，使两国关系更为亲密。

体育外交是国家总体外交战略的重要组成部分，新中国成立以来，体育始终走在我国对外交往的前沿，为服务国家外交大局作出了重要贡献。乒乓球作为国球也一直扮演着重要角色，相信在中印大国关系建构过程中，乒乓球也能以"小球"推动大局，助力中印关系持续升温。

五、可行性建议

自新中国成立以来，乒乓球等体育交流项目就是中国对外友好交流的一种重要方式。中国乒乓球一直秉承"友谊第一、比赛第二"的原则及理念，1971年震惊中外的"乒乓外交"更是打破了中美20多年的坚冰。未来，印度乒乓球的发展还有无限的可能。借"乒乓外交"的东风，中印可以从"小球"入手，加强政治经济和文化合作交流，推进双方体育事业长足进步。

（一）政治方面

政治上，中印两国政府应成为构建双方乒乓球交流的桥梁。第一，两国可以考虑合作共同建造乒乓球馆及现代化设施，为运动员们提供高质量、高标准的运动器材，营造良好的客观环境，这有利于运动员的科学训练和长期发展。第二，中印可以联合举办乒乓球国际赛事，比如国际青少年乒乓球交流赛等。国际性赛事不仅可以让两国热爱乒乓球的人聚集起来，彼此交流心得，促进民间文化交流，还可以提高比赛知名度，进一步普及乒乓球运动，向世界展示中印两国健康美好的精神面貌和友好关系。第三，中印可以开设学习交流项目促进双方发展。两国政府可以牵头开展乒乓球运动学习会议，给双方乒乓球发展创立一个平等互利、相互借鉴的平台，推进双方体育事业更进一步。另外，中国也可以与印度达成合作，派出经验丰富的教练到印度进行指导。

总之，中印国家关系的建构、两国乒乓球事业的走向完全离不开政策的支撑。中华人民共和国成立之初，我国处于西方国家的孤立、封锁之中，毛泽东、周恩来等党的第一代领导人坚持独立自主、和平共处五项原则，奠定了新中国外交事业基础。而如今，政府主导的一系列体育赛事交流活动，也当为我国与周边新兴民族独立国家及第三世界国家的外交来往奠定基础。

（二）经济方面

经济上，中印可以开展多领域的合作。首先，支持赛事举办的赞助商可以展开合作。亚运会官网显示，截至 2023 年 7 月，杭州第 19 届亚运会赞助企业已签约 118 个类别，176 家企业参与赞助，各项市场开发总收入超 45 亿元。中国企业占据一半以上的数额，其中消费品牌占据主要位置。《中国城市体育消费报告》指出，2025 年我国体育消费规模预计增长至 2.8 万亿元，复合增长率超过 13%。体育赛事成为品牌宣传的绝佳时机，随着体育消费规模的扩大，体育赛事正成为体育品牌的角逐场。跨国体育品牌参与赞助，可以实现全民运动和经济发展的双赢。其次，体育赛事对经济发展发挥着不容小觑的作用，体育+旅游深度融合已成为新兴产业形态。中印两国历史悠久，源远流长，地大物博，文化丰富，不失为高性价比的旅游目的地。大型体育赛事具有聚集性、体验性和综合性等特征，对举办城市的旅游业发展具有重要的促进作用。体育产业快速发展，大型体育赛事的举办数量显著增加，中印两国可以合作打造集文化深度体验、休闲度假、科普研学为一体的综合性旅游目的地。

体育和经济本是两个独立的个体，但随着体育赛事规模和影响的扩大，随之产生的经济效益也越来越显著。举办大型体育赛事可受到社会各界的关注，而当今我国经济稳步上升，需要更多机会促进经济快速发展。中印两国在经济方面展开合作，必然会带动两国体育品牌和旅游业的腾飞。

（三）文化方面

文化上，中印两国当加强线下+线上的交流，促进"民心相通"。体育是文化不可或缺的一部分，在国际舞台上有着越来越重要的作用。通过体育进行文化传播，线下交流是最传统、最保守的方式，中印可以合作开设乒乓球交流纪念馆，展示多年来两国友好互动的历史，让观众以最直观的方式切实沉浸式体验两国文化及其交流的过程。然而，线下到访受众毕竟有限，且文化传播范围较小。

随着科技的发展，线上虚拟交流应运而生。中印两国人民可以通过 TikTok、微博、Instagram 等一众互动式平台随时随地接触和感受双方文化。线上文化交流话题多、范围广，有力弥补了线下交流的空白。

习近平同志指出："一项没有文化支撑的事业难以持续长久。"为加强与"一带一路"沿线国家和地区的文明互鉴与民心相通，切实推动文化交流、文化传播、文化贸易创新发展，国务院颁布"文化部'一带一路'文化发展行动计划（2016—2020 年）"。国家的文化软实力是其综合国力和国际影响力的一大体现，而体育是我国优秀传统文化的重要组成部分。通过线上和线下两种互补的文化交流方式，中印人民可以做到更大程度上的"民心相通"。

六、小结

中印历史悠久，交往频繁，为两国当今外交奠定了和平发展的历史基调。在古代，中国和印度通过古代丝绸之路进行了数次和平往来，二者交往更是在唐朝时达到了顶峰，促进了双方经济繁荣发展，推进了两个大国文明交流。而今，中国提出"一带一路"倡议更加促进了两国的交流。新中国成立以来，中印在政治经济方面均有合作，但是体育上的合作少之又少。

印度乒乓球近来发展迅猛，但后劲不足。对此，中印可以针对乒乓球运动项目展开合作，促进双方体育事业发展。两国可以从政治、经济、文化三方面入手，进行政经文单一领域交流或者多领域融合交流，形成多领域、深层次、全方位的发展模式，推动双方在乒乓球运动方面的合作，带动中印人民友好交流，从而助推构建两国和平发展的大国关系。

近年来，中国正在积极推动"一带一路"倡议，建设新型国际关系，构建人类命运共同体。中印大国关系无论是对亚太地区还是世界而言都是一个重大议题，两国政治经济军事动态固然重要，双方体育文化交流也必不可少。站在新的起点，以乒乓球为切入点促进中印友好合作可以潜移默化地拉近两国人民的关系，有利于构建和平发展的中印大国关系。

参考文献

[1] 金克木. 中印人民友谊 [G]. 北京：中国青年出版社，1957：40.

[2] 马加力. 中印外交关系 70 年 [J]. 中国国际战略评论，2019（02）：10-23.

[3] 林民旺. 超越洞朗对峙：中印关系的"重启"及前景 [J]. 太平洋学报，2019，27

（06）：42-51.

［4］林民旺.大变局下印度外交战略：目标定位与调整方向［J］.当代世界，2021（04）：24-29.

［5］亢升，杨晓茹.数字丝绸之路建设与中印数字经济合作审思［J］.印度洋经济体研究，2020（04）：121-135+159-160.

［6］魏涵.印度军政关系如何影响对外军事行为？［J］.印度洋经济体研究，2022（06）：55-83+153-154.

［7］曹鹏鹏，冯怀信.重复博弈、复合竞争与中印边界的互动态势［J］.南亚研究，2022（02）：63-85+158.

［8］李涛，张秋容.中印海洋安全困境：表征、动因与消解［J］.太平洋学报，2021，29（09）：89-100.

［9］冯传禄.近期中印边境局势及双边关系走向探析［J］.印度洋经济体研究，2020（06）：1-17+154.

［10］张云天.中国与"一带一路"沿线关键国家双边体育交流研究［D］.北京：首都体育学院，2022：26-27.

［11］李荣芝，张娣，余锦程，等.中国乒乓球的使命追溯与新时代责任［J］.体育科学，2021，41（11）：69-79.

［12］郝时远.文化是"一带一路"建设的重要力量［N］.人民日报，2015-11-26（7）.

第三篇

海丝社会环境与社群生态研究

东南亚女性社会地位的变迁研究

李爱云[①]

前言

东南亚共 11 个国家,它们有着不同的历史文化、不同的法律法规和经济实力等,所以女性社会地位在该地区也"因国而异",即使是在同一个国家,由于家庭经济实力贫富悬殊,女性社会地位也迥然不同。本文以泰国、印尼、缅甸、菲律宾、越南、新加坡、老挝和马来西亚 8 个国家的女性社会地位的变迁作为主要研究对象,并以此作为狭义上的东南亚的女性代表。东南亚盛行的"双系制"使得古代东南亚社会的性别制度不同于同时期其他地区男主外女主内、男女隔离的严格性别规范,妇女除了要承担家庭责任,同时还要承担经济责任甚至政治责任。所以历史上的东南亚妇女被公认地位高于同时期东亚、西亚、欧洲的妇女。东南亚有四个国家的妇女在二战结束前就获得了选举权:泰国(1932)、缅甸(1935)、菲律宾(1937)和印尼(1941)。同时,因为东南亚所处的独特地理位置以及各种不同的宗教现象等特点,使得它成为一个多种意识形态较量和西方列强的必争之地。随着西方列强的入侵,以男性为中心的西方父权式的男女角色分工模式在东南亚迅速而广泛传播,冲击着曾以"双系制"为历史传统的东南亚的妇女群体。本文以东南亚国家的独立为分界线梳理东南亚女性社会地位的变迁

[①] 集美大学外国语学院。

及其变迁背后的政治文化动因。

女性的社会地位是指女性作为一个类群体在社会体系中相对于男性的位置，是一个包括家庭地位及分工、婚姻习俗、政治参与、受教育程度、就业权利和法律地位等多种范畴的综合概念。本文从婚俗习惯特征和婚姻制度、家庭地位和家庭分工、受教育程度和就业权利以及法律法规视角梳理东南亚女性社会地位的变迁。

一、从历史传统、婚俗习惯和家庭地位分析东南亚女性社会地位的变迁

古代东南亚社会是个由父系和母系亲属共同构成的"双系社会"的群体，男女之间的关系不像母系或父系社会那样严格，长幼尊卑的权威界线没有单系社会那样泾渭分明。这种社会关系也赋予东南亚女性相对较高的社会地位。比如在印尼、缅甸、菲律宾、马来西亚、老挝，因为"双系社会"的历史传统和婚姻遵从从妇居的习俗，婚前，男方要给女方彩礼，婚后，男方要搬到女方家。农务劳动和家庭都由女方来承担和管理。女性有和男性一样的财产继承权和分配权，这使得女性在家庭生活中拥有较为独立的家庭决策权力和较高的家庭地位。

在历史上，老挝婚姻制度是一夫一妻制，但其主要形式是男方入赘到女方家的入赘婚姻。儿子要入赘，不宜留在家里，而女儿继承父母的遗产并承担赡养父母的义务。在当地人看来，一个富裕和荣耀的家庭的标志就是有人来当入赘女婿，男性入赘之后与妻子生的第一个孩子随母姓，从此男方正式成为女方家庭的一员。从老挝的入赘婚俗上来看，老挝女性的社会地位比较高，因为妇女承担着家里大部分的种植水果蔬菜、养殖家禽等农业生产工作。随着老挝旅游业的开发，有民族特色的老挝织布做成的系列产品深受游客的青睐，这给具有缝衣织布技能的老挝女性带来更大的就业空间和更高的经济收入。直到21世纪的当下，老挝男方入赘仍然很普遍，主要原因就在于老挝女性比男性更能挣钱养家，经济基础决定家庭地位甚至社会地位，所以老挝女性的社会地位仍然比较高。

在西方文化渗透之前，东南亚女性曾经与该地区的男性一样有资格共同成为生产资料和土地等物资的所有者。例如在马来西亚的家庭继承传统中，常常是女儿成为土地的继承者。在印尼的家庭中母亲是一家之主，在家庭决策中有否决权。成年女性以其作为母亲的公共角色而感到自豪。

印尼本土文化对母亲崇拜的原因在于女性在私人领域的家庭以及公共领域所创造的价值，特别是女性在私人领域一直是人们所推崇的，比如在巴厘岛孩子普

遍随母姓。母亲除了教育子女之外，还要承担起供养丈夫和整个家庭的责任；还要积极主动地从事书信写作与通信往来、管理记账以及其他贸易活动。读写能力的传承被认定是家务活动，主要由母亲与哥哥姐姐负责一个家庭的读写能力的传承。读写只是为家庭和家里的生意服务，这是幼学、家学和女学协同发展的雏形。

东南亚除泰国以外，印尼、菲律宾、越南和老挝都曾经是西方列强的殖民地。东南亚的女性渐渐丧失了曾经与该地区的男性一样共同拥有生产资料和土地的所有权的资格，随着西方资本的入侵，西方资本主义的男女角色分工模式，即"男人既是一家之主，还通常在政府机构担任重要职位，用一个家庭中的男人的名字登记注册土地"这种风气在东南亚快速而广泛传播，这样女儿不再是土地的继承者。妇女的社会地位也随之开始下降，从此东南亚妇女在家庭领域中除了疲劳操持，不再像过去那样能支配劳动产品和土地等生产资料，更不再有权分配财产。

此外，西方列强的政治、经济、文化乃至妇女观念使得东南亚不仅成为西方国家最廉价的劳动力市场，同时成为西方负面文化的垃圾桶。比如追求高消费文化导致人们无节制地追求物质享受；对东南亚女性的影响就是使东南亚女性物化沦为商品。

面对西方列强通过社会层面带给东南亚妇女上述的负面影响，她们一直坚持不懈地努力争取自己的权益，竭尽所能扭转西方列强所造成的负面影响，从而逐步提高自身的地位。

二、从受教育程度和就业权利比较分析东南亚女性社会地位的变迁

因为"双系社会"，在早期以农业生产为主的东南亚，家庭收入都由女性承担，女性挣钱养家，在家庭中拥有较高的地位。在东南亚国家（除泰国外）未获得独立之前，女性必须在赚钱与其他权利比如教育权之间做出抉择：6~20岁是个人接受教育的黄金年龄段，但是东南亚很多女性从6岁就开始从事各种手工劳动挣钱，甚至承担养家糊口的重任，这使得她们被动地放弃了接受基础教育的权利和机会。而男性却能接受基础教育和高等教育，从而也有了更多人生发展与上升的空间，所以从某种程度来看，在东南亚各国独立之前，女性受教育的机会远远不如男性，各国独立之后，各国政府重视国民教育，比如印尼独立后，印尼宪法第31条规定"每个公民有权获得教育"，第41条规定国家将尽快扫除文盲，

迅速实施小学义务教育。印尼借鉴了美国的教育制度，学制为"6、3、3、5"制，小学到大学共 17 年，大学毕业可以考研究生。政府于 1950 年颁布基础教育法，在小学实行六年义务教育。人口识字率从 1930 年的 6.4% 上升到 1961 年的 30.99%，妇女识字率从 1930 年的 2.17% 上升到 1961 年的 22.76%。

在东南亚国家，一个人的读写能力对于其在社会生存和发展的重要性高于一切，甚至超越性别差异。即使随着女性的识字率和受教育机会的增加让女性的读写能力得到提升，可是这种提升无法改变女性的社会地位，比如因受穆斯林宗教影响的文莱、印尼和马来西亚的穆斯林一夫多妻制下的女性低下的社会地位。加上日益全球化使得东南亚妇女的跨国拐卖和家暴问题在上述国家最为普遍，改善女性的社会地位也由此举步维艰。

通过李晓琼（2011）的硕士论文《东南亚妇女问题及东盟的应对》所援引 2007 年联合国数据统计报告中看出，在马来西亚、菲律宾、新加坡和泰国，女性在制造业中的收入低于男性，平均占男性工资的 2/3，而缅甸的女性在此行业中薪水超出男性。从薪水上看出，东南亚妇女的薪水和男性相比已经差距不大，甚至超越男性。另外还可以看出东南亚妇女在就业时无论是在就业率还是在薪水方面已经和男性相当，就业上的歧视几乎不存在了。

更值得一提的是，李晓琼还指出从 21 世纪初开始，东南亚妇女参与新信息技术领域的比例虽比男性低，但是差距不是很明显，印尼、马来西亚和新加坡的女性参与新信息技术领域的比例甚至超过男性。所以东南亚妇女面临的在新信息技术领域被边缘化和造成的新的歧视的状况已经明显改善，相反，女性在新信息技术领域的知识几乎已经越来越普及。

笔者认为东南亚妇女在就业率和薪水方面已经和男性相当，就业上的歧视几乎不存在。东南亚妇女所面临的在新信息技术领域被边缘化和造成的新的歧视的境况的明显改善得益于东盟及成员国和女性自身为男女平等所付出的努力，只是"这种明显改善"仍然无法抵消自然科学或新信息技术领域对妇女在角色期望上的性别歧视。人们通常相信在这些领域，男性因为在掌握和应用新技术方面的天赋和能力完胜女性而成为中流砥柱，这种观念既会严重扼杀妇女在科学技术方面的天赋以及在此方面的创造性，还会挫败她们运用和掌握新的科学技术的积极性和恒心。人们会认为在职场研发信息电子产品或者从事维修电子产品都不是女性该干的活。在新科学技术领域方面，因为女性同样受到多种文化传统和社会因素的制约而出现新的性别的不平等，正如菲律宾的学者 E. 罗佩斯所言："在考虑妇女使用信息新的科学技术时，必须考虑到她们掌握和应用这些新信息技术的背景，包括经济的、政治的、社会心理的、文化的和传统观念等因素。而在这些因素中，经济因素又起着相当重要的作用。例如在菲律宾，该国家的男性在受教育率、收入、从事专业技术工作的比例以及就业率均远远高于女性，而这必然严重限制菲律宾妇女学习和掌握信息新科学技术的机会。"

三、从法律法规视角分析东南亚女性社会地位的变迁

"双系社会"为东南亚奠定了尊重女性特别是母亲的传统，东南亚女性的社会地位还是相对较高的。后来因改朝换代、天灾以及战乱，许多中原人士纷纷"下南洋"，儒释道对东南亚产生了很大的影响：在家"夫为妻纲""女子无才便是德"等被东南亚各阶层所接受。所以在封建社会和殖民时期，东南亚女性的地位受到很大影响：女性几乎享受不到受教育的权利和机会。在婚姻方面，女子不能自己选择丈夫，即使有从妇居习俗的区域的女子，到了适婚年龄都要遵从"父母之命，媒妁之言"，否则会遭到父母家族的反对、世人的指责。直到东南亚各国取得独立以后，各国的政府制定了对女性的保护与照顾的政策。比如，在20世纪80年代，越南政府为了减轻越南女兵孤独终老的状况，政府解除了女性不结婚不生育的禁令，宣布单身母亲和非婚生子的家庭与正常家庭一样，有权获得土地。20世纪90年代初，越南政府批准了"为了妇女的进步事业"（1995—2000年）的发展战略，之后又相继制定了提高越南妇女地位和保护越南女性权益的发展战略方案——"妇女儿童发展方案"等，从一定程度上逐步改善了女性的窘况，提高了女性的社会地位。

东南亚各国不同的政治体制对各国政府制定妇女政策有着一定的影响，此外，东南亚社会转型时期出现的"官办"或"民办"的妇女组织是东南亚妇女运动的中坚力量，它们带领东南亚社会各个阶层的妇女进行各种社会活动，并和政府合作，推动了与妇女相关政策法规的落地，从而影响着东南亚各国政府对妇女政策的制定。

独立后的缅甸从1962年开始军人执政，军政权在经济方面的失败加剧了妇女的贫困。据联合国儿童基金会1998年的一份报告，缅甸每1000名婴儿就有105名夭折，在东南亚地区缅甸婴儿死亡率最高，孕妇死亡率也比较高，特别是偏远的非缅甸族人居住区，此外，军政权使缅甸成为世界上女议员比例最低的几个国家之一。缅甸的军政权严重影响了缅甸女性的身心健康和政治参与机会，妇女组织根本没有什么活动的空间，这和同是军人长期执政的泰国有很大的差异。泰国的经济发展水平远远高于缅甸，20世纪90年代以后随着泰国女性参政能力的提高，立法和决策的性别主流化程度也大大提高，而缅甸在该

方面尚未起步。

作为东南亚地区人口最多的印尼早在1691年荷兰殖民时期就出现了倡导妇女解放、主张女子教育、婚姻改革（废除童婚和一夫多妻制）、废除娼妓等的妇女运动，其中代表人物有先驱者卡蒂尼（Raden Ajeng Kartini，1879—1903）、黛维·沙蒂卡（Dewi Sartika），黛维·沙蒂卡在1904年建立印尼第一所女子学校。1928年12月22日召开妇女大会，根据传统和伊斯兰法律调查了妇女权利问题，并讨论了一夫多妻制、结婚年龄和自由选择婚姻。由此可见早期的印尼的妇女运动远远超前于同时期的中国妇女解放运动。

印尼的民族运动推动了殖民时期的印尼妇女运动的发展。在殖民时代活跃的妇女组织自1945年印尼独立后在以民族主义领导人苏加诺为总统的旧秩序时代焕发了新的活力，1945年，印尼女性获得与男性平等的选举权和被选举权。政府还任命了几位著名的妇女运动者为女部长：玛利亚在1946—1947年担任民政部部长。利穆蒂（S. K. Trimurti）在1947—1948年被任命为劳工部部长，她主持并颁布了印尼建国后的第一部劳工法，把保护女性及维护其权益落到实处：禁止女工夜间工作（晚上6点到早上6点），禁止女工在矿井工作，并对有损妇女品德的工作做出限制，法令规定女工可以在每月经期享有两天的休假，还有带薪产假及保证哺乳时间。

在苏加诺总统的旧秩序时代，印尼女性的政治参与度比较低，在1950—1955年印尼设立临时议会，共有9位女性被任命为议员，占全部议员的3.8%。1955年印尼共和国举行第一次民主选举，妇女组织积极投入选举，但各政党的女候选人很少，最终成功当选的女议员有17位，占全部议员总数的6.3%。20世纪50年代内阁中没有一位女部长，但是女性在基层上的政治参与有所突破，1958年有三位女性担任村长，殖民时代的法律禁止女性担任村长，所以独立后的印尼妇女大会致函家庭事务部，要求废除这一法律。1962年印尼议会制定乡村行政管理法令，规定男女平等，都享有担任村长的权利。

在新秩序时代，妇女政策由苏哈托主导，他强调妇女作为母亲的首要角色以及国家建设者的次要角色。他认为："一个民族能否发展，取决于这个民族的儿女是否成为身心健康、脑子聪明、个性坚强、心灵手巧、文明礼貌、有责任感和坚韧不拔的公民。只有生育他们的母亲在他们成长的过程中发挥作用，一个民族才能造就出上述人才。"妇女被定义为妻子和母亲，进而巩固家庭生活，保持新秩序的传统价值。因为家庭单位被认为是更大的"国家家庭"的基石，母亲身份的构想在新秩序中对政权具有重要作用。此外，要求母亲维持家庭道德并且代表国家监督家庭生活。

所以，国内著名的东南亚女性研究专家范若兰认为独立后的印尼政府尽管在宪法上规定了男女享有平等权利，但妇女利益被堂而皇之地置于民族和国家利益之下，忽视了女性本身的根本利益，"母亲"这个女性唯一不被剥夺的权利被工具化和附属化。成全男性政治家的夙愿：将"政治留给男人，家庭留给女人"。东南亚的妇女虽然获得平等选举权，但在权力参与方面人数极少，比例极低，这严重影响妇女地位的提高。

在母性女性主义者看来，女性作为母亲的角色、身份和特质会生发出一系列特有的思维方式和丰富多彩的情感喜好，这种独具母性文化的思维方式更注重人性的教养、情感和关怀等，都将会给政治生活带来新的血液和活力。换言之，作为母亲的女性往往具有一种有助于家庭生活和公共生活变得更加温暖和美好的道德观，这种母性思想总是可以为政治生活提供一种有价值、富有道德关怀和养育责任的新的思考方式。从而凸现养育活动也应该是政治价值和政治判断的有意义的来源，而不是被国家利益的需求而工具化、附属化。

四、结语

古代东南亚盛行的双系制，使得古代东南亚社会的性别制度不同于同时期其他地区男主外女主内、男女两性泾渭分明的性别规范。妇女除了承担起家庭责任外，也承担了经济责任，甚至政治责任，所以东南亚女性被公认为地位高于同时期东亚、西亚、欧洲的女性。东南亚女性活跃在农业和商业领域，婚姻是从母居，女儿可以继承财产，在政治上也发挥着一定的作用，历史上有多位女性执政。但是封建社会和西方列强的殖民时期（除泰国外），相比男性，妇女社会地位还是比较低。东南亚各国独立以后，经过各国政府和人民的努力，各国的女性地位都有了不同程度的提高，东南亚女性几乎与男性拥有同等的受教育的权利，此外，在政坛上也涌现出一批巾帼不让须眉的女性国家领导人，比如菲律宾两任女总统阿基诺夫人和铁娘子阿罗约夫人、泰国前总理英拉女士、印尼的梅加瓦蒂总统、缅甸国务资政兼外交部长昂山素季女士、马来西亚首位女副总理旺·阿兹莎和新加坡总统哈莉玛等，女性能在国家政坛上参政议政并担任国家重要职务，更能反映女性社会地位的提高。在经济领域，也出现了不少女企业家和女精英，其中不乏一些华人女部长和企业家，比如周宝琼在 1981 年被任命为马来西亚卫生部的政务次长，1982 年又被任命为文化青年体育部部长；2013 年杨巧双担任马来西亚雪兰莪州议会议长，2009 年黄燕燕担任马来西亚妇女、家庭、社会发展部部长和旅游部部长等，不仅对中国与东南亚各国的经济建设起着巨大作用，同时对华人华侨的发展有了一定的提升。

女性社会地位提高的根本因素还是经济的发展，东南亚女性的社会地位经历了一个由低到高的曲折的螺旋式发展的过程。虽然女性的社会地位有所提高，但是还是受父权制结构和社会传统文化以及东南亚各国的国家意识形态的制约。虽然东南亚各国领导人实行了改革，但是很难完全破除对女性的歧视，即使出现了女总统梅加瓦蒂，但对其他阶层女性的呼声关注仍然较少，因为女总统或议会议员大多是精英政治的代表者。随着经济的发展，女性自身的觉醒以及国际社会的广泛关注，加之国家领导人为了维护其统治所做出的有限让步，东南亚女性社会地位正在经历螺旋式的提高。

参考文献

［1］龚亚星. 独立以来印度尼西亚女性社会地位研究［D］. 昆明：云南大学，2018.

［2］李晓琼. 东南亚妇女问题及东盟的应对［D］. 广州：暨南大学，2011.

［3］韦桂乾，兰玉娟，梁桂姗，等. 中国南方女性地位与东南亚女性地位对比研究［J］. 赤峰学院学报（汉文哲学社会科学版），2017，38（12）：53-56.

［4］范若兰. 东南亚女性的政治参与［M］. 北京：社会科学文献出版社，2015.

［5］杨树青. 东南亚华侨华人女性创新创业研究［M］. 北京：中国言实出版社，2022.

［6］Patricia Boling. The Democrattic Potential of Mothering［J］. Political Theory，1991，19（4）：606-625.

［7］宋建丽. 正义与关怀：女性主义的视角［M］. 厦门：厦门大学出版社，2018.

疫情以来日本大学生就业状况和就业政策研究

梁新娟[①]

大学生就业问题是国计民生的重要一环，关系到社会的稳定和个人的发展。大学生的就业能够提高国家人力资源的素质，促进国家经济的发展，提高国家的国际竞争力。世界各国都很重视大学生就业问题，尤其是疫情导致全球经济下滑的情况下，各国都采取措施促进大学生就业。疫情期间日本政府采取了不少措施，使大学生就业率保持较高的水平。

一、疫情三年日本大学生的就业状况

虽然日本的疫情开始和结束的时间与我国不同，但从对就业率的影响时间来看基本一致，本文主要讨论2020年、2021年、2022年日本的大学生就业状况。

（一）日本大学生就业率

日本高等教育的迅速发展是从二战后1948年四年制大学的确立而开始的。此后的大学数量逐年增长，大学入学率不断提高，大学生人数也随之不断增加。根据日本文部科学省统计的数据（截至2023年8月23日），国立、公立、私立大学数从1948年的12所发展到810所，大专及高职高专从1948年的64所发展

---

①集美大学外国语学院。

到358所。大学生人数从1948年的1万人发展到2023年的294万人。美国学者马丁·特罗（Martin Trow）认为，当超过15%的适龄青年接受高等教育时，由精英高等教育阶段（简称精英阶段）转向大众高等教育阶段（简称大众化阶段）；当适龄青年接受高等教育的比例超过50%时，进入普及化高等教育阶段（简称普及化阶段）。虽然世界各国的高等教育机构的认定和入学率的计算有所偏差，但大致可以看出这个国家的高等教育的总体水平。日本的大学入学率是以大学、短期大学的本科入学人数除以3年前的中学生毕业人数以及修完中学课程的人而获得的比例。1963年首次超过15%，高等教育开始进入大众化阶段。此后急剧增长，尤其是1966—1975年，入学率十年间提高到38.4%，1993年首次超过40%。2005年首次超过50%，开始进入普及化阶段，此后到2020年每年缓慢平稳增长。

关于日本大学生的就业率算法，日本文部科学省于2013年12月16日做了关于大学生就业率的计算方法的通知。文部科学省每年会开展"大学、短期大学、专门学校和专修学校毕业生就业（内定）状况调查"[以下简称就业（内定）状况调查]和学校基本调查。其中就业（内定）状况调查中的就业率为就业者与求职者的比例，学校基本调查的就业率为就业者与毕业生的比例。就业率的计算方法是用调查时的求职者人数除以就业者数。就业率中的就业者是指最终找到正式工作的人员（包括作为非正式员工就业一年以上的人员，也就是已经收到公司录用通知的人员）。求职者是指那些在毕业年度内求职并希望在大学毕业后立即找到工作的人，不包括那些把升学、自营业、帮助料理家务或家业、留级或取得资格证书作为毕业后职业道路的人。就业状况调查每年进行四次，截至10月1日、12月1日和2月1日的结果称为就业内定率，而截至4月1日的结果称为就业率。每年会公布大学生就业率（本科）、大专生就业率、职业专科院校就业率。

（二）日本大学生就业状况

根据厚生劳动省、文部科学省每年公布的大学生就业状况调查结果（见图1）所示，1997年（平成9年）的日本大学生就业率为94.5%，其后经历缓慢下降后的缓慢增长。2008年（平成20年）受雷曼事件（2008-09-15）导致的全球金融危机的影响，就业率开始下降，2011年达到历史最低点。此后又恢复增长直到2020年的98%（R2年即令和2年），2021年、2022年的就业率为96.0%、95.8%。由于就业率的计算时间为每年的4月1日，2019年底暴发的新冠疫情对日本2020年的4月之前的就业未产生很大的影响，就业率反而比2019年略微高一些。2021 年、2022 年影响开始出现，就业率分别下降了 2 个和 0.2 个百分点。据 2023 年厚生劳动省和文部科学省公布的最新统计结果，2023 年 4 月 1 日为止，大学生就业率为 97.3%，比 2022 年同期提高了 1.5 个百分点，就业率很快就恢复到了疫情前。

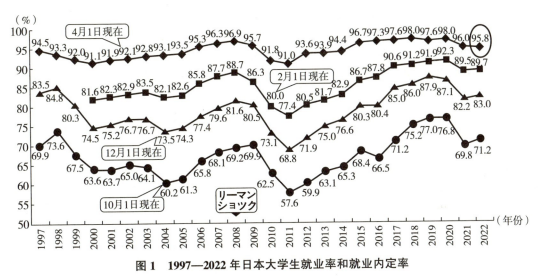

图 1　1997—2022 年日本大学生就业率和就业内定率

图来源：2022 年厚生劳动省应届毕业生就业支援（2022.6）

二、日本促进大学生就业政策

2019 年末疫情暴发，突发的公共卫生事件对世界各国的经济产生了较为严重的影响。经济下滑，各产业发展缓慢，就业受到冲击，因此各国也采取了相应的措施应对就业问题。根据希金斯（Niall O'Higgins）的论文所提供的"需求–供给"分析结构，分别从劳动力的需求、供给及供求匹配三个角度阐述日本促进大学就业政策。需求促进性政策主要有创造新的工作岗位，鼓励自主创业等；供给促进性政策有改进教育培训体系，提升大学生的就业能力；供求匹配促进性政策有完善就业指导体系、促进毕业生和企业匹配的政策等，进而克服由于信息不对称引起的市场失灵。

2020 年 3 月以后日本受新冠疫情的影响，企业说明会被迫延期或中止，部分企业取消招聘计划等，对学生的就业产生了不小影响。内阁官房、文部科学省、厚生劳动省、经济产业省四部门于 2020 年 10 月 22 日联合发布了"促进应届毕业生就业方案"，并呼吁各经济团体从中长期角度出发实施招聘，把毕业 3 年内的学生也纳入应届毕业生范围。2021年1月8日又在具体对策上进行了修订，增加了如减免企业税收、公布招聘毕业生企业名单等措施。2021年6月、2022年6月厚生劳动省发布了"应届毕业生就业支援"，并公布2021年3月、2022年3月月底前的就业状况和就业政策实绩。

（一）需求促进性政策

需求促进性政策最终目的在于增加就业机会，包括创造新的工作岗位以及鼓励大学生自主创业等。受疫情的影响，通过大学生自主创业来增加就业机会比较困难。日本政府主要是通过给企业发放补助金及优惠贷款政策，防止企业倒闭以及维持企业资金周转。其次是通过减免税收等支持企业发展，使企业能继续、稳定提供就业岗位。

1. 持续性补助金

作为应对新冠疫情对日本经济影响的紧急经济措施的一部分，2020年5月到2021年2月日本经济产业省（相当于我国的商务部）实施了"持续性补助金"制度。该制度旨在向中小型企业提供最高200万日元的现金补助，向个体经营者提供最高100万日元的现金补助。资助的对象包括农、渔、制造、餐饮、零售、作家、演员等行业。随后，支助规模有所缩小，2021年实施了类似措施"临时补助金"和"月补助金"，2022年又推出"企业复兴支持补助金"。

2. 优惠贷款

为应对因新冠疫情造成的企业经营状况恶化，日本政策金融公库实施了一系列的优惠贷款。首先，实行针对餐饮、旅馆业等的"卫生环境激变对策特别贷款"，类似还有"生活卫生新冠特别贷款""新冠对策卫经"等。其次，对销售额下降5%以上的企业实行"新冠特别贷款"和"新冠对策MARU融资"。再次，向销售额下降5%以上、15%以上和20%以上的企业分别提供零保证费和零利息的"安全网保证5号""危机关联保证""安全网保证4号"等债务保证制度。另外，日本的商工组合中央金库也对最近1个月或6个月的销售额下降5%以上的企业实行无担保、前三年0.9%低息贷款的"危机对应融资"。

3. 减税

为实现经济结构转型以及良性循环，鼓励企业投资数字化转型、碳中和等，鼓励中小企业通过整合资源进行业务重组等，日本政府于2021年1月1日制定并实施了医疗、卫生、就业等相关方面的税制改革。为促进大学生就业而享受的税收减免政策主要有如下两点。

首先是通过招聘大学生，可以减免企业所得税。对支付给新员工（应届、非应届毕业生员工）的工资及其他款项比上年增长2%或以上的企业，从企业所得税中扣除支付给新员工的工资及其他款项金额的15%。此外，对于教育培训支出比上年增长20%或以上的企业，扣除率提高5%，并从企业所得税中扣除支付给新员工的工资和其他款项金额的20%。其次是通过增加就业来提高企业收入。与上一年相比工资总额和其他支付额增长1.5%以上的企业，可享受工资总额和其他支付额增额15%的税收减免。此外，对于工资和其他支出与上年相比增长2.5%或以上的企业，其教育和培训支出比上年增长10%以上或根据《加强中小企业管理法》获准实施经营改进计划、经营能力得到提高的，可享受工资总额和其他支付额增额25%的税收减免。

（二）供给促进性政策

供给促进性政策的核心在于改进教育培训体系，提升大学生的就业能力，包括就业指导、职业培训等方面。日本政府疫情期间主要是加强对个人、大学、企业的就业支援和指导等。

1. 直接对个人的就业支援

负责劳动就业的厚生劳动省2020年年初预算87.3亿日元，2020年第一次补正预算8.6亿日元，2020年第三次补正预算0.9亿日元，2021年年初预算100.6亿日元用于支持大学生就业。

（1）"应届毕业生hello work"的一站式服务。厚生劳动省努力推动大学生了解并积极利用官方应届毕业生就业服务机构"应届毕业生hello work"，把毕业3年内的学生也纳入应届毕业生范围。通过全国网络提供大量就业信息、职业介绍和与中小型企业的匹配，为职业能力测试和求职活动提供各种指导和讲座，由指定的联系人提供个人支持，如定期提供就业信息，就如何选择求职公司和如何开展求职工作提供咨询，就如何撰写入职表和简历提供咨询、提供面试指导等。临床心理学家提供心理支持。

（2）就业支持导航员的全方位支援服务。厚生劳动省、文部科学省加强与大学就业指导中心的合作，派遣就业支持导航员定期到访大学，指导大学生使用hello work。

就业支持导航员是专门为应届和往届毕业生提供就业支持的职业顾问，聘用的人员都是企业的人事劳务管理者。主要工作有：为应、往届毕业生提供招聘信息；负责人制度的一对一服务，包括定期提供职位空缺信息，就如何选择应聘公司或单位、找工作的方法提供建议，如何撰写入职表和简历提供建议、提供面试指导；学校负责制，提供学校需要的就业支持，如现场咨询、就业支持讲座等；促进家长外联，劳动局等向家长、学生发送宣传信息，呼吁他们不要放弃找工作、多关注中小企业、积极利用 hello work 等。

（3）学生职业意识培养。为了给在校生提供一个独立思考未来职业选择和职业发展的机会，hello work 职员等前往学校开设讲座或讲课，内容包括劳动力市场、职业产业发展状况、商务礼仪、面试指导、职场适应性等。为学生提供机会参观工作场所，听取公司代表介绍当地公司的实际情况，促进学生对当地公司的了解，并鼓励他们在该地区就业。还通过讲座以及就业信息交流会让家长和教师更好地了解当前的就业环境、求职情况等。

劳动局还委托职业顾问师为初中生、高中生和大学一二年级学生提供"就业指导"。包括职业意识的启发、职业选择、职业规划和面试对策等。

（4）劳动立法宣传。为防止劳动相关纠纷和不利待遇以及提高年轻人职业意识，厚生劳动省与文部科学省合作，对初高中生、大学生等年轻人进行劳动法教育。首先向全国高中分发由 hello work 编制的用漫画形式制成的劳动法相关手册（可网上查阅），为准备就业的学生和青年编写了劳动法基本知识手册（可网上查阅）。其次为高中生和大学生等就业人员编写劳动法电子学习材料，包含在线学习或手机 App（RJ patrol）学习。2020 年为高中教员编写了《通往工作的大门》，为大中专院校教师编写了《工作与劳动法》，以便学生在开始兼职工作或求职前了解劳动法和制度并学会处理问题。

（5）对残疾学生的就业支援。由"应届毕业生 hello work"的专门咨询师（就业全面支持员）提供从就业准备到就业、稳定就业的持续支援。通过了解每个发育障碍学生和其他残疾学生的特点，并根据他们的特点了解选择工作和就业管理的注意事项，期望他们能够展示自己的能力，在职场上发挥作用，将他们的特点变成他们的"优势"。根据厚生劳动省的统计，残疾人的就业率 2020 年为 42.4%，受疫情影响较大，比 2019 年同期减少了 3.8 个百分点。2021 年、2022 年的就业率分别为 42.9%、43.9%，处于慢慢恢复状态。

2. 通过大学对个人就业的支援

文部科学省疫情期间通过大学加强对尚未找到工作的学生进行就业支持，对于不同的学生采取不同的措施。对于正在找工作暂未获得录用的学生，文部科学省从大学收集有特色的就业支持案例，并广泛传播，供各大学参考使用。文部科学省以及相关省厅向大学提供政府、地方当局、企业等对升学就业有帮助的信息，为不同情况的学生提供量身定制的就业支持。对于毕业时尚未找到工作的学生，文部科学省推广使用"应届毕业生 hello work"，以及继续利用大学就业中心等的校内资源。对于尚未就业但超过学习期限仍在校学习的学生的支持，延长因感染新型冠状病毒而无法就业的学生的有息奖学金贷款期限（2021 修订），同时随时掌握学生就业情况，为学生提供可以利用的各种支持措施，使他们能够保证学习时间的同时又能安心找工作。

（三）供求匹配促进性政策

供求匹配促进性政策重点关注职业指导体系的完善，促进毕业生和企业匹配的政策，进而克服由于信息不对称引起的市场失灵，提供就业信息和接受职业指导。

1. 促进应届毕业生与企业的匹配

经济产业省 2020 年初步预算 11.7 亿日元、2021 年初步预算 10.5 亿日元中都包含有促进毕业生和企业匹配的预算。地方的各经济产业局积极宣传面向毕业生的就业支持措施，为中小企业和各种人才提供匹配的机会，同时为企业和大学生提供交流的机会。同时预算还包括年轻人从东京等大城市向地方就业的政策。为改进地方企业的招聘方法，收集在招聘、培训、面试等方面较突出的先进事例，广泛宣传。"应届毕业生 hello work"支持应届毕业生和其他毕业生与中小企业牵线搭桥，组织公司信息介绍会和工作面试，使应届毕业生能够直接向中小型公司的人力资源人员确认和申请，以了解其工作性质和吸引力。

2. 建立专门的职业信息网站（job tag）

厚生劳动省建立了专门的职业信息网站，为求职者提供就业咨询，为职业介绍人员、公司负责人力资源人员提供各种就业相关信息的功能。网站介绍约 500 种职业，包括工作描述（附视频）以及最新趋势和工作条件，提供大量有关劳动法、职业、工种等相关信息。

3. 修订"青少年就业对策基本方针"促进就业匹配

厚生劳动省根据 2015 年 9 月 18 日颁布的《青年就业促进法》，于同年 9 月 30 日针对企业、劳动局、职业介绍所等制定了 5 年内的"青少年就业对策基本方针"。主要围绕建立使青少年能够选择合适工作的环境，以及发展和提高其职业能力等措施的基本事项，包括为即将毕业的学生等提供从求职到匹配和就业安置的支持。这个基本方针在 2018 年 3 月经过部分修订，提出改变日本单一的职业发展道路，创造一种环境让应届毕业生能够在自己选择的地区工作并实现工作与生活的良好平衡，同时帮助企业确保招聘到人才并将其留在工作场所。同时为避免影响学生学业与留学、公务员考试重叠，建议积极采用全年、秋季招聘。

2020 年疫情影响下，整个社会加速了数字化转型，日本人均寿命的延长增加了劳动者的职业寿命，工作方式的日益多样化改变了就业方式，年轻人的就业环境也发生了很大变化。在此背景下 2021 年 3 月厚生劳动省公布了下一个 5 年的基本方针，主要支持进入劳动力市场后离职、转职的年轻人的职业自主权，以及营造一个更容易获得职业咨询的环境。2021 年 4 月又追加了妥善管理求职者信息、提高公平公正的就业机会、职场骚扰问题应对、拒绝聘用等内容。随着互联网在求职活动中的应用日益广泛，招聘媒体（招聘网站、SNS）等已成为求职者更换工作的主要工具，依法将其纳入与就业保障机构的相互合作范围，同时明确其应遵循的规则成为当下必须解决的问题。为了创造一个让求职者能够安心求职的环境，并提高招聘媒体的配对功能，2022 年 9 月日本政府修订《职业安定法》，包括"强制要求准确显示招聘信息等""制定个人信息的处理规则"和"建立招聘媒体等的通知制度"。根据修订后的《职业安定法》，"青少年就业对策基本方针"做了相应的调整，追加了"提供准确、最新的招聘信息，不得虚假或夸大其词，不得误导青少年""明确固定加班费的计算时间和金额""明确迅速处理青少年投诉的窗口的设置"等。

4. 青年 Yell 认证企业的推进

《青年就业促进法》规定，厚生劳动省大臣（相当于我国人社部部长）将积极招聘、培训青年并为青年提供良好就业及管理条件的中小企业（SMEs）认证为"青年 Yell 认证企业"。认证的好处是 hello work 优先支持毕业生和认证企业匹配，向当地报纸电视等大众媒体重点宣传，参加仅认定企业参加的招聘面试会，公司产品广告中可使用认证标志，日本金融公库提供的低息贷款以及公共采购中获得加分评价。从 2016 年开始的认证，每年 3 月、9 月公布数据。据"青年就业促进综合网站"数据统计截至 2023 年 9 月有 1104 家认证企业。

三、日本就业政策对中国的启示

日本在疫情期间所采取的应届毕业生就业措施总体特征是多部门联合行动，提高预算，支持应届毕业生就业。应对不断变化的疫情以及就业环境，作出相应的政策调整。建立各种信息化手段提供就业信息，提高企业和高校学生的就业匹配等，以下几点尤其值得关注。

对应届毕业生进行"一对一"精准就业指导，指导范围具体而全面，同时兼顾稳定就业。厚生劳动省在全国 56 个 hello work 网点，对不同情况的学生采取不同的就业支持。针对未收到录用通知的学生，通过负责人制度进行一对一的指导（包括在线指导），指导其在人才短缺领域就业，通过 SNS 等集中提供招聘会和面试信息。由临床心理学家等人士对处于困境中的学生进行心理治疗。针对有交流障碍的，由就业支持导航员、临床心理学家等组成的特别支持小组提供支持。针对被取消录用的，通过"被取消录用的毕业生咨询窗口"提供个性化的支持。针对明年毕业的，通过就业支持导航员到大学开讲座等提高学生尽早开始找工作的意识，并及早举办当地企业说明会。就业支持导航员的指导范围具体而全面，具体到如何撰写入职表和简历提供建议、提供面试指导，全面到不仅对个人，而且通过讲座等对学校进行就业指导等。另外对于已经就业的人员，还提供如何在职场站稳脚跟即如何保住工作、稳定就业方面的支持。

对就业特殊群体特别关注并进行重点帮扶。对待有残疾的大学生等就业由就业全面支持员提供个人一对一的全面支持。通过了解每个发育障碍学生和其他残疾学生的特点，并根据他们的特点了解选择工作和就业管理的注意事项，期望他们能够展示自己的能力，在职场上发挥作用，将他们的特点变成他们的优势。hello work 还为大学等工作人员提供如何辅导有发育障碍和其他残疾的学生的建议，提供与残疾人就业支援有关的信息。为负责就业的工作人员举办讲座，促进理解障碍特点、提供与残疾人就业支援相关的各种制度和支援机关的信息。为大学教师举办关于及早识别需要支援的学生及其特点的讲座。hello work 还为雇用有发育障碍和其他残疾学生的企业提供残疾人就业管理、稳定就业提供专业性建议，并介绍相关支援措施，促进对发育障碍等残疾特征的了解，帮助员工了解残疾人。

注重职业意识的形成以及劳动法的教育，防患于未然。为防止年轻人过早离开劳动力市场，避免毕业后轻易成为自由职业者或 NEET，各都道府县劳动局根据地方的实际情况以及学校的要求，采取各种支援措施培养学生的职业意识。同时聘请职业顾问师为中学生到大学 2 年级的学生进行就业方面的指导等。就业形式多样化背景下，为防止劳动相关纠纷和不利待遇，降低大学生就业错配率，日本政府采取多样化的手段促进劳动法教育。如分发劳动手册、建立劳动法知识在线学习、App 学习、编写分发劳动法教案、指导劳动法教学讲座等。

注重激励企业承担社会责任，其青年 Yell 认证制度值得借鉴。企业作为社会经济主体在谋取经济利益的同时，应当兼顾吸纳高校毕业生，促进高校毕业生就业问题的解决。尤其是优质企业，对于提高毕业生就业质量、就业匹配率起着重要的作用。日本政府为了促进青年就业以及提高职业技能，对积极招聘、培训年轻人就业的中小企业认定为"青年 Yell 认证企业"。认证企业在就业匹配、金融贷款、政府采购或公共工程招标中获得加分等方面享受优惠政策。认证企业的标准是积极参与招聘和培训年轻人，在过去三个财政年度中，新毕业生和其他正式雇员的流动率不超过 20%；在上一财政年度，没有正式雇员每月平均加班时间少于 20 小时，也没有正式雇员每月平均合法加班时间超过 60 小时；在上一个财政年度，正式雇员带薪休假的年平均休假率至少达到 70%，或年平均休假天数至少达到 10 天；在过去三个财政年度中，至少有一名男工休过育儿假，或至少 75% 的女工休过育儿假。从认证标准来看，积极促进年轻人就业是首要的。其次就是创造一种员工能够兼顾工作、生活、育儿等的就业环境。这是符合当下年轻人的就业观的。日本经济高速成长时期，日本人被称为勤劳的"工蜂"，重心都扑在工作上。然而随着社会的发展，就业观发生了明显的变化，尤其是现代年轻人，他们更注重个人发展和自我实现，追求工作与生活的平衡，注重职业发展机会和前景。对于认证企业而言，一方面可以产生招聘效应，让更多人了解企业，从而招到更好的员工；另一方面可以提高企业价值。另外通过保持认证标准，企业在就业环境方面的质量就可以得到保证，从而促进企业的良性发展。

鉴于此，我国在大学生就业改进措施中，在做好宏观政策把握的同时，需要进一步细分各部门权责，做好"一对一"的精准就业指导；职业教育课程体系化，尽早让大学生树立职业意识；利用现代网络媒体资源，加强劳动法教育；建立企业参与促进大学生就业激励机制，创造良好就业环境，提高企业和大学生的就业匹配率。

参考文献

[1] 邬大光，胡艳婷. 解构与重构：对马丁·特罗大众化理论的再认识 [J]. 复旦教育论坛，2023，21（03）：5-14+30.

[2] 本川裕. 高校・大学・大学院進学率の推移 [EB/OL]. (2023-08-04) [2023-11-13]. https：//honkawa2. sakura. ne. jp/3927. html.

[3] 文部科学省. 文部科学省における大学等卒業者の「就職率」の取扱いについて [EB/OL]. (2013-12-16) [2023-11-13]. https：//www. mext. go. jp/a_ menu/koutou/gaku-seishien/1343017. htm.

[4] 内閣官房. 2020 年度及び2021 年度新卒者等の採用維持・促進に向けた特段の配慮に関する要請 [EB/OL]. (2020-10-27) [2023-10-29]. https：//www. cas. go. jp/jp/seisaku/

shushoku_ katsudou_ yousei/2021nendosotu/hairyo_ yousei. html.

［5］内閣官房. 新卒者等の採用維持・促進に向けた取組の一部改訂につて［EB/OL］. (2021-01-08)［2023-10-29］. https：//www. cas. go. jp/jp/seisaku/shushoku_ katsudou_ yousei/2021nendosotu/hairyo_ yousei_ kaitei210118. pdf.

［6］厚生労働省. 厚生労働省における新規学卒者への就職支援等［EB/OL］. (2021-07-09)［2023-10-29］. https：//www. jasso. go. jp/gakusei/career/event/guidance/_ icsFiles/afieldfile/2021/07/09/kourou. pdf.

［7］厚生労働省. 厚生労働省における新規学卒者への就職支援等［EB/OL］. (2022-06-14)［2023-10-29］. https：//www. jasso. go. jp/gakusei/career/event/guidance/_ icsFiles/afieldfile/2022/06/14/3kourou. pdf.

［8］経済産業省. 持続化給付金制度の概要［EB/OL］. (2020-04-14)［2023-10-29］. https：//www. meti. go. jp/covid-19/jizokuka-kyufukin. html.

［9］経済産業省. 新卒者の採用支援施策のご案内［EB/OL］. (2020-12-23)［2023-10-29］. https：//www. meti. go. jp/covid-19/jizokuka-info. html.

［10］厚生労働省. 令和2年度　障害者の職業紹介状況等［EB/OL］. (2021-06-25)［2023-10-29］. https：//www. mhlw. go. jp/stf/newpage_ 19443. html.

重大公共事件下中国公民赴日旅游影响与柔性对策研究

林涛①

2023年8月24日日本福岛核电站开始排放核污水，该计划导致原本就不佳的中日关系雪上加霜，也将两周前刚刚开放的对日团队游市场扼杀在即将升温的萌芽状态中。国际旅游市场刚刚经历了疫情的三年冷酷洗礼，如今再次处于风口浪尖之上，暴露出旅游业尤其是跨境旅游产业自身的脆弱性。中日关系如履薄冰，赴日旅游困境重重，重大公共事件突发下的旅游危机已经超越了行业危机的范畴，经常上升至两国关系在内的区域政治力量博弈的层面，中国游客也成为双方博弈的一股重要力量。由此，在当前重大公共事件频发的大背景下，有必要对非正常的风险进行分析研究，作为随时应对危机的备案材料。本研究力争在明确重大公共事件发生之时对中国公民赴日旅游造成的影响的基础上，探索一套柔性应对策略，并以最大限度降低国内旅游业损失、最大限度发挥中国游客在促进中日友好交流中的作用为研究目标。

一、重大公共事件与旅游危机的形成

此处讨论的"重大公共事件"指代突然发生的公共危机（public crisis），本研究将其定义为在公共领域下，在某些偶然事件激发下而产生的对于整个社会的

---

①集美大学外国语学院。

正常生产生活及基本价值体系产生严重威胁的具有突发性、不确定性以及严重危害性的事件。日本政府本次向太平洋排放核污染水的事件，对海洋造成了污染，既是一次重大的公共卫生安全事件，也因涉及不同国家海域，同时又是一次国际关系事件。

旅游的本质是审美和愉悦。这种本质造成了旅游消费对外部环境的高敏感性，也比其他形式的消费更具有弹性。吸引游客不远万里从各地汇聚而来的经常是一些美好的风景和旅游吸引物，然而公共事件的发生，短时间内改变了游客对该地（景）的美好印象，使得原本是心灵的宁静之地变成随时可能给自身带来损失的陷阱之地，由此游客变得举棋不定，甚至退避三舍，这就导致了旅游危机（tourism crisis）。

对重大公共事件影响下的旅游分析，本质上是对短期旅游危机的研究。SARS 之前，我国的公共危机管理本质上不能算作专业的危机管理，而是一种分散式管理，各级行政机构各负其责，表现方式为遇事临时成立"××工作小组"，小组成员经验不足，也无科学的应对模式。自 2007 年颁布了《突发事件应对法》之后，我国逐渐着力于建立"统一领导、综合协调、分类管理、分级负责、属地管理为主"的纵向集权式的公共危机管理体制。

二、重大公共事件下，中国公民赴日旅游的影响

在明确概念之后，本研究将以近期发生的重大公共事件为例，分析由此产生的对中国公民赴日旅游的影响，包括对中日两国双方的利益相关者群体（stakeholder group）、关联者群体（reference group）以及公共利益群体（public interest group）的影响。

（一）利益相关者群体

利益相关者群体，是指与中国公民赴日旅游产业直接发生联系，并且在此活动中有密切的利益关联的群体。包括赴日旅游的中国游客、中日航线涉及的航空公司、旅行社从业人员、日本方面的地面接待机构、中国游客进行消费的日本商场设施等。这一层面的群体，最早受到旅游危机的波及，也是损失最直接、规模最大的群体。

根据日本政府观光局 2023 年 10 月 19 日更新的数据，如图 1 所示，COVID-19 疫情之前的 2019 年，赴日中国游客数量达到了前所未有的 800 多万人次，且有突破千万大关之势。然而，疫情期间，随着中日两国间航班熔断，游客数量几近归

零。2023年开始，呈现复苏迹象，然而这次公共安全事件发生之后，走势再度飘忽不定。

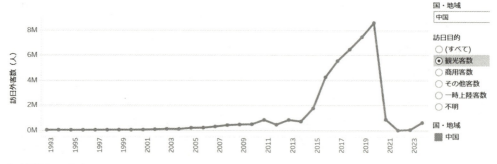

图1　赴日中国游客数量往年走向图

数据来源：日本政府观光局JNTO。

因两国复杂历史，围绕中国公民赴日旅游产品存在来自中日双方的消费者敌意（consumer animosity），在双方人为降低根深蒂固的稳定性敌意（stable animosity）而成立的旅游过程中，任何一个小事件都容易引发情境性敌意（situational animosity），造成短时间内影响甚至盖过稳定性敌意的情况。同时，由于我国公共危机管理体制的最大特点在于"党和政府主导"，这一主体性在对局势迅速做出反应方面具有天然的优势，然而在中日两国重大公共事件发生之后，容易造成中方对日方的"惩罚性"措施的产生，社会舆论上容易形成诸如"不与日本往来，不去日本消费"的报复性心理。2014到2016年期间中国游客的"爆买"现象，客观上加重了中国民众的"救世主"心态。这种舆论趋势，容易造成中国民众单方面认为行动的影响对日本方面造成的冲击是巨大的，从而忽视了跨境旅游的双向获利特征，形成中国方面自身承受的巨大损失却无人言及的感官盲区。

（二）关联者群体

关联者群体是指与中国公民赴日旅游产业有潜在间接联系的群体，或多或少产生利益联系，但与利益相关者群体相比，所受影响不明显，规模也较小。该群体包括赴日中国游客的家庭和工作单位、中国游客到访的景点周边的社区民众、为土特产制造商提供原材料的二次供货厂家等。

由于日本特殊的国民性，关联者群体的研究，尤其是中国游客到访的日本社区民众的研究变得尤为重要。日本人与土地的密切关系，导致日本人心理上的关系流动性（relational mobility）相比其他国家较低，形成了相对保守的社会环境，表现在对外来者先天的"冷淡"。加上关联者群体利益相关的隐蔽性，造成日本民众对于中国游客大量来访所造成的视觉上的变化异常敏感，容易将中国游客的增加与"观光公害"联系起来。

日本政府排放核废水的当天，中国政府宣布全面暂停进口日本水产品。该公告迅速引起日本方面的市场反应。据东京中央批发市场网站数据，8月25日丰洲市场的新鲜青森县产金枪鱼平均价格较前一天下降24%，降为每公斤9383日元。一些主要出口中国市场的水产品企业，如日本扇贝养殖加工产业，则遭受灭顶之灾。

然而，值得深思的是，中国国内的日本料理店也因此遭受重创。日本食料产业局发布的数据显示，2019年亚洲的日本料理店数量达到了10.1万家。中国大陆约有8万家日本料理店，根据笔者"厦门的日本料理"调查团队2021年调查显示，仅厦门一市，日本料理店数量就超过了1000家，然而日本人经营的商店不超过5家。金十数据显示，2021年，中国大陆进口日本水产品比例仅为2.8%，此次事件之后，有众多市民表示近期不会去日本料理店消费。因此，这次事件间接导致了给国内日本料理店提供食材的中国水产行业市场的萧条，受灾程度应该远超于禁止日本水产进口对日本方面造成的损失。

（三）公共利益群体

公共利益群体是指与赴日旅游产业，或者与发生重大公众事件的地点、行业无关的两国社会民众群体。该群体虽然处于旅游产业的圈层之外，旅游产业链也完全未涉及，但有时候会在意想不到的地方产生"蝴蝶效应"（The Butterfly Effect）。

中日两国之间的重大公共事件，不仅造成了中国游客近期内避开日本旅游，而且造成了中日关系的恶化，并由此产生了一个恶性循环的连锁反应。民间层面交流的被迫减少，容易引发两国关系的持续恶化。2021年10月，中国外文局和日本言论NPO合作的"中日关系舆论调查"显示，两国彼此好感度2021年年底大幅恶化，"作为改善对日印象原动力的访日游客，因疫情蔓延而中断是一大因素"，"官民交流减少，焦点集中在了对立面上"。

纵观二战后中日交流史，可以总结出以廖承志为代表的外交家创立的民间外交思想在中日邦交正常化过程中起到了极为重要的作用，貌似联系不甚紧密的公共利益群体长期有着影响大局的传统。在新时代下，中日民间交往出现了官民分离的新动向，随着自媒体等传播手段的草根化，国家外交逐渐由精英外交转向大众外交。近年来中国民众大量赴日旅游作为一种不曾有过的大规模自发行为，愈发成为民众层面改善中日关系的重要途径，因此公共利益群体客观上成为中国公民赴日旅游需要特别重视的群体。

三、中国游客在外交政策的赋能作用与盲区

（一）中国游客与我国的旅游外交政策

通常，旅游被认为是政治性较低的活动（low-politics activity）。文化人类学中的涵化理论（acculturation）以及接触假设理论（contact hypothesis）认为通过"合作的、亲密的、无偏见的"旅游接触增加了双方的文化联系，促进了双方的理解宽容，缓解了负面情绪，消除了彼此的不良印象。但实际上，也有部分学者对"旅游促进和平"结论表示怀疑，认为恰恰是和平带来了旅游。事实上，带着"和平面孔"的旅游或多或少也带有一定的政治性，《旅游与政治学》的作者霍尔甚至指出，旅游是外交、贸易、对外政策的一部分，是取得合法性、尊重权威制度的工具，是满足领土要求的手段以及实现和平的动力。旅游的政治性，有时在国际关系紧张的敏感时期会显得尤为突出。

旅游消费的重要特征，就是在旅游目的地发生，并由此对景区商店、社区民众产生多圈层的经济影响。作为重要的新兴旅游客源国之一的中国，在跨境旅游消费方面愈发备受瞩目。文化和旅游部 2019 年统计数据显示，中国的国际旅游支出，自 2012 年居世界首位以来，已经连续 7 年保持总量第一名，2018 年数据更是比第二名的美国高出两倍左右，达到了 2773 亿美元。中国 14 亿人口中，约有 10% 的人口涉及跨境旅游，如图 2 所示。

中国经济地位的上升，中国游客活动范围、活动规模的扩大，消费能力的日益上升，使得中国政府关注到投放中国游客对于提升中国在国际上的地位以及在外交赋能方面的显著作用，并对其进行长期应用。2015 年召开的全国旅游工作会议中首次提出了"旅游外交"，提出"要开拓旅游外交，构建旅游对外开放新格局"。这是低位政治的旅游与高位政治的外交在国家层面的战略耦合。

旅游外交并非只有和平属性，也可能成为一种权力资本，成为一种新殖民主义工具、外交报复工具。二战后大众旅游兴起之时，西方发达国家就利用发展中国家对西方游客的依赖性，用客源管控的手段，开放或者封锁出境游市场，迫使发展中国家屈服于西方国家。

当前复杂的国际形势下，现实主义国际关系理论的运用变得愈发频繁。该理论认为国家是为自身利益行动的理性行为者，其首要目标是自身的安全与存续。国家在做决策时对权力与利益的考量也会高于理想道德。新现实主义（防御性现

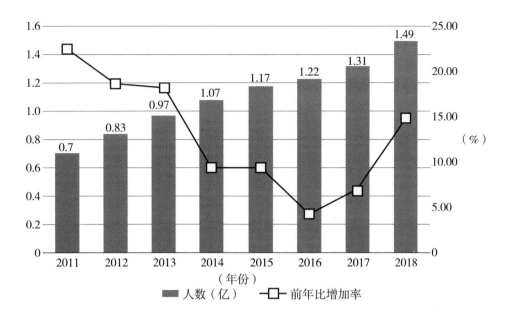

图 2　中国游客出境游人数历年推移

资料来源：文化和旅游部 2019 年数据。

实主义）则认为国际关系是由诸多相互作用的国际行为体组合成的整体。在此大背景下，旅游外交的工具性功能愈发明显。

ADS（approved destination status）制度，是中国特有的出境旅游政策，中文意为"被批准的旅游目的地国家"，具体措施为中国政府允许中国游客以自费形式跟团前往 ADS 旅游，而不允许中国旅游经营者组织中国游客到非 ADS 旅游。ADS 制度有效控制了中国游客的出境流动性，将对外国的访问由申请转变为允许，是一种掌握旅游外交主动性的政策。

旅游制裁也是旅游外交的一种重要手段、工具，属于经济制裁的一种，具体表现为通过旅游"警告"或者"禁令"，管控游客流，撤走旅游投资，取消在旅游领域对对象国的经济支持，使其遭受一定的经济损失，从而迫使对象国改变有损本国利益政策的做法。

2017 年 3 月 3 日，受韩国政府接受驻韩美军设立萨德导弹系统要求的影响，中国政府要求各旅行社下架了所有赴韩国旅行的产品，并且将此次限韩令持续了一年，造成韩国 2018 年 1 月统计的年度旅游损失达到 21.6 亿美元，成为韩国史上最大的旅游赤字。

（二）负面性旅游外交政策的盲区

中国游客在维护中国利益方面起到了重要的作用，这一点有目共睹。然而，旅游外交，尤其是负面性的管制报复措施的实施，具有以下几个容易被忽视的盲区。

1. 出境游的双向获利性盲区

旅游产业是生产和利益溢出型产业，无论是获利还是赤字，所涉及的产业都很多。正如疫情之后旅游业复苏所面临的最大问题，即疫情期间流失的人才未能回到旅游业，造成人才短缺问题严重。一旦突然因为人为因素中止中国公民赴某国的客流，中国国内相关产业也有可能一蹶不振。

2. 中国游客印象操作盲区

近年来，我国政府对一些国家和地区，有较为频繁的中国游客客流管制，容易在当地媒体的渲染下，"中国游客"被冠以"风险要素"的标签，在当地居民心中形成爱恨两难的心境。一些对华不友好的团体，也将中国游客之力量称作"Sharp-power"（锐性实力），认为不应妥协于中国游客的一时消费，而在对华外交政策上丧失主动性，使中国游客陷入一系列印象操作的陷阱。

3. 对象国民众心理逆反盲区

英语圈中，广泛流传着这样一个故事。屋外玩耍吵闹的孩子们，令老头每天无法午睡而烦恼。老头想出一个主意，召集正在玩耍的孩子们，发给他们糖果。孩子们非常高兴，第二天也来领糖果，这样持续了一阵子。后来有一天，老头突然不发糖果了，孩子们很生气，决定再也不来了，老头终于得以安静午睡。老头是利用了人类群体中常见的逆反心理。对出境游中国游客的缩减管控，也犹如发糖果，操作过几次后，对象国民众会觉得是自取其辱，然后自然形成一个对中国游客抵制的逆反心理。

赴日旅游危机的形成多是人为因素影响，因此在旅游者看来，经常要比不可控的自然危机的情节更加恶劣。旅游危机中，旅游者掌握的信息模糊，加上旅游者的有限理性（Bounded Rationality），大众行为便成为信息源，旅游从众现象加剧，因此政府行为实际上是对旅游业影响最大的人为因素。长期以来，赴日旅游危机具有高突发性，不可抵抗性，旅游交流突然中断现象频发。然而，作为文化交流的国际旅游的中断行为，通常是"杀敌一千自损八百"，国内出境游企业、从业人员为此承担了巨大的经济损失。如何探索出一条可操作性强、"性价比"高的赴日游应急体制，成为亟待解决的当务之急。

四、重大公共事件下，中国公民赴日旅游的柔性对策的构建

本研究在肯定中国游客在外交政策的赋能作用的基础上，力图探索一条阶梯式柔性应对路径。在未发生重大公共事件的平时，构建应急预警机制，针对不同等级事件、不同程度对策以及区分不同人群进行控制。旨在保护我国旅游业的同时，将中国游客变成对抗反华势力的重要武器，成为维护中日友好关系的重要力量。

赴日旅游危机的人为因素占比高，事实上反而为其危机管理提供了多方可操作性。重大公共事件所带来的危机，表面上看有突发性、偶然性，但实际上许多都来源于深层次的社会问题、制度问题的长期积累，因此赴日旅游应急工作的重点实际上在平时，即危机发生之前的静态应急管理。由于中日关系不确定因素众多，很难像其他出境游市场一样做到"防患于未然"，因此如何在静态管理阶段做好危机防范成为赴日旅游危机应急管理的关键。根据赴日旅游危机的复杂性，本研究认为，可以从以下方面进行柔性应对体系的构建。

（一）建立友华旅游资源群体信息数据库

出境游的双向获利性，导致了负面性的旅游外交手段通常是"杀敌一千自损八百"，如何有效自我止损，是问题的关键。在赴日旅游过程中，也需要进行更为细致化的管控，避免一刀切对日本国内友华团体个人以及国内团体个人造成严重损失。细致化管控的前提是建立友华旅游资源群体信息库。本研究认为友华旅游资源群体包括以下几部分：

1. 日本国内的富含中华特色的文化资源以及相关团体

例如，中华街、儒学遗址、中华民俗在地化后的日本民俗资源，都是重要的友华旅游资源，围绕友华资源维护运营的日本友人，可以定义为友华群体。这部分资源，应该在中国公民赴日旅游团中给予优先访问，在公共事件造成的危机爆发之时，应该不做管控，设置将一般资源的游客定向转到这部分中华文化资源中。该项措施可以在平时保证友华群体的就业，保障该群体的生活不受影响，保障中华文化资源在日本国内的生存发展。

2. 在日华人华侨旅游企业，对华友好的旅游组织、团体

由于在日华人旅游企业本身与中国国内旅游企业联系密切，涉及的旅游订单

也多为中国订单，在日本国内建立起来的生意网也多为对华友好团体或者个人。在平时可以对其订单给予流量倾斜，危机爆发时，应该最大限度保证这部分群体的经济利益不受损失，这也是中国作为祖国强盛的背景依靠的重要表现。

3. 对华友好媒体机构

对于朝日新闻等对华较为友好的新闻媒体机构，应该在发布旅游广告之时优先采用，充分保障这部分群体的利益。在危机爆发之时，可以通过这部分友华媒体，在第一时间发布对中国有利的言论信息，以便在危机爆发之初各方信息不足、容易造成谣言四起的时候发挥"以正视听"的重要作用。

建立以上友华旅游资源群体信息数据库，为旅游危机爆发时的分级别、分人群应对提供必要的参考，紧急时期能够起到友华资源与中国游客双方互保的作用，平时也可以通过定点投放中国游客达到保护日本国内宝贵中华文化资源、提高我方在旅游客场的话语权的作用。

（二）组建赴日旅游危机预警管理组织

中国在 2006 年公布了《中国公民出境旅游突发事件应急预案》，可以看出，这个应急预案主要是站在中国游客立场、以人命救助为主的灾害应急预案。本研究认为，中国游客客流量的管控，实际操作上与中国国内的假日旅游预报管控有相似的地方。我国 2001 年建立的假日旅游预报制度经过了 20 余年的经验积累，已经日臻完善，可在参考其 45 家参与管理的组织基础上，组建中国公民赴日旅游专门的危机预警管理组织。建议以外交部驻日领事机构和文旅部牵头，加入中日两国涉及出入境旅游的行业管理机构，日本国内中华文化旅游资源相关部门进行协商调整。

（三）建立赴日旅游危机预警发布制度

将当前我国出境旅游应急预案中提示、劝告、警告三个等级的预警，结合日本国内语境，进行细致化，根据旅游危机程度不同，结合前文所述的友华旅游资源群体信息数据库，联动式地决定中国游客的投放范围。以友华程度作为等级划分标准，提示、劝告、警告三个等级下，分别缩减中国游客的投放范围。警告等级下，中国游客的出行已经具有一定的风险，更加应该在友华群体的保护下有限范围地开展，达到中国游客与友华群体互相保护，在日本客场话语下建构旅游命运共同体。

(四)加强赴日旅游危机教育,提高风险意识

危机教育的缺失,是旅游危机面临的最大危机。作为中国政府,需要组织中国国内出境游相关企业、团体、日本相关企事业团体以及日本相关景区进行赴日旅游危机教育。日本景区方面,可以先选择对华友好的景区开展,如中华街等。也需要定期进行旅游危机应急演练,检测在日旅游过程中需要马上调动中国游客前往指定地区的情况下的应急能力。同时,需要联系友华媒体参与进来,确认危机发生的第一时间的系列反应。在危机演练的同时,加强各友华群体之间的联系互动,确保形成有效的赴日旅游应急管理网络。

(五)建立赴日旅游危机应对基金,并纳入年度旅游预算中

正如前文所述,出境游是一个极为脆弱的产业,在维护上需要有固定比例的经济支出,但同时出境游又是一个可以充分发挥旅游外交能量的领域,是一个大有可为的新领域。面对复杂的中日关系背景,需要建立赴日旅游危机的专项应对基金,在危机之时以及危机过后的复苏阶段,在经济上阻止相关产业的人才流失。旅游危机应对基金,必须纳入每年的政府旅游预算中,从政府政策层面防止旅游产业的全线崩溃。同时可以鼓励旅游企业加入相关行业保险,从企业私人层面应对危机。

五、小结

本研究认为,重大公共事件虽然有突然性、偶然性、缺乏信息等多种难以应对的方面,但如果能从平时就构建一整套应急方案,就能够做到"手中有粮,心中不慌"。正如"危机"的字面表述,"危险与机会"构成了"危机"。在中日关系如履薄冰的现状下,需要发挥在日友华群体、企业、媒体的作用,在危机应对过程中,不断推进它们之间的联系,提高我方在日本客场的旅游话语权,真正将"危险"转化为"机会",这样才能最大限度地发挥中国游客的作用,使之变成一股真正意义上促进中日民间友好交流的巨大力量。

参考文献

[1] 张永理,李程伟. 公共危机管理 [M]. 武汉:武汉大学出版社,2010:8.

[2] 杨一翕. 爱恨交织·出国旅游决策心理 [M]. 北京:知识产权出版社,2021.

[3] 日本东京市中央批发市场. 水产品市况 [EB/OL]. (2023-08-25) [2023-10-22]. https://www.shijou.metro.tokyo.lg.jp/torihiki/03/suisan/2023083.html.

[4] 日本食料产业局. 海外日本餐饮店数量 [EB/OL]. (2021-09-30) [2022-08-19]. https://www.maff.go.jp/j/shokusan/eat/attach/pdf/160328_shokub-13.pdf.

[5] 乐琰, 揭书宜, 卫雅琪. 暂停进口日本水产品: 日料店刺身点单量翻倍、日本金枪鱼停货 [EB/OL]. (2023-08-24) [2023-10-25]. https://www.yicai.com/news/101843228.html.

[6] STEPHEN W. Litvin. Tourism: The world's peace industry? [J]. Journal of Travel Research, 1998, 37 (1): 63-66.

[7] UNWTO. International Tourism Highlights 2019 [EB/OL]. (2020-06-27) [2023-10-26]. https://unwto-ap.org/wp-content/uploads/2020/02/Tourism-HL2019_JP.pdf.

[8] 中华人民共和国文化和旅游部. 2019年文化和旅游发展统计公报 [EB/OL]. (2020-06-20) [2023-10-26]. https://www.mct.gov.cn/whzx/ggtz/202006/t20200620_872735.htm.

[9] 李中健, 孙根年. 中国出境旅游的外交效应 [J]. 浙江大学学报 (理学版), 2021, 48 (6): 771-780.

[10] 禁韓令から九一年 [EB/OL]. (2018-03-19) [2023-10-28]. https://news.yahoo.co.jp/expert/articles/cae0cdf3932568959a75cd38f5081338474a7593.

新加坡海洋生态保护困境与对策

潘慧萍[①]　刘立香[①]

一、新加坡海洋生态保护的时代背景

随着时代的发展，人类命运共同体这一理念承载了更为丰富和深刻的时代内涵，即人类共同生活在一个地球村，共同应对全球性危机，共同建设碧海蓝天，同舟共济，休戚与共。在国际生态环境问题面前，没有任何一个国家能够独善其身。一个国家内部生态环境问题的解决往往离不开他国的帮助。同理，新加坡在海洋环境保护方面，可借鉴他国经验，结合本国特色，以更好解决海洋保护难题。"世界海洋日"不仅仅是一个国际日，也是为呼吁全人类共同守护海洋、共建海上文明而设的纪念日。海洋生态文明建设进程中，既要直面海洋生态难题，也要致力于将海洋发展向深蓝推进。

从国际上看，当今世界各国对于海洋环境保护的重视程度有所提高，各国及国际组织发布的相关政策也体现出海洋环境保护的迫切性。从 2012 年《自然》杂志首次发布的全球海洋健康指数来看，全球总得分仅 60 分。2018 年 11 月，首届全球可持续蓝色经济会议通过了《促进全球可持续蓝色经济内罗毕意向声明》；欧盟首次在全球提出蓝色增长战略，并发布首份《欧盟蓝色经济年报

[①]集美大学外国语学院。

2018》；荷兰、德国、芬兰先后发布了新的海洋经济战略；韩国发布《海洋水产新产业创新战略》；非盟将蓝色经济列入《2063议程》和《至2050非洲海洋综合战略》；中国发布了《"十四五"海洋生态环境保护规划》。以上关于海洋保护的声明、倡议、规划等是从国家政策的角度奠定海洋环境保护的基调，需要往下推进的是海洋环境保护理念的渗透教育、宣传推广，以及可落地措施的实施、反馈和动态调整。

新加坡在海洋生态保护方面做出了不懈努力。2016年，新加坡政府推出产业转型计划，包括临海工业与服务业；2017年，新加坡提出未来10年经济发展策略，在此基础上，新加坡海洋经济保持增长，海洋产业结构得以优化，海洋中心城市地位得以增强；2019年7月，由新加坡沿海和海洋环境政策委员会以及沿海和海洋环境技术委员会起草，东亚海域环境管理区域项目组织（PEMSEA）发布了《国家海洋与海岸状况：新加坡蓝色经济增长》，阐述政府促进蓝色经济发展的政策措施，包括新加坡旅游局的生态旅游与自然保护，能源市场管理局的温室气体减排、可再生能源替代和绿色燃料标准；2021年7月，新加坡海事及港务局成立全球海事脱碳中心，旨在推动航运业的绿色转型；2021年，新加坡教育部、国家发展部等5个政府部门联合发布《新加坡绿色发展蓝图2030》。保护海洋环境能够使海洋经济取得长足健康的发展，是发展海洋经济不可或缺的一个环节。各国对于海洋生态保护提出了各自主张，其共同点在于强调海洋保护的同时，力求海洋经济的可持续发展。从时间的维度来看，新加坡对于海洋的保护和绿色发展战略相对迟于海洋经济发展政策。全球城市、中心城市和海洋城市三位一体是全球海洋中心城市的鲜明特点，对全球政治、经济和文化发展颇具影响，兼具多元化和综合性的国际经济中心功能、海洋资源和产业的竞争优势，能够最大程度上彰显海洋自然景观和海洋城市文化的特色。保护海洋环境和发展蓝色经济是同向而行的关系。

二、新加坡海洋生态保护的困境

1967年时任总理李光耀提出新加坡"花园城市"这一愿景，新加坡从"花园城市"到"花园中的城市"再到"自然中的城市"的蜕变，历经50余年，生动地演示了人与自然和谐共生的这一和谐画卷。打造花园城市尚且需要50余载，所谓冰冻三尺非一日之寒，海洋环境面临的困境是日积月累的结果，主要包括以下三大方面。

（一）海洋面积减少

新加坡国土面积狭小，是典型的"城市型国家"。建国初，新加坡国土面积仅有581.5平方千米，通过各项填海造陆计划，截至2013年，新加坡填海造陆面积已超1.3万公顷，2030年新加坡预计增加100平方千米国土面积。

（二）物理污染

物理污染主要是噪声污染，包括船只运输、地震测试、声呐使用、海上钻探和施工等活动。噪声污染的主要"受害者"便是海洋生物。开展海上相关勘探活动时所应用到的工具不可避免地会对海洋生物和就近居民产生噪声污染。与居民有所不同，海洋生物的居住环境相对固定在一片海域，对人类活动带来的不良影响只能被动接受，做出无声的抵抗。噪声影响的不仅是现存的海洋生物，同时也会对海洋生物的繁殖数量和质量造成不良影响。

（三）海洋污染

海洋污染主要是珊瑚礁遭破坏和港口、船舶污染问题。自1970年中期以来，新加坡大陆以南许多岛屿的礁滩都被填海至礁坡，导致诸多珊瑚礁生物窒息而亡，其他生物也因水浊度上升而遭受到不同程度的影响；自1986年以来，新加坡附近海域的大多数珊瑚礁覆盖率大幅下降，活珊瑚覆盖率不及50%。此外，非营利组织国际清洁交通委员会（ICCT）发布了一份关于与新加坡港船燃料相关的白皮书，即新加坡作为世界上最大的加油中心之一，如果对新加坡销售的燃料残余中的温室气体排放进行核算，其总排放影响将比其他国家高出4倍，人均排放量是全球平均水平的6倍。鉴于新加坡在航运加油方面的枢纽作用，大量燃料排放将带来空气和温室气体污染等一系列问题。可见，新加坡海洋燃料造成的污染问题不容小觑。

三、新加坡海洋生态保护困境的原因

新加坡面临海洋环境保护困境的原因主要涉及以下三方面：历史保护措施不到位；自然生态恶化；人类活动影响。

（一）历史保护措施不到位

1. 从新加坡早期港口的繁荣与海上丝绸之路的发展节点来看，时间几乎一致，新加坡海洋污染由来已久。明朝中国海洋贸易政策的变化对14世纪新加坡港口的发展具有重大影响，海上丝绸之路对于新加坡早期港口建设也有着重大意义。伴随着经济贸易往来愈发频繁、人类活动范围不断扩大、海洋承载的压力也不断增加。

2. 新加坡为岛国，地势低平，面临被淹没的危机。新加坡位于马来半岛南端、马六甲海峡出入口，由新加坡岛及附近63个小岛组成，其中新加坡岛占全国面积的88.5%；新加坡地势低平，平均海拔15米，最高海拔163米，海岸线长193千米；降雨充足，年均降雨量在2400毫米左右。近年来，新加坡面临着海平面上升、水资源挑战、生物多样性威胁等问题，极端降水发生的频率和强度也显著增加。

3. 早期新加坡虽有环境保护意识，但把海洋当成了城市污水排放地，相对局限于陆地生态环境的保护。新加坡没有走西方国家先污染后治理的老路，而是采取经济发展与环境保护相协调的方式，致力于发展综合排污系统，但是污水处理厂采用活性污泥工艺进行污水二次处理后却排入了近海。对于工业废水则是采用两种污染控制方法：一种是制定工业废水排放标准，达标后自行处理；另一种是对排水口安装自动监测装置，超标准污水闸门会自动关闭，检测到超标准排放物质会处以相应罚款，同时政府采取污染物再利用措施，提高资源利用效率，在源头处消除污染。该做法忽略了达标污水排入海洋后的相关监测环节，无法确保海洋不会受到达标污水排放的潜在伤害。不论是制定污水排放标准，还是对超标排放行为予以行政处罚，都属于治标不治本的方案。治本之策在于把好生产环节和垃圾分类这一关，实现"绿化生产""绿色排放"，以人类"绿举"还海洋以深蓝。

（二）自然生态恶化

新加坡生态环境恶化表现最为明显的是珊瑚礁受损问题。海洋环境变化是导致自然生态恶化的重要因素之一。例如，海洋温度升高会导致珊瑚动物枯死，珊瑚和其共生藻类之间关系紊乱则是珊瑚白化病的主要原因。人类活动也是珊瑚礁受损的重要原因之一，其中土地开垦与岸线改造导致60%的珊瑚礁遭到了破坏。在生产生活的开展过程中，人类常因眼前利益而选择性回避发展过程中环境的可预见性问题。问题萌芽的初始阶段，因其"伤害性"不大而放任发展，最后的"受害者"也包括人类自身。

（三）人类活动影响

自1986年以来，作为世界上最繁忙的港口之一以及世界第三大炼油中心，新加坡石油以及其相关产品的进出口在新加坡占据重要地位。新加坡不仅是世界著名港口航运中心，国际三大海事仲裁中心之一，而且有着发达的港口运输业、成熟的资本市场和良好的市场环境发展海事金融，如海上交通运输业、造船业和船舶业。尽管如此，新加坡海上应急保护措施仍有待完善。新加坡在 BARELI 轮触礁事故应急处置过程中，参与海上作业的监测人员只有 3 名，人手不够，从而影响监测数据的时效性和准确度。在时下短视频兴盛的时代，对应的宣传教育没有做到同步推陈出新，人类对于海洋、海洋保护的认知更多是停留在表面，对于海洋"不堪重负"的一面知之甚少。

深海采矿风盛行，海洋酸化加剧，固体废弃物污染严重。其一，据新加坡气象署 2020 年发布的信息，新加坡的海平面自 20 世纪 70 年代之前到现在，平均每年上升 2.8 毫米；其二，全球因疫情停摆期间，海上工业世纪渔船趁监管不周，鱼群遭过度捕捞，海洋生态愈发脆弱，延缓了海洋生态自然恢复进程；其三，据统计，2020 年共有 15 亿个废弃口罩流入海洋，这些看似纤薄的口罩却需要 450 年才能降解。此外，新加坡是亚洲主要的塑料树脂生产基地之一，其政策规划是"迈向零废物"，目标是在 2030 年将整体塑料回收率提升至 70%。新加坡国立大学经济系副教授 Alberto Salvo 表示："塑料垃圾已逐渐成为全球性的环境问题。尽管已有许多关于塑料污染对自然环境影响的研究，但关于人类行为如何导致塑料污染的研究却很少。"由此可见，不能局限于研究塑料污染带来的影响，还可以从技术上"绿化"塑料生产，设计"环境友好型"塑料产品，类似塑料平替产品，如便携式环保购物袋，以减少塑料用量。

四、新加坡海洋生态保护对策

海洋保护首先是国际海洋环境的保护，以海洋保护促进海洋经济的可持续发展。从保护的角度来说，海洋保护需以时代大海洋环境为出发点，同时离不开因地制宜、因地制策。针对新加坡历史保护措施不到位、自然生态恶化、人类活动影响等海洋环境问题，保护措施包括现有保护措施的更新升级以及新方案的提出，具体涉及以下六个方面。

（一）防范措施

防范措施包括水涝防范和海上突发事件预防。水涝防范方面，新建项目以及在建项目要预先防范水涝灾害，避免浪费不必要的应对成本投入。参考新加坡保护东部海岸线的做法，即海上新建项目须建在高于平均海平面 4 公尺以上；滨海堤坝建造水泵房，以此应对更大的水量，如此一来，低洼区就多了一重保护措施。水涝作为自然灾害的一种具有不稳定性，对于可能出现的灾害需做到提前预判和防范，以高效应对潜在风险。海上突发事件预防层面，应加强应对海上突发事件的人力和物力储备，除了培养壮大专业监测人员之外，需要定期进行模拟演练，并对演练数据和真实事件加以对比，不断提高专业监测人员的综合素养，以应对海上紧急突发事件，确保监测环节高效、准确，从而形成质量有保证的应对方案，最大程度上防止海洋遭受二次伤害。同时，提高硬件监测设备的效能，包括监测仪器的便携度、综合性能、操作简易度，注意仪器的修复、保养，以良好的"作战状态"应对一切可预知的和不可预知的风险和挑战。

（二）禁止填海造地，保护现有海洋面积

保护海洋面积与退耕还林还草、保护现有耕地是一样的道理，海洋环境同耕地面积一样"不可再生"。新加坡为岛国，耕地面积相对有限，但是新加坡此前就颁布过填海造地的相关禁令。可见，海洋和陆地是互补的关系。因此，保护现有海洋面积同样是未来海洋环境保护工作的重心。

（三）"绿化"海洋发展措施

2016 年，新加坡国家研究基金会设立了海洋科学研究与发展计划（MSRDP），进一步保护珊瑚礁；在《新加坡蓝色计划 2018》中，6 个外岛潮汐线下的海岸划定为海洋生物多样性保护区；2022 年 3 月，公布了由海事及港务管理局和行业合作伙伴协商制定的《新加坡海事脱碳蓝图：迈向 2050》，以促进海运业可持续发展；2030 年起，新加坡港口运营的新港口船舶须完全电动化或采用净零排放的燃料驱动。绿色项目的开展能够有效减少大气中碳排放，从而保证海底生物的呼吸质量，以便海洋生物能够更好地繁衍生息。从现实层面出发，人类在从事相关海洋活动时，需要本着"绿化"意识，以相关绿化政策为指导，化被动为主动，发挥主观能动性，把绿化发展落到实处，强化海洋环境保护意识，如轮船定期保养避免船舶泄漏。

（四）建造垃圾循环利用系统，提高资源利用效率

近年来，经济快速发展使得包括新加坡在内的许多沿海国家和地区土地需求量增多，每年填海规模不断增大，传统的砂石填料已无法满足需求；与此同时，城市固体废物也随着城市化发展而增多，其中以生活垃圾焚烧后残留的废渣、海

洋淤泥以及建筑工程废土数量尤为庞大。实际上，现存垃圾可实行分类分级处理，在此基础上回收利用，对于个别"顽固型"有害垃圾进行源头生产监测，动态监测垃圾的最终去向；对于消费者，进一步普及垃圾分类常识，从垃圾分类试点、调整到再次推广，让垃圾分类知识进入寻常百姓家，降低违法处理垃圾的惩罚门槛；对于生产者，生产相关塑料用品或口罩时，对其垃圾进行分类标记，提高后续的垃圾分类效率。

（五）加大海洋环保宣传教育与惩罚力度

新加坡的海洋属性表明其海上安全对国家安全具有决定性意义。一方面，新加坡处于重要的地理战略位置；另一方面，新加坡海洋污染指数较高是内外共同作用的结果。内因更多是新加坡在发展过程中导致的污染问题，包括海洋生态恶化、人类不合理活动、政府管理措施覆盖面不全等方面；外因则涉及海上贸易运输过程中存在的一些不稳定因素，大到石油泄漏、核污水的不合理排放、轮船意外触礁等，小至海上人员活动留下的垃圾、海上极端天气或洋流携带而来的海上垃圾。因此，海洋环境保护对于各国来说都是牵一发而动全身的系统性工程，需要建立预防、修复、整治三位一体的动态保护模式。首先，预防方面需要强化海洋环保教育和海洋保护知识普及，并加大海洋污染的惩罚力度。其次，修复方面可以利用现代科技并结合人文关切理念，选择使用对海洋伤害幅度最小的仪器设备，避免二次伤害。最后，整治方面是在源头处"绿化"现有垃圾、污水排放等，普及垃圾分类知识，规范垃圾分类处理，监测垃圾最后落脚点，在入海处设置第一层垃圾拦截保护网，最大限度减少垃圾进入海洋。加强海洋环保宣传，预防和保护并举，推出海洋环保示范区、海洋环保大使；强化海洋环保教育，结合标语和短视频等方式深入社区宣讲海洋环保知识，解读海洋和人类这一利益共同体关系，把海洋环保意识植根于生产生活的各个环节。

（六）多渠道加大海洋生态环保宣传力度

海洋环境生态保护需要个体参与，并结合国际海洋环保大势、国家海洋环保方针、社会海洋环保倡议，投身到海洋环保实践中。海洋环境保护措施可借助网络短视频或短剧形式，联合各大相关平台推出海洋保护主题短剧，如"海洋深蓝守护者"等。如此一来，有利于人们对海洋环境保护产生情感共鸣，逐步形成保护共识，进一步推进海洋保护事业进程。海洋环境保护需以国家政策为导向，落实到社会、团体和个人层面，从而提出更全面、高效、可执行的解决方案。

五、结语

海洋生态保护是关系到人类发展的重要命题。以新加坡为例,探讨了新加坡海洋生态保护的困境及其成因,发现主要有以下原因值得思考,历史保护措施不到位、自然生态恶化、人类活动影响等,并梳理了新加坡海洋生态保护的系列措施,综合提出了"防治、教育、宣传"三位一体的建设性意见,以期对我国海洋生态保护提供可供借鉴的对策。

参考文献

[1] 董宇昕. 新加坡海洋经济发展及其与中国的合作研究 [D]. 厦门:厦门大学,2021.

[2] 王勤. 新加坡全球海洋中心城市构建及其启示 [J]. 广西社会科学,2022(4):42-51.

[3] 胡德坤,王丹桂. 古代海上丝绸之路与新加坡早期港口的兴衰 [J]. 史林,2020(4):186-195+221-222.

[4] 汪广丰. 新加坡污水处理与水资源开发 [J]. 城乡建设,2013(5):83-85.

[5] 洪丽娟. 新加坡港海洋污染预防综述 [J]. 交通环保,1995(5):23-28.

[6] 张舒. 新加坡海洋经济发展现状与展望 [J]. 中国产经,2018(2):75-79.

[7] 曹宇峰,蓝虹,黄央央. 多参数水质测试仪在海洋环境污染应急监测中的应用 [J]. 海洋开发与管理,2017,34(08):62-64.

[8] 王群,桂筱羽. 新加坡海洋生态保护的政策实践及启示 [J]. 自然资源情报,2023(6):49-55.

[9] 武冬青,郭琳. 新加坡固体废物循环利用于填海造地技术的研究进展 [J]. 环境科学研究,2018,31(07):1174-1181.

[10] 李忠林. 美国—新加坡海洋安全合作新态势 [J]. 国际论坛,2018,20(01):46-52+80-81.

马来西亚对染疫遗体处理的政策制定、困境及对策

魏明宽[①] 任江辉[②]

一、前言

新冠病毒在世界性的传播给人类带来了前所未有的挑战，各国政府根据本国或本地区的疫情状况均采取了不同的政策和措施。而作为东南亚国家之一的马来西亚政府及其相关部门在疫情暴发时也采取了相应的政策和措施。但是由于国情及其社会状况的差异，马来西亚政府根据疫情的实际状况和人文特点，对防疫政策进行了适时的调整。尤其对于染疫遗体的处理政策，马来西亚政府及其各部门根据不同族群的人文礼仪、不同地区的殡葬习惯，及时地出台了相关的政策。然而，由于各种社会条件的限制以及对疫情认知程度的差异，面对的挑战也是巨大的。因此，对于染疫遗体的处理问题，便成为马来西亚政府面对疫情危机急需合理处置的社会治理课题。

二、马来西亚染疫遗体处理问题产生的历史语境

新冠肺炎病毒一暴发，其传播速度之快、传播范围之广，史无前例。因此各

[①]马来亚大学中文系。
[②]集美大学外国语学院。

国在防疫上第一时间的措施往往决定了后期防疫、抗疫的难度。当新冠肺炎病毒在新加坡社区间蔓延时，马来西亚一度挡下了第一波疫情。曾经担任眼科医师的副首相旺阿兹莎（Wan Azizah）主持联邦内阁常设的跨部委平台"国家灾难管理机构"（NADMA），协调政府抗疫。旺阿兹莎与卫生部长祖基菲里阿迈德（Dzulkefly Ahmad），经常亲自主持内阁的跨部门会议及记者会，宣布马来西亚开始限制外国旅客入境，与新加坡成立边境管制措施联合委员会，随后也加强监管港口船只出入。在严格管控下，马来西亚从 2020 年 2 月 17 日开始接连 10 天没有新增确诊病例，2 月 27 日，境内 22 名确诊患者都康复出院。然而，同日，一场宗教集会打破了防疫缺口——全球最大宗教团体之一的穆斯林"传教会"、传教士大集会（Tablighi Jama'at / Tabligh Akbar）在吉隆坡近郊的大城堡清真寺大厅隆重举行，来自 20 多个国家的万余名信徒聚集祈祷和聆听布道，一直延续到 3 月 1 日结束。结果，这次集会导致了马来西亚染疫人数骤增。截至 3 月 22 日，马来西亚 1306 个确诊病例中，有 62% 是参加"大城堡"聚会的穆斯林信徒。到 4 月 7 日为止，在马来西亚确诊的 3963 例中，仍有 42% 与此聚会有关。这是因为疫情传染源不仅发生于大城堡清真寺，还蔓延到临近区域，随着病毒携带者（即病患或潜在病患）的流动在不同地方不断形成了感染源。4 月 8 日，在邻国连续两天确诊病例降至个位数时，卫生总监拿督诺希山直言："如果没有 16000 人集会，或许我们的病例少于泰国，这是我们的推测，因为有 30%～40% 的病例是与大城堡清真集会有关。"可见相关集会对疫情的蔓延、防疫措施的实施产生了很大的影响。

然而，人们对新冠肺炎的传播途径、范围、速度乃至变异的概率与危害程度，所知有限。因此，马来西亚卫生部（Kementerian Kesihatan Malaysia）等部门初步拟定了疫情期间处理疑似/可能/确诊感染新冠病毒遗体的指南，其他部门及时遵照该指南，也为后来国家复苏计划的 4 阶段、对穆斯林和非穆斯林群体的丧葬具体化的标准作业模式的出台奠定了基础。如此一来，马来西亚对染疫遗体的处理政策便不断实施和开展起来。

三、马来西亚染疫遗体处理政策的演变

（一）从"暂定"到"正式"的演变

对病毒感染源的限制与预防，是马来西亚政府防疫、抗疫的重点。根据世界卫生组织拟定的葬礼操作指南，基本上在建议防护措施之余兼具人道主义色彩，

例如并无强烈要求取消一般丧礼。相关指南是各国的参考,但由于国家对于国民有较直接的义务和责任,因此所制定的对策较为严谨。马来西亚政府也是如此,基于本国的实际国情考虑到现实中不易判断死者是否死于新冠病毒的情况,将疫情期间疑似/可能/确诊(Suspected /Probable /Confirmed)的死亡情况都一视同仁,须按 2020 年颁布的《附件 20:处理疑似/可能/确诊感染新冠疫情的指南》操作。

随着对疫情认知的加深,马来西亚政府对于新冠疫情的防控指南,经过了"暂行"到"正式"的过程。根据《马来西亚 2019 年新型冠状病毒(2019-nCoV)管理指南第 2/2020 号》(Guidelines 2019 Novel Coronavirus(2019-nCoV)Management in Malaysia No. 2/2020)第 56 页中的《附件 20:处理疑似/可能/确诊新冠病毒遗体暂行指南》,共有 4 个主要方面:A. 将疑似/可能/确诊感染 2019 年新型冠状病毒的尸体从急诊科或病房运送至太平间的指南;B. 疑似或可能感染新型冠状病毒的死亡病例的处理指南;C. 疑似/可能感染新型冠状病毒死亡病例的尸检指南;D. 处置疑似/可能/确诊新型冠状病毒病例中死者的指南。

不久,该《暂行指南》(Interim Guideline)正式变更成为《指南》(Guideline)。2020 年 2 月 8 日,卫生部颁布的《马来西亚 2019 年新型冠状病毒(2019-nCoV)管理指南第 3/2020 号》(Guidelines 2019-nCoV Management No. 3/2020),《附件 20:处理疑似/可能/确诊新冠病毒遗体暂行指南》去除了标题和内文的"暂行"字眼,而多达 8 页的内容基本没有改动。2 月 26 日,卫生部颁布的《马来西亚 2019 年新型冠状病毒(2019-nCoV)管理指南第 4/2020 号》(Guidelines 2019-nCoV Management No. 4/2020)则在最后两页增加了新的"B. 疑似或可能感染 2019-nCoV 病毒的死亡病例的处理指南",其中值得注意的是允许确认死者身份的亲属最多可达 3 位。此外,5 月 25 日拟定的《马来西亚 2019 年新型冠状病毒(2019-nCoV)管理指南第 5/2020 号》,其中的《附件 20:处理疑似或确诊新冠尸体的指南》较先前的指南一方面排除了"可能",只针对"疑似""确诊"案例指导处理;但另一方面,将原本 2020 年的三条指南进一步细化、扩大至五条指南。具体来说,这项新《指南》包括:A. 从急诊室或病房向停尸房运送疑似或确诊为新冠病毒尸体的指南;B. 处理疑似或确诊新冠病毒患者入院前死亡病例的指南(包括:B1. 处理由警方以外人员带入的疑似或确诊新冠病毒尸体的指南;B2. 由警方送往殓房的疑似或确诊新冠病毒尸体的指南);C. 处理感染新冠病毒尸体的指南;D. 处理疑似或确诊新冠病毒尸体的建议个人防护装备(PPE);E. 对疑似或确诊感染新冠病毒尸体的管理。相较之下,新《指南》减轻了防疫费用（将原定两层尸袋改为一层）、适度完成穆斯林殡葬仪式（允许医疗人员在穿着全套防护服的条件下为穆斯林遗体沐浴），但对于非穆斯林的殡葬仍旧不能更衣，代替的是以新衣覆盖在遗体之上，避免更衣过程造成病毒扩散等。

由此可见，马来西亚政府对于染疫遗体的处理政策从模糊到明朗，从"暂行"到"正式"，可操作性、可运行性更为清晰，操作规范则更为详实，更加具有实践性。

（二）不同族群殡葬的分类管理

除了上述对染疫遗体的处理政策从"暂行"过渡到"正式"以外，马来西亚根据不同族群的殡葬管理也有了具体的措施。

从2021年6月开始，马来西亚国家安全理事会公布的《分阶段国家复苏计划的实施参数》（Parameter Pelaksanaan Pelan Pemulihan Negara Berfasa），将国家复苏计划分为四个阶段进行，每个阶段将对应实施不同等级行动管制令，这其中就包括了殡葬事宜。关于穆斯林殡葬方面，仅注明：从第一到第四阶段，穆斯林遗体的殡葬管理须遵循州宗教局（Berkuasa Agama Negeri）的规定；而非穆斯林遗体的殡葬管理则须遵循国家团结部（Kementerian Perpaduan Negara）的规定。此外，值得注意的是，相关复苏计划对于非穆斯林染疫遗体的丧葬处理及出席的家属人数有明文规定，即参与遗体准备事务的家庭成员不超过5人、参与最终凭吊仪式的家属不超过10人（第四阶段为20人）。

值得一提的是，国家在2020年8月更新相关标准作业程序，推出了《国家复苏计划第一阶段期间非穆斯林埋葬管理的标准作业程序》《国家复苏计划第二阶段期间非穆斯林埋葬管理的标准作业程序》《国家复苏计划第三阶段期间非穆斯林埋葬管理的标准作业程序》及《国家复苏计划第四阶段期间非穆斯林埋葬管理的标准作业程序》。相关标准作业程序将非穆斯林葬礼划分为若干部分，并提出了较明确的做法，其中最为大众所关注的是人数管控。人数管控方面，从风俗习惯的角度考虑，有了一定程度的增加和宽容。

一方面，根据以上4份标准作业程序，其变与不变，展示了国家团结部对非穆斯林殡葬的通融和坚持。在变化方面包括：①在出席凭吊、参与火化或土葬、祭祀活动，可参与人数上限随着各阶段提高（从10人增至20人）；②第三至第四阶段，整合了教堂和火葬场的规定，这是因为考虑到火葬场与教堂性质相近，或是火化后马上进行祈祷、超度等。其他条例基本上在所有四个阶段都是基本保持不变。

另一方面，为了更符合伊斯兰教义合理地处理染疫穆斯林遗体，一个专门组织——马来西亚伊斯兰教发展局于2020年3月20日成立，并推出了适用于穆斯林群体的《新冠肺炎穆斯林葬礼管理程序指南》。这份指南包括2020年版本和2022年版本。相关指南由马来西亚伊斯兰教发展局（Jabatan Kemajuan Islam Malaysia）领衔，与马来西亚卫生部（Kementerian Kesihatan Malaysia）、联邦直辖区伊斯兰教法诠释厅（Pejabat Mufti Wilayah Persekutuan）以及联邦直辖区伊斯兰教局（Jabatan Agama Islam Wilayah Persekutuan）共同筹备。这意味着相关指南高度重视伊斯兰教义，在防控疫情传播的标准作业程序的约束下，指导如何实践于殡葬中。在2020年版本的指南中，首相署部长拿督祖尔基夫利·穆罕默德·巴克里（Zulkifli Mohamad Al-Bakri）希望这份指南能够为全国各地染疫遗体管理人员和处理人员提供有用的参考和指导，使他们能够按照伊斯兰教法和标准作业程序履行职责。这些指南并不否定各州伊斯兰宗教当局发布的其他指南的可行性和有效性，只要它们符合伊斯兰教法的要求并符合马来西亚伊斯兰教事务委员会（Majlis Kebangsaan Bagi Hal Ehwal Ugama Islam Malaysia）的规定，而这种调整还需要符合马来西亚卫生部目前有效的规定和政策。值得一提的是，这份指南参考了马来西亚新冠肺炎管理指南 No.5/ 2020（COVID-19 Management Guidelines in Malaysia No.5/ 2020）的《附件20：处理疑似/可能/确诊新冠病毒遗体暂行指南》的基本指南。具体而言，2022年版比2020年版去除、增添或细化了某些部分，起到更严谨的指导作用。

四、马来西亚染疫遗体处理的困境

尽管马来西亚政府的相关标准作业程序拟定目的是降低人员因不当接触相关遗体而染疫，但其实践过程或多或少挑战了医护人员、殡葬业者以及死者家属的穆斯林群体、非穆斯林群体的身心，染疫遗体处理的困境不断出现。

（一）医务人员的负担

新冠疫情期间骤增的死亡率，加重了马来西亚法医部的工作负担。2020年3月，双溪毛糯医院（Hospital Sungai Buloh）被指定为专治新冠肺炎的医院，该院法医部副主任陈然致医生受命负责相关病例尸体检查。陈医生指出，一般法医大部分工作与尸检相关，也涉及勘查死亡现场、向警方举证及准备验尸报告。在疫情期间则增加两个部分：①监督医院内染病逝世死者遗体的处理程序；②在警方要求下对院前死亡（Brought in Dead）病例做尸检。

因此，避免遗体传染也是法医人员需要规避的风险之一。尽管当时没有科学证明遗体的病毒可以传染到活人身上，但已知病毒可以在物体表面存活，因此法医涉及尸检时，往往身穿个人防护装备，并对遗体进行鼻喉拭子检测（Swab Test）。其中雪兰莪州的疫情最严重，因此几乎每例院前死亡病例都需要进行相关测试，只有检测结果呈阴性反应的病例可在双溪毛糯医院做尸检；由于双溪毛糯医院没有剖验新冠染疫遗体的设备，因此如果呈阳性反应，他们则必须讨论是否有必要冒着感染病毒的风险，把遗体送往法医研究所（吉隆坡中央医院法医部）尸检，以确认死因。

频繁照护染疫患者也相应增加了医护人员确诊新冠肺炎的风险。2020年12月，雪兰莪卫生局就证实了巴生中央医院有约50名医护人员确诊，在双溪毛糯医院接受治疗。此外，法医和医务人员长时间身穿全套防护服，闷热难耐，进食、如厕不便，再加上进行频繁消毒、尸体检查、尸体运输和存放等活动，被迫长时间远离家庭，极度考验相关人员体力、身心的忍受力。

（二）染疫遗体处理的设备短缺

设备短缺也是一大难题，足以安全解剖染疫遗体的尸检设备在高死亡率面前显得杯水车薪。吉隆坡中央医院（HKL）的国家法医研究所（IPFN）法医阿末哈菲占表示：国内政府医院已出现尸检设备短缺的问题。吉隆坡中央医院设有设备齐全的尸检室，为高风险的新冠死亡病例进行尸检。目前，国内只有三家政府医院备有第三级别生物安全实验室设施（BSL-3），HKL就是其中一家。其余两家医院是吉打亚罗士打苏丹后峇希雅医院（Hospital Sultanah Bahiyah）和沙巴亚庇伊丽莎白女皇医院（Queen Elizabeth Hospital, Kota Kinabalu）。可想而知，疫情下的高死亡率意味着第三级别生物安全实验室设施的高需求性，仅三所第三级别生物安全实验室设施应付整个国家的染疫遗体，也形成遗体排队等待尸检的窘境。

疫情肆虐造成的高死亡率，也导致火化场排队等待时间拉长。一般而言，政府火化场遗体火化可在两天完成；但疫情暴发后，预约排队火化却需要等待超过一星期时间。根本原因有两个：①各地区的火化场只处理相关地区的遗体，例如吉隆坡政府火化场仅接受吉隆坡地区医院的染疫遗体，而雪兰莪州政府火化场或私营火化场则处理州内地区医院的染疫遗体；②火化炉单日运作效率有限，如蕉赖（Cheras）政府火化场有7个火化炉，每个炉单日可处理4具遗体，即一天最多火化28名往生者，而八打灵再也（Petaling Jaya）政府火化场和私人火化场规模不大，能火化的遗体数量也有限。因火化排队时间延长也造成了存放遗体空间与时间窘迫的问题。

（三）殡葬业者的困惑

在马来西亚实行行动管制令初期，部分殡葬业者一度自认为受到忽视。自 2021 年 5 月 30 日起，政府禁止大部分行业运作，仅允许 17 个领域营运，但殡葬业不在其中。马来西亚殡葬协会会长江泰壕指出：一些殡葬业者只好在国家团结部官员指示下申请工作准证，但在 31 日收到公函告知无效。6 月 1 日起，马来西亚开始实行全面行动管制令（Total Lockdown），但业者尚没等到最新的申请程序。殡葬业无法获得批准，导致了全国几天内的殡葬活动受阻，业者和死者家属都无所适从。此外，殡葬业者作为仅次于医疗人员接触染疫遗体的工作者，并未被政府列为需要优先注射疫苗的群体，而全国疫苗接种程序速度也让业者心急如焚。

此外，在行动管制令下，殡葬业者也面临其他挑战。例如，殡葬业者不能跨州处理葬礼、因标准作业模式模糊而面临罚款风险，自 3 月 11 日起的违反管制行为将招致罚款（个人罚款可高达马币 1 万令吉，公司罚款可高达马币 5 万令吉）。对于处理非穆斯林葬礼的殡葬业者，若违反标准作业模式将可能遭国家团结部吊销营业执照的处罚。总之，殡葬业者的困境不断加剧。

（四）染疫遗体亲属的困扰

染疫遗体家属的难处和困扰颇多，其中之一便是告别时间短暂。政府规定新冠肺炎死者的遗体必须在 12 小时内火化，而穆斯林的遗体则须在 12 小时内装在密封袋内下葬。过于短促的葬礼，导致死者亲属难以消化离别的情绪。许多亲属在死者住院隔离期便分离，再见面已是天人永隔，且只能透过棺木的小窗口短暂瞻仰遗容。有些因标准作业程序而被限制距离，可以因执行者出于同理心透过科技手段来实现。一站式遗体管理中心运营总监艾哈迈德哈菲扎姆哈斯米（Ahmad Hafizam Hasmi）博士表示：一些新冠肺炎病患从染病到病逝都在医院，其家属由始至终不能探望，甚至不能跟死者道别，因此家属深感痛苦。

在标准作业程序下，相关染疫遗体在出院后就要尽快火化，因此一些传统丧礼必须精简，不能将遗体带回家或在殡仪馆超度、打斋几天。火化取得骨灰后，可最多做三天两夜的丧礼，没有足够时间让死者家属从守丧期中逐渐释怀。

此外，家属对行动管制令的人数限制方面表示困惑。因为丧礼人数管制的对象模糊，以至于曾有家属在守丧期遭到罚款。

(五) 抗疫费用的激增

抗疫费用的不断增多大大提高了马来西亚卫生部的总支出，而其中又以处理遗体费用为最多。卫生部第二副部长拿督阿戈达干表示：从 2020 年开始至 2021 年 9 月 10 日，卫生部共花费了马币 812.8 万令吉用于对抗新冠疫情，拨款给医院处理新冠肺炎死者遗体的经费占了大部分，高达马币 650 万令吉。在 2020 年，卫生部花费约马币 89.8 万令吉，而 2021 年花费马币 720 万令吉。在津贴方面，卫生部为包括参与新冠疫情的医生和其他医护人员在内的前线工作人员提供的新冠疫情特别津贴，从每月马币 400 令吉增加至马币 600 令吉。其他参与国家新冠疫情事务的公务员也同样获得这项每月马币 600 令吉津贴。截至 2021 年 9 月 30 日，卫生部总共耗资马币 9.16 亿令吉，作为卫生部员工的特别津贴。在行动管制令下百业停息、经济下滑的情况下，庞大的抗疫支出成为马来西亚政府沉重的负担。

五、马来西亚染疫遗体处理的对策

随着人们对新冠病毒传播原理的理解加深，在合理条件下最大程度减轻医疗人员、殡葬业者及死者亲属负担的措施，在马来西亚各个部门也逐步得到实施，在不同层面上缓解了各种矛盾，一定程度上解决了各种问题。尤其在实践中注重以下问题的合理解决。

(一) 仪式问题

相关部门在拟定和修改仪式方面，应多考虑仪式履行的可行性。目前，穆斯林的遗体可由经过训练的相关人员沐浴洁净，但非穆斯林的更衣环节依然不能按原仪式进行。因此相关准则制定单位应充分考量相关仪式的实践对于死者家属的重要意义，可以拟定出更合乎人情的准则。人之常情与防疫指南的冲突应该得到合理的解决。许多家庭成员因为与染疫亲人有过亲密接触，被要求隔离，因此错过了照看染疫亲人甚至是错过与之生前道别。随着对新冠病毒的传染途径、潜伏期的理解加深以及防疫技术的提高，应尽可能在实现缩短隔离期、符合防护条件等情况下，允许近亲探望即将不久于人世的病患。相关部门可在制定防疫规范的基础上，适当尊重传统的丧葬礼仪。

(二) 心理问题

政府部门应在最大化防疫效果的标准作业模式的前提下，检讨处理染疫遗体相关的流程，简化或取消可免则免的环节，减少医疗人员、殡葬人员、警方以及死者亲属的时间和精力的消耗。此外，不少医疗人员在专业执行上也曾处理过自己亲戚朋友的遗体，但限于专业而必须克己，许多死者家属受限于行动管制令和处理遗体指南而不能亲自凭吊死者，造成遗憾，诸如此类的悲剧往往影响相关人群的心理。因此，政府有必要提供对应的心理咨询，帮助他们走出伤痛，积极调整社会大众的心态，从而解决死者家属乃至整个社会的悲观情绪。

（三）人手问题

马来西亚的医疗体系在疫情期间人手不足的问题亟待解决。由于只能安葬在指定墓地，或在指定火葬场火化，公共医疗体系的人员特别是直接负责相关遗体的法医部人员不足的问题明显。医疗人员可以将部分专业训练与技能传授于殡葬业者，让后者减轻医疗系统的人力负担，因医疗人手不足、染疫遗体大增而导致处理遗体的流程不尽如人意，因此部分原先由殡葬业者处理的环节（如为遗体沐浴、更衣等）可以让殡葬人员在受训、增加防护后继续进行。在殡葬业者掌握相关专业操作技术后，可在卫生部监督情况下（甚至独立作业）在亲属意向的墓地或火葬场处理后事。在适当的条件下，柔性处理可以节省大量的人力物力，缓解人手不足的困境。

（四）设备问题

随着马来西亚新冠疫情死亡人数的不断增加，处理染疫遗体的设备不足问题也日益严重。在尸检室方面，如吉隆坡中央医院国家法医研究所法医阿末哈菲占所言，能够降低病毒在尸检室外传播风险的 BSL-3 级别设施，应设立于全国 13 州。假如无法实现这点，那折中方案是设立一个流动式 BSL-3 尸检室，可避免病毒在遗体运送至尸检室的过程中意外散播，且这类流动尸检室可以根据各地疫情波动而调动，这不仅节省运送尸检的时间，也可以减缓遗体的腐烂速度。此外，卫生部在遗体存放方面也可以考虑与私人企业合作，在出现遗体处理不及时、必须大量存放时，可征用或租借存放遗体的集运箱，这样便可弹性处理相关问题。此外，人们在处理遗体方面，可以在主要的火葬场适当更新或增加火化炉，或是探讨其他处理葬礼的方式和手段（如溶化遗体的水葬、节能的环保葬等），尽可能缓解抗疫设备不足的难题。

（五）费用支出问题

与上述设备不足的问题同时存在的还有费用支出的问题，这一问题也一直困扰着马来西亚政府的财政部门。随着染疫遗体的不断增多，其相应的费用支出也不断上升。马来西亚的各大医院处理染疫遗体的费用已占了卫生部抗疫支出的最大部分，因此有必要检讨整个处理染疫遗体流程，分析在各个防疫过程中是否存在过度防护的非必要消耗，尽可能地节省开支。在用品方面，尸袋的使用从两个改为一个，说明在了解病毒传染途径的前提下某些用品是可斟酌减少的。此外，在检测遗体是否染疫方面，其费用支出也较大，应利用电脑断层扫描（CT Scan）或其他检测途径，来降低染疫遗体处理的费用支出。

因此，在处理新冠疫情这种突如其来的危机时，应根据国情实事求是地分析现状，及时地调整政策，厘清运作细则，针对染疫遗体处理的不同族群，从礼仪程序、人手配备、心理建设、设备供应、费用支出等方面不断进行变更及改善，从而有效地处理社会危机，促进社会治理的顺畅运行。

六、结语

新冠疫情在全球暴发，在全世界范围蔓延，给世人带来了前所未有的冲击。作为东南亚国家的马来西亚，其疫情状况也随着传染扩散的广度和深度不断加剧，染疫遗体数量也日益增多。因此，如何及时地处理这些数量众多的染疫遗体，便成为马来西亚政府及各个部门面临的难题。然而，从医务人员的沉重负担到防疫设备的极度短缺，从殡葬业者的深度困惑到死者家属的痛苦状况，从抗疫费用的不断增加到社会情绪的悲观化，使得马来西亚政府对于日益剧增的染疫遗体感到十分棘手。面对如此困境，马来西亚政府的染疫遗体处理的相关政策也从模糊、暂定、严格的初步路线，向明朗、正式、人性化的运作细则过渡。因此，对于染疫遗体处理，不应过于模糊，也不应过于严苛。政府部门应该结合马来西亚的国情，具体问题具体分析，并在坚持防疫基本指南的条件下，根据实际状况作出合理的运行细则，做到防疫的科学性和合理性，减少社会的负面情绪，缓和社会的各种矛盾，以实现在特殊疫情状况下合情、合理、合法地处理疫情及其衍生问题，从而达到社会治理的和谐统一。

参考文献

[1] Parameter Pelaksanaan Pelan Pemulihan Negara Berfasa［EB/OL］.（2021-06-27）[2023-07-12］. https：//asset. mkn. gov. my/web/wp-content/uploads/sites/3/2019/08/27-Jun-2021-Parameter-Pelaksanaan-Pelan-Pemulihan-Negara-Berfasa. pdf.

［2］马来西亚伊斯兰教发展局，马来西亚卫生部，联邦直辖区伊斯兰教法诠释厅及联邦直辖区伊斯兰教局．新冠肺炎穆斯林葬礼管理程序指南2020年版［EB/OL］．(2020-06-27)［2023-08-10］．https：//www.islam.gov.my/ms/garis-panduan/496-garis-panduan-tatacara-pengurusan-jenazah-orang-islam-covid-19．

［3］马来西亚伊斯兰教发展局，马来西亚卫生部，联邦直辖区伊斯兰教法诠释厅及联邦直辖区伊斯兰教局．新冠肺炎穆斯林葬礼管理程序指南2022年版［EB/OL］．(2022-07-10)［2023-08-10］．https：//www.islam.gov.my/images/garis-panduan/TATACARA_PENGURUSAN_JENAZAH_ORANG_ISLAM_COVID-19_EDISI_2022.pdf．

［4］Batal permit badan pengurusanpengebumianlanggar SOP［EB/OL］．(2021-06-22)［2023-08-02］．https：//www.sinarharian.com.my/article/145688/berita/semasa/batal-permit-badan-pengurusan-pengebumian-langgar-sop．

新加坡生育新政及启示研究

许平[①]

一、引言

  2023年2月14日，新加坡副总理兼财务部长黄循财在国会上发表的年度财政预算案声明中包括强有力的生育支持新政策。新政在原有生育支持政策的基础上提出了一系列可行性措施，例如提高生育奖励和津贴、延长父亲陪产假等。这一举措引起了广泛的关注。20世纪中期以来，新加坡的生育政策经历了一个从"抑制生育"到"鼓励优生"到"全面鼓励生育"的历史演变过程。尽管目前的政策实施情况未达到政府预期效果，但在一定程度上减缓了生育率下降速度；而且其政策的开展时间早，运作时间长，涉及面广，举措灵活多样，有许多值得借鉴之处。2021年《中共中央 国务院关于优化生育政策促进人口长期均衡发展的决定》公布，中国正式实施三孩政策以及配套措施。新加坡的政策发展路径与中国有很多相似之处，所积累的经验教训可以作为进一步优化我国生育政策的明鉴。

  本文尝试对新加坡各个时期的生育政策进行梳理，深入分析具体政策的实施效果，并结合中国人口现状与问题，以期为我国的进一步鼓励生育政策提供可行性建议。

[①]集美大学外国语学院。

二、新加坡人口和生育政策的历史演变

(一) 新加坡人口的历史演变

二战后,许多国家经历了"战后婴儿潮",新加坡也不例外。1945 年后,其出生人口快速增长;1947—1959 年建国初期,新生儿总数超过 100 万。独立初期,其总人口数量处于不断增长的趋势,1960 年到 2020 年,人口增长了两倍多。自 20 世纪 60 年代起,总体呈下滑趋势。直至 2003 年跌落到最低谷 1.47%。通过各种政策调整,2008 年情况有所缓和,上升到 5.32%。但下滑趋势势不可挡,2020 年新加坡人口增长率为 0.312%。2020 年全国人口普查数据,新加坡人口总数为 568.58 万。其中,非居民人口 164 万,永久居民 52 万,新加坡公民 352 万。在过去 10 年,也是新加坡自 1965 年建国独立以来增幅最慢的 10 年,新加坡总人口年均增长仅为 1.1%。

从总和生育率(TFR)的发展变化来看,1947—1959 年建国初期,新加坡的总和生育率在 6 以上;1963 年新加坡与马来西亚合并;1965 年脱离马来西亚联邦,正式宣布独立。在这段时期,政治比较动荡,经济相对落后,失业率也很高(12%)。国家面临着粮食短缺、住房紧张、医疗卫生和教育落后等问题。人民平均生活水平较低,出现大量的贫民。而在 1964—1966 年总和生育率超过 4,这让新加坡政府倍感压力,于是 1966 年提出限制生育的政策,提倡一对夫妻生两个孩子就够了。并借用媒体做了大量的宣传,主要倡导:无论生男生女,两个孩子就好(Girl or boy, two is enough.);并提倡两个孩子之间要间隔几年(Put some years between us.);小家庭,未来更美好(Small families, brighter future.)。针对结婚的年龄,也提倡晚婚晚育(Take your time to say "yes".)(见图 1)。1970 年提出"Stop at Two"的口号。这个政策的推行导致新加坡的总和生育率迅速下降,1985 年降到了 1.61%。到了 1986 年,总和生育率降到了 1.43%,已经掉进"低生育率陷阱"。新加坡政府意识到问题的严重性,于是开始进行政策转向。1987 年,首次制定了鼓励生育的政策,提出"Have Three or More if you can afford",力挽生育率不断下滑的趋势。对于这个问题,新加坡国父李光耀感到无力,他曾说:"人口问题对新加坡造成的威胁是最大的,但是这个问题我无从解决,也早已放弃,只能交给下一代人了。"政府于 2000—2015 年陆续推出了第二轮的鼓励政策,不断加大支持力度,从生、养、育全方位进行政策调整,可谓用心良苦,然而所做的一切努力还是没能改变生育率整体下滑的趋势。到了 2018

年新加坡的总和生育率降为1.14%（见图2）。

图1　新加坡二孩政策的宣传画

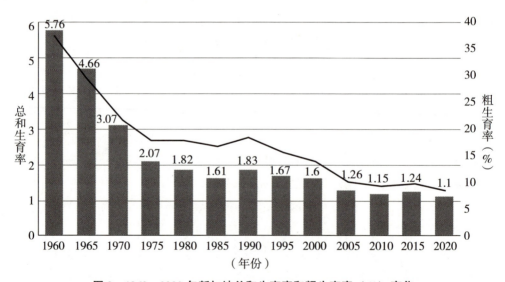

图2　1960—2020年新加坡总和生育率和粗生育率（%）变化

（二）新加坡生育政策的历史变迁

新加坡自独立前期至今的生育政策可划分为以下六个阶段。

1. 政府间接参与计划生育活动阶段（1949—1965 年）

这个时期，政府对国民人口生育的干预不多，只是提供少量财政支持，进行公共宣传，通过民间志愿组织新加坡计划生育协会促进人口控制。

2. 抑制生育阶段（1966—1983 年）

由于政治动荡，经济发展落后，政府采取了一系列抑制生育发展的措施。1966 年推行家庭计划，将生育率降到替代水平；1968 年修改《就业法案》，在职女性有权利享受产前产后各 4 周的带薪产假，但仅限于前三胎；1969 年立法允许堕胎；1970 年制定自愿节育法；1973 年将私人部门女性带薪产假限至前两胎。对前两胎收取较低的分娩费，对三胎及以上大幅度提高分娩费；修订公共住房方案，家庭规模不再是获得公共住房优先权的标准。

3. 鼓励优生阶段（1984—1987 年）

在这一时期，为了提高新生人口的素质，政府对高学历女性子女税款实行减免；贫困或低学历的家庭如在生育第一胎或第二胎后绝育，能获得一万新元的现金补贴；提高生育三胎之后的住院分娩费，给学历低的女性施加压力减少生育。

4. 选择性鼓励三孩生育阶段（1987—1999 年）

这一阶段，政府还是没有全面放开生育计划，仍然秉着发展精英的原则，选择性鼓励生育。为在职母亲子女和高学历女性提供退税减免；保健储蓄账户可用于支付分娩费用，且由前两胎扩展到第三胎；政府允许生育第三胎的家庭提前三年以市场价卖掉房子。

5. 进一步鼓励生育阶段（2000—2020 年）

2000 年政府分两个层级为第二胎和第三胎孩子设立幼儿津贴；2001 年开始推出"结婚生育配套"政策。2004 年规定前两胎的生育退税 10000 新元，取消年龄限制；在职母亲子女税款减免，取消学历限制；降低照顾子女的女佣税和提供祖父母育孙税款减免。除此以外，政府计划提供丰厚的幼儿津贴并减免分娩费；给予购买婚用住房的年轻人提供住房补贴；并设置工作与生活平衡发展基金。2008 年多生多育的家庭继续享受税款减免。延长在职母亲享受的带薪产假到 16 周并提供托婴补贴。2013 年政府再次提高幼儿津贴、改善父母亲的产假福利。设立育儿优先配屋计划和育儿短期住屋计划；鼓励企业推行灵活工作制，推出工作与生活平衡津贴。另外，将生育保护期延长至孕妇的整个怀孕期，解决生育可能带来的失业问题。

6. 疫情后的鼓励生育政策（2021 年至今）

疫情三年给全球经济和人口带来了严重的冲击。新加坡积极抗击疫情，受疫情影响最严重的餐饮、服务、航空等行业渐渐复苏。政府于 2023 年出台了新的生育支持政策，希望提高国人的生育热情。新加坡籍婴儿，无论是第几胎，家长都将获得额外 3000 元婴儿花红现金奖励；从 2025 估税年起，政府也将取消外籍女佣税估税扣税。呼吁"爸爸们也要加入育儿过程中"。2024 年 1 月 1 日起，迎接新生儿的父亲可享有的有薪陪产假将从目前的两周增至四周；育有两岁以下孩子的在职父母，在孩子出生的首两年内，各自可拿一年 12 天的无薪育婴假。

总体上说，新加坡的生育政策具有一定的时代性、多样化和高灵敏度。在不同的经济社会局势下，当局者能审时度势，积极迅速地做出政策调整。政府最初只是进行政策干预，当发现人口生育率呈下降趋势时，立刻全方位地进行多策并举，延长政策覆盖周期，并建立综合性的生育保障支持体系。在政策针对的人群方面，新加坡之前是针对精英人群，即具有高学历的女性和经济条件优渥的家庭；到了现在，不再局限于这些人群，而是面向所有具有潜在生育力的群体。

三、新加坡生育政策的特点

（一）高灵敏度

新加坡在 1985 年总和生育率处于 1.6% 的时候就开始意识到危机。政府毅然解散了家庭计划组织，开始从顶层设计着手鼓励生育。李光耀总理面对形势，不顾舆论的压力，开始实施政策转向，从"抑制"转向"鼓励"。1984—1987 年，政府提倡精英阶层多生育并限制贫困和低学历阶层的生育；在 1987—1999 年，仍然奉行优生优育的原则。然而，在这样的优生政策下，经济条件好或高学历的家庭并没有积极地响应政府号召，新加坡的生育率仍然持续走低。于是政府果断扩大政策覆盖面，在 2000 年后陆续推出进一步全面鼓励生育计划，从"鼓励优生"到"选择性鼓励"再到"全面鼓励"，凡是有生育潜能的家庭都成为政策支持的对象。

从这样一个政策的演变过程来看，新加坡的政府在制定政策方面一直是比较灵活多变的，能根据时代变迁和阶段性政策的实施效果进行灵活转向，充分体现了其调整的高灵敏度[8]。

（二）人性化

新加坡为了将国家打造成一个最适宜居住和养育孩子的地方，出台了众多举措，其鼓励生育政策已经覆盖了"父母相识—结婚—买房—备孕—生育—成长教育"的全过程（见图 3）。设身处地为民众的每一步着想，解决生育路上的主要困难。国民不生育的一个主要原因是育儿成本太高,于是政府从即将踏入婚姻的阶段开始入手,解决年轻人住房问题;接着从女性备孕就开始提供相对应的经济支持,比如减免应付人工受孕疗程的费用,提供孕妇保健医疗计划,资助住院分娩费,解决"生"的问题;等孩子出生后,又有各种经济补助;为了缓解日常生活开销,还开展了社保援助计划、社区关怀计划等。新加坡的托育保障也是做得相当到位。不但如此,还呼吁"爸爸们也要加入到育儿过程中",健康和谐的家庭,有助于孩子成长。总而言之,无论是"生""养"还是"育"方面的支持都充分体现出政策的人性化。

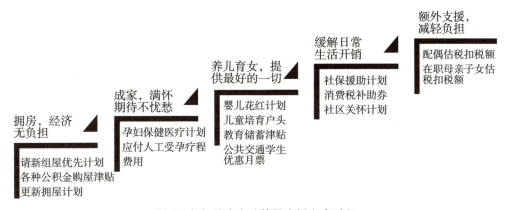

图3 新加坡生育政策贯穿婚育全过程

(三) 多样化

政府为儿童实施婴儿花红计划(Baby Bonus Scheme),具体包括:限时一次性补贴、现金津贴、儿童培育户头(Child Development Account)、新生儿保健储蓄津贴、终身健保、育婴和托儿服务津贴以及幼儿园经济援助计划。孩子到了学龄阶段,还有一系列针对不同阶段的津贴或奖学金计划。

同时也推出了一系列针对父母们的福利政策,如假期福利和减税福利。除了税收以外,政府还从相亲、购房(育儿优先配屋计划)、医疗等方方面面提供政策支持,例如:孕妇保健医疗计划(Medisave Maternity Package)、辅助受孕技术(ART)资助计划(加强)-公共医院疗程。

这些政策涉及多个领域,如婚恋、住房、托幼保育、减税退税、平衡工作与家庭和保护女性就业权利等。更有甚者,还利用社交媒体开展各项宣传活动。打出"你约会,政府买单"的口号,开展丰富多彩的大型相亲活动;新加坡总理兼"第一网红"李显龙在多个场合、多次表态,鼓励大家生娃并直言:"新加坡土地空间、组屋、房价都不是问题，关键是缺宝宝！"国父李光耀在面对高学历精英人才的场合上当面鼓励他们早婚早育。各种举措层出不穷，形式多样。

四、新加坡生育政策实施效果和原因分析

（一）新加坡生育政策实施效果

1. 从总体上看，政策的实施在一定程度上缓解了生育率下降的幅度（每年下降的幅度为6%左右）。但这一系列的结婚生育配套政策，也没能扭转新加坡生育率下降的趋势。

2. 从教育与不同学历女性的就业情况来看，鼓励生育政策在一定程度上起到了稳定不同学历女性生育率的作用。1990年，没有完成中学学业的新加坡女性比大学毕业的女性多生一个孩子，2000年以后，这一差距变成0.5个。大专以下学历女性的生育率上升缓慢，其他学历的女性生育率基本上保持稳定。在政府出台保护女性就业相关政策后其下降幅度有所缓解。

3. 从族群方面看，政策对新加坡不同族群生育率产生不同的影响。鼓励生育政策减缓了新加坡华裔（占总人口75%左右）生育率下降过快的趋势。新加坡马来人（占总人口14%左右）的生育率提高较为显著，说明政府的经济支助政策对马来人来说还是有一定的吸引力。政策也同样抑制了新加坡印度人（占总人口8%左右）的生育率的快速下降。

（二）政策实施效果不显著的原因分析

1. 政策调控方向因素

由于政府提倡精英教育，1984—1987年推行的是优生政策，鼓励高学历的夫妇多生育，限制贫困和低学历的家庭的生育。1987—1999年，为了扭转生育率持续下滑的局面，政府采用选择性地鼓励生育三孩的政策。政府在税收减免、带薪产假以及小学注册优先权等方面又进行了转向调整，但仍然偏重对高学历家庭的支持。然而事与愿违，高学历群体并没有太强烈的生育意愿。因此在这一阶段，政府的政策实施效果并不理想。

2. 社会文化因素

由于经济发展和时代变迁，新加坡人的价值观、生活方式和婚育观念发生了巨大的变化，越来越多的年轻人不再把结婚生子作为人生的必然选择。虽然也有

一部分人确实有生育的意愿,但新加坡向来崇尚"精英教育",优生优育的成本非常高。孩子在同伴群体中所面临的压力和挑战也是令人望而生却。新加坡从小学到大学采取层层分流、优胜劣汰的方式,而且公立大学的毛入学率仅为25%左右,竞争非常激烈。

除此以外,媒体给人们观念带来了许多负面的冲击。媒体不断充斥着战争、资源短缺、疾病、失业、家庭破碎以及人与人之间的淡漠等负面信息,使人对未来产生恐惧、不安和无望,这些也降低了人们的生育意愿。

3. 经济发展因素

新加坡虽然国家小,经济上却十分发达。同时也是一个资源匮乏、空间有限、人口密集的国家,需要依靠高效率、高质量和高创新来保持经济增长。经济学人智库在《2018年度全球生活成本报告》中提出,连续5年新加坡被评为全球生活成本最高的城市。因此,新加坡人也面临着高度竞争、高压力和生活高成本的问题。这些困难和负担,让新加坡人对养育孩子感到不自信和不乐意,认为孩子会给自己带来更多的麻烦和开支。

社会的发展导致人们观念的转变,加上经济压力,导致了新加坡人结婚率的下降、婚姻年龄的延后、离婚率的上升以及生育率的降低。尽管新加坡政府处心积虑出台各种优惠政策,但并没有达到预期的效果。

五、对中国的启示与建议

(一)两国政策演变的相似处

新加坡和我国的生育政策演变历程有许多相似之处(见表1)。

表1 中新两国生育政策演变历程对比

新加坡		中国	
1949—1965年	政府间接参与计划生育活动阶段	1950—1970年	政府鼓励生育
1966—1983年	抑制生育阶段	1970—1979年	谨慎控制生育,少生、晚生
1984—1987年	鼓励优生阶段	1980—2015年	实施一胎政策
1987—1999年	选择性鼓励三孩生育阶段		
2000—2020年	进一步鼓励生育阶段	2016—2020年	全面放开二胎
2021年至今	疫情后的鼓励生育政策	2021年至今	三孩政策

从以上新加坡和我国的生育政策演变历程的罗列和对比中不难看出，两国都在国家政策层面经历了抑制生育到鼓励生育的转向，而且如今都面临低生育率的问题。中新两国在政策发展、顶层设计、计生手段和实施效果上有许多相似之处。不同的是，政府调整时机不同。新加坡早在20世纪80年代初就提出鼓励三胎及以上的生育政策。政府调控强度不同。新加坡政府主要采取以利益为导向的生育政策，主要通过辅助性举措控制人口；而中国主要采取强制性命令的生育政策。新加坡政策转向早，有长达40多年的政策转向经验，并且政策灵活多变、较为人性化，许多举措值得中国参考借鉴。

（二）中国人口现状与问题

中国人口现状十分严峻，主要面临三个方面的问题：出生率下降、人口老龄化、人口迁移流向变化。

此外，新生儿数量不断下降，二胎占比不断提高。育龄妇女人数的减少是核心原因。据统计，2021年15~49岁育龄妇女比上一年减少了将近500万，其中21~35岁生育旺盛期的育龄妇女减少约300万。另外，2013年，出生人口中二孩占比为30%，到了2021年上升为43%。

如此看来，中国人口未来的趋势不容乐观。中国的城市化进程正在加速，这将进一步加剧人口迁徙流向的变化。中国的老龄化程度正在加深，这将对社会保障和医疗服务等方面带来更大的压力。政府应该加强人口政策和措施的制定和落实，大力鼓励生育，以实现经济和社会的可持续发展。

（三）启示与建议

回顾我国与新加坡的生育政策历史变迁历程以及我国当前人口现状与问题，获得以下几点启示。

1. 聚焦顶层设计，完善生育政策

（1）提供经济支持。新加坡政府推出了婴儿花红计划，各种退税免税政策，包括降低女佣税、设立祖父母育孙减税等。其税收的减免种类之多、减免税的额度之高令人不禁佩服政府的投入力度。这些经济支助大大降低了国民的生育成本。在中国，孩子的生育成本也很高。家庭在孩子养育方面，特别是教育方面的投入大大增加。国家应加大鼓励生育的财政投入，尝试打造全方位的鼓励生育体系。在生育补助、托育津贴、教育补助以及减免子女个税，对贫困家庭给予经济补贴方面加大支持力度，减少国民育儿的经济压力。

当然，在三孩政策下，中国也要审慎使用大范围、高额度的现金补助，应倡导周期性的家庭支持政策。建议可以先选择某一座城市作为试点，探索一些支持政策的可行性和有效性。特别要注意避免过犹不及，造成新的社会问题。例如在加拿大等一些发达国家，由于每生一个孩子家长每月可以得到几千元的政府资助，以至于一些女性不去工作，专靠生育孩子来度日。这样的家庭往往是单亲家庭，这种作为对孩子有可能造成心理隐患。这也是许多资本主义国家福利制度造成的"懒人经济"的一个弊端。

（2）加强女性就业权利保护，建立灵活的产假制度。调查数据显示，女性劳动参与对生育率的增长起到显著的负面影响。围绕女性的生育困境，可以有家庭和社会两方面的政策支持。在家庭方面，增加代际支持。鼓励老人分担育儿负担，政府给予适当的经济补助；延长男性员工的带薪产假，让父亲更多参与育儿过程，改善家庭关系；给予女性相对自由的工作时间安排，建立灵活的工作制度。在社会方面，做好鼓励生育的宣传工作，使社会了解女性在生育、家庭和就业之间所面临的压力，消除传统性别观念。政府应对能积极配合政策的企业给予经济奖励和税收优惠。此外，建立灵活产假制度，使育儿女性享有更长的带薪产假。

（3）建立和完善以技术服务为支撑的完整性托育服务体系，多方面构建积极生育支持政策体系。新加坡的托育服务体系比较完善，值得借鉴。政府支持两类学前教育机构：一类是婴儿护理中心（护理对象为2~18个月的婴儿）和托儿所（服务对象是18个月~6岁以下的儿童）；另一类是幼儿园，为3~7岁幼儿提供学前教育课程。政府对父母也提供了各种相应的补贴。

目前我国的托育体系尚未健全，无法满足家庭的需求。3~6岁学前教育体系已经相对完善，而0~3岁儿童的托育机构的建设却有待加强，在许多地方甚至仍处于空白状态。因此，建立完整的托育服务体系势在必行。政府应充分考虑父母的托儿需求，条件允许的话可以在父母上班的单位附近设立托育机构，减少父母育儿的后顾之忧。

2. 顺应时代潮流，施行符合本国特色和时代特色的举措

（1）透过媒体，改变人们的生育观念。在现代信息时代，媒体对人们思想观念的影响巨大。它会影响人的认知能力、价值观从而影响人的选择和行为。透过优秀的积极正向的媒体传播，可以改变人们对事物的认知和看法，包括人们的生育观念。由于当代媒体信息充斥着许多负面的思想潮流，人们对环境、对婚姻家庭、对未来抱着不乐观的态度，这些大大影响了国民，特别是年轻人的生育观。政府需要透过媒体,宣扬正向的生育观念,改变人们的思想。

(2)在学校教育方面,除了给学龄孩子减负外,也要给家长减负。随着社会的发展,教师的信息素养不断提高,这也给家长们造成了许多困惑。教师们通过微信、QQ 等平台,建立许多信息群,要求家长督促学生完成各种任务。通常一个班级就有 4~5 个信息群,几乎每天都不间断地布置任务。不但有学生要完成的作业任务,也有家长要完成的各种平台打卡任务。一旦家长认真执行政府的三孩政策,可想而知,一天要面对三个孩子的十几个信息群、各种作业和家长任务,这无疑是一个繁重的任务。因此,教育部门不但要给学龄孩子减负,也要考虑到多孩家庭家长的教育负担。

(3)通过完善法律法规,严惩虐待儿童的教育人员,保障国民的育儿安全感。新加坡是全世界法治最完善的国家之一,以其严惩罪犯而著称。2023 年,新加坡发生了一起"虐童"事件。在某学前教育中心,一名女教师被曝暴力对待儿童。新加坡幼儿培育署严肃对待,警方介入调查。之后,女教师被解雇,因违反儿童与青少年法令,被判 8 年牢狱和 8000 新币的罚款。新加坡严厉的刑法,给予国民养育孩子的安全感。这也是可以效仿的地方。我国可以加大对贩卖孩子、虐待儿童的罪犯的处罚力度,以保障公民的生育安全感。

六、结语

在中国这样一个泱泱大国,人口均衡发展是一个漫长而艰难的发展过程,需要群策群力,聚焦顶层设计,自上而下地进行宏观调控。新加坡生育新政的颁布让我们对我国生育政策的进一步发展有更多的思考。透过阐述新加坡的生育政策的历史演变、分析政策的特点和实施效果,结合中国的人口生育政策的转向和当前面临的严峻局势,认为中国应向其他国家借鉴学习,取其精华去其糟粕,扫清国民生育中所遇到的障碍,并通过法律等途径有力保证国民的生存安全感和育儿安全感,从而建立科学合理的鼓励生育政策,推动人口均衡发展。

参考文献

[1] 桂林翠,卢艳. 新加坡生育政策从抑制到鼓励的演变及对我国的启示 [J]. 中国物价, 2022 (10): 124-128.

[2] 李叶明. 计划管用,奖励无效?——新加坡生育政策之启示 [J]. 同舟共进, 2018 (12): 29-30.

[3] 刘玮玮. 新加坡生育政策的变迁、成效及启示 [J]. 人口与社会, 2020, 36 (05): 14-29.

[4] 苏瑞福. 新加坡人口研究 [M]. 薛学了, 王艳, 等译. 厦门: 厦门大学出版社, 2009.

[5] 牛姗, 曹丽娜. 日本、韩国、新加坡、中国台湾生育率比较分析 [J]. 统计与管理, 2020, 35 (10): 103-109.

[6] 李栩栩. 降低生育成本加强配套措施——以新加坡为例 [J]. 人口与健康, 2022 (04): 12-14.

[7] 保罗·莫兰. 人口版图 [M]. 路远, 译. 北京: 中信出版社, 2023.

[8] 泰米卡·宋可欧, 陆浩杨, 吕耀中. 国际背景下东南亚/东盟高等教育的问题与挑战 [J]. 世界教育信息, 2017, 30 (3): 12-18.

[9] 姚丹, 曾君. 中国与新加坡生育政策对比研究 [J]. 成都师范学院学报, 2017, 33 (04): 119-124.

[10] 寒辛. 新加坡、韩国生育政策变化及启示 [J]. 决策与信息, 2014 (04): 51-52.

[11] 金英玉. 日韩新加坡鼓励生育政策对中国的启示 [J]. 吉林金融研究, 2022 (12): 39-44.

[12] 于欣平, 卢博扬. 中国人口老龄化现状及积极应对人口老龄化措施分析 [J]. 经济师, 2023 (02): 21-22.

[13] 薛继亮, 等. 中国生育的宏观现象和微观解释 [M]. 北京: 中国社会科学出版社, 2022.

新加坡"下一代港口"规划动态研究

蒋莹[①]

一、研究背景

福建作为海上丝绸之路的重要起点,是21世纪海上丝绸之路核心区,也是连接台湾海峡东西岸的重要通道,"港口是福建省建设海上丝绸之路核心区、实施海上丝绸之路建设的最佳切入点与关键突破点"。厦门作为经济特区的先行城市,不仅拥有地理位置、自身港口的有利条件,还具备自贸区、"海丝"核心区等多区叠加的优势,如何提高港口的运作水平和服务效率,推进港口高质量发展,对厦门深度融入"海丝"核心区以及提升福建的对外开放水平具有战略意义。2023年厦门与新加坡缔结友好港,"迈出积极打造海丝战略节点城市的重要一步,也是促进区域合作、加强厦门港辐射力、推动港口高质量发展的举措"。

新加坡作为海上和陆上丝绸之路的重要枢纽,连续10年蝉联全球航运中心城市综合实力第一名,除了地理区位及天然的港口优势,其成熟的全球航运服务生态系统及港口发展理念与战略值得探究。2015年新加坡海事及港务管理局(以下简称MPA)首席执行官安德鲁·谭(Andrew Tan)提出了"2030年下一

[①] 集美大学外国语学院。

代港口"（简称"NGP 2030"）的愿景，即高效港口、安全港口、智慧港口、绿色和基于社区的港口，使用自动化、仿真及人工智能等先进技术提升港口的操作能力，促进港口与城市的和谐发展。新加坡港口的数字化、自动化和可持续发展目标，也是港口应对全球性挑战的努力方向。

本研究拟收集 2020—2023 年媒体关于新加坡海事及港务管理局（MPA）与新加坡国际港务集团（PSA）的报道，梳理新加坡港口建设的发展动态，追踪新加坡"2030 年下一代港口"规划的实施进程，从而全方位归纳新一代港口建设的战略举措，以供厦门港口建设与规划参考，为厦门港与新加坡港探索新的合作空间提供方向。此外，基于需求的人才培养对就业、港口及城市发展都不可或缺，以 MPA 与 PSA 的人才需求及其与高校合作的人才培养计划，梳理未来港口转型所需的专业与课程，旨在为开设航运物流管理方向的院校提供参考。

二、重要情况梳理

本文以 MPA 和 PSA 为主要研究对象，以时间为主轴，收集关于新加坡港口建设与发展大事件的新闻报道（见表 1 及表 2），以及对不同阶段 MPA 首席执行官的采访（见表 3），并列出其重要战略措施。

表 1　MPA 大事记

时间	大事记	具体措施	战略
2020 年	MPA 启动数码海洋倡议，推出 digitalPORT@SG 数字港口计划	一站式清关服务，促进互操作性并最大限度发挥数字化的优势，提高通关效率	海事数字港口生态系统
2021 年 8 月 1 日	建立全球海事脱碳中心（GCMD），强化海事研发能力，绿色科技研发	集合航运业与能源业的力量探索脱碳路径、制定标准、部署解决方案以及资助项目	绿色港；跨国、跨领域合作
2022 年 3 月	《新加坡海事脱碳蓝图：迈向 2050》（以下简称"蓝图 2050"）	MPA 支持七个关键领域的脱碳努力：港口码头；国内港口船舶；未来船用燃料、燃油标准和基础设施；新加坡船舶登记处；海事组织及其他国际平台的努力；研发与人才培养；碳意识、碳核算和绿色金融	绿色港：多领域的去碳措施

续表

时间	大事记	具体措施	战略
2023年3月20日	MPA与国际海事组织（IMO）、挪威气候与环境部签署新的备忘录	开展技术合作，协助发展中国家实现船舶和港口的减排	绿色港：跨国合作去碳
2022年4月7日	MPA与IMO共建航运脱碳数据库：NextGEN Connect数据库	凝聚航运界、学术界和国际研究中心的力量，为特定航线的航运脱碳试验提供包容性的解决方案	绿色港：大数据
2022年8月2日	MPA与鹿特丹港务局签署合作备忘录	建立绿色和数字航运走廊，实现低碳和零碳的航运	跨国建设绿色和数字航运走廊
2023年4月24日	MPA与洛杉矶港和长滩港签署谅解备忘录	建立新加坡和圣佩德罗湾港口综合体之间的绿色和数字航运走廊，支持海运业的脱碳并通过数字化提高运营效率	
2023年6月2日	2025年底前建立新加坡—澳大利亚绿色和数字航运走廊	建立低碳和零碳燃料供应链以及绿色港口服务和航运业务，加速绿色船舶燃料来源的开发和使用；确定数字航运解决方案，促进高效的港口停靠和货物流动，两国港口间的无纸化处理，确保相关系统之间的互操作性	
2023年4月17日	MPA与壳牌东方贸易有限公司（Shell）签署备忘录	推动在新加坡采用电动港口船和开发低碳、零碳燃料，包括在电动港口船的充电基础设施方面以及培训船员处理、操作和维护使用新型燃料船只的合作	利用能源方面的专业知识
2023年4月25日	MPA和PSA更新备忘录	深化港口科技研发合作，聚焦自动化、机器人、数字和永续发展方案，研发数字和减碳解决方案	自动化、数字化方向
2023年4月27日	MPA与八家船级社签署意向书	海事数字化和脱碳的合作：智能和自主航运、网络安全、电气化以及零碳和低碳燃料等领域	绿色港、数字港

表 2　PSA 大事记

时间	大事记	具体措施	战略
2021 年	PSA 宣布碳中和目标和路径：2050 年实现净零碳排放	采用新技术和新能源加速碳减排；设施设备的电气化，开发分散式风电、分布式太阳能光伏项目，优化用能结构，开发可持续供应链解决方案	明确去碳目标与路径
2022 年 1 月 23 日	PSA 与东方海外（OOCL）完成环保试点项目	缩短新加坡境内的空箱提取和归还的总运输距离，"每趟运输的碳排放量可平均减少 93% 的千克二氧化碳当量"。改善供应链效率，提升卡车的生产力，以及减少运输过程的碳排放	改善供应链效率
2022 年 7 月	PSA 打造"个人碳账户"	PSA 借助碳云设计专属"员工碳账户"，激励员工在办公与生活场景的低碳行为；将在东北亚地区推广"碳账户"小程序，力求与码头、供应链、数字化、可持续发展板块的伙伴践行可持续发展	低碳文化建设与推广
2022 年 10 月 10 日	PSA 加入"丝路联盟"（Silk Alliance）推动海上脱碳	跨供应链的海事合作伙伴关系，为在新加坡和亚洲地区运营的集装箱船制定针对特定船队的燃料转型战略	丝路战略优势

三、因果分析研究

2022 年 4 月第 16 届新加坡海事周的主题为"转型促增长"，航运业在数字化、智能化浪潮中又迎来绿色脱碳转型的巨浪。正如副总理王瑞杰在开幕式的演讲所述，新加坡一直在"乘风破浪，寻找新机遇"并积极部署应对变革。新加坡的港口部门与关联行业群策群力为港口的发展与建设付出积极努力，并对外寻求合作共同应对航运业转型的挑战。从表 1 与表 2 可见，新加坡重视海运生态圈的构建，国内通过政策支持、资源整合、相关产业链协同（如物流供应链、码头运营）、创新与研发（以可持续为目标的科技创新、设备升级）打造内循环，对外通过与跨国、同领域伙伴（如 PSA 与 OOCL）、跨领域伙伴（如 MPA 与石油公司 BP）合作以达成协同发展的外循环。

表 3 专访 MPA 首席执行官

专访对象	具体措施	战略
柯丽芬专访（2022年2月信德海事网，2022年6月宁波交通广播）	建设大士港（Tuas Port）为智能化、可持续的下一代港口，将现有码头的集装箱活动整合到大士港，提高生产力、优化土地利用和增强可持续性。电动的自动堆场起重机和无人驾驶自动导引车，通过自动化减少碳足迹。港口、物流业、制造业等配套行业的整合发挥协同效应	资源整合，发挥协调效应
	数字港口计划：数字化解决方案，提高港口运营的效率。一站式门户 digitalPORT@ SG™ 等数字化工具、Just-in-Time 及时服务提高港口运营效率，减少船舶周转时间。MPA 与国际伙伴建立 digitalOCEANS™（开放/通用交换和网络标准化）共同开发和协调用于港口清关流程的数据标准	数字化生态链系统
	2021 年 MPA 发布航运业员工职业转换计划，面向想在港口运营、航运和海事服务中担任新角色的员工，以适应未来航运业转型	转型期的人才培养
张英智专访（2023年7月20日中国船检）	MPA 与主要贸易伙伴合作建立绿色和数字航运走廊（GDSC），提高全球供应链的韧性、效率和可持续性；绿色走廊建设：聚焦绿色燃料与发动机的研发和可行性试验，支持能源转型的新型海上燃料处理和加注的新监管安全标准或指南；数字走廊建设：聚焦船舶到达准时制（JIT）的试验和示范，港口清关、检查、文件无纸化的最佳实践分享	绿色和数字航运走廊
	MPA 为海事科技（MarineTech）生态系统提供了大量的需求驱动者和解决方案提供商，与研究机构和海事行业合作开发新产品和服务。与初创企业合作，创造有利的环境，并帮助将解决方案与种子资金和风险资本相匹配。（见图1）新加坡海事研究机构（SMI）与新生态系统相辅相成促进海事行业的转型	海事创新生态系统

新加坡"NGP 2030"以大士港的智能港口建设为核心，围绕绿色港、数字港建设，注重港口生态系统建设，以跨国、跨领域合作建设绿色和数字航运走廊助力港口脱碳目标的实现，本文从以下三个方面来分析。

（一）智慧港口建设

海事数字港口生态系统是新一代港口的亮点，"数字解决方案，提高港口和供应链的效率和弹性"。自动化码头、智能船舶交通管理系统和数字化社区港口，应用大量的数字化举措合理协调、计划和分配资源，提高港口作业效率，减少船舶停歇与周转时间，将信息、智能与港口操作融合有助于提高港口竞争力。

充满活力的海事创新生态系统（见图1）是新一代港口的另一个亮点。2019年，MPA首席执行官柯丽芬表示，"数字化是发展'充满活力的海事生态系统'的关键，要利用好区块链和大数据等新数字技术"。研发社区、科技开发公司与初创公司共同为海运行业提供问题解决方案；协作平台帮助将解决方案与种子资金和风险资本相匹配，为海运业创新提供有利环境，从而打造环环相扣的创新生态系统。系统中的研发社区包括高校研究所、研究所、卓越海事中心及智库，科技开发部门包括科技公司、海事科技公司等。初创企业社区包括初创企业、孵化器和风险投资商。MPA致力于为海事公司和初创企业建立一个充满活力和支持性的海事创新生态系统。新加坡海事研究机构及卓越海事中心与新生态系统相辅相成。

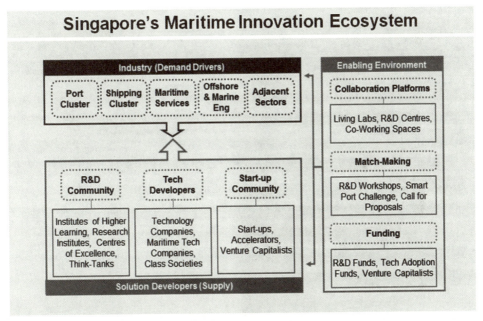

图1　新加坡海洋创新生态系统

资料来源：https://www.mpa.gov.sg/maritime-singapore/innovation-and-r-d/maritime-innovation-ecosystem.

（二）绿色港口建设

从2011年出台《新加坡绿色海运计划》，即"绿色船舶项目、绿色港口项目和绿色能源与技术项目"到2022年发布的"蓝图2050"（见图2），彰显新加坡建设绿色、可持续发展港口的决心。陈洁敏（2022）通过对比两版绿色港口规划发现，2022年版本"以路线图形式给出港区碳中和目标时间节点，以技术、政策等综合举措推动航运能源变革，以广泛深入的合作抢占国际绿色航运制高点，以产业化思维探索绿色航运技术商业可行性"为其四大特点。两个版本展现了新加坡绿色港口建设历经"初步探索船舶、港口、能源、技术的绿色化发展路径"到"形成综合性、系统性港口碳达峰碳中和实施路径"的质性飞跃。

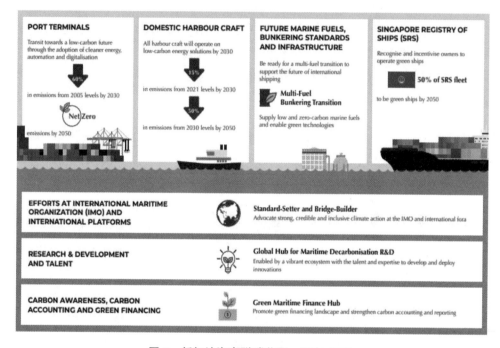

图 2　新加坡海事脱碳蓝图：迈向 2050

资料来源：https://www.mpa.gov.sg/regulations-advisory/maritime-singapore/sustainability/maritime-singapore-decarbonisation-blueprint.

采用自动化设备提高港口作业的安全性和生产效率，提高大士港的韧性，并为港口工人创造更好的就业机会。使用电气化设备和车辆、智能电源管理平台和绿色建筑，有助于大士港在2050年前实现净零排放的目标。到2050年，所有新加坡国内港口船舶、游艇和拖船达到净零排放目标，这与联合国的可持续发展目标、新加坡的国家绿色发展目标一致，也促使多行业、多部门为共同目标而努力。

新加坡采取主动积极的姿态在互联互通中寻求国际合作。新加坡对于港口脱碳目标的努力，以"蓝图2050"明确脱碳时间节点，通过敦促国内海运行业加快脱碳进程,并积极与伙伴国家建立绿色和数字航运走廊(GDSC),推动港口和能源生态系统之间的脱碳伙伴关系。GDSC 使港口与海事和能源价值链的利益相关者密切合作,加快部署低碳和零碳排放的解决方案。依托新加坡"独特的语言环境、金融政策、在全球航运的关键性空间区位致力于搭建全球绿色航运生态合作平台、分享绿色港口建设相关实践"。智慧港与绿色港建设形成良性的生态,并且与全球低碳发展的目标一致,为跨国合作奠定基础。

(三) 人才发展战略

海事运输行业正经历快速转型,数字化、可持续化对现有及未来从业人员带来巨大挑战,数字化发展的前提是人才培养,创新与人才能保持海运生态系统的活力。MPA 专注于改善当地的人才库,培养面向未来、技术娴熟的海事人才队伍。一方面为现有从业人员提供应对行业转型的培训,以保证其适应性。另一方面 MPA 为理工学院成绩优秀的本科生提供奖学金,为攻读海事课程的学生提供资助与实习机会,PSA 也为技术教育学院、地方理工学院的学生提供实习机会,为学术能力强的本科生设立奖学金;校企合作定向培养,能保证人才的培养质量,保持人才储备的良性循环。表 4 中,新加坡科技设计大学注重培养跨学科人才,开设多个跨学科专业,如信息系统科技与设计专业开设包括人工智能、数据分析、物联网和智能系统、网络安全等课程。具有跨学科知识、国际视野和创新能力,能满足航运转型需求的复合型人才是实现新一代港口建设的关键力量。

表 4　MPA 与 PSA 人才培养战略

培养战略	具体措施	专业与课程
MPA 与 PSA 联合支持新加坡国立大学开设海事技术与管理硕士[MSc(MTM)]旨在发展强大的海洋创新生态系统	为毕业生提供关键技能培训:工业系统开发、大数据分析和新兴港口技术(培训工人数字化)	工业工程师、海洋数据分析、工业系统应用程序设计、海事产业基础、港口物流与供应链、多式联运与物流
PSA 与新加坡科技设计大学合作开发人才培养,支持 PSA 的信息通信技术(ICT)基础设施网络	PSA 为课程提供与港口相关的内容、港口运营中使用的智能技术和系统;为学生提供数据分析,智能技术和信息通信技术领域实习机会	培养数据科学、信息通信和工程专业的人才

四、未来的预测和建议

厦门港与新加坡港将在航运网络、物流港口管理和信息技术领域开展交流，为厦门探索港口高质量发展提供契机，本文提出以下借鉴的方向。

（一）港口规划应注重与城市规划、产业布局协同发展

新加坡以全球海洋中心城市的定位与规划充分展现了城市规划与行业规划协同，打造港口生态圈，是提升港口核心竞争力的关键。整合现有的港口资源有利于提高港口运营效率，向自动化、电气化、智能化的港口方向转型，注重港口规划中上下游产业的协同发展。目前厦门港正在"优化码头功能布局，促进港产城融合发展，规划打造智慧、数字、绿色的高质量发展。智慧港口建设方面，已生成 18 个信息化、智慧化提升项目"。绿色港口建设方面，2022 年发布的《厦门港低碳发展行动方案》（以下简称低碳方案）从港口生产、水路运输、港航建设以及碳排放管理和创新能力四个方面提出推动厦门港全面低碳转型的 15 项主要任务，展现了厦门全面建设近零碳港口和低碳航运体系的远景目标。

从表 5 可见，"蓝图 2050"中的"研发与人才培养"与"碳意识与碳核算以及绿色金融"值得借鉴。"低碳方案"中的"创新能力"主要包括发挥科技创新的支撑作用，低碳负碳技术研发及示范应用，然而创新离不开人才培养。图 2 中，"蓝图 2050"的领域 6 为"研发与人才培养"，人才与专业人士构建充满活力的海事生态系统并且专注于开发和部署创新，最终达成构建全球海事脱碳中心的目标。研发与创新能保持港口生态圈的活力与生命力，而对现有从业人员的再培训与提升，以适应港口新发展需求，才能保证行业转型的平稳过渡。

表 5 《新加坡海事脱碳蓝图：迈向 2050》与《厦门港低碳发展行动方案》关键领域对比

关键领域	"蓝图 2050"	低碳方案
1	绿色码头	港口生产
2	国内港口船舶	水路运输
3	未来海运能源、燃油标准与绿色基础设施建设	港航建设
4	新加坡籍船舶	碳排放管理和创新能力
5	在国际海事组织（IMO）与国际平台的努力	
6	研发与人才培养	
7	碳意识与碳核算以及绿色金融	

本文图 2 中的"关键领域 7"可见，新加坡通过构建绿色融资格局和加强碳核算与报告，建立绿色海洋金融中心。除了港口的脱碳目标与行动，港口相关行业的脱碳意识也不可或缺，PSA 推动企业低碳文化建设并在港口关联行业推广的做法值得借鉴。打造港口生态圈需要相关产业的支撑，数字化、低碳化与城市发展目标齐头并进，实现港口与城市的可持续发展同频共振。

（二）以全球化视野开展合作，共谋高质量发展

充分发挥"海丝"核心区战略支点城市的区位优势，积极走出去与海丝沿线港口合作共谋高质量发展。新加坡的跨国跨领域合作方向值得探索。表 1 凸显了新加坡为航运去碳化的积极态度，与能源公司合作以借鉴其专业知识寻求去碳的措施，通过绿色走廊与跨国伙伴合作寻找解决方案，参与丝路联盟帮助发展中国家实现共同的目标，这些体现了习近平总书记提出的人类命运共同体理念，只有跨国界与跨领域的通力合作才能共同应对全球挑战。习近平总书记在第三届"一带一路"国际合作高峰论坛的演讲，深刻总结"互学互鉴、互利共赢的丝路精神是共建'一带一路'最重要的力量源泉"。厦门港要带着明确的方向与海丝沿线港口合作，践行"互联互通、互利互惠，谋求共同发展、合作共赢"，共同寻求应对海运业转型的途径，在互联互通中优化港口规划与发展战略，助推厦门港口高质量发展。

（三）创新和人才培养是实现航运业持续发展的动力

随着海事运输业的转型，对拥有数据分析、智能技术和信息通信技术、绿色供应链管理、清洁能源开发与利用等能力的人才需求将会增长，对港口设计与管理要求也在不断提高。校企合作培养与企业提供实践的模式更能保证人才的适应性。港务、港口开发部门与高校对接有助于对未来港口相关专业或课程设置的调整。基于需求分析的人才培养方案对高校的人才培养与就业起到积极作用，同时也为港口发展培养复合型人才。此外，高校的科研是港口生态圈的重要保障，高校科研人员、专业人才与行业资深管理人员、科技开发公司可以构建智库，攻克行业转型中出现的难题并针对需求提供解决方案。依托高校及科研机构加大对港口相关产业及科技的研发，能为未来的港口发展提供可持续发展的动力。

"港口是海上丝绸之路国际物流网络系统中最重要的物流节点，是陆向腹地和海向腹地的衔接点、国内和国际物流的交汇点，加强港口建设是融入海上丝绸之路建设的首要内容"。对于厦门来说，"港口是提升厦门城市竞争力的底层优势，也是畅通双循环的重要枢纽载体"。港口建设成为厦门打造新发展格局节点

城市的重要环节，打造港口生态圈，借助"一带一路"的契机深化与全球港口的合作，人才培养与科研助力，推动港口的高质量发展以及与城市的协同发展，从而形成国内国际双循环的高质量发展。

参考文献

[1] 潘静静，王莹. 福建省港口融入海上丝绸之路建设现状与思路［J］. 重庆交通大学学报（社会科学版），2018，18（1）：64-68.

[2] 信德海事绿色航运洞察2022-32周［EB/OL］.（2022-08-09）［2023-10-15］. https：//www.sohu.com/a/575452605_175033.

[3] 新加坡和澳大利亚2025年前建立绿色和数字化航运走廊［EB/OL］.（2023-06-06）［2023-10-23］. https：//xindemarinenews.com/world/48257.html.

[4] MPA与壳牌合作共同推动采用电动港口船、开发低碳零碳燃料［EB/OL］.（2023-04-20）［2023-10-30］. https：//info.chineseshipping.com.cn/cninfo/News/202304/t20230420_1376221.shtml.

[5] PSA与东方海外于新加坡完成环保试点项目 整合和优化岌巴分销园和码头堆场之间的集装箱运送［EB/OL］.（2022-06-23）［2023-10-20］. https：//www.oocl.com/schi/pressandmedia/pressreleases/2022/Pages/23Jun2022.aspx.

[6] 全球领先港口集团PSA携手碳阻迹打造"个人碳账户"，引领航运业可持续发展［EB/OL］.（2022-07-21）［2023-10-30］. http：//www.tanpaifang.com/tanguwen/2022/0721/88793.html.

[7] 专访新加坡海事及港务管理局局长柯丽芬［EB/OL］.（2022-02-09）［2023-10-20］. https：//xindemarinenews.com/topic/personage/2022/0209/36106.html.

[8] 专访新加坡海事及港务局局长柯丽芬：数字化、自动化、可持续发展，应对全球挑战的港口发展方案［EB/OL］.（2022-06-22）［2023-10-20］. https：//h5.nj.nbtv.cn/news.html?articleId=30697450.

[9] 王思佳. 为实现行业雄心助力——访新加坡海事局（MPA）局长张英智［J］. 中国船检，2023（06）：36-42.

[10] PSA加入丝路联盟以帮助推动海上脱碳［EB/OL］.（2022-10-08）［2023-10-20］. http：//www.simic.net.cn/news-show.php?id=261360.

[11] 陈洁敏，李文斌. 新加坡绿色港口建设经验及对深圳港的启示［J］. 交通与港航，2022，9（6）：86-91.

[12] 关注厦门港口高质量发展 提质增效 冲刺世界一流大港［EB/OL］.（2023-04-19）［2023-10-30］. https：//swt.fujian.gov.cn/xxgk/jgzn/jgcs/zmsyqzcyjs/zmzcc_gzdt/202304/t20230419_6151486.htm.

［13］厦门港发布全国首个港航领域低碳发展行动方案［EB/OL］.（2022-11-16）［2023-10-30］. https：//swt. fujian. gov. cn/xxgk/swdt/spzx/202211/t20221116_ 6055701. htm.

［14］厦门打造新发展格局节点城市：扩大更高水平对外开放 巩固提升"双循环"［EB/OL］.（2022-12-30）［2023-10-30］. https：//www. xmtv. cn/xmtv/2022-12-30/2b4f8648727ec964. html.

［15］Maritime Singapore Decarbonisation Blueprint：Working Towards 2050［R］.［EB/OL］.（2022-03-09）［2023-10-20］. https：//www. mpa. gov. sg/regulations-advisory/maritime-singapore/sustainability/maritime-singapore-decarbonisation-blueprint.

第四篇

文明互鉴研究

宋元时期后渚港与阿拉伯国家的商贸文化往来研究

陈婧[①]

一、引言

1974年,一艘南宋末年的远洋货船在后渚港港道边缘被发掘。这一古船是迄今为止世界上发现的年代最为久远、规模最为庞大的木帆船。完整的船身和大量随船出土的香料、药物、钱币和瓷器等,为人们研究古代海上丝绸之路提供了宝贵的历史线索。

南宋古船的发掘也将后渚港这一宋元时期泉州港内的重要大港展现在世人眼前。

二、后渚港兴盛的历史背景

古泉州港包含"三湾",即泉州湾、深沪湾和围头湾。在这得天独厚的天然港湾中,分布着众多支港,如后渚、崇武、秀涂、乌屿、蚶江、石湖、祥芝、永宁、深沪、围头、东石、安海等。"而在这许多支港中,尤以泉州湾的后渚港和围头湾的安海港最为重要。"深邃的水道、密集的港口、适宜的气候条件和优越

[①]集美大学外国语学院。

的地理环境，使得泉州港成为自古以来的天然良港。

在国力强盛、经济繁荣的唐朝，海外贸易上升，来到泉州进行商业活动的外国人日渐增多。当时，泉州已与广州、扬州、交州并称为中国四大对外贸易港口。从诗句"市井十洲人"中，我们可以窥见当时泉州港内繁华的景象。

五代时期，得益于人口增长和社会稳定，泉州经济持续发展。为了进一步满足海外贸易增长的需求，泉州城进行了扩建。刺桐树环城而种，而开放的刺桐花花红似火，花繁叶茂。泉州港的别名"刺桐港"由此而来。

至北宋建立，群雄割据、战乱不已、动荡不安的社会局面结束，统一的中央集权国家为社会经济的进一步发展奠定了基础。宋王朝重视海外贸易，实施了一系列积极的对外贸易政策，有效增加国库收入。元祐二年，北宋在泉州设置市舶司，专门管理涉外船舶、海外贸易及其征税和接待使者等相关涉外事务。市舶司的管理制度较为完善。如在市舶法则中，对商人出海前及转卖回货归国后的办事流程、进出口货物征收市舶税的方法及市舶官员奖惩机制一一做了详细的规定，有效保障了泉州港海外贸易的持续繁荣。泉州港日益兴盛，成为中外经济文化交流和海上贸易的重要门户。泉州港由此进入历史发展新阶段。及至南宋，海外通商贸易继续稳固发展，仅泉州港的市舶收入，就约占南宋末年政府年财政收入的1/40，令人称羡。

元世祖忽必烈统一中国，建立元朝后，十分重视恢复海外贸易交通。元朝除了沿袭宋朝制度，下令在泉州设置市舶提举司外，忽必烈在位期间采取措施，优化泉州市舶口岸与大都的航道，改善南北水陆通道，大大缩短了进入泉州港的舶来品抵达京城的时间。这一时期的泉州港外商云集，海外贸易空前繁荣鼎盛，成为马可波罗笔下比肩亚历山大港的东方大港，成为当之无愧的世界海外贸易中心。

后渚港位于历史文化名城泉州市东南，距离泉州湾湾口约 15 千米处，是古泉州港最为重要的支港。后渚港是我国宋元时期海上贸易的重要港口，见证了古代海上丝绸之路上泉州港的兴盛。它的发展与泉州港息息相关。作为泉州港内极其重要的港口，后渚港避风条件好，水陆交通便利，方便通往经济腹地，有利于远洋海船的停靠和启航，在宋元时期的海上丝绸之路上扮演着举足轻重的角色。

三、宋元时期泉州港内的阿拉伯后裔

据《泉州市对外经济贸易志》记载，伴随海上贸易的兴盛和造船业的日趋发达，宋元时期与泉州进行海洋贸易的国家和地区数量不断上升。这主要包括东亚的高丽、日本和琉球（今冲绳群岛）等，东南亚的三佛齐（今苏门答腊）、渤泥（今加里曼丹岛）、交趾（今越南北部）、占城（今越南南部）、真腊（今柬埔寨）等，南亚的南毗（今印度西南部马拉巴尔一带）、故临（今印度西南奎隆）、注辇（今印度科罗曼德尔沿岸）、高郎步（今斯里兰卡科伦坡）等，西南亚的麻嘉（今沙特阿拉伯麦加）、瓮蛮（今阿拉伯半岛东南部的阿曼）、记施（今波斯湾北岸的基什岛）、白达（今伊拉克首都巴格达）、弼斯啰（今波斯湾北岸巴士拉）、吉慈尼（今阿富汗加慈尼）、勿斯离（今伊拉克北境摩苏尔）等。

今天所说的西南亚地区或中东地区，在古代被称为"大食"，是阿拉伯地区伊斯兰诸教国的统称。

自泉州港出发前往西南亚的古代航线需南下，经由印度故临，换乘小船继续航行至阿拉伯海，到达波斯湾沿岸的"大食诸国"。而从大食诸国出发的船舶，则航行至印度的故临，改乘大船北上航行至目的地泉州港。值得一提的是，正是这条双向连通的西南亚重要航线，构筑起了古代东西方海洋贸易的桥梁，宋元时期的泉州港也因此保持着兴旺发达的国际贸易往来，而中国与阿拉伯国家的贸易关系也日益密切。正如周正非在《岭外代答》中所述："诸藩国之富盛、多宝货者，莫如大食国，其次阇婆国，其次三佛齐国。"此外，宋元时期开放包容的对外贸易政策，完善的对外贸易机构，极大鼓励了泉州港和阿拉伯国家海外贸易的开展。当时的泉州城内，有大量来自阿拉伯的商人。他们旅居泉州，融入当地生活，见证了中国与阿拉伯国家的友好往来。

四、宋元时期后渚港与阿拉伯国家的商贸文化互动

1877 年，德国地质地理学家李希霍芬在其著作《中国》一书中，把中国与中亚、印度等国间以丝绸贸易为代表的中西陆上通道命名为"丝绸之路"。这一提法很快为学术界和大众所认可并正式运用。多年后，法国著名汉学家沙畹于1903 年在其所著《西突厥史料》中提出，"丝路有海陆两道"。此后，"海上丝绸之路"一词被广泛使用，学术界对"海上丝绸之路"的研究也越来越深入和细化。事实上，在这两个名称被提出之前，无论是陆上还是海上，古代中国与海外的贸易交通早已存在。古代海上丝路主要有两条，即东海航线和南海航线。其中以南海为中心的航线途经国家和地区数量最多，极大促进了中国与沿线各国的海上贸易往来和文化交流，是当时沟通东西方国家的重要海上大通道。

2021 年 7 月 25 日，申遗项目《泉州：宋元中国的世界海洋商贸中心》成功列入《世界遗产名录》。以市舶司遗址、天后宫、清净寺、伊斯兰教圣墓等为代

表的 22 处古迹遗址，全方位、多维度地勾勒出宋元时期泉州海洋贸易繁盛的历史画卷。

透过这一系列留存至今的珍贵海洋贸易文化遗产，我们可以进一步走近历史，发掘海上丝绸之路精彩而生动的历史细节，追溯中国与古代海上丝绸之路沿线国家密切的经济文化交流。

经过对这些宝贵的古迹遗址进行详细梳理，可以发现宋元时期鼎盛的海洋贸易带来的不仅是货物的交换与流通，更为深远的是中国与沿线各国文明的互通与融合。宋元时期远道而来在泉州后渚港内进行海洋贸易的商人中，以阿拉伯人居多。笔者试着从这多处历史遗迹中探寻宋元时期中国与阿拉伯国家的商贸文化互动所带来的社会影响。

（一）推动妈祖信仰文化广泛传播

妈祖原名林默娘，诞生于宋建隆元年（960 年），是传说中以行善济世为己任、护佑出海人平安顺利的神明，是历代渔民、船工、海商、海员们共同信奉的神灵。妈祖在宋代被世人尊称为"湄洲神女"，妈祖信仰自诞生之日起便与海上丝绸之路的发展紧密联系、息息相关。古代人们出海航行，尤其是远渡重洋，不可避免会遇到极端恶劣天气，船毁人亡的危险时有发生。安全航行、平安归来是航海者关注的首要问题。受限于当时的科学技术手段，人们在船舶起航前会祭拜妈祖，或是把妈祖直接供奉在船上，以此将对生命的美好希望寄托于妈祖的保佑。

蒲寿庚是宋元时期定居泉州的阿拉伯籍海商。其家族世代经商，自阿拉伯来华贸易，于南宋嘉定十年（1217 年）从广州迁居泉州。元朝时蒲寿庚极其受重用。蒲氏家族掌控着泉州港内的军政、海外贸易大权。元初朝廷任命他招徕外商，并派遣他的儿子蒲师文到海外去招抚诸邦。

在宋代，朝廷册封妈祖的最高称号为"妃"，而在元代则被进一步赐封为"天妃"。"天妃"这一称号可以说是妈祖信仰史上一个重要的发展阶段，代表妈祖非比寻常的地位。当时远赴海外的蒲师文若想"确保航行的顺利，一定要拜湄洲神女，在这一背景下，向朝廷要求封赐'湄洲神女'为'天妃'就是很自然的了"。可见，蒲师文在一定程度上对这一时期妈祖信仰的发展起到重要的推动作用。

面貌祥和宽容的妈祖带给远洋的人们战胜困难、开拓进取的勇气，让那些在波涛汹涌的大海上乘风破浪的人们找到心灵的慰藉。她的博大、包容和大爱跨越了时空的界限，促进海上丝绸之路沿线国家人民心灵相通，反映了不同民族和国家人民内心对于和平互通美好生活的渴望与期盼。

作为世界文化遗产之一的泉州天后宫，始建于宋庆元二年（1196年），位于泉州市鲤城区南门天后路，在海内外祭祀妈祖的庙宇中建筑规格最高、规模最大，是大陆妈祖庙中唯一被国务院审定公布的国家重点文物保护单位。历史悠久的泉州天后宫在妈祖信仰的确立中具有特殊的地位。古往今来，妈祖信仰经由泉州已向世界上众多国家和地区广泛传播，成为沟通海内外信众的桥梁。

"妈祖是海上丝绸之路的保护神，妈祖文化是海上丝绸之路形成发展的文化起点和文化码头，是海上丝绸之路沿线国家与中国联系交往的文化纽带和精神桥梁。"随着21世纪海上丝绸之路的蓬勃发展，泉州天后宫凭借其绝佳的地理优势，是妈祖信仰传播和发扬光大的重要历史遗迹，必将推动中国与海上丝绸之路沿线国家信念相通，将中华文明互助合作、共同繁荣的精神内涵传播到世界的其他国家和地区。

（二）促进陶瓷产业经济发展

宋元时期，瓷器逐渐成为海上贸易的大宗商品。因此，"海上丝绸之路"也被称为"海上陶瓷之路"。作为当时的东方第一大港，海外瓷器贸易的兴盛刺激并推动了泉州陶瓷业的发展，各地窑址数量迅速增加。"现在我们看宋元时期陶瓷输出量最大，影响最深远，与泉州港关系最密切的几个瓷窑体系的发展情况，就知道泉州的海外贸易和陶瓷发展的联系。"陶瓷业的发达与泉州的地理优势与海港条件密不可分。一方面，泉州拥有丰富的制陶所需原材料，为瓷窑的开办提供了有利条件。另一方面，得益于当时的海上贸易鼓励政策，加上泉州港自身优越便利的海上交通通道，当地生产的瓷器不需要长途运输，便能够源源不断地输出到海外。这一时期，江西景德镇、浙江龙泉等名窑所产瓷器也多由泉州港输出。

1974年在后渚港出土的宋代远洋海船上，人们发现了一些泉州地区生产的瓷器，如晋江磁灶窑的粗瓷。在泉州法石的宋代沉船上，也发现了磁灶窑烧制的小口瓶和泉州划花青瓷。这些考古发现为当时泉州港瓷器的外销提供了佐证和依据。

当时中国的瓷器主要销往今天的越南、柬埔寨、印度尼西亚、马来西亚、菲律宾、印度、斯里兰卡等国。泉州港内活跃的阿拉伯商人在泉州海外贸易中扮演着重要的角色，他们凭借出色的经商本领往来于亚欧大陆，有力地推动了中国瓷器的外销。

随着伊斯兰教在东南亚的广泛传播，具有阿拉伯文化的瓷器也传到了东南亚各国。当时泉州地区有生产专为外销定制的军持。军持本为梵语的音译，是东南亚地区穆斯林贮水以备外出饮用和净手之用。在雅加达博物院中现存有三件刻有阿拉伯文的军持，经考证正是产自泉州的德化窑。阿拉伯文化与中国陶瓷有机结合，与海上丝绸之路沿线国家和地区人民的生活相融合，有力助推中国瓷器业开拓海外市场。

同属世界文化遗产名录的磁灶窑和德化窑分别位于泉州城西南和泉州城西北部，是宋元时期泉州外销瓷窑址的杰出代表。当年这两处窑址生产的瓷器，就是从晋江水系一路运至泉州港，输送往海上丝绸之路沿线国家。迄今为止，考古发现的宋元时期距离后渚港最近的一处陶瓷生产地是东门窑址。因为离后渚码头最近，瓷器运输十分便捷。窑址所产瓷器顺流便可以到达普济桥渡口出海，运往海外诸国。

在古窑址出土的多处龙窑、作坊及大量窑具和瓷片，无一不印证了宋元时期泉州陶瓷业的强大生产能力和海外贸易水平。

如今的泉州陶瓷业蒸蒸日上，不仅占有国内的广阔市场，而且采用多种方式开拓国际市场，对"一带一路"沿线国家出口稳步上升。被誉为"世界瓷都"的德化努力增强工艺创新能力，推动陶瓷产业转型升级，扩大国际影响力。以德化为代表的泉州陶瓷远销海内外，在21世纪海上丝绸之路上正展现出勃勃生机和全新活力。

（三）促进民族大融合

宋元时期，泉州海外贸易日益繁荣兴盛，中外商人纷至沓来。宋人李邴曾在诗中这样描写当时的泉州："苍官影里三洲路，涨海声中万国商。"短短两句诗，真实反映出泉州港内潮起潮落间，"万国"商贾云集、帆樯林立，一派兴旺发达的盛世景象。大量以阿拉伯人为主的外国商人留在泉州经商并定居。考古发现并存放于泉州海外交通史博物馆的一方方墓碑和石刻记载着沿"海上丝绸之路"而来的阿拉伯商人们在此安居乐业、繁衍生息的历史足迹。宋元时，民谚里就有"回半城""半蒲街"之说，足见当时在泉州城内的阿拉伯人之多。

这一时期来泉州的著名阿拉伯籍商人有蒲罗辛、蒲寿庚和佛莲等。商业繁荣、开放包容的泉州为他们提供了无限商机。当时外国人在泉州城内聚居的地方被称为"蕃人巷"。"到两宋之交，泉州城南镇南门一带，已逐渐形成蕃商聚居的街区，并且不管其肤色和国籍如何，都可以在'蕃人巷'落户，中国人民对他们没有任何歧视。"宋朝时在"蕃人巷"中设置管理机构"蕃长司"，任命"蕃长"管理一系列穆斯林事务。这样一来，来泉定居的阿拉伯人在经商、生活等各方面都有了可靠的制度保障。南宋时，泉州设置"蕃学"，供蕃人子弟在泉读书。蕃人子弟也学习汉语。如蒲寿庚之兄蒲寿宬是一位穆斯林诗人，尤其精通五言古诗和五言律诗，曾隐居泉州法石山中，著有《心泉学诗稿》。

被列入世界文化遗产的江口码头是泉州内港法石港的珍贵遗迹，位于泉州古城东南的晋江北岸。江口码头是连接江海的重要地带，距离泉州古城约5千米，是宋元泉州港鼎盛时期泉州古城区与后渚港区水陆转运枢纽。码头所在地一带曾经是阿拉伯商人的聚居之地，人们在其附近发现不少阿拉伯人留下的遗迹。

长期居住在泉州的阿拉伯人与本地汉人通婚。他们的后代也被称为"蕃客"。这一部分人在与当地汉人的不断融合和持续发展中，逐渐成为中华民族大家庭中的一员——回族。

泉州的回族现在主要聚居在惠安县百崎乡和晋江市陈埭镇。

惠安百崎回族乡，也称"九乡郭"或"白崎郭"，海路便捷，与后渚港隔海相望，是泉州市唯一的少数民族乡，也是福建最大的单姓回族社区之一。百崎郭氏回族的先祖郭德广，是经"海上丝绸之路"来华经商的穆斯林后裔。其次孙郭仲远携家人于明朝洪武九年（1376年）从泉州法石迁徙到惠安百崎。百崎郭氏人丁兴旺，人才辈出，与当地汉族同胞和睦相处、共同发展。每年清明节前后，百崎郭氏回族会在郭氏家庙举行隆重的祭祖仪式。从这些祭祖习俗中，我们仍然可以看到他们的先祖遗留下的伊斯兰教文化印记。阿拉伯文化与中华文化在百崎回族乡互相交融、和谐共生的同时，也给当地人带来了一些生活习俗上的影响。比如，在位于泉州湾出海口的渔村浔埔，当地女性就有将鲜花的花苞或花蕾串成的花环盘在脑后，再用金、银发钗和盘好的头髻固定在一起，形成"簪花围"。相传这一习俗就与宋元时期遗留下来的阿拉伯人的风俗有关。

陈埭丁氏回族祖上来自阿拉伯，是被誉为"陈埭万人丁"的姓氏望族。丁氏回族历代名人辈出，中国近代最早的火箭研制者丁拱辰（1800—1875年）是"洋务运动"先驱、中国近代军事科学家。他是中国第一辆铜火车和蒸汽机车模型的设计者，并撰写了中国第一部火炮制造专著，为国家和社会作出了杰出贡献。

如今的丁氏族人身上兼具闽南人勇于拼搏的果敢精神和阿拉伯人的商业天赋，在鞋业市场上开拓出了一片崭新的天地。

（四）促进中阿建筑、雕刻艺术文化交流

宋元时期，当朝政府对外来宗教开放包容。政府允许穆斯林设墓地，建造清真寺。随着与海上丝绸之路沿线各国的经济、文化交流日益密切，定居泉州的阿

拉伯籍穆斯林商人越来越多。他们把自己的宗教信仰和生活习俗也带到了这片土地。为了满足举办宗教仪式和传播宗教的需求，这一时期清真寺的建造数量达到了历史高峰。世界文化遗产之一的泉州清净寺便是这一历史的见证者，展现了宋元时期中外建筑、雕刻艺术的文化交汇。

清净寺，也称圣友寺，位于泉州市鲤城区涂门街中段，是我国历史最为悠久、保存最为完整、具有典型阿拉伯建筑风格的清真寺。清净寺始建于北宋大中祥符二年（公元1009），仿照叙利亚大马士革伊斯兰教礼拜堂而建。

泉州清净寺整体为石构建筑，现存主要建筑为大门楼、奉天坛和明善堂。大门楼正额横嵌着用阿拉伯文书写的浮雕石刻，是一个三重穹形顶尖拱门，具有传统阿拉伯伊斯兰教建筑特色。其中在第一、第二重由辉绿岩石雕砌的穹顶拱门中，其石构图案和中国传统建筑的"藻井"相类似。明隆庆元年（1567）在寺内西北角建造的明善堂为砖木结构，融合了闽南古民居特色，形成具有中国特色的伊斯兰建筑风貌，别具一格。

此外，宋元时期鼎盛的海上贸易还给多元宗教并存的泉州留下了其他多处伊斯兰文化遗存。"作为一种外来文化，伊斯兰文化在其长期的传承过程中，不可避免地要与当地文化产生互动，甚至在某种程度上出现相互兼容的文化现象，惠安石雕与伊斯兰石刻的完美结合，就是很好的例证。"

位于泉州惠安百崎回族乡的郭仲远墓融合了伊斯兰教文化和惠安当地的石雕工艺。郭仲远是百崎回族乡的开基祖。他的石墓依照伊斯兰教徒丧制建造，并雕刻有连枝花纹、莲瓣纹和阿拉伯文《古兰经》经句，工艺质朴清雅，从一个侧面体现了惠安石雕的杰出技艺，反映了当时阿拉伯文化传统与惠安石雕工艺的艺术互动。

陈埭丁氏宗祠坐落于晋江市陈埭镇岸兜村，是全国重点文物保护单位，也是福建省内历史最悠久、规模最宏大、保存最完整的回族祠堂。该祠堂坐北朝南，宏伟壮观，蕴含丰厚的建筑文化内涵。廊院式建筑布局，使宗祠整体建筑群体构成汉字"回"字形，具有鲜明的伊斯兰建筑特征。正厅门楣上方的木雕是用阿拉伯文字组绘而成的鸟形图案，传说是伊斯兰教"祈求真主赐予吉祥与安宁"的"吉祥鸟"。丁氏宗祠内处处可见以砖、石、木为主的传统闽南建筑技术。宗祠的红厝顶、燕尾脊，富有闽南风情。祠堂内诸多中式传统石雕题材纹样丰富、技艺精湛、独具匠心，极具中国传统石雕文化的魅力。整座祠堂内，阿拉伯元素和中国闽南古民居交相辉映，传递出一种宽广和包容的气息，是中阿建筑文化产生的共鸣。

五、结语

2013年10月3日，国家主席习近平在印度尼西亚国会演讲时首次提出共建21世纪海上丝绸之路的倡议。2015年3月，经国务院授权发布的《推动共建丝绸之路经济带和21世纪海上丝绸之路的愿景与行动》中提出，将加强上海、天津、宁波—舟山、广州、深圳、湛江、汕头、青岛、烟台、大连、福州、厦门、泉州、海口、三亚等沿海城市港口建设，为以上地区指明了21世纪海上丝绸之路的发展方向。

"以合作共赢为基础的'一带一路'规划所秉持的是共商、共建、共享原则，不是封闭的，而是开放包容的；不是中国一家的独奏，而是沿线国家的合唱。"古代海上丝绸之路源远流长，在新时期求和平、谋发展、促合作、要进步的真诚愿望和崇高追求的指引下，在现代各国文明的互通互信中必将创造新的辉煌。

后渚港作为古代海上丝绸之路起点城市泉州的重要港口，在新的战略指引下也愈加受人瞩目。宋元时期完善的海洋贸易机构、多元包容的文化与宗教、发达的航海技术在这里留下了大量丰富的古迹遗址，这对人们在古文明交流基础上探索新的经济发展具有重要的历史借鉴意义。

参考文献

[1] 庄为玑，庄景辉，王连茂. 海上丝绸之路的著名港口——泉州 [M]. 北京：海洋出版社，1989.

[2] 徐晓望. 论元代的湄洲庙与妈祖信仰 [J]. 莆田学院学报，2007（3）：79-84.

[3] 林明太，黄朝晖. 妈祖文化在海上丝绸之路沿线国家的传播与发展 [J]. 集美大学学报（哲学社会科学版），2015，18（04）：1-6.

[4] 李知宴，陈鹏. 宋元时期泉州港的陶瓷输出 [J]. 海交史研究：1984（00）：39-48.

[5] 朱明. 泉州市对外经济贸易志 [M]. 北京：中国国际广播出版社，1993.

[6] 陈桂炳. 福建惠安石雕工艺与伊斯兰石刻 [J]. 广西民族大学学报（自然科学版），2009（52）：63-65.

[7] 王强. 刺桐风华录——泉州与海上丝绸之路 [M]. 上海：上海交通大学出版社，2020.

从福建普度在日传承看日本对民俗文化的保护利用

陈婧璇[①]

一、引言

民俗文化保护一直是备受关注的重要议题。围绕这一主题从20世纪末起涌现出聚焦于民俗文化保护与旅游资源开发与融合的研究。2010年后，随着城镇化进程的加快，城镇化背景下的地方民俗文化保护开始成为讨论的焦点。近年来，国内学者引入文化生态系统的理论，在更宏观的角度上深入探讨民俗文化的城市融入问题。

另一方面国内学者在对国外民俗文化保护问题的研究中，对日本民俗文化保护相关法律制度的研究尤为突出。日本重视对国家文化遗产的保护，是世界上较早进行非物质文化遗产保护的国家之一，可以说对民俗文化的保护和资源利用是相对成熟的。实际上，日本保护的民俗文化对象不仅限于本民族，还包括对当地发展起到积极作用的外来群体的民俗文化。民俗保护手段也丰富、多元，不仅限于法律制度。福建普度便是其中一典型之例。

福建的普度继承于中原的佛教盂兰盆会和道教的中元节，脱胎于唐宋时期泉州佛教和道教的兴盛以及宋以后儒释道三教的融合。其功能性最初与中元节相

[①] 集美大学外国语学院。

似,以求"超度亡灵、风调雨顺",明清时期转变为"祈求免于倭寇与瘟疫的困扰",时至今日已发展出更加多元丰富、具有鲜明地域特色的主题。普度文化在明清时期由福建籍华人华侨传入日本,并在日本传承至今。如今在日本的长崎、京都、神户三地依然每年例行举办普度。基于此,本文将以这三地的普度传承为例,考察日本对民俗文化的保护利用。

二、福建普度在日传播及传承

(一)明清时期福建普度在日传播

明朝时期政府实行"海禁"政策,撤销了自唐朝以来就存在的、负责海外贸易的三处市舶司,除了官方间的勘合贸易外,中日贸易几乎断绝。郑和下西洋显示了明朝的海上实力,但并未全面开放民间贸易,海禁政策有所松动但依然限制重重,隆庆年间(1567年左右),调整政策,允许民间在一定条件下赴海外通商,开放了福建月港,从事与日本等国的私人贸易。据日方文献《长崎夜话草》卷二《唐船始入津之事》中记载,中国船只最早在1562年驶入长崎港。1571年长崎开港,并在17世纪后半叶迎来了唐船贸易的全盛期。驶入长崎港的唐船中以福建籍商船的数量最多。1628年泉州、漳州籍船主在长崎建造福济寺,1629年福州籍船主建造崇福寺。这些唐寺的建立足以证明福建籍商人当时在长崎的影响力之大。1654年应长崎在住的闽人之邀,隐元禅师赴长崎唐寺教化。次年转而北上赴京都,并在京都宇治建立万福寺,并将黄檗宗文化发展广大。由此,长崎的唐寺行黄檗宗的仪轨,并开始举行宗教礼仪,其中也包括普度。

在此背景下,日方做了许多关于当时在日华商的情况记录工作,为今日的研究留下了一些有价值的历史文献。1799年的文献《清俗纪闻》便是其中一部代表之作。《清俗纪闻》是日本江户时期幕府派"唐通事"向来日贸易的清朝商人调查清朝各类民俗事项后所记录而成的文献。基于以上历史背景,《清俗纪闻》中记录的主要是江浙及福建的风土人情。

《清俗纪闻》对中国(主要是江浙及福建地区)的例行节日、家居摆设、服饰、饮食、教育、冠婚葬祭、佛教僧侣等方面都有极为详尽的书面记载及配图。以普度为例,福建普度在明清时期表现为融合佛、道两教的宗教仪式,因此在"中元祀孤"和"施饿鬼供养"两项名目下都能寻到相关的记载。"中元祀孤"在《清俗纪闻》中被归类于例行节日活动。其中记述道:"这说明在所谓的盂兰盆节（中元节）祭祀先祖以及孤魂，供奉温馘以及时令的水果、蔬菜，既有感谢小麦、瓜类的丰收之意，同时也是祈祷秋季的水稻类农作物能丰收的一种农耕仪礼。长崎崇福寺的中国盂兰盆节，也叫作水陆普度，在寺门前会放置黑白无常像。黑白无常像据说是溺死者和缢死者的亡灵像。放置黑白无常像带有浓厚的安抚（非正常死亡的）怨灵的性质。"

另外在佛教法事的"施饿鬼供养"中也有关于普度的记载："焰口和水忏都是（佛教）施饿鬼的法事。只是焰口的规模较大，与之相比水忏则是简单的施饿鬼法事。在福建，农历七月中元时无论城市还是农村都要大肆举行名为'水陆普度'的施饿鬼法事。人们相信，若在普度中不出钱出力，则会被瘟疫和倭寇所袭。在长崎崇福寺举办的中国盂兰盆节也是这种水陆普度，在第一峰门旁会设置普度时常见的黑白无常像，并张贴出为了安抚孤魂举行焰口水忏普度的法讯。在施行焰口施饿鬼时，在上坛要摆上写有七佛名号的牌位，下坛则设面燃大士的牌位。"

以上的文字记叙内容包含了普度民俗的形式、内容、性质、功能以及特殊地区的地域特色，针对民俗的形式还有配图进行说明。如图1所示。

图1中所绘施饿鬼法事的祭坛摆设，与今日日本普度民俗的场地设置颇为相似。可见对民俗详尽的文献记录，不仅为民俗学、历史学的研究提供了坚实可靠的材料，对民俗的继承与发展也有着重要作用。

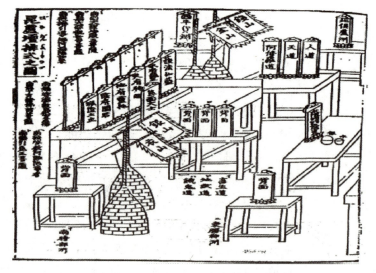

图1 《清俗纪闻》中所示"焰口施饿鬼排式"之图

(二) 近现代福建普度在日传承

进入 19 世纪后中日间的经贸交流逐渐陷入停滞状态，直至 1899 年日本政府废除外国人拘留地、颁布"杂居令"后，在日华人华侨才重新融入日本社会，开始正常的社会生产生活。1899 年，长崎的福州帮建立了"三山公所"，举行近代首次普度。二战前，长崎崇福寺人员事物向京都万福寺转移。1924 年，在京都建立了福州同乡会京都本部。1930 年京都华侨陵园建立。同年，万福寺于 1930 年开始以三年为期，将农历七月二十六至二十八作为会期举行普度仪式，1936 年后固定为每年举行的例行活动。神户地区的第一次普度于 1934 年在神户的中华义庄举行，日本各地的福清华人都来参加。1938 年、1947 年神户福建同乡会在神户的关帝庙举行"普度胜会"，这两次普度的规模相对之前较小。1952 年，神户同乡会向神户市取得土地，建立了神户福建同乡会馆。1971 年，神户福建同乡会馆注册为社团法人，将普度作为公共事业发展，旨在提高华侨的道德水准和华侨社会的福祉。这一时期日本对在日华人的记录较少，只能从老一辈的口述以及华人华侨组织的会刊中寻到些许资料。但从以上历史背景可以看出，这个时期战事与自然灾害频发，福建华人华侨为了举行普度在各地成立了华人华侨组织，以祭奠在战争与自然灾害中逝去的同胞，普度也从明清时期的宗教仪式演变为带有日常性的祭奠仪式。而后普度成为各地华人华侨组织每年固定举办的活动传承至今。现在在日本的长崎、京都、神户三地仍每年例行举办普度，而三地对普度的传承展现出的在地化路径却有所不同。本文将以三地为具体案例进行分析，探讨民俗文化与城市生态融合的可行路径。

三、民俗文化作为旅游资源与城市生态的融合——以长崎"普度兰盆胜会"为例

1899 年，长崎当地的华侨组织福州帮建立了"三山公所"。长崎的"普度兰盆胜会"便始于这一年。福州帮在建立了"三山公所"后，继承漳泉帮的普度传统，每年定期在农历七月二十六举办"普度兰盆胜会"。

长崎的"普度兰盆胜会"现在成为长崎当地重要的旅游资源和文化资源。其在地化的实现与长崎的发展历史背景有一定的关系。长崎作为日本的重要港口之一，在 17—18 世纪大放异彩。然而 19 世纪后，尤其是 50 年代以后，神户、大阪、横滨等新兴港口开始崭露头角并逐渐占据上风，长崎的对外贸易逐渐走向

颓势。再加之支柱产业的造船业与水产业接连遭受重创，地方老龄化、少子化问题愈发严重，当地政府不得不把发展中心转向旅游观光业。实际上，上述问题也是日本很多地区所面临的问题。针对此问题日本政府提出"観光まちづくり"（即将旅游与城镇建设相结合）的理念，而落实方法则根据每个地区的实际情况自治。长崎政府将当地的日常要素活用为旅游资源提出"長崎さるく"这一提案，将旅游景点、文物建筑、文化体验、特产店铺、民俗活动等有机串联，推出各具特色的散步路线，同时在长崎观光的官网上还可以根据游客的要求定制散步路线。游客不仅可以参观景点和文物建筑这类最富当地特色的项目，也可以在散步途中感受城市的日常景色，并通过参与文化体验、民俗活动和光顾特产店铺等体验当地的生活氛围。

长崎的地域特色之一即其作为重要对外港口的历史。1899年日本颁布"杂居令"后，长崎也成为华人华侨（尤其是福建籍华人华侨）的主要聚集地。因此在长崎政府将经济中心转为观光旅游业后，也将这抹"异域风情"作为长崎观光旅游的特色标签，构成长崎观光旅游的重要组成部分。这点通过长崎官方观光网站上列出的43项民俗活动中，以华人华侨为主办群体的民俗活动占6项，与中国民俗有历史渊源的多达1/3这一数据得以佐证。

"普度兰盆胜会"作为民俗活动也被纳入了"長崎さるく"的路线之中，并且在每年举办之时长崎多家当地电视台以及每日新闻、长崎新闻社等传统纸媒都会对其进行报道宣传。普度的仪式仪轨可详见表1。

表1 普度的仪式仪轨

时间	项目
第一天至第三天白天	由僧人诵《慈悲三昧水忏》，以超荐祖先、消解宿冤
第三天 晚上	舞狮；施饿鬼
第四天	答谢宴
第五天	补施
特色	堂内的中庭设有象征王爷信仰的"七爷八爷"，同时还设置了模拟商店街，商店街内有当铺、烟草铺、零食铺等各种各样的商店共36间，希望鬼魂们在造访人间时也能享受购物的乐趣

在长崎观光的官网上对"普度兰盆胜会"的介绍："这个盂兰盆会正式的名称叫作'普度盂兰盆胜会'，是为有缘佛和无缘佛举办的法会。第一天由僧侣诵

经，安抚释迦牟尼及其他尊者之灵，第二天同样也由僧侣诵经，呼唤亡灵。第三天祭拜全世界的亡灵，燃烧金山、银山、衣山，向天空抛掷米馒头，以期迷路的亡灵不要到人间作乱，能顺利上路。这里的金山银山是金银货币的意思，衣山代表着衣服和鞋袜。寺内的第一、第二门之间，放置着人偶，分别是黑脸的七爷和白衣的八爷。此二者是带领亡魂走向冥途的神。在正殿前摆有为亡灵设计的娱乐室、沐浴室、女性休息室、舞场等纸屋，其中还供有素斋，香火不断。在正殿旁还设有'三十六铺'，供亡魂在此尽兴购物、游乐。晚上寺内挂满了红色灯笼，鞭炮和锣鼓响彻整晚。"

从以上的仪式仪轨内容和官方的介绍中可以看出，现在的长崎普度同时继承了泉漳地区的普度民俗以及唐人屋敷时期福建华商所举办的普度仪式。在面向日本民众的宣传介绍中，日本使用了日本民众较为熟悉的"盂兰盆"法要这一概念来定义普度，但在仪式的内容上则尽量保留了"金山银山""七爷八爷"等充满异域风情的中国元素。而其历史背景与异域特色恰好符合长崎当地文化产业发展的需求，因此长崎"普度兰盆胜会"逐渐发展为福建华人华侨为主办者、长崎政府为支持者、日本民众为参与者的带有文旅特色的民俗活动，并形成了自己独有的文化品牌。

四、民俗文化作为宗教仪式的本土化——以京都"普度胜会"为例

如前所述，京都"普度胜会"开始于1930年，1936年后固定为每年举行的例行活动。现在"普度胜会"成为万福寺的年中仪式，举办日期由以前的农历改为每年公历的十月中旬。在万福寺官网的介绍以及新闻媒体对其的宣传中，京都万福寺的"普度胜会"被定义为佛教的"大施饿鬼法要"，是在日华人华侨为了安抚先祖之灵而举行的供奉先祖的法事。其在日本华人华侨社会影响力的辐射范围也十分广泛，北至北海道南至鹿儿岛，日本全国各地的华侨总会都会组织当地华侨赴京都参加"普度胜会"。从京都万福寺"普度胜会"的发展历程以及举办时间的转变可以看出，最初的"普度胜会"是伴随着陵园建立发起的，是在战争与自然灾害频发的年代华人华侨借由故乡的传统习俗对异国他乡逝去的同胞的祭奠与缅怀，是具有日常性的葬俗的一部分。而今时今日，京都万福寺"普度胜会"的主体虽仍是在日华人华侨群体，但其性质已转为日本寺院的宗教仪式。

这一转向可以说跟黄檗宗佛教信仰的影响力有着密切的关系。承前所述，

普度一词本身源自佛教的概念。清初佛教高僧隐元受长崎唐寺崇福寺和兴福寺邀请前往弘法，长崎唐寺由此开始行黄檗宗的仪轨，其中也包括普度。此后隐元又应邀在京都、大阪等地弘法，得到日本朝野僧俗崇敬，受赐京都宇治之地建造万福寺，举扬黄檗宗风，在日本成为与临济宗、曹洞宗鼎足而立的禅宗新派别"黄檗宗"。在佛教内部，作为黄檗文化内核的黄檗宗，从禅风思想、戒律清规、法式仪轨、教团组织、丛林制度等方面给日本佛教界带来深刻影响。在佛教以外，黄檗文化在思想、文学、语言，在建筑、雕塑、印刷、音乐，在医学、茶道，在绘画、书法、篆刻等方面，表现出明清文化融入江户文化，并创造出新文化的特征。其影响持续久远，直至今日。基于缘起万福寺的黄檗宗文化在日本如此深远而广泛的影响，京都万福寺的"普度胜会"在经过近代因"锁国"、战争等因素影响而被漠视的曲折过程后，重新融入日本社会并回归了佛教仪礼的本源。

不同于万福寺其他的法要，"普度胜会"依然保留并强调了福建普度民俗中"金山银山"等标志性元素，且融合了其他的中国传统元素，为这一佛教仪礼增添了几分文娱的色彩。例如"普度胜会"期间，万福寺增加了舞狮、太极拳、中国传统民乐演奏等带有旅游性质的活动，吸引了许多日本民众前来参与活动。如图2所示。京都万福寺"普度胜会"在日的发展为我们展现了由民俗回归宗教本源并与旅游相结合的一条全新的民俗传承路径。

图 2　京都万福寺"普度胜会"民乐演奏

五、日本对"无形文化财"的保护——以神户"普度(兰盆)胜会"为例

如前所述,神户"普度(兰盆)胜会"始于 1934 年。神户"普度胜会"的会场设置见图 3。

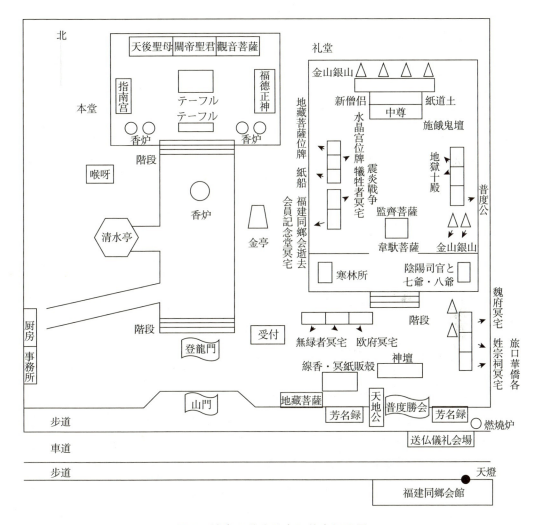

图 3　神户"普度胜会"的会场设置

神户"普度胜会"的仪式仪轨参见表 2。

表 2　神户"普度胜会"的仪式仪轨

时间	项目
第一天	布置会场、请神
第二至第四天白天	参拜；燃烧纸船，流放灯笼
第四天晚上	施饿鬼仪式
第五天	答谢宴；补施
特色	堂内祭拜普度公。会场设有娱乐空间，并提供膳食。饭食多为带有家乡味道的福建美食，以及福清普度时常见的米粉、炒蔬菜、炸蔬菜

通过对比，不难发现神户"普度胜会"保留了"金山银山"等福建元素，其特点一是融合了福清普度的元素，二是参拜时间长并在会场设有娱乐空间。神户"普度胜会"的举办目的不仅在于祭拜先祖、祭奠震灾战争牺牲者，更多的是给当地华人华侨提供相聚交流、增进感情的机会与场所，从而使华人华侨团体更具认同感和凝聚力。其实兵库县在住的福清华人华侨仅占兵库县华人华侨人口总数的十分之一左右，位居第三。前两位分别是台湾以及广东的华人华侨。但福建华人华侨以自己家乡的民俗信仰为蓝本举办的祭奠仪式也吸纳了出身各地的华人华侨群体前来参加，这点也足以体现普度民俗顽强的生命力和博大的包容性。

1997 年，神户的"普度胜会"被神户市政府认定为"神户市地域无形民俗文化财"。日本的文化财制度是我国学者一直以来关注的焦点。日本于 1950 年通过了《文化财保护法》，第一次提出了"无形文化财"的概念，是世界上较早进行非物质文化遗产保护的国家之一。之后也多次修订法律制度，将风俗习惯、民俗技艺等"无形文化"遗产也纳入了重点保护对象范围。沈思涵（2019）指出在日本《文化财保护法》的框架下，政府、民间组织、文化财所有者、普通民众均为民俗文化保护传承的责任主体，各责任主体间权责清晰、分工明确，构建"自上而下"与"自下而上"良性互动的民俗文化保护传承责任分担体制。文化财保护制度的纳入方式有"指定"（即由国家层面直接指定）、"登录"（即由地方公共团体自行申报）、"选定"（即在地方政府自行申报的基础上，选定与地域居民的生活或是生产密切关联的风土景观为重要文化景观）三种。实际上由于地方政府对于地域文化财也有一定程度的自主权，因此各个地方在具体的纳入方式上也有些微不同。例如神户市除了沈思涵（2019）指出的三种纳入方式外，还有"认定"方式。根据市政府官方颁布的条例，"认定"方式指的是作为地域历史的一部分被当地群众所熟识、继承的具有重要价值的，由所有者或管理团体自行申请后，政府可以认定其为"认定地域文化财"。这个制度是为了积极活用地域文化财以达到振兴地域文化的目的，同时也为市民更好地接触当地的历史和传统提供了机会。政府会定期请各方专家重新审核"认定地域文化财"以起到管理、监督、支持的职责。神户"普度胜会"自1997年被评为"认定地域文化财"后一直保持至今，反映出福建华人华侨对于传统习俗的坚守和维护，体现了他们虽身在海外但根在中华的爱国之心。同时神户作为对外港口，其发展史处处活跃着华人华侨群体的身影。神户市政府对于华人华侨群体的民俗文化也始终保持着接纳、肯定、支持的姿态。

回顾神户"普度胜会"的发展历程，与京都的"普度胜会"相似，最初缘起于为战争和自然灾害中逝去的同胞举办的祭奠仪式，而在仪式常态化后，神户普度的举办者神户福建同乡会选择了法人化的道路，将"普度"作为团结同胞的福祉事业。神户"普度胜会"被神户市政府认定为市文化财，一方面彰显了市政府对华人华侨群体及其"自治管理"方式的认可，另一方面也是作为宝贵的文化资源对神户市文化财数量较少的一种补充。

六、结语

概而言之，福建普度在日本是通过不断地和地方相结合而走向本土化。长崎、京都、神户都是华人华侨集聚的城市。福建普度在这三座城市的传承与发展历程，为我们展现了同一民俗文化在保留了其文化内涵、文化基因、文化符号的基础上，分别作为旅游资源、宗教仪式、文化财与城市生态相结合的三种路径，在保护的基础上最大程度地发挥其社会功效，并由此实现了中国传统民俗文化在海外的延续与再生。从中我们不仅可以感受到福建华人华侨对传统文化的坚守与主动融合，也可以看到日本在对民俗文化资源的保护和利用方面的重视、包容与多元，为福建普度在日传承提供了一个友好的环境支撑。通过这一个案例研究，相信可以为我国的民俗文化保护制度的完善和民俗文化与城市生态的融合路径提供有价值的参考与启示。

[1] 中川忠英.清俗纪闻2［M］.孙伯醇，村松一弥，编.东京：平凡社，1966：206-207.

[2] 郑向敏．旅游对风情民俗资源的消极影响及对策研究［J］．旅游学刊，1996（03）：44-47．

[3] 王维．長崎華僑における祭祀と芸能―その類型及びエスニシティの再編［J］．民族学研究，1998，9：209-229．

[4] 钟声宏．民俗文化环境保护与民俗旅游的可持续发展［J］．广西民族研究，2000（01）：114-118．

[5] 施刘怀．寺庙文化与旅游发展——关于迪庆松赞林寺的调查［J］．宗教学研究，2001（04）：129-134．

[6] 田茂军．保护与开发：民俗旅游的文化反思——以湘西民俗旅游为例［J］．江西社会科学，2004（09）：227-230．

[7] 廖明军，周星．非物质文化遗产保护的日本经验［J］．民族艺术，2007（01）：26-35．

[8] 周星，周超．日本文化遗产保护的举国体制［J］．文化遗产，2008（01）：133-143．

[9] 陈宗花．在日常生活中保护非物质文化遗产——以日本无形民俗文化财"祇园祭"为例［J］．南京艺术学院学报（美术与设计版），2011（01）：23-26+177．

[10] 蔡丰明．城市语境与民俗文化保护［J］．山东社会科学，2011（05）：38-41+47．

[11] 毛海莹．文化生态学视角下的海洋民俗传承与保护——以浙江宁波象山县石浦渔港为例［J］．文化遗产，2011（02）：105-111．

[12] 王燕妮．城市化进程中民俗文化变迁研究——以武汉市舞高龙习俗为例［D］．武汉：华中师范大学，2013．

[13] 李凌，杨豪中，谢更放．非物质文化保护视角下小城镇民俗文化空间载体设计——以陕西五泉镇关中院子民俗文化商业街区为例［J］．规划师，2014，30（10）：47-52．

[14] 刘爱华．城镇化语境下的"乡愁"安放与民俗文化保护［J］．民俗研究，2016（06）：118-125+160．

[15] 松尾恒一．长崎、神户、京都地区华侨之普度胜会的传承与当下——福建同乡会祖先祭祀仪式的形成与特质［J］．中国俗文化研究，2016（01）：99-118．

[16] 蔡志祥．移民、定居和灵魂信仰：20世纪80年代以来神户华侨"普度胜会"的变迁［J］．节日研究，2019（02）：240-262．

[17] 张玉玲，赵彦民．在日华人的死者供养仪礼与异界观之变容——聚焦于日本神户"普度胜会"［J］．节日研究，2019（02）：219-239．

[18] 沈思涵．日本文化财制度下民俗文化保护及其对中国的启示［J］．华中学术，2019，11（02）：190-200．

[19] 翁康健．福建省出身の老華僑と新華僑の協力による神戸普度勝会の継承［J］．研究論集，2019：293-312．

[20] 黄燕青，任江辉．明末清初长崎华侨社会的建构及影响［J］．邯郸学院学报，

2020, 30 (04): 35-41.

[21] 張玉玲. 日中戦争下の華僑の暮らし―ライフヒストリーとドキュメントから見た「生活者」としての華僑像― [J]. 南山大学紀要『アカデミア』, 2020 (20): 73-97.

[22] 叶莎莎, 王巧玲, 范冠艳. 日本非物质文化遗产保护及档案资源建设探析 [J]. 中国民族博览, 2021 (01): 208-210.

[23] 刘海平. 乡村振兴背景下乡村生态旅游可持续发展研究 [J]. 黑龙江科学, 2022, 13 (08): 156-158.

[24] 马华明, 沈晓华. 文化生态保护视域下民俗事象中的中医药文化内涵探讨——以闽南地区为例 [J]. 中医药管理杂志, 2023, 31 (03): 204-206.

[25] 松浦章, 唐翠梅. 江户时代之日中交流 [J]. 浙江工商大学学报, 2014 (02): 12-22.

[26] 廖赤陽. 歴史で見る長崎と福建華僑のネットワーク [J]. 多文化研究, 2018 (04): 157-181.

[27] 王国荣. "海丝"视角下: 隐元禅师东渡弘法与日本长崎华侨华人社会（上）[J]. 福建史志, 2018 (02): 17-21+63.

[28] 林观潮. 隐元大师与黄檗文化刍议 [J]. 佛学研究, 2017 (01): 169-184.

新加坡"小贩文化"成功申遗启示研究

郭雅诗[①]

2020年12月16日晚10时许,联合国教科文组织的保护非物质文化遗产政府间委员会(IGC)宣布,新加坡"小贩文化"(Hawker Culture)列入非物质文化遗产代表作名录。"小贩文化"由此成为新加坡首个被列入世界"非遗"名录的项目。教科文组织评价"小贩文化"的核心内容是"多元文化城市环境中的社区餐饮与烹饪习俗",其中"小贩中心作为一个包容来自不同社会经济背景的社会空间,在加强社区互动和优化社会结构方面发挥着至关重要的作用"。

非物质文化遗产的定义为:联合国教科文组织认定对某地区文化传承有重要意义的行为或表现,如民俗、文化、信仰、传统、知识和语言等各种非物质形式的智慧财产。截至2022年12月,联合国教科文组织非物质文化遗产名录(名册)共收录140个国家的676项遗产项目。非物质文化遗产不仅凝聚了世界各国的历史文化成就,还承载了当代人们对文化的认同。因此,现代社会对于"非遗"的重视和保护,不应局限于避免"非遗"文化消失的举措,更应采取积极行动,让各国人民在文化上取得共鸣,赓续文化血脉。正因如此,对于已列入世界"非遗"名录的项目,对其进行保护只是第一步,下一步应让"非遗"项目"活"起来,使其融入各国人民的日常生活当中,发挥其内在价值。在新加坡政府和人民的共同努力之下,新加坡"小贩文化"成功申遗,且焕发出新的生机

[①] 集美大学外国语学院。

与活力。"小贩文化"与中国多年以来的"地摊经济"有相似之处，中国可以借鉴新加坡的成功经验，让"地摊经济"在新时代愈发欣欣向荣。

一、新加坡的历史梳理

"小贩文化"与新加坡人的文化认同密切相关，有其长期的历史渊源。新加坡的移民政策几经变化，移民进程从未停止，造就其多元文化、多族裔的复杂史诗，反映了其独特的社会背景和文化底蕴。

（一）殖民统治时期

新加坡的近代史可以追溯到 1819 年 1 月 29 日，莱佛士代表英国东印度公司登陆新加坡，与柔佛的胡申苏丹和天猛公签订正式条约，统治新加坡。1824 年，通过两项新条约，新加坡正式成为英国的殖民地。作为一个自由港，新加坡吸引了来自周边国家的移民。这个岛国迅速发展，成为东南亚地区的商业枢纽，其移民以华人为主，同时也包括马来人、印度人和欧洲人等。

殖民统治时期，殖民者对新加坡族群实行的是"分而治之"的种族隔离政策。这一时期，他们生活在不同的地理区域，分别从事不同的职业，并在学校中有着明显的分隔，华人社会处于半自治状态。而官吏、驻军和商贾主要是英国人，占人口绝大多数的华人包括富商、内地农民和劳工。马来人通常是渔夫和船夫，并担任巡逻警察的职责。

1820—1840 年间，新加坡作为港口城市迅速崛起。随着苏伊士运河开通，新加坡成为欧洲和中国交往最短距离的必经之路，其国际战略地位因此大大提高。

（二）新加坡立国至今

1965 年 8 月 9 日，新加坡脱离马来西亚，正式宣告成立新加坡共和国。它采取了一个多元文化和多族裔的政治和社会模式，强调国家团结与和谐共处。同年 9 月，新加坡成为联合国成员国，10 月成为英联邦的一员。

1961 年，新加坡设立经济发展局，这标志着该国工业和经济的蓬勃发展。经济发展局的使命是推动国家的经济增长，同时注重发展制造业。由此，裕廊工业区应运而生，并在加冷、大巴窑等地建立了轻工业基地。同时，政府给予外国企业优惠，以吸引外资。后来，经济发展局经过重组后，裕廊管理局和新加坡发展银行在同年成立。短短十年内，因政府富有远见地采取了一系列的措施，新加坡成为世界主要电子产品出口国。1949—1965年间，新加坡总人口迅速增长。到了1966—1986年，其总人口增长幅度明显趋缓。1966年起，新加坡政府开始采取措施控制生育。

自20世纪70年代末80年代初，亚太和区域社会经贸格局改变，促使新加坡开始对其文化政策进行调整，逐步转向多元文化政策，替代早期实行的抑制种族文化政策，这一新政策鼓励各民族保留和发展自己的文化传统。新加坡充分发挥马六甲海峡的地缘优势，成为世界三大炼油中心之一。新加坡社会的繁荣与稳定，以及利益多元化倾向，涌现大量非政府组织，如新加坡自然协会、妇女行动和研究联合会、伊斯兰教专业人士联合会等。

新加坡政府为弥补因低生育率而导致的人口数量不足，平衡种族结构和发展高新产业，采取大规模引进高素质移民的国策。从20世纪70年代，新加坡不断提出吸引优质劳动力的计划。1977年，新加坡推出国外人才居住计划。1990年10月3日，中新建交后，中国人开始大规模涌入新加坡。

自独立以来，新加坡在经济、社会和政治方面取得了惊人的经济成就。该国通过发展高科技产业、建设世界一流的基础设施和推动教育改革，成为一个富裕的国家，被誉为亚洲四小龙之一。今天，新加坡是一个繁荣的国家，被誉为东南亚的"狮城"。它继续吸引着来自世界各地的移民，包括专业人士、劳工和难民。新加坡的多元文化社会依然是其独特之处，这种多元文化对经济、社会和文化生活都产生了积极影响。

二、"小贩文化"的出现及发展

19世纪下半叶，外来劳工涌入新加坡，劳工们对于廉价、快捷食物的迫切需求，促使了街头小贩的大量出现，并由此形成了颇具规模的消费市场。在街头兜售食品的小贩大多自身也是移民，他们贩卖的食物往往保留了自己的家乡风味，不仅能满足劳工们果腹的基本需求，还能为这些漂泊在异国他乡的劳动人民带来心灵的慰藉。华工们定居的牛车水一带，长期延续了故乡传统的生活方式与习惯，形成了华人气息浓厚的商业区，其中南京街、福建街、豆腐街、戏院街等地，各类小吃摊点争相亮相。入夜之后，拥挤的人群、喧闹的摊档，伴随着小贩的叫卖声，共同组成了一幅生动的市井画卷。只是在很长的历史时期内，无论是小贩，还是劳工，作为一个移民群体，他们早期的文化认同所指向的都是其故乡，而非新加坡本国。

(一)"小贩文化"的出现

19世纪,英国殖民统治者多将街头小吃视为"不洁之物",不仅"污染"身体和灵魂,而且扰乱政治和社会秩序。然而,在实际的管理政策上,殖民统治者对小贩采取了灵活的"双不"政策:虽然"不合法"但是"不取缔"。这一方面是出于稳定社会和尊重民俗的考虑,另一方面也与新加坡本身的发展有关。到了19世纪末,新加坡不仅成为英帝国在东南亚的殖民网络中的重要据点,而且是印度洋地区伊斯兰文化交流的重要枢纽。每年前往麦加朝圣的东南亚穆斯林有近万人,他们不论是来自印度尼西亚还是周边地区,大都会从新加坡港出发。殖民政府对小贩宽松监管的态度,再加之朝圣贸易所聚集的人口,给新加坡的街头小贩提供了充足的商机。

(二)"小贩文化"的发展

经过近半个世纪的发展,到二战前夕,尽管街头小摊仍存在着公共卫生和社会秩序等方面的问题,但随着移民群体的定居,街头饮食习俗却在不知不觉中培养出了移民群体对于新加坡本土生活的感情。尤其在战后世界经济不景气的时期,小贩饮食更是成为许多中下层人民扎根当地社会的文化符号之一。20世纪50年代初期,殖民政府的小贩调查委员会承认:小贩在新加坡民众的社会生活中具有中心地位。因此,殖民政府转变其放任的态度,逐步加强了规范化管理,力图将小贩纳入城市管理系统。这一管理模式的转变,并非单纯的行政措施的调整,实际上也预示着英国殖民势力逐渐势微,而新加坡本土的社会力量正在崛起。

而在建国初期,新加坡也面对着小商小贩随意摆摊所带来的困扰。李光耀在他的回忆录中这样描述:"数以千计的人在人行道和大街上售卖食物,完全不理会交通、卫生和其他问题。结果是街道垃圾成堆,造成堵塞,腐烂的食物散发出恶臭异味,四处凌乱污秽不堪,市区的许多角落都变成了贫民窟。"

从1968年起,新加坡政府开始启动全国小贩登记程序,对小贩发放临时执照、强制接种疫苗,同时着力建设小贩中心用以集中安置小贩,通过优惠的价格吸引小贩自主承租摊位,将非法小贩逐步引入合法经营轨道。1972年,新加坡政府在国内最西端的裕廊建立了第一个小贩中心,此后十余年间又陆续兴建了100多个小贩中心。它们均拥有水电设施和垃圾处理系统,在外部架设了遮阳挡雨的屋顶,在内部设置了永久性摊位和固定桌椅。新加坡政府还进一步规划了特色商业街,如以牛车水为中心的唐人街等。1983年唐人街的牛车水大厦建成,大厦地下室至地面二层设置为小贩中心，内含摊位800余个。这一举措为唐人街的街头小贩们提供了最终的出路。

（三）现代社会的"小贩文化"

在现代化程度较高的新加坡，出现如此接地气的经济文化活动，当地的气候条件至关重要。新加坡天气潮湿炎热，很多人都没有在家做饭的习惯，在小贩中心吃饭成为他们日常的生活方式之一。巨大的人群需求是小贩中心能够一直生存下去的主要原因。小贩中心基本都位于社区内或者交通位置便利的地方。新加坡的社区，除了一些高档别墅和公寓，基本上都是开放式的，这有利于社区外的顾客到小贩中心用餐和享用美食。小贩中心的食物丰富多样，足以吸引众多食客。小贩中心聚集了传统的华人以及马来人和印度人，美食包括海南鸡饭、潮汕砂锅等中国特色食物，也有来自世界各国的餐点，如日本餐、韩国餐、意大利餐、美式汉堡包、比萨等，还有不同口味的冰淇淋和西式咖啡，品种多样。

现在，新加坡许多商场内都设有美食广场，并配备舒适的通风系统，让顾客感觉清新舒爽。室外的小贩中心虽然缺少相应的设施配备，但是街头依然人来人往，这充分说明"小贩文化"已经深深融入新加坡人民的日常生活中。自"小贩文化"被列入世界非物质文化遗产名录以来，其一直是新加坡的一大特色，同时也帮助新加坡国人培养自身的认同感和归属感。今天，新加坡经济快速发展，但是在飞速的城市化进程中，"小贩文化"仍保有活力，它也是新加坡多元文化的重要组成部分。

三、中国的"地摊经济"

中国的"地摊经济"历史悠久，远在东汉之前就有。我们耳熟能详的那些成语：买椟还珠、削足适履、郑人买履等，都与"地摊经济"密切相关。而这些成语，基本都是描述先秦的历史。

（一）古代中国的"地摊经济"

中国古代的农耕社会，村庄和城市周边的市集或街头巷尾常常有摊贩出售各种商品。这些小贩有的是村庄居民，有的是流动商贩。其中较为常见的商品有农产品、手工艺品、食物和其他生活必需品。当时的"地摊经济"，一方面帮助居民获得所需的生活物资，另一方面也促进了物品的流通。

汉武帝时期，张骞肩负和平友好使命两次出使中亚，开启了中国同中亚国家友好交往的大门,开辟出一条横贯东西、连接欧亚的丝绸之路。随着商业的兴起和丝绸之路的开通,"地摊经济"在中国的城市和贸易中心日渐繁荣。"使者相望于道,商旅不绝于途。"商品贸易价值作为丝绸之路的基本作用之一,主要体现在各个时期各国的货品商贸活动上。在丝绸之路途经的中亚国家中,统治者将丝绸和瓷器视为权势和富有的象征。在同一时期,阿富汗的金石随着商人们流入欧亚大地,西域的葡萄、波斯的菠菜都极大地丰富了东亚各国人民的日常饮食。随着商贸的发展,长安、洛阳等商贸城市逐渐显现,城市的发展加剧了人口的聚集和硬件设施的建设。在此期间,地摊商贩常常是这些商品的中间商,将它们从生产地销售到其他地区。

唐朝后期,政府放宽经济统治。在长安、洛阳、扬州等商贸城市,摆摊售货的小商贩随之出现。在乡镇农村中,集市贸易也开始发展,各种市场应有尽有。但这些市集大多没有正规的店铺,几乎都是摆摊贩卖,"地摊经济"蓬勃发展。

到了中国古代商贸最发达的朝代:宋朝。北宋建立之初,政府首先采取一系列措施,照顾商业和市场经济。城中没有如唐朝一般的坊市制度,允许农民进城卖货,甚至有夜市,这都为小摊小贩提供了发展空间。当遇上自然灾害时,宋朝政府还会减税。除去繁重的苛捐杂税,没有强行禁止摆摊,甚至鼓励"地摊经济"的情况下,许多居民通过摆摊进行小本经营,收入情况非常可观。

在明清时期,中国的城市发展壮大,商业活动繁荣。"地摊经济"随之兴盛,摊贩在各种市场上销售各种商品,满足了城市居民的日常需求。这一时期,中国的商业和手工业生产得到提升,各类商品也变得更加多样化。"地摊经济"成为经济活动的重要组成部分。在清朝末期,中国社会出现了动荡和变革。"地摊经济"在这一时期继续存在,但也受到政治和社会变革的影响。清朝的统治逐渐削弱,国内外压力增加,经济困难导致社会动荡。摊贩可能会受到政治和社会不稳定的冲击,但"地摊经济"仍然是许多人的谋生手段。

(二) 中华人民共和国成立以来的"地摊经济"

在中华人民共和国成立之初,中国经济极度贫困,资源有限,大规模的零售商店和市场相对稀缺。因此,一些小商贩开始在街头巷尾出售商品,以维持生计。地摊摆卖成为一种渠道,人们用它来交换和分享稀缺的物品。中国的改革开放政策引入了市场经济原则,私营企业和个体户兴起。这一时期,"地摊经济"进一步繁荣,成为许多城市和农村地区的主要零售渠道。小摊贩开始提供各种各样的商品,从食品到衣物、电子产品等。

随着电子商务和线上销售的崛起,一些"地摊经济"开始受到冲击。然而,许多人仍然依赖"地摊经济"维持生计,尤其是在城市中的低收入群体。新冠疫情暴发后,中国政府鼓励"地摊经济"以刺激消费和减轻就业压力。这使得"地摊经济"复苏,许多人开始在城市街头、社区和线上平台开设地摊,销售各种商品。

中国的"地摊经济"经历了漫长的发展历程,从贫困时期的生存手段,到市场经济改革的受益者,再到应对危机的应急手段。"地摊经济"在中国社会中扮演着重要的角色,为许多人提供了谋生的机会,并丰富了中国的商业文化。

四、"小贩文化"对中国的启示

因新冠疫情的严重打击,小贩商户的生存愈发艰难,新加坡政府对该情况也有所察觉。为应对这一挑战,新加坡政府采取一系列措施,比如,为小贩中心内的商户提供租金减免。2020年,新加坡政府推出"小贩培训计划",为小贩中心内的青年传承者提供各方面培训,并鼓励他们利用社交软件吸引顾客、提供外卖服务。因新加坡政府对"小贩文化"的重视,加之新加坡国人的支持,这一非物质文化遗产项目定能行稳致远。

在中国,"地摊经济"与新加坡的"小贩文化"有许多相似之处。虽然"地摊经济"只是中国城市发展的一种边缘经济,但其对中国来说却是社会主义市场经济生态系统的重要组成部分,是联系中国经济社会和人民生活的重要纽带。中国作为人口大国,各省市之间人员的流动极为频繁,对于外出务工的人员来说,在异地他乡能吃上一口正宗的家乡小吃是一件极为幸福的事情,所以"地摊经济"有其存在的价值和意义。

(一)新加坡"小贩文化"的优点及不足

首先,新加坡的"小贩文化"以其各国的传统美食而闻名,这些食物将不同国家的饮食习惯融入其中,以满足国外游子们对自己国家的食物的需求。新加坡的小贩中心从一定意义上来说还是政府推行的便民设施,以提供物美价廉的替代性餐食为主要目的。

其次,新加坡实施餐饮单位分级管理制度,小贩同样也根据自身食品卫生状况被分为A、B、C、D四个等级。小贩将不同颜色标识的卫生等级证书挂在摊位醒目的地方,食客光顾时可以一目了然地了解到摊位卫生评级情况。而一旦有食客发现小摊有不卫生情况,可以很方便地向新加坡国家环境局举报。受益于智能手机的普及,在提供图片、图像证据后,这类举报通常能够很快得到处理。

最后，由于年轻人不愿意传承父辈的手艺，新加坡的"小贩文化"已经出现了青黄不接的现象。随着时代的发展，新加坡的年轻人更喜欢在写字楼里上班，希望看到外面更大的世界，不愿每天在拥挤的小贩中心重复着同样的劳动。

(二) 新加坡"小贩文化"对中国的启示

首先，中国的"地摊经济"也能具有与"小贩文化"类似的功能。中国将各省的小摊聚集在指定的区域营业，通过保留和传承地方的食品和手工制品，吸引消费者，传播各地美食、传承传统技艺的同时，还能通过食物和手工艺品，慰藉人们的思乡之情。

中国的城市规划建设，还需要多为弱势群体和低收入者考虑，通过提供价格更低、质量优异的产品或服务实现以人为本的发展导向。随着城市化的发展，部分核心区必然带来生活成本的上涨。如果能有部分配套功能实现提供可替代的服务，城市将会变得更有人情味。

其次，在中国，"地摊经济"也常常受到卫生因素的困扰，说起小摊用餐，大部分人的第一反应是食物不卫生、不健康等一系列的负面影响。而中国店面餐厅内都会张贴"餐饮服务食品安全等级公告"，公告上一张大大的笑脸使人们吃得开心、吃得放心。中国的这一公告，与新加坡的餐饮单位分级管理制度有异曲同工之妙，中国可以向新加坡学习，将"餐饮服务食品安全等级公告"逐步推广应用到"地摊经济"的规范管理之中，提升地摊的食品安全和周围环境，顾客们在了解摊位的具体情况之后，也能更安心地享受美食之乐。

最后，面对新加坡"小贩文化"后继无人的现象，中国也应有一定的反思。一方面，受到疫情的冲击，现在中国就业情况不容乐观，待业在家的年轻人若想寻求一种快速谋生的方式，摆地摊是门槛低、收入快的一种谋生方式。另一方面，随着手机、直播软件、互联网等的发展，年轻人可以通过手机进行直播，在卖出东西的同时，在线上平台也会有一笔可观的收入。由于年轻人是直播界的主力军，所以有更多的年轻人愿意尝试"地摊经济+直播"这一方式。

在中国，受益于"地摊经济"的年轻人并不少见，街头巷尾也能看见年轻人的身影，他们活力满满、精神焕发，为"地摊经济"注入了新的活力，这是新加坡可以向中国学习的方面。然而互联网的兴起，其作用不仅仅局限于直播聊天，中国政府也可利用物联网和互联网对摊贩、摊位进行规范化管理，使得摊点设立有序、环境整洁，一改以前"脏乱差"的刻板印象。中国应用精细化管理和服务推动"地摊经济"良性发展，让城市流动摊点更安全、整洁、有序，用规范的营商环境点燃城市的浓浓"烟火气"。

综上，中国政府可以参考新加坡"小贩文化"的成功案例，为中国"地摊经济"提供更多强有力的支持措施，将地摊摊位集中统一管理，为其提供良好的生存环境。在不影响市容市貌的情况下，"地摊经济"不仅可以拉动经济增长，还可以提高人民幸福感，增强中国公民的文化认同和文化自信。因此，与其一味取缔驱逐，不如把握好放与管的尺度，做好城市精细化管理，让"地摊经济"充分发挥其积极且巨大的功能。

参考文献

[1] 何显达. 艺术学理论视域下高校潮汕文化遗产课程构建的思考 [J]. 文化学刊, 2021（09）: 196-199.

[2] 李京桦. 新加坡族群关系演变（1819—1965 年）[J]. 贵州民族研究, 2016, 37 (12): 23-29.

[3] 曾玲. 调整与转型：当代新加坡华人宗乡社团变迁 [J]. 暨南学报（人文科学与社会科学版）, 2005（01）: 106-114+141.

[4] 谢美华. 近 20 年新加坡的中国新移民及其数量估算 [J]. 华侨华人历史研究, 2010 (03): 52-59.

[5] 凌周飞. 饮食之道与文化认同：新加坡非遗"小贩文化"的启思 [J]. 非遗传承研究, 2022（03）: 46-49.

[6] 王一. 新加坡"小贩中心"是怎么成为一"景"的 [J]. 共产党员（河北）, 2016 (11): 58.

[7] 张奕辉. 新加坡小贩文化对城市治理的启示 [J]. 世界知识, 2021（022）: 66-67.

[8] 霍小山. 中国古代的地摊经济 [J]. 决策探索（上）, 2020（07）: 76-79.

[9] 张颖. 中国古代丝绸之路与"一带一路"的发展历程及历史意义 [J]. 现代商贸工业, 2023, 44 (20): 21-23.

[10] 包哲韬, 叶卓颖, 汪子欣, 等. 新加坡小贩中心布局的空间分析与思考 [J]. 北京规划建设, 2022（01）: 100-104.

跨文化传统民俗的保护与传承
——以日本长崎宫日节为例

黄燕青[①]

引言

位于日本最西边的港口城市长崎是日本有名的旅游城市，以其优美的自然风光、独特的异国情调吸引着日本本土乃至世界的游客。其异国情调源于江户时代作为日本唯一合法的贸易港与中国文化、西方文化交织而形成的城市空间，以及浸润其中的民俗文化，其中又以中国民俗文化的影响最为深远。中国民俗文化在长崎的落地始于17世纪初，以1602年悟真寺改为华人菩提寺为肇始。20年后源于不同祖籍地的唐三寺——兴福寺（三江帮）、福济寺（泉漳帮）、崇福寺（福州帮）相继建立，1698年唐馆建成，华人的祭祀典礼、丧葬习俗有了自己的施展空间。当时正值世界大航海时代，经济的角逐伴随着西方宗教的输出，江户幕府无法接受后者但接受了来自中国的佛教及民俗信仰。于是，长崎的民风民俗中就有了中国元素的加持，宫日节就是一例。

综观国内学界对于长崎宫日节的研究成果不多，但在近年来非遗申报及保护热潮下，出于借鉴参考的目的，长崎宫日节的成功经验进入相关研究者的视野。比如，沈思涵介绍了日本文化财保护的相关法律法规，论述了日本民俗文化财保

[①] 集美大学外国语学院。

护及传承机制,其中宫日节作为模范案例而被提及。方云、田兆元则以长崎宫日节为例阐释了日本节庆类非物质文化遗产保护的经验,并从海外民族志考察的角度对中国传统节庆的海外传播进行了探讨。本文旨在描绘宫日节的全景图,从历史沿革、程序安排、表演内容等方面展示宫日节的整体面貌。同时挖掘其中所蕴含的中国元素,探讨跨文化传统民俗的成因和作用,以期为中国文化的对外传播提供参考。

一、长崎宫日节概述

长崎市是日本长崎县政府所在地,宫日节是长崎诹访神社的秋祭大典,是长崎举全市之力举办的一年一度的盛大活动。明治8年(1875)推行新历之前在9月举行,又称"9月祭"。据说来源于中国农历九月九日的重阳节,因九日同宫日发音相同而被称为宫日祭,现在每年10月7、8、9三日举办。

(一)历史沿革

1634年,当年长崎有名的游女(青楼女子)高尾和音羽在诹访神社的神前献演了谣曲"小舞"。这种酬神表演的形式被称为"奉纳舞(日文:踊奉纳)",成为诹访神社秋祭大典的保留节目。此为诹访神社的首次神事活动,也是长崎宫日节的首次。

长崎宫日节的表演是由长崎市的各町(即"街区")每年轮流负责,当值的町被称为"年番町""舞町"①。最初长崎为66町,三年一轮,其中艺妓町每年都参加,1655年起改为六年一轮。1672年,长崎分成了80町,除了出岛町、丸山町、寄合町以外的77町分成七组,每七年轮值一次。出岛町为荷兰人居留地不参与表演,丸山町、寄合町这两个艺妓町每年都要表演奉纳舞。如今仍是七年一轮值,只不过参加的町数量减少了。负责扛神舆的是被称为"神舆守町"的江户时代长崎村所在街区,分为六个团体每六年轮值一次。

(二)内容流程

至今近四百年,除战争等特殊时期外,每年的宫日节都会如期进行。以下主要参考负责宫日节运营的长崎传统艺能振兴会的官网介绍及相关材料,对其内容

---

① 表演奉纳舞的称为舞町,每七年轮一次。每四年舞町要当值一次年番町,负责宫日节的杂务。现在,有的町已辞舞町之职,而单纯承担年番町的任务。

流程进行描述。

（1）入小屋：6月1日，舞町的负责人和演出人员在诹访、八坂两神社的神前净身洗礼，祈愿本年宫日节奉纳舞圆满成功。自这天开始进入练习期。过去是搭建小屋，在内清洁身体专心练习，故称之。

（2）礼节拜访：6月1日，舞町的负责人和演出人员接受洗礼后，前去拜访宫日节负责人。

（3）视察激励：8月下旬，以长崎传统艺能振兴会为首的宫日节负责人抵达各舞町的练习现场，给予关怀和鼓励。

（4）庭院展示：10月3日，沿街店铺展示伞鉾、花车的推拉绳、小道具、乐器以及送给演出人员的礼物等。

（5）清点人数：10月4日，各当值舞町将参加奉纳舞表演的人员集中起来，举行清点人数的仪式，宣告练习到位，准备充分。

（6）神舆出游（日语：神舆渡御）：10月7日（又称"前日"），诹访、住吉、森崎三座神舆由诹访神社本宫移至在大波止临时设置的度假宫——御旅所。

（7）伞鉾巡街：10月7日，紧跟在神舆出游行列之后的是当年轮值的舞町的伞鉾行列。伞鉾类似于中国民俗活动中的凉伞，高达3米，重达100公斤以上，由伞顶装饰物、围绕的垂帘及垂帘上的装饰物组成。人们用力舞动伞鉾，齐声喊着口号，场面壮观。伞鉾是各町的标志物，各具特色，舞町的奉纳舞表演都以伞鉾表演开场。

（8）门前巡演：10月7—9日（其中8日称为"中日"）各舞町结束在诹访神社等固定场所的演出后，转至店铺门前、政府大门前等公共场所进行奉纳舞表演。

（9）神舆回宫（日语：神舆还御）：10月9日（又称"后日"），13时，三座神舆返回诹访神社本宫。据说摇晃神舆会让神重获神力，因此扛神舆的队伍会在长崎县政府前的坡道及诹访神社的石阶上奔跑，成为宫日节最具代表性的场景之一。

舞町的奉纳舞各具特色，是宫日节最大的看点，可分为"舞蹈（日语：踊）""拖拽物""肩扛物""主题行列"这四种。

（1）舞蹈：现存形式有本踊、诗舞、剑舞、龙舞、唐子狮子舞等，其中本踊就是传统的日本舞蹈，源于1634年游女高尾和音羽在诹访神社的神前献演的"小舞"，多以"长呗"（即三弦曲）为伴奏进行。明治维新前，还有中国风的唐儿舞、鞑靼舞，荷兰风的角力舞、阿兰陀舞等，现已失传。

（2）拖拽物：主要有两种形式，一种是船，种类多样，有川船、唐人船、御座船、朱印船、龙船、龙宫船、阿兰陀船、南蛮船等。另一种是体现捕鲸场面的拖拽鲸表演，独此一份（见下文）。皆需人力拖动，表演人数众多。

（3）肩扛物：有太鼓山、鯱太鼓这两个花车，除此之外，龙舞、狮舞中也有肩扛的要素。椛岛町的太鼓山表演最为特别惊险刺激，36位表演者扛着1吨重的花车，随着号子声时而抛起，时而旋转，花车上坐着的四位孩子还随着起落做出动作，整个表演堪比杂技。

（4）主题行列：如大名行列、武士行列、妈祖行列等特定主题的踩街队伍，现已基本消失，不过妈祖行列已重新出现于每年春节的长崎灯会。

综上，自1634年第一次宫日节开始至今，其流程内容基本上没有大的改动。现在，由于长崎市街道布局发生变化、行政区划变更、各町财政困难、后续乏人等原因，出现了表演内容简化、主题行列活动取消等情况。

二、长崎宫日节现状及中国元素

1979年，宫日节被认定为日本国家级非物质文化遗产。以下以七年的舞町轮值安排及2023年宫日节为例，就其表演内容及其中所含中国元素进行阐释。

（一）表演内容

如表1所示，奉纳舞内容丰富多彩，除了传统日本舞蹈，更引人注目的是伞鉾、各种船、太鼓等活动内容，还有中国风格的龙舞狮子舞表演、荷兰万才表演等，可谓"和华兰"文化大荟萃。

表1　2012—2018年长崎宫日节的舞町轮值表

年份	街道	表演内容	年份	街道	表演内容	年份	街道	表演内容
平成24年（2012年）	笼町	龙舞	平成25年（2013年）	荣町	阿兰陀万歳	平成26年（2014年）	舆善町	本踊
	江户町	阿兰陀船		船大工町	川船		八幡町	弓矢八幡庆贺船
	鱼町	川船		万屋町	鲸潮吹		西滨町	龙船·本踊
	今博多町	本踊		本石灰町	朱印船		万才町	本踊
	玉园町	龙舞		桶屋町	本踊		银屋町	鯱太鼓
				丸山町	本踊		五嶋町	龙舞
							麸屋町	川船

续表

年份	街道	表演内容	年份	街道	表演内容	年份	街道	表演内容
平成27年（2015年）	諏訪町	龙舞	平成28年（2016年）	鍛治屋町	宝船	平成29年（2017年）	東濱町	龙宫船·本踊
	新大工町	拽山车·诗舞		上町	本踊		銅座町	南蛮船
	新橋町	阿兰陀万歲		油屋町	川船		築町	御座船
	賑町	惠比须船		筑後町	龙舞		八坂町	川船
	夏（木へん）津町	川船		元船町	唐船祭		馬町	本踊
	西古川町	本踊						
	金屋町	本踊·櫓太鼓						
平成30年（2018年）	大黑町	宫日舞·唐人船	备注：本表中尽量保留日文汉字。"踊"为舞蹈之意，"本踊"又称"小踊"（即"小舞"），在神社前跳的传统奉纳舞；"阿兰陀"即荷兰；"阿兰陀万岁"即万岁和才藏两位荷兰人载歌载舞进行表演；"南蛮"指葡萄牙、西班牙；"唐人"即中国人，"唐子"指中国小孩，"唐船""唐人船"即中国人前往长崎的商船					
	出島町	阿兰陀船						
	本古川町	御座船						
	東古川町	川船						
	樺島町	太鼓山						
	紺屋町	本踊						
	小川町	唐子狮子舞						

宫日节自1672年至今一直保持着由长崎市的各町七年轮值一次的做法，近年来因行政区划调整及后续乏人等原因，辞做舞町的町增多。如表1所示，有的年份的轮值舞町未满七个，现有四十二个町承担舞町任务。

（二）2023年的宫日节盛况

2020—2022年因疫情影响，宫日节活动暂停。2023年10月7、8、9三日，宫日节在万众瞩目中终于重新举办。2023年的舞町是荣町、船大工町、万屋町、本石灰町、桶屋町、丸山町，时隔十年后再次登场。

7日上午7点，谏访神社小广场，桶屋町的以白象为装饰物的伞鉾率先登场，随后神官和巫女优雅的舞蹈拉开了奉纳舞表演的序幕。接着船大工町的川船冲出激流而来，扮成船老大的八岁男孩下网如神，百分百的成功率引发观众大声喝彩。随后，荣町的万岁和才藏（图1）登场，滑稽的扮相诙谐的表演令人忍俊不禁。本石灰町的御朱印船则重现了当年长崎的海商荒木宗太郎携其身为越南公主的妻子回到长崎的景象，十八位壮汉推着五吨重的朱印船快速转圈的场面蔚为壮观。丸山町的本踊表演中，着清朝服饰的唐人也一时兴起跟在艺妓旁边翩翩起舞。万屋町的鲸潮吹（图2）表现的是海中遛鲸、鲸吐海水的传统捕鲸场景，喷水竟达5米以上，体现了海洋劳作的艰辛。下午就开始了门前巡演，各舞町轮流在中央公园、御旅所、八坂神社等公共场所进行表演。此后三日，长崎全市进入宫日节模式，以上表演轮番举行，音乐声、欢呼声不绝于耳。相关街区实行交通管制，为神舆让路，给表演提供方便。

图1　荣町的万岁和才藏①

7日神舆出游、伞鉾巡街、门前巡演，8日原定在指定场所表演，但因下雨顺延至9日神舆回宫后举行，直到午夜时分才结束所有演出。时隔四年的表演，表演者和观众都兴致高昂，在人们的依依不舍之中，2023年度的宫日节落下了帷幕。

（三）长崎宫日节的中国元素

如表1所示，各町的表演内容可谓丰富多彩，各具特色。其实这与各町的所

---

①出自《KTNテレビ長崎》2023年10月7日报道。

图2 万屋町的鲸潮吹表演

处位置及在江户时代所起作用密切相关。如2023年的轮值舞町丸山町是江户时代艺妓聚集的街区，唐人是那里的常客。表演龙舞狮子舞的町在江户时代或是与中国人居住的唐馆临近，或是后来向别的町学习而成。出岛即为原荷兰人的住处，所以出岛町的奉纳舞为阿兰陀船。以下就宫日节中蕴含中国元素的奉纳舞进行阐述。

（1）龙舞：江户天保年间（1830—1844年）绘就的《唐兰馆绘卷》中就有唐人在唐馆的土神堂前舞龙的场景。笼町紧挨着唐馆，耳濡目染间习得了唐人的舞龙，将此作为本町的奉纳舞。鞭炮声中伴随着锣鼓等中国传统乐器的敲击声，十位着清朝装束的壮汉用力且轻快地舞着手中的龙，以喇叭代龙发声，追逐着前面一人手持长杆上的宝珠（图3）。有意思的是龙为青绿色，酷似一条长蛇，写成"龙踊"，但"龙"字却发"蛇"的音。唐人中有不少福建人，是否与闽地崇蛇习俗有关，有待考证。现有笼町、诹访町、筑后町、五嶋町供奉龙舞表演，其中前两者为青龙，已选入长崎县非物质文化遗产，后二者为白龙。现在长崎有长崎观光舞龙会、十善寺舞龙会等数个市民团队，长崎女子高中也将舞龙列为社团活动内容。舞龙已成为植根于长崎的中国文化象征，在宫日节以外的其他节庆时也会展露风采。

（2）狮子舞：与龙舞一样，狮子舞也来源于唐馆的唐人。与中国国内传统的舞狮不同，首先色彩装扮都比较简单，狮身不是色彩夺目的金黄色，舞者身着衣物多为单色，但这正是当年狮子舞原本的面目。玉园町的狮子舞（图4），自

图 3 2012 年笼町的舞龙

1935 年起时曾一度中断，直至 62 年后的 1997 年才再度重现。小川町的唐子狮子舞中由小孩舞狮，身着唐装的小孩在一旁嬉戏伴舞。原本称为"唐人踊"的舞蹈其实取自中国传统戏剧《三国演义》《水浒传》等，源于唐馆时代唐人的"做戏"表演。主要伴奏乐器为喇叭、唢呐、锣鼓等中国乐器，但玉园町除此之外还以横笛伴奏。后者是日本民俗节庆表演时常用的伴奏方式，由此可看到中日杂糅的特点。现在长崎有五六家狮子舞传承会，在各种节庆时表演。

图 4 2012 年玉园町的狮子舞

（3）唐船：江户时代，每当唐船入港，鸣金敲鼓，长崎市民奔走相告，因为大家知道赚钱的机会来了。唐船给长崎带来了财富，停泊于港口的唐船是长崎港司空见惯的风景，元船町的唐船祭就是唐船贸易的历史情景再现。元船町紧挨长崎港，江户时代主要负责唐船到离港的诸事务，唐人上下船也必须经过该町。唐人上岸时，会将船上供奉的妈祖像送到唐寺保管，出港时再迎回船上，这一过程由一系列仪式组成，前者称"妈祖扬"，后者称"妈祖乘"。耳濡目染下，元船町习得此仪式，并将前者编排成奉纳舞"妈祖祭"，1955 年才改名"唐船祭"（图 5）。大黑町的奉纳舞是"唐人船"，也是源于其位处码头附近从事唐船贸易相关事务的缘故。表演时，船上身着唐装的儿童代表船上乘员，还装载各式象征性物品，船身由身着唐装的年轻男子推动转圈，其间还有身着中国传统戏曲服装的年轻人登场表演。唐船为传统的福船样式，底尖上阔，首尾高昂，两侧龙目显眼。此外，还有受到中国传统龙舟式样影响的西滨町的龙船和东滨町的龙宫船。

图 5　2016 年元船町的唐船祭

（4）长崎明清乐：在宫日节活动中作为本踊的伴奏，当时的丸山游女向中国人习得并改编为载歌载舞的表演形式，元船町的"唐船祭"就是以明清乐为伴奏。明清乐据说最初由闽籍唐商魏之琰（1617—1689 年）带到日本。1673 年，魏之琰奉命进入京都天皇御苑演奏明朝音乐，一时传为佳话。后其曾孙将其作品整理成《魏氏乐谱》，流传后世。"明乐"在 1689 年唐馆建成之前便传入日本，其后"清乐"传入，皆由月琴、二胡、琵琶等中国传统乐器伴奏。清乐代表曲目"九连环"流传最为广泛，曾在 19 世纪后半叶成为富家子女必学曲目。经过数百年的传承发展，长崎明清乐形成了自己的特色，并因其独特的历史价值被认定为长崎县的非物质文化遗产。

（5）其他：用于装点宫日节的工艺品中也蕴含着大量的中国元素，如各町的伞鉾及表演人员的传统服装上的长崎刺绣源自福建的"盘金绣"。据记载，17 世纪后半叶，唐船贸易来到长崎的唐人带来了此类图案华丽、色彩绚烂、立体感强的绣品。当时正是福建海商大量来到长崎的时代，而长崎刺绣与闽南漳泉盘金绣的相似度也很大程度上证明了这一点。盘金绣又称"金葱绣"，以罗缎为底，用棉花等物垫在金银丝线下面绣制。绣品立体性强、浮雕效果明显，主要应用于家族、村庙供奉祭拜用的桌围、佛幡、神衣、神帐及地方戏曲表演的服饰。由此发展而来的长崎刺绣与传统的日本刺绣风格迥异，图案华丽绚烂、技法精致细腻。此外，如长崎刺绣的绚烂夺目所示，宫日节丰富的色彩表现也体现了中国节庆文化的影响。据说，椛岛町的太鼓山上黑、红、青、白、黄色垫被就源于中国传统的阴阳五行思想，象征着水火木金土，代表着季节的更迭。

从地理上来看，长崎是距离中国大陆最近的日本地区，再加上江户时代的唐船贸易，中日两国人民共同生活在长崎这片土地上，各自的文化习俗、生活习惯互相交融，最终形成了富有长崎特色的日本文化。宫日节中的中国元素，是"宫日节的中国传统文化传播的见证"，"宣示了华人社区参与长崎建设与发展的密切关联"，"筑牢了日本民众与华人认同的社区共同体意识"。

三、跨文化传统民俗的成因探讨

如前所述，长崎在江户时代的两百多年里经历了中日文化、东西方文化的交融与碰撞，至今仍保留着大量的中国传统民俗文化。宫日节中融入了大量的中国元素，凸显了中华传统文化在异域的影响力及强大的生命力。以下我们就从文化接纳的角度探讨跨文化传统民俗产生的深层次历史原因及社会功用。

（一）高势位文化的高接纳度

"文化交流从来都是双向的，但是这种交流不是任何时代双方都以同等的比重举行的。一般是从高势位文化向低势位文化流动"。中华文化自古以来就以其强大的高势位优势辐射影响了日本文化，并融入其中成为重要的文化底色。唐宋的文化优势自不必说，明清时代文化也为日本所景仰。

1654 年，以隐元为代表的中国高僧团队数十人来到日本，随后开创黄檗宗，给彼时萎靡不振的日本佛教界带来了示范样本，并在建筑、饮食、茶道、医学、艺术等全方位影响了整个江户时代。1659 年，大儒朱舜水东渡日本，讲学弘道，宣传儒家思想。在日本已全面锁国的情况下，二位都得到了日本上层的敬重与厚待，得以永居并传播中华文化。以上二位乃高势位文化的高位代表，草根阶层的高势位文化代表则可以唐人在长崎生活期间所展现的各种民俗文化为例。康乾盛世令日本对清态度发生转变，"慕华"心理达到一个高潮。这一时期，日本对中国文化的吸收和模仿也达到了登峰造极的地步，如大学头林衡所撰《清俗纪闻》[1] 序指出"即一物之巧，寄赏吴舶；一事之奇，拟模清人，而自诧以为雅尚韵事，莫此为甚"。据描绘文化年间（1804—1818 年）宫日节盛况的《崎阳诹访明神祭祀图》所示，本笼町的队伍特别长，以妈祖行列为首，紧跟着舞龙、唐乐吹奏、手持行李队、身着唐装的小孩舞蹈队、骑马舞等载歌载舞表现唐人文化的队列。这与清人恭送妈祖前往寺庙的情形一模一样，其他如龙舞狮子舞也是极力模仿唐人所为。

另外，彼时因日本对中国贸易的合法口岸只有长崎这一个窗口，于是在二百多年的时间里，在长崎的大街小巷、唐寺、唐馆，高僧士大夫、商人船夫在唐通事的斡旋下与日本人展开跨文化交流，在频繁漫长的文化互动过程中，长崎日本人与华侨之间形成了血浓于水的"亲戚关系"，此为前述中华传统民俗文化在长崎被接纳并得以传承的重要原因和背景之一。

（二）"拿来主义"的接纳态度

通常以"拿来主义"形容日本文化对于外来文化的包容和接纳，长崎宫日节案例可谓一个典型范本。宫日节是日本神道的祭典，也是"和华兰"三国文化的大集锦。从接纳融合程度上来说，中国元素如同血液一般被吸收融入，荷兰元素则体现在氛围渲染。不论是最初出于辅助驱逐基督教的目的，还是促进贸易发展的需要，抑或到现在发展旅游以振兴地方经济的需求，长崎宫日节中的异国风情都发挥了重要的作用。

当然，日本对外来文化的接纳是经过选择的，如宫日节中的中国元素都具有明显的中国特色，而且"除了其名称和部分内容外，已经完全日本化，并转型为

---

[1]1799 年（宽政 11 年），长崎奉行中川忠英组织编撰了《清俗纪闻》，询问前来贸易的清商"其国之俗习"，以图文并茂的形式整理成文。因来舶长崎的中国人多来自闽浙两省，故文中所记录习俗也多为那一带风俗。

具有长崎特色的乡土文化符号，延续至今"。拿来之后加以改造，使之日本化，是日本接纳外来文化的最高层次。长崎人因地制宜地对自己所接纳的中华传统文化进行创新加工，使之成为长崎特色的中国文化，进而赋予其代表长崎地方文化的符号性意义。

长崎人对中华传统文化的接纳和融合取决于特定的历史环境，江户时代的接纳除了对高势位文化的景仰，还有促进贸易的务实一面。而在现代则表现为主动去展示历史馈赠的跨文化传统民俗，并将其打造成自己的区域文化品牌，以谋求旅游业的发展，实现区域经济振兴。

四、结语

综上所述，长崎的宫日节是在特定历史条件下经历长期的跨文化接触而形成的跨文化传统民俗，可谓多元文化融合共生的典型样例，真正体现了"美美与共"的文化融合的理想境界。中华民俗文化以其特有的文化符号、鲜明的文化特色融入其中，已然成为长崎的地域文化特色。长崎宫日节既有极高的观赏性，又具备了狂欢节的性质，在拉动旅游经济的同时，还以全民参与的形式使得长崎市民获得了极强的地域身份认同感。

在当今"一带一路""中国文化走出去"的背景之下，总结历史上至今仍在异域大放光彩的中国传统文化的传承机制，分析其存在意义及功能作用，可以为推广中国文化走向世界提供有价值的借鉴。今后拟对参与宫日节运作的长崎市民进行访谈调查，从文化人类学、社会心理学的角度探讨文化接纳的可行路径及跨文化传统民俗传承的可持续性。

参考文献

[1] 王维. 海外华人传统文化的继承与创造——以日本长崎为例 [J]. 海交史研究, 2001 (02): 114-127.

[2] 長崎市まちづくり部景観推進室・文化観光部文化財課. 長崎市歴史的風致維持向上計画 [Z]. 長崎市, 2023-03-30.

[3] 章潔. 長崎の祭りとまちづくり [M]. 長崎文献社, 2014.

[4] 段上達雄. 祭礼の傘鉾・風流傘.1：博多松囃子と長崎くんちの傘鉾 [J]. 別府大学大学院紀要, 2019 (03): 23-39.

[5] 黄宇雁. 長崎諏訪神社と唐人生活 [J]. 同志社大学日本語・日本文化研究, 2015 (03): 149-162.

[6] 林观潮. 明清时期闽商往来长崎商路之旁考 [J]. 闽商文化研究, 2011 (02): 88-105.

[7] 王维. 华侨的社会空间与文化符号: 日本中华街研究 [M]. 广州: 中山大学出版社, 2014.

[8] 方云, 田兆元. 节庆类非物质文化遗产保护的日本经验——基于长崎宫日节的海外民族志考察 [J]. 日本问题研究, 2023, 37 (04): 71-80.

[9] 彭琬玲. 闽南民间工艺中设计材料源于情感叙事需求的创意方法探究 [J]. 汉字文化, 2018 (05): 108-110.

[10] 津田比都美, 冲润子. 長崎くんち「竜踊り」「太鼓山（コッコデショ）」に見る色事情）[J]. 日本色彩学会, 2008 (32): 120-121.

[11] 王晓丹. 近代中日文化交流简论 [J]. 曲靖师专学报, 1996 (04): 56-59.

[12] 李天锡. 隐元东渡日本对传播中华文化的贡献 [J]. 八桂侨史, 1993 (04): 53-56.

[13] 刘晓东. "胜国宾师": 明遗民朱舜水与中日文化交流 [J]. 阴山学刊, 2023, 36 (04): 35-39.

[14] 王振忠. 18世纪东亚海域国际交流中的风俗记录——兼论日、朝对盛清时代中国的重新定位及其社会反响 [J]. 安徽大学学报（哲学社会科学版）, 2010, 34 (04): 1-16.

[15] 沈思涵. 日本文化财制度下民俗文化保护及其对中国的启示 [J]. 华中学术, 2019, 11 (02): 190-200.

[16] 沈思涵. 社会治理视域下日本民俗文化财的民间保护传承 [J]. 科技智囊, 2021 (09): 22-29.

英属海峡殖民地华侨聚落"家"的空间及形意关系建构
——基于移民社会组织方式的微观史调查

赵龙[①] 李润妍[②] 刘冰[③]

一、殖民、网络与流动性：问题提出

殖民主义时代在一个新的地方安家落户，中国人称之为"定居"，往往是个人决心、文化意识和经济资源综合作用的结果。无论是生存型移民还是发展型移民，"家"作为基本单元的建构有其物理属性和社会属性，是移民社会发展的缩影。除了物质空间的功用之外，其空间的隐性外延涉及社会网络与族群组织以及丰富的空间表征与象征意义，承载着社会变迁背景下人地情感、原乡意象、乡土情结的变革与延续。本文基于微观史的视角，采用人文地理学和建筑学对于华侨聚落"家"的空间和地方意义的解读作为研究的方法论，关注于19世纪中期鸦片战争后槟榔

[①] 集美大学海丝沿线国家国别研究院。
[②] 厦门大学建筑与土木工程学院。
[③] 集美大学美术与设计学院。

屿中国移民群体在殖民地新环境中"家园再造"的适应与转变过程,通过移民社会的组织方式来解读家园再造过程中"家"的空间及形意关系建构。

二、槟榔屿移民社会组织方式的类型与模式

(一) 殖民地社会组织方式

马来西亚的中国移民社会是在对英国殖民政策进行协调的过程中发展起来的,海峡殖民地对中国移民群体的组织方式可以从三个方面进行探讨:

第一,建立殖民统治的所谓合理性和主导性来实现空间权力集中与运作。在槟榔屿的城市规划当中,权力和权威在空间过程中得到表达,并建立起由宗主国主导的基本城市架构,建立殖民统治的所谓合理性和主导性。无论是殖民权力运作还是殖民城市管理,通过具体城市规划和政策规制所引导的族群分类管理和集中居住模式是维持殖民地秩序的有效手段。学者指出,在殖民地中,建筑文化的涵化首先从东南亚社会(不包括殖民统治阶级)的公共建筑开始,而不是首先从民居建筑开始,其中的过程是由公共建筑逐渐地扩展到民居建筑。殖民地建筑和区域规划被制度化最突出的表现就是殖民地公共建筑的建造成为展示宗主国殖民权力的象征,并以此引导文化风向和传播宗主国文化。经由权力手段组织起来的槟榔屿城市空间为文化、经济和土地开发提供便利,通过宗主国的规划思路使殖民地规则融入空间演化进程,有规划的道路、方格网状城市格局及宗主国文化的导向,一经吸收、涵化便融入华人移民的日常生活空间当中。

第二,移民族群的角色定义与被动安排。处在"风下之地"的华人群体在数百年的殖民统治时期扮演着"中间人族群"的商人角色,从整个殖民地社会来看,学者认为这种特别设计的殖民地经济体系和殖民地经济结构角色是一种刻意的安排,一方面作为中介角色服务于殖民地商贸需要;另一方面在种族分离的殖民地管理架构下形成"白人—华人—土著"的族群分层,这种有差别的对待和刻意安排在族群竞合的殖民地是具有社会发展与人口管理优势的,显现出殖民人口管理的灵活性和潜在的统治用意。

第三,双重统治政策下的"族群自治"与"集中居住"。在槟榔屿,英国沿用了在印度殖民地所采取的直接与间接统治并行的双重统治政策,并通过"族群自治"与"集中居住"的手段践行其殖民管理思路。作为移民人口治理模式,槟榔屿的"族群自治"体现在殖民政府的甲必丹制度和对华人会党的态度变化

上，具有"两面性"。甲必丹制度的设立建立在华人会党组织的基础上，作为介于殖民地政府和华人族群之间的沟通管道，甲必丹制度和华人会党在城市空间当中起到了族群内部治理和维持社会秩序的作用。作为移民人口管理模式，在城市空间中划定地块来定点安置移民是集中管理的需要，其背后是利用土地规划来完成种族居住隔离的殖民本质。槟榔屿的"集中居住"宏观层面上形成了各移民族群在空间上的"分而治之"（欧洲人区域、中国人区域、马来人区域等），为槟榔屿"文化马赛克"现象的出现提供空间与文化"分而不隔"的条件；中观层面上促成了华侨聚落的空间形态、空间特色生成和地方精神形塑，为"家"的空间形成提供外围环境；在微观层面在华侨社会也促成了来自中国不同地区移民群体的内部整合，对居住空间、商业空间、宗教空间和新的居住关系的营造和演进产生影响，有助于"在家感"的产生。

（二）中国移民社群的组织方式

在英属海峡殖民地，通过连锁式移民所携带的地缘、血缘、神缘、业缘关系以及原乡社会组织结构的异地复制，在新环境中呈现出移民的群体性特征，加快了中国移民在新环境中的融入和自我一体的移民社会的形成。华侨社会有四种基本的社会组织，即宗族组织、会馆、会党和行会，这些组织的扩张是由于社区生活的需要和外部压力，他们也影响到华侨社会的形成和发展，并在延缓中国移民的同化过程中扮演重要角色。槟榔屿的华侨族群是基于地域帮会而组成的复合体，参与帮会及其仪式给许多成员灌输了一种流散意识：一种与远离家乡的同胞生活在一起的意识，他们试图从复制原先熟悉的社会结构与远在中国的家园保持联系，同时又使这些结构适应新社会中移民的生活需求。美国耶鲁大学 Sunil S. Amrith 教授在 2011 年出版的《Migration and Diaspora in Modern Asia》一书中认为："地域帮会的结社模式即使在更广义的种族和民族观念占据主导地位之后，以地域、地区的划分方式仍旧对殖民地华人、华侨社会产生作用，通过这些帮会，海外华人、华侨与他们的家乡保持联系，同时在一个由侨居男性主导的世界中重塑新的团结纽带。"在这种情况下，槟榔屿开发拓殖阶段以地域、地区为划分依据的福建会馆、广东会馆等移民组织的建构，成为槟榔屿中国移民社群组织生活的中心。

在宏观层面的互动逻辑上，槟榔屿中国移民聚落中的"社群"凸显出超族群的群体关系建构，殖民地和人口流动促使槟榔屿移民群体意识到社会再组织的可能性和新集体主义建构的必要性，重塑成更大的统一组织。除了同步移植家乡、传统的社群组织形式之外，也在移民社会互动的过程中调适为新的、具体的行为实践，以求获得群体公共利益的最大化。在移民社会组织的推动下，槟榔屿中国移民聚落不断成长完善，形成社会维系机制、产业乘数机制、积累循环机制三者间的良性循环。在微观层面的演进机制上，"家—房—亲—族"的原乡族群结构体系转变为"家—房—邻—群"的社群结构体系，尽管在华侨聚落宅居形式和居住组团上仍旧呈现出中心集聚的结构特征，但已经由血缘性空间转向地缘性空间，较之原乡的结构特征事实上已经产生了规模和领域上质的改变。共同的方言、共同的地域、共同的生活方式及共同的心理素质为社群组织的形塑提供了土壤，这种社会整合方式可以看作原乡"村民自治"制度的海外延伸和发展。

大马华人社群形塑的最初阶段是围绕着神明祭祀开始的，先有祭祀组织，而后随着宗族成员的增加，才会形成宗族组织，乃至建构更大的跨族群的宗族组织集合，从形成的过程以及家庭模式、血统的结构来看，差异的存在并不能抹除形成自我群体，或者与新客华人形成更大规模想象共同体的共同性。讨论华侨聚落的社群组织方式、"家"的空间及地方意义，"神道设教"是一个值得思考的点。学者高丽珍在"神道设教"与海外华人地域社会的跨界与整合研究中将"神道"一词理解为"上层结构"，看作政教部门借以移风易俗、塑造社会文化的"可操作型杠杆"，基于上述逻辑，殖民掌控下的槟榔屿各商帮、行会、血缘以及地缘组织在"神道"的庇荫下，维系着社群间竞争与合作的关系，作为宗教与世俗团体的结合体，发挥引导与社会控制作用。从微观史的视角来看中国移民社群的组织方式，这种模式在邻里与场所地方意义的建构与日常仪式的维系方面也发挥重要影响，例如备受华人崇拜的大伯公信仰，其广泛性跨越地域、方言与血缘关系，成为华人族群共同的土地神祇。此外，槟榔屿广福宫不失为一个好的案例，作为"神道设教"的物化载体，广福宫是地域整合、社群整合的关键场域，从开埠早期的闽粤商人共同组织的"商业基尔特"（guild）到后期移民社会社群整合的典范，广福宫体现出了殖民社会、多元族群分工与分治、流动性语境下闽粤移民群体权力版图的消长、各群系内部组织的整合与分化历程、地方化过程、社群向心力以及环境适应能力的重塑等历史进程，同时也能反映出移民社会中"家"的空间营造、地方意义产生与社群组织有着密不可分的关系。

另一个值得思考的点就是殖民地社群组织——"公司"（公祠）。"公司"这一性质独特的社群组织是一种独特共有财产所有权的关系，槟城五大宗族公司和三大私会党公司（建德堂、义兴公司、海山公司）在19世纪贸易时代实现了巨额的资本积累，斥资兴建和持有大量包括宗祠、宫庙、广场、街屋在内的不动产，带有共和自治体和集体所有制的特点，可以看作华南宗族公司的海外延伸。

除了"神道设教""公司"等组织形式外，建立在行业与技术上的业缘组织也是华侨聚落众多社群组织方式中比较特别的存在。例如，槟榔屿的广东木匠们把本行业的鲁班精神信仰从中国传承过来，在18世纪组织起以木匠业从业者为群体构成的业缘组织鲁班行，其祖师崇拜与师徒制度为同业联络、饮水思源精神的形塑、行业传习规范的建立提供培养环境。为了纪念与表扬鲁班祖师，木匠们便于每年农历六月十三日及十二月二十日，分别为鲁班师父、师母举行千秋宝诞，并以最崇敬的礼仪祭祀。

（三）中国移民家庭内的组织方式

槟榔屿华侨聚落中移民家庭作为槟榔屿移民聚居的基本单位，既是谋生、安身立命的物质空间，也是强化生活传统与文化皈依的精神家园。槟榔屿华侨聚落中家庭内的组织方式以复合家庭和直系家庭的结构类型最具代表性，复合家庭涉及多代人、同胞兄弟及其配偶、子女共同生活在以"家"为单位的空间当中，形成大家庭的结构形式；而直系家庭是从大家庭分化出来的两代及其以上的家庭结构形式。在这两种主要的家庭结构类型下，移民家庭内的组织方式为文化沿袭和族群认同提供具身体验。

美国哲学家霍勒斯·卡伦（Horace Kallen）指出，移民或多或少可以改变他们的衣服，改变他们的政治观点、宗教信仰或哲学观点，也可以改变他们的妻子，但他们不能改变他们的祖父。家庭内的组织方式随着世代更替所产生的改变影响到华人社群文化建构及其主体性的形成，在原先既有的"地方性知识"（local knowledge）基础上形成特定历史和文化场景下的新的"地方性知识"，这些地方性知识对形塑移民群体的文化自觉有着重要意义。在近代侨居形态出现之前的东南亚华侨移民与中华本土的中国人在中华文化的认同上并无多大差异，比如，注重亲缘、地缘关系，强调传统家庭价值，崇拜故乡神明等。正如 Jonas D. Vaughan（1879）在《海峡殖民地中国人的风俗与习惯》（《The manners and customs of the Chinese of the Straits Settlements》）一书中所言，"中国人如此依恋祖先的习惯，尽管在海峡殖民地与当地人交往了几代人，但他们古老的风俗习惯依然存在……许多中国人在海峡殖民地皈依基督教，但他们没有因此而放弃辫子和民族服装……三百多年前，葡萄牙人第一次出现在马六甲水域时，就发现了中国人，他们在那里永久定居了好几代；在槟榔屿和新加坡，他们已经分别定居了90年和60年，但仍保持不变"。但随着世代更替，移民家庭内的家族功能及亲属关系也发生转变，"社会组织单位的家有了改变，自然宗族制度在闽粤社会就不像以前那样稳固了，家庭组织在迁民的社区中，虽然一部分仍然维持大家庭制度,但是一部分确已崩毁"。陈达教授在《南洋华侨与闽粤社会》一书中具体描述了这一言传身教的世代传承过程,"有些华侨,少年时代在国内过惯乡村生活,目下虽衰老,还是希望儿孙辈保存聚居的旧习惯,'槟榔屿一位侨生律师说:守旧的侨胞,在遗嘱上有时候声明儿辈须住于公共房子,以维持家庭团体,但子孙们往往不能遵守这种遗训'"。

尽管如此,华侨聚落当中由家庭内的组织方式所形塑的空间社会实践行为,总体上延续了"家"的空间在移民群体中的传统意义,认知过程中传统习俗、文化取向、价值观念的家庭熏陶和空间实践强化了移民家庭与原乡的情感联结,形成了移民家庭的"在家感"。一方面,聚落中语言、符号、饮食、服饰、建筑、宗教、节日等文化表征成为居住者自我认知建构的重要提示;另一方面,华侨聚落的"熟悉空间"和"日常接触"结合经历经验和情感联系增强了"在家感"的具身体验。综合来看,这种空间系统、组织系统、文化系统和情感记忆系统对华侨聚落"在家感"的产生是密不可分的,这解释了 Jonas D. Vaughan 所描述的,即使海峡殖民地的中国移民将后代送往宗主国学习,"在返回海峡殖民地时,他们还是会回到旧秩序当中,即中国人的着装和偶像崇拜;尽管父辈们与欧洲人有着终身的亲密关系,表面上表现出对他们的偏爱,但他们所有的信仰和宗教仪式丝毫没有减弱"。

三、移民社会组织方式下"家"的空间与形意关系建构

(一)物质空间:形意关系建构的族群文化基因

槟榔屿华侨聚落映射出环境、文化建构、社会关系、生产关系、身份认同与行为的群体性结构,兼具空间的物质与非物质特性,具有不可分割的整体性。在槟榔屿殖民地移民社区当中,移民通过空间与场所中群体性结构的互动所形成在触觉、视觉、认知上的联系,包括在创造家园过程中出现的聚族而居、居祀合一;分区聚居、商居一体;帮群社团、等级居住;代际传承、多元融合等现象。

作为移民群体,族群文化基因的黏性对殖民地"家"的物质空间的构建产生重要影响。对于很多不得不背井离乡又很难荣归故里的海外华侨,将家庭、家族的根基永久地迁入异邦创建新的家园,从早期"海外侨居"到"落地生根"定居当地,原乡村落、宗祠、庙宇等是海外华侨难以割舍的家族记忆。以海峡殖

民地时期修建的骑楼为例,尽管在建筑上混合了西式、马来样式或是其他为了适应当地湿热气候所采用的设计,但其立面形式、内部装修与陈设、功能空间的布局在不同程度上延续了原乡的族群文化基因,那些象征吉祥、祈福的龙、凤、麒麟、花草竹类等浮雕,和以华文刻写的商号、五行山墙样式,以及结合瓦筒、瓦当、滴水的屋顶形式等,都展现了中国华南地区的建筑文化元素。

值得注意的是,槟榔屿移民聚落族群文化基因的延续是动态的。"新移民和旧移民之间的关系,或移民和移民后代之间的关系,是创造流散族群的核心。他们在与母国保持联系方面存在程度上的不同;对于移民的第二代或第三代后代来说,'回归'(return)的概念通常是隐喻性的——但对于新移民来说,这是非常真实的。随着新移民的减少,一些流散族群通过修建学校、社会机构和更永久的祭祀场所来巩固自己的族群边界;此外,海上移民人流和思想流的减少,以及当地定居家庭的形成,引发了联系和附属关系的消失。"

(二) 精神空间:文脉环境的熟悉感与控制感营造

在新的聚落与族群融合进程当中,新的空间组织与社会关系被不断建构,无形中生成的建筑空间中的行动功能句法在人们的生活中形成一种看不见的客观场景氛围和特殊的主观心理构境,恰恰是这种随着日常生活场景的发生建构起来的无形氛围构筑起特定的生活方式。乔治市华侨聚落的人口分布、聚落空间组织、居住空间分布以及公共空间构成如同容器将家屋社会文脉环境的熟悉感与控制感凝结在一起,形成族群特色的空间聚合方式和模式语言。

早期移民到槟榔屿的中国人来源于闽粤地区,大多数中国移民及其后代都在普通住宅中过着简朴的生活,即使是那些历经几代白手起家的移民家庭,很大程度上也还住在简单的住宅当中。长期维持在一定的比例下,空间最大化维系了家屋社会文脉环境的整体格局和存续、传统社会结构及其运作方式。这些重要的地域性文化形式和社会习俗对形成某种身份意识具有重要作用,将自己与某个国家、地区、城市和社区联系在一起,在沿袭与发展的基础上进行新的社会关系、生产关系和文化的生产,以此确保在殖民地新的社会文化环境下,保持对文脉环境的熟悉感和对他们以前家的控制感,这也展现出华人移民群体整合空间的能力。聚落中的庙宇宫祠、权贵宅邸、沿街店屋/排屋、姓氏桥、公祠会馆等各种空间类型无不是文脉环境的阶段性与地域性发展的产物,既体现空间边界又蕴含空间精神,这也证明了华侨聚落空间背后是一个高度成熟的、具有较强韧性的移民社群。

(三) 复合空间：形意关系建构的空间映射

在空间边界上，槟榔屿的自然地理特征、沿海岸带的乔治市城市空间组织和内部沿街道拓展所形成的块状空间、殖民地规划与管理综合促成乔治市华侨聚落自然边界、行政边界、族群边界复合并存的现象；在空间组织与空间功能上，复合空间是聚居模式、聚落空间营造、空间边界、空间组织、空间功能、空间适应和空间精神的交集点。在符合殖民地规划与规制建设的情况下，乔治市华侨聚落内部的功能组成单元涵盖住屋、会馆、宗祠、行会、寺庙、医院、学校、街道等空间类型，借助这些功能组成单元，逐步建立新的社会组织、亲属关系、聚落空间的联系，满足居住、祭祀、生计、教育等需求。

在空间演化上，因应殖民地多元文化的情境和原乡文化的沿袭，在空间的功能、形态、材料、结构、表征方面存在调适和互融的现象，无论是居住组团、骑楼街道的立面、聚落中心区及其附属空间的建筑营造，还是欧式别墅的内部，都在演化的过程中进行了不同程度的取舍和折中式处理；在空间精神上，聚落空间的物理结构、宗族、帮派、信仰、文化活动强化了聚落的凝聚力和集体性氛围，编织起乡情、族情、亲缘的精神意象，例如，槟榔屿的邱氏宗族，在五大宗族的"福建公司"之外，其实还存在"三魁岭"的地缘认同，这是原乡的地缘观念，是海外邱氏宗族成员地缘观念的起点。此外，住屋内部空间的整体布置、家具、装饰、景观与配色、主次关系及家庭成员的日常生活实践塑造了微观尺度层面的空间精神。

四、结语

在殖民地、流动性语境下，作为华人华侨史研究体系的补充，移民社会组织方式在华侨聚落"家"的空间及形意关系建构发挥着不同程度的显性和隐性作用。研究发现，海峡殖民地时期，槟榔屿三种主要的移民社会组织方式呈现出共存与交互穿插的特征，因此"家"的空间在建立边界的同时，在形意关系建构方面存在调适、吸收与整合的过程；殖民地不同的移民社会组织因其目标指向性的不同，在空间创设的动力机制及地方意义的演变方面导向不同结果，其阶段性、阶级性特征明显；殖民地不同层次的社会组织方式都对华侨聚落"家"的空间产生影响，这种影响的结果是物质空间、精神空间和复合空间的形意关系建构。在社会组织方式的影响下，移民者通过在新的土地上进行创建家园的行动实践，形成从"落叶归根"转变为"落地生根"的价值取向，实现从旅居者到定居者的身份转换。

综观槟榔屿华侨聚落的建立与发展，可以发现"家"的空间及形意关系建构在移民、家园与时代的相互关系和"家园再造"历史过程中体现出连续性、动态性特征。特别值得关注的是，华人移民社群和单一移民家庭内的组织方式对空间的整合与映射能力，对延续、保持、彰显槟榔屿移民聚落"家"的空间具有重要作用。通过对移民社会组织方式的微观史调查可以厘清族群重塑过程中槟榔屿华侨聚落"家"的空间意涵，以及反映在这一过程中的形意关系建构，对后续移民社区自治、主体想象、身份认同、集体及个人叙事、移民社区的自发性与活力的研究亦会有一定的借鉴意义。

参考文献

［1］Ronald G. Knapp. Chinese Houses of Southeast Asia：The Eclectic Architecture of Sojourners and Settlers［M］. North Clarendon：Tuttle Publishing，2015.

［2］陈达. 南洋华侨与闽粤社会［M］. 北京：商务印书馆，2011.

［3］仝峰梅，候其强. 居所的图景：东南亚民居［M］. 南京：东南大学出版社，2008.

［4］庄国土. 早期东南亚各殖民政权对华侨政策的特点［J］. 华侨华人历史研究，1994（4）：57-64.

［5］陈衍德，卞凤奎. 闽南海外移民与华侨华人［M］. 福州：福建人民出版社，2007.

［6］王迪. 从计量、叙事到文本解读：社会史实证研究的方法转向［M］. 北京：社会科学文献出版社，2020.

［7］Sunil S. Amrith. Migration and Diaspora in Modern Asia［M］. Cambridge：Cambridge University Press，2011.

［8］王发曾. 论聚落演化规律与成长机制［J］. 学术论坛，1991（05）：40-44+64.

［9］陆琦. 广东民居［M］. 北京：中国建筑工业出版社，2008.

［10］宋燕鹏. 观念、组织与认同准则：19世纪英属槟榔屿邱氏宗族再建构与社群形塑［J］. 华侨华人历史研究，2018（02）：71-80.

［11］薛莉清. 晚清民初南洋华人社群的文化建构：一种文化空间的发现［M］. 北京：生活·读书·新知三联书店，2015.

［12］张晶盈. 东南亚华人文化认同的内涵和特性［J］. 华侨大学学报（哲学社会科学版），2021（03）：15-24+90.

［13］陈志宏，涂小锵，康斯明. 马来西亚槟城福建五大姓华侨家族聚落空间研究［J］. 新建筑，2020（03）：30-35.

［14］Sunil S. Amrith. Migration and Diaspora in Modern Asia［M］. Cambridge：Cambridge University Press，2011.

马来西亚新生代华侨华人参与"一带一路"建设的现状与路径

张劲松[①]

一、"一带一路"倡议提出十年背景下中国与马来西亚关系概况

(一) 马来西亚是"21世纪海上丝绸之路的重要支点国家"

2013年,中国国家主席习近平着眼人类前途命运及中国和世界发展大势,提出"一带一路"倡议。作为重要地理战略支点的马来西亚是区域内最早、最积极响应"一带一路"倡议的国家,也是共建"一带一路"早期成果最丰富的国家之一。中马两国合作具有非常深厚的历史渊源和现实的基础。历史上,六百年前"郑和下西洋"为两国历史留下浓墨重彩的一笔,"郑和精神"至今仍是两国推进合作的指引。1974年,马来西亚是东盟各国中首先与中国建立外交关系的国家。自中马建交以来,两国关系快速、稳定成长。我国将中马关系定位于"三好",即马来西亚是我国的"好邻居、好朋友、好伙伴",这是两国务实合作坚实的政治基础,当前中马关系正处于历史最好时期,亮点纷呈,并且始终走在中国与东盟国家关系前列。

[①] 集美大学外国语学院。

（二）十年来马来西亚历届政府对"一带一路"倡议的基本态度

2013年5月至2018年5月，国民阵线为马来西亚的执政党，纳吉布任总理。作为中国在东盟的重要贸易伙伴，马来西亚对"一带一路"倡议投入较多的关注和期待，普遍认为将有助于完成"2020宏愿"并为其经济转型提供动力。2016年，在"一带一路"倡议提出三周年之际，纳吉布对中国进行了具有里程碑性质的访问。2017年10月27日，总理纳吉布公布了《马来西亚2017—2018年经济报告》。报告在"全球经济表现与前景"一节中关注了"一带一路"倡议，并表示"一带一路"将帮助马来西亚开辟新市场、扩大本地产品和服务销路及吸引外资。在2017年5月北京举办的第一届"一带一路"国际合作高峰论坛期间，纳吉布出席并表示："'一带一路'这一历史性的重要倡议将给本地区乃至全世界带来巨大变化。"而在开幕前夕，纳吉布也在个人网站和《南华早报》上发表了题为《马来西亚为何支持中国的"一带一路"倡议》的署名文章，表示马来西亚的战略位置有利于其在"一带一路"倡议中扮演重要角色，马来西亚人民"将从全面的互联互通和地方经济发展中受益"。

2018年5月，老政治家马哈蒂尔领导的"希望联盟"赢得大选，再次成为马来西亚总理。马来西亚与中国庆祝建交45周年之际，马哈蒂尔撰文表示，他带领的希望联盟政府会加强中马两国间紧密且深具意义的合作，并再度重申支持中国"一带一路"倡议。2018年8月，马哈蒂尔对中国进行为期五天的正式访问。马方在发表的《联合声明》中确认，欢迎、支持并将继续积极参与"一带一路"合作。2019年马哈蒂尔成为第一位确定出席当年4月在北京举行的第二届"一带一路"国际合作高峰论坛的国家领导人。马哈蒂尔第九度访华，在北京发表了《加强政策协同、建立更紧密的伙伴关系》演说，表达对于"一带一路"项目态度的积极转变。

2020年至2022年10月，这个多元族群的国家更换了三任首相，政局动荡不安。尽管马来西亚政府频繁更迭，在推进"一带一路"相关项目上也多次遇到挑战，但马来西亚对中国"一带一路"倡议的积极态度基本保持不变。目前，中国是马来西亚最大的贸易伙伴，也是马来西亚最大的外资投资国。根据中国文化和旅游部的数据，新冠疫情前的2019年，中马双边人员往来达到了500万人次。中马双边贸易额逐年增长，2022年比2021年增长了15.3%，首度突破2000亿美元，达到2036亿美元。

(三) 马来西亚现政府对马中关系和"一带一路"的重视和推动

2022年10月，马来西亚执政党"希望联盟"主席安瓦尔·易卜拉欣，出任马来西亚第十任总理兼任财政部长。2022年11月24日，担任总理不久的安瓦尔在回答记者提问时表示，中国是马来西亚的重要邻国，将优先进一步在经贸、投资、文化等领域提升对华关系。2023年3月31日，中国国家主席习近平在北京会见来华进行正式访问的马来西亚总理安瓦尔。4月1日，中国国务院总理李强同安瓦尔举行会谈。双方就共建中马命运共同体达成共识，开启两国关系新的历史篇章。安瓦尔表示，马方愿同中方全力合作，推动有关倡议落地生效，推进共建"一带一路"合作。2023年是中国—东盟建立对话关系30周年。9月，安瓦尔赴华访问并出席第二十届中国—东盟博览会。此次访问安瓦尔在中国只待了12小时，却取得了丰硕的成果。他不仅见证了中马企业将近200亿令吉协议的签署，还表达了马来西亚与中国同意保持继续开放的沟通，确保南海局势和平的承诺。2023年11月2日，安瓦尔在布城会见到访的中国国务委员、公安部部长王小洪，表示坚定支持习近平主席提出的三大全球倡议，愿积极参与"一带一路"建设，打造更加强劲的马中关系。

二、马来西亚侨情及其对"一带一路"倡议的重要作用

(一) 马来西亚华侨华人对"一带一路"的支持

马来西亚华人是马中双方发展过程中可以倚靠的重要民间力量，在马中关系发展中发挥着建设性作用。在"一带一路"建设中，居住在马来西亚的广大华侨华人，首先成为推动中国与马来西亚经贸文化交流合作的促进者与参与者。马来西亚国家统计局于2023年7月31日发布了《2023年马来西亚人口预测报告》。这份报告显示，2023年马来西亚总人口预计为3340万人（包括非公民300万人）。就族群结构比例而言，在3340万人口中，70.1%为土著（2022年为69.9%）；华人占22.6%，比2022年的22.8%低。

虽然近年来马来西亚华人人口占比确有下降，但依旧是马来西亚政治经济生活中的重要组成部分，例如马来西亚华人公会。华人在马来西亚政治格局中的重要作用愈发凸显，如在2008年和2013年的两次大选中，华人"少数关键票"成为国民阵线获得大选胜利的关键。在经济方面，马来西亚华人资本在各族群中稳

居首位。2022 年 6 月，福布斯发布了 2022 年马来西亚富豪榜，50 位上榜者的财富总额为 805 亿美元（约合人民币 5400 亿元）。在榜单前十名中，华人富豪占据八席，并且包揽前四名，其中，时年 98 岁的"酒店大王""亚洲糖王"郭鹤年仍然是马来西亚首富，并且已经在这个位置上坐了 20 多年。

由于特殊的亲缘纽带，马来西亚华人与中国的联系非常密切。"一带一路"倡议提出后，马来西亚华人社会就普遍表示关注与支持，认为是一次很好的发展机遇，并愿意在其中发挥重要的桥梁与纽带的作用。2016 年 12 月 12 日，46 个位于马来西亚的华人协会在吉隆坡马华公会签署了由马华公会发起的《马来西亚华社"一带一路"宣言》，并成立"一带一路"中心，表达了他们对中国这一宏伟倡议的共同支持，一致认为这将开启新的发展机遇并促进地区的繁荣稳定。[6]

（二）马来西亚新生代华人的现状及其参与"一带一路"的优势

近年来，随着老一辈华侨华人年龄增大及企业的接班交替，人口比例大、充满活力的马来西亚新生代华侨华人迅速崛起。新生代华侨华人是二十世纪五六十年代以后出生在国外的华侨华人后代，或者 20 世纪 70 年代后期以来通过各种方式出国并已获得马来西亚长期居住身份或加入马来西亚国籍的人员、出国留学人员等。

综合调研，马来西亚新生代华侨华人具有以下特点：一是较之老一辈华侨华人疏离祖（籍）国，亲近居住国。比起第一代固守母国文化的华侨华人，马国新生代华侨华人自小受居住国的语言、文化、环境影响和熏陶，较之于父辈与所在国马来西亚的社会距离更近，"隔阂"更少，社会生存能力和活动能力更强，更容易接受马国文化，对马国的关心度和亲近感更强，而对华侨华人社团及其活动不感兴趣。二是疏远中华文化但"根"的意识尚存。马来西亚新生代华侨华人的成长过程中或多或少种下了中华文化的"根基"，打上了中华民族意识的烙印。加之改革开放后中国迅猛发展，在国际上的政治、经济地位日渐提高，无形中强化了新生代华侨华人的民族意识，提高了他们对祖（籍）国的向往，催生了他们作为华侨华人华裔的自豪感。三是年纪轻、有朝气、有知识、专业水平高，对居住国的地位和影响不断提高，尤其近几年所从事的职业涉足居住国的科技、教育、商业、金融等，突破了祖辈、父辈固守的行业取向，朝着多元化发展，相当部分已进入主流社会，并在当地崭露头角。马国新生代华侨华人的上述特点，同时也是其参与"一带一路"建设的优势所在。马国新生代华侨华人普遍接受过良好的系统性教育，积极融入主流社会，既主动贡献、回馈于当地社会，又懂得向当地社会争取华人华裔应享有的权益。他们活跃在所在国社会的政治、经济、文化、科技等各个领域，在马国很多被视为"模范族裔"的代表。

（三）马国华侨华人商会：新生代参与"一带一路"的主要平台

目前，华侨华人商会是马来西亚华侨华人社团的主要组织模式之一。侨商二代三代日益成为建设"一带一路"的重要力量。相对于同乡会、宗亲会等华人社团，商会成为凝聚新生代华商的重要组织形式。调研发现，马来西亚新生代华商加入地缘性社团和血缘性社团意愿较低，只有9.4%和8.3%的新生代华商加入这两类华人社团，但新生代华商对参与商会表现出极大的兴趣，参加人数占到64%。马来西亚华侨华人商会也因此呈现新特点：一是数量不断增多，影响力持续上升，呈现出复杂化和多样化的发展趋势。二是从人员构成来看，构成更加年轻化、多元化，更加突出专业性和知识性；同时联合性、国际性趋势不断增强。三是从发展模式来看，更加注重与东道国和母国政府间的联络、交流与沟通。

受生长环境、地域文化等因素影响，马国血缘性组织和地缘性组织（同乡会等）很难再吸引新生代华商的注意力和认同感。在"一带一路"倡议的引领下，"年轻化"的华侨华人商会围绕着"五通"参与共建"一带一路"的新型职能日益凸显，建立更多商业合作和联系来凝聚新生代华商力量。各商会都在普遍推进自身的国际化、年轻化与网络化，特别是注重社团中"青年委员会"在加强青年交流、融入当地社会、弘扬中华文化、促进中马友好等方面发挥独特作用。

三、马来西亚新生代参与"一带一路"、促进民心相通的路径

（一）推进青年文化交流，夯实"一带一路"民心相通的基础

对中国持有正面印象的亚洲诸国当中，马来西亚居于前列。"一带一路"建设旨在实现政策沟通、设施联通、贸易畅通、资金融通、民心相通。相较于前四"通"，第五"通"着重于跟沿线国的广大民众对话。做好民心相通，才能打好合作根基；只有把握社情民意，才能确保长期合作。例如时任马来西亚中国总商会总会长的陈友信提出，在他国投资的时候，需以重新学习的态度与当地国情及文化磨合，才能确保长期合作；大马林氏宗亲总会总会长林福山认为"一带一路"的提倡是一项很好的政策，但必须顾及大马人民的就业机会，要让华裔做好两国沟通的桥梁。文化传播决定了民心相通，要注重"软实力"深入加强人文

交流。青年群体在其中的友谊桥梁作用占有一定的先天机缘,更有助于实现"民心相通",进而推动马中两国人民感受到尊重感、获得感,增强国家和民间的交流和理解,尽快消除现存的一些顾虑。

要多举办和实施新生代喜闻乐见的各种文化活动和合作项目。如广泛的文化交流、学术往来、人才交流合作、媒体合作、青年和妇女交往、志愿者服务等。具体的合作,可以是教育(奖学金、联合办学)、影视文化(艺术节、电影节、翻译)、世遗(申遗、维护)、旅游(旅游周、签证便利)及体育(申办和合办大赛)等。涉及的领域应当多元,尤其是在文化和教育领域。这方面当今中国多数高等学府内的区域、语言及文化等研究单位可以扮演更重要的角色。还有中国与沿线国的留学生群体,涉外单位人员、"走出去"的企业商家也一样可以在"民心相通"的工作上发挥作用。

(二)以新生代为"一带一路"的"特使":以颜天禄为例

在人文领域中,文化、教育、旅游和民间交往是四大抓手。中马两国推进全方位的务实合作,要通过政策沟通取得高度的政治互信,通过民心相通使"一带一路"倡议具有更广泛的民意基础。文化和民间交往正是民心相通的重要手段和表现。这方面,一位马来西亚土生土长的"华四代"颜天禄的事例具有典型意义。

颜天禄,1971年出生于马来西亚马六甲州,祖籍中国福建省永春县。他在美国毕业回国后涉足商界,同时积极参与政治活动。凭着在政坛上的杰出表现,颜天禄分别于2008年荣获马六甲州元首封赐一级"拿督"勋衔、2012年获选为国家杰出青年领袖、2017年荣膺全球华人杰出青年"特别贡献大奖"。除了拥有优越的表现外,颜天禄也曾经担任三届马来西亚宗乡青联合总会总会长,领导着全国42个血缘性与地缘性的华裔青年组织。2012年担任马来西亚全国八大华青总理事长。

颜天禄2023年10月作为第三届"一带一路"国际合作高峰论坛民心相通专题论坛的马来西亚代表参会。此前,颜天禄长期致力于中国与马来西亚的交流合作。2015年9月,广东省与马六甲州签署《建立友好省州关系协议书》。利用这一契机,当时作为马六甲州政府中国商务特使(2014—2022年间两次)的颜天禄,在广东省外事办公室的帮助下,最终联系中国电力建设集团成功拿到了与马来西亚凯杰发展有限公司共同开发建设的权利。此后,颜天禄还为项目选址、规划等提出了诸多见解。在颜天禄的建议与努力下,许多中国企业在马六甲州的投资得到了全面配合,许多项目得以快速推进。作为此次高峰论坛民心相通专题论坛的代表，颜天禄十分重视中国与马来西亚的人文交流。他认为共建"一带一路"倡议必须民心相通，而民心相通需要文化先行。在他的参与下，中国和马来西亚联合申报的"送王船——有关人与海洋可持续联系的仪式及相关实践"于2020年被联合国教科文组织列入人类非物质文化遗产代表作名录，这一申遗项目也被认为是马中两国人文交流的重要成果。颜天禄认为，马六甲州和中国未来能在历史考古、文化传播、华侨发展甚至交通建设、产业投资等方面积极开展合作交流，从而将"一带一路"精神与成果辐射至全马来西亚各地甚至东南亚地区。颜天禄表达的正是马来西亚数百万华侨华人的心声。

（三）办好新生代华文高校助力"一带一路"：以厦门大学为例

文化是民族的魂，教育是文化的根。马来西亚有良好的华文教育根基，是除中国（含港澳台地区）外，华人教育体系最完善且中华文化保留最好的国家，维持了独立的、由小学直至大学的华文教育体系。根据马来西亚教育部的数据，截至2022年6月，该国共有1302所华文小学，总计约50万名学生；62所华文独立中学，学生接近8万人；以及4所华人社会普遍认可的华文高等教育机构。培育"新生代"的华文教育正是中马人文交流的纽带和桥梁。

2014年10月17日正式开工建设的厦门大学马来西亚分校是21世纪海上丝绸之路一个特别大的亮点。厦门大学是由南洋华侨陈嘉庚于1921年倾资兴办的；百年历史的厦门大学用其自己的努力回馈当年曾培育它的马来西亚华人华侨，具有里程碑式的意义，成为第一个走出国门到海外办学的中国名牌大学。这是中国第一所高校全资设立、具有独立校园的海外分校。教育层次包括本科、硕士、博士，生源主要来自马来西亚、中国和其他国家（尤其是东盟各国）。2022年，在校学生人数超过5000人，其最终目标是达到万人规模。该校正在成为一所教学与科研一流、融合多元文化的国际性大学，竭诚培养有尊严、有智慧的青年才俊，使他们成为良好的区域公民，为马来西亚、中国与东盟各国人民的福祉和社会进步作出贡献。

厦大马来分校的成功建设，进一步促进了马中两国在教育领域的合作，也大力推动了马中"新生代"的交流。两国政府各部门鼎力相助，尽全力将其打造成世界一流的高等学府。如中国驻马来西亚大使馆设立了中国大使奖学金，积极鼓励国内学生赴马来西亚留学，两国政府也已就进一步加强教育合作签署了谅解备忘录，还就相互承认高等教育文凭达成协议。

在留学教育方面，马来西亚公立和私立大学都在大力吸引中国学生到马深造，目前有将近4万名中国学生在马求学，占其外国学生总数将近1/3。中国方面,《华侨华人蓝皮书:华侨华人研究报告(2021)》指出,每年都有不少马来西亚学生到中国留学,2018年共有9479人,按国别排序为第15位。不少留学生因为回到祖籍国求学而历经了"再华化"的过程,对于了解中国当地的状况,这些留学生起到了不可忽视的"桥梁"作用。如福建省厦门市为支持海外华裔新生代的教育培养工作,2017年创设"陈嘉庚奖学金",以陈嘉庚倡办的集友银行股息红利,资助"海丝"沿线国家华侨华人学生和中国港澳台地区集美校友后裔来厦学习深造,很好地将中华文化传播到马国等"海丝"沿线国家和地区,进一步增强中华文化软实力和国际影响力。

(四)加强华社"三宝"建设,赋能新生代参与"一带一路"

华文教育、华文媒体、华人社团是海外华人社会的"三宝",也是新生代参与"一带一路"的重要平台,马来西亚也不例外。林振辉,是大马"加油站大王"林利星之次子,是负责石油生意的家族二代,现任马来西亚宗乡青慈善与教育基金会董事主席,已是"侨四代",也是一位年轻的侨领。2023年9月,林振辉接受记者采访时表示,他的两个儿子分别是14岁、10岁,正是中小学的阶段;因为从小就在马来西亚的华文小学念书,所以现在中文非常好。他希望孩子们以后能进入中国的顶尖学府接受高等教育。林振辉还表示,如果华侨华人的下一代能来中国学习,再把国内的文化和理念带到全世界,这种教育的成效在下一个十年就会慢慢显现出来。华侨华人是融通中外的使者和纽带,而接力棒最终要交到青年手中。林振辉的认知,反映了绝大多数马来西亚"新生代"的心声,值得特别重视。马来西亚新生代华人从小生活在马来西亚,对华族身份的认同是受到家庭环境和华人社团环境的影响而形成的。他们不会仅仅因为中国的飞速发展而更加认同中华文化,只有当华人的身份切实影响了他们的利益时,他们的华族身份认同才有可能提升。

马来西亚华人媒体不仅凝聚了华人社会的力量,而且积极与当地民众互动交流,宣传中国发展模式、传播中华文化,在一定程度上加深了马来西亚其他族裔民众对中国的了解与认知。目前,马来西亚华文媒体的新媒体化与本地化趋势明显,呈现华文媒体由传统媒体向多媒体、新媒体共存发展的趋势。要适应新媒体发展的大势,推进华文媒体的变革,注重年轻人的需求,面向当地主流社会,突破了仅以中文、仅在华侨华人小圈子中进行传播的窠臼。相较于传统的以中国官方为主的海外传播视角,这些马来西亚华人的"他方视角"有更高的可信度和接受度,受语言文化差异、意识形态阻碍等因素的影响较小,最终的效率和效果相对较高。如华侨大学华文学院的海外新"声"代工作室,利用自媒体平台发布东南亚留学生自制的中英双语视频，受到了海内外媒体和网络用户的广泛关注，目前原创视频累计播放量已突破 20 万次。

当前，华人社团特别是华侨华人商会存在民间外交职能有待加强、资金融通有待提高、投资贸易风险信息共享不足、统筹各大商会力量难度较大等问题，特别是在占主导的政府层面的沟通与合作之外，众多的以新生代为主的华侨华人中小企业如何参与的问题，如何解决部分新生代自身发展的困境等。新生代所热衷的华侨华人商会应继续发挥其凝聚新生代华商力量的新型功能，为新生代提供参与"一带一路"建设的新机遇和新方向，如共建"一带一路"绿色发展；建设"数字丝绸之路"，促进数字贸易和数字基础设施合作；推进人民币国际化进程，等等。

四、结语

2023 年是中马建立全面战略伙伴关系 10 周年，2024 年将迎来两国建交 50 周年。中马友好传承千年、深入人心。作为国际移民及其后裔组成的群体，马国新生代华侨华人穿行于中外两个世界、横跨多种文明，具有参与和助力"一带一路"建设的历史渊源、现实基础、优势资源与广阔空间。相对百多年前到海外落地生根的华侨先辈，华人新生代有幸躬逢其盛，不但在事业上可大有作为，同时也将成为加深中国与居住国全方位交流的桥梁。在共建"中马命运共同体"的新时期，双方要不断提升高质量共建"一带一路"水平，推进重点项目，培育数字经济、绿色发展、新能源等领域合作增长点，探讨开展民生合作，使中马关系更多惠及两国人民。因此，我们必须充分吸收马来西亚新生代华人参与到合作中来，通过"政策沟通"和"贸易畅通"来推动"民心相通"。一方面借助他们的语言文化背景来推动两国合作的开展，另一方面为两国青年创造大量就业机会，切实提高马来西亚新生代华人的利益，增强他们对于华族身份的认同。以新生代的侨心、侨情、侨智、侨力，继续担当传播"中国声音"的民间使者，弘扬中华文化，为高质量共建"一带一路"贡献力量。

参考文献

[1] 刘彤, 陈晓雯. 马来西亚年度经济报告关注"一带一路"红利 [N/OL]. (2017-10-29) [2023-11-15]. https：//www.yidaiyilu.gov.cn/p/31958.html.

[2] 张博. 华媒：46 个马来西亚华人团体支持中国"一带一路"战略 [N/OL]. (2016-

12-14)[2023-11-15]. https：//oversea. huanqiu. com/article/9CaKrnJZ9Qe.

[3] 严瑜,康朴,王晴. 我在"一带一路"牵线搭桥（我的"一带一路"故事①）[N/OL]. (2018-08-22)[2023-11-15]. http：//paper. people. com. cn/rmrbhwb/html/2018-08/22/content_ 1876382. htm.

[4] 梁静. 厦大马来西亚分校办学十年硕果累累[N/OL]. (2023-10-10)[2023-11-15]. http：//xm. fjsen. com/2023/10/10/content_ 31427737. htm.

[5] 周丹旎. 2023年9月29日专访马来西亚侨领林振辉：中国的火箭发射得多高,海外华人的头就抬得多高[R/OL]. (2023-09-29)[2023-11-15]. https：//export. shobserver. com/baijiahao/html/659963. html.

印尼华侨华人对中国文化的认同与困惑

周建为[①]

随着现代性世界的发展，多元化结构呈现于世界政治、经济、文化等诸多领域，全球化自然是当今社会的主流，全球化"暗示了国家边界重要性的缩小和超越那些植根于某一特定地区或国家的各种特性的加强"[②]。在全球化的发展和经济一体化的影响下，越来越多的人选择移居到其他国家，去寻找更好的生活或就业机会。日益汹涌的国际移民潮，似乎已迈入了一个崭新的移民时代，人口跨国流动日益明显，方式多样，购房移民、投资移民、技术移民、海外留学转移民、劳务输出以及非常规移民等方式，移民不仅给移入国带来了大量技术人才和丰厚的资金流，同时也促进了移入国的就业和消费，激发了移入国的经济多元化和文化多元化。移民难免会产生国籍的多重归属，导致移民成员认同的多元化和复杂性，一般移民的认同取决于血缘关系、种族、家世、出生地、语言、信仰、价值观等诸多因素，然而由于社会环境的改变或同化，移入国某些压迫性或强制性的政治外交政策，或某些历史事件，直接影响了移民成员对祖籍国的民族认同、政治认同、经济认同、社会认同或文化认同。民族认同主要彰显民族特质，政治认同是对公民权利的承认和维护，经济认同便于利用市场经济体系来促进发展，社

[①] 集美大学外国语学院。
[②] 福特基金会总裁苏珊·贝里斯福特（Susan Berresfood）于1997年提出，转引自（美）米特尔曼·刘得手译：《全球化综合征》，北京：新华出版社，2002年，第4页。

会认同可促进社会适应性，这些多层次的跨国民族认同往往彼此交叉融合，共同形成跨国民族意识。

2023年联合国移民署发布了2022年的《世界移民报告》，据统计，2020年，全球移民人数为2.81亿，占世界总人口的3.6%。对比2019年的2.72亿增长了3.5%。从性别角度来看，全球移民人口男性占比51.9%，女性占比48.0%，人数分别为1.46亿与1.35亿，男女国际移民性别比例越来越大。

全球华人遍布世界各地，中国人移居海外的历史可谓源远流长。唐宋之前，移居海外的华人，没有固定的称谓。唐宋之后，由于各国文化的交流，经济贸易活动的加强，交通的便利，移居海外的中国人急剧增多，这些人往往被居住国的人民称为"唐人"。"华人"的称谓出现于明清时期。亚洲是黄种人的发源地，也是华人最多的地区。印度尼西亚是世界上华人最多的国家，约有1309万名华人，华人约占印尼人口总数的5%。印度尼西亚是一个由大约17500多个岛屿组成的世界上最大的群岛国家，也是东南亚最大的经济体。印尼华人多数来自中国福建、海南、广东等南方省份。根据史书记载，早在唐朝末年，即公元9世纪下半叶，就有中国人移居到印度尼西亚的记录。此后，中国历朝历代都有中国人移居印度尼西亚的记载。到了近代，由于晚清的衰败，沿海的中国人被列强贩卖到东南亚一带作为廉价的劳工。印度尼西亚曾是荷兰的殖民地，根据荷兰殖民政府的统计，20世纪30年代时，也就是中国民国期间，印度尼西亚的华侨已经超过了120万人。到了50年代初期，印尼华侨华人的人数已达到270万。苏哈托政府的反华政策，排挤迫害残杀华人事件让身处印尼的华人留下一个无法抹去的阴影，自此印尼华人对自己的华族身份非常敏感。近年来，印尼政府实行民主改革开放政策，承认华族也是印尼民族的一员，华人的地位从此得到改善。随着中国的快速崛起以及中印尼的外交关系进一步深化，更多的印尼华人自豪地声称自己是华人。印尼华人一直保留着中国传统生活习俗，在印尼社会形成了一个较为团结的群体。今天的印尼华人渐渐成为中国与印尼政治外交文化交流的桥梁与纽带。

印度尼西亚华人同化问题是一个错综复杂而又非常敏感的问题，从唐代（公元618—907年）到19世纪末，移居印尼的华人多数是为了躲避战乱。远离故土、语言不通和异国的生活方式习惯等让印尼华人产生陌生和被隔离的感觉，难以融入当地主流社会的困境造成华人在心理上强烈认同和自己有相同背景的华人群体，他们以血缘关系为纽带组成了可以相互支持和依靠的宗亲组织，形成了与当地主体社会相分离又封闭的族群聚居点。为了生存，每个华人都把自己同华人群体紧密地联系在一起。印尼是一个地理分散、语言多元、信仰复杂的国家，其信奉的宗教分别为伊斯兰教、基督教（新教）、天主教、印度教（当地称兴都教）和佛教。印度尼西亚无国教，宪法规定宗教信仰自由，但一定要信仰宗教，不然将被视为共产党（在印度尼西亚，共产主义等相关行为是非法的）。华人在印尼为了生存从民族传统中寻找某种精神寄托，中华文化的价值观便成为印尼华人力量凝聚的核心、精神的依附。18世纪后，荷兰殖民政府为了加强其统治，采用"分而治之"政策，试图用居留地政策和通行证制度把华人隔离开来，最终这些举措并不能阻挡华人与当地人自然同化。华人广泛地与当地人通婚，多数华人为了便于经商、务农，与当地人联络感情或逃避缴纳人头税，不得不在宗教上信奉伊斯兰教。土生华人不同于从中国移居印尼的纯中国血统的华人，多数不懂华语，受母系影响较大，其生活方式和习惯类似原住民，但保留了些许的中国文化传统。1967年10月30日中印尼断交，华人在当地生活日趋困难，为了生存，他们纷纷加入印尼国籍，从此失去与祖国的联系，缺少与中国故土文化的交流，对祖国的情怀与观念也慢慢淡化。

印尼的种族关系问题也是敏感的社会问题，它不局限于印尼的原住民和非原住民问题，侨居国外的华人在同其他种族杂居时，往往给人留下一种印象：采取排他主义的集团生活态度，具有强烈的敛财欲望，工作勤奋，生活节约，有时会忽视其他社会集团的利益，造成别人对他们的敌对情绪和不信任感。他们任劳任怨，秉持着中国古老传统的文化，敢于面对自然环境的各种挑战或考验，如水灾、饥荒、瘟疫等，他们团结一致，共同抗争，相信最亲者莫过于自己的家族或亲属，这是典型的中国文化内涵。19世纪末20世纪初，印尼发生了一系列令人震惊的事件，对印尼的华侨社会产生极大的影响。华人开始思考他们在印尼的社会地位或归属问题，他们非常困惑：究竟归属于中国，荷兰还是印度尼西亚？印尼华人开始组建不同的政治党派，申述不同的政治主张，例如，土生土长的华人应该把自己的命运同印度尼西亚及其人民紧密地联系在一起，应该加入印度尼西亚籍，成为名副其实的印度尼西亚人。当时，印尼社会出现了三股政治潮流，标志着印尼华人同化运动的开始，这三股潮流分别是倾向中国的《新报》集团、倾向荷兰的中华会和倾向印度尼西亚的印度尼西亚中华党。

在太平洋战争期间（1941年底至1945年8月），日本占领印度尼西亚并实行华侨政策（把华侨、土生华人视为外侨，成立华侨总会，建立华侨学校等），这一政策在某种程度上激化土生华人社会"再中国化"，使华人与印度尼西亚人社会保持一定的距离①。1946年4月10日印度尼西亚共和国颁布国籍法，规定凡是在印度尼西亚出生的华人皆为印度尼西亚公民。多数华人对该法令态度冷淡，他们认为自己来自中国，拥有中国籍而感到自豪。荷兰殖民政府挑拨和制造华人与印度尼西亚人民之间的民族矛盾与隔阂阻碍华人与当地社会融合的历史进程。20世纪50年代末60年代初，印尼政府对中国的刻意丑化使印尼对华负面认知社会化，对华人的偏见固化为社会的顽疾，华人同化问题成为印度尼西亚各派政治势力争论的问题，在印尼政府的默许下，印度尼西亚华人的同化运动再次燃起，政府也采取若干行政手段推行同化政策，如封闭华侨学校等。苏加诺执政期间，华人同化运动得到较大的推广，在社会上占据上风。1965年"九·三〇"事件发生后，苏哈托军人执政推行极端民族主义，发起了一系列反华事件，印度尼西亚国籍协商会被取缔，许多华人被逮捕、囚禁和迫害，1967年数千华侨被遣送回国，对华裔印度尼西亚公民采取极端措施，苏哈托在印度尼西亚执行了32年全方位、强制性的同化政策。

政治同化

在印度尼西亚，潘查希拉（Pancasila）意即"建国五项基础"，是印尼国家哲学和意识形态支柱。1959年，苏加诺总统颁布"潘查希拉总统令"，宣布潘查希拉是国家唯一的指导思想和行动准则；1985年，印尼人民代表会议（国会）以立法形式，明确规定潘查希拉为印尼所有社会组织唯一的国家指导思想和行动准则。1998年印尼开启民主化进程，在外来多元化思潮冲击下，继任总统们都坚守了潘查希拉作为国家指导思想的地位。潘查希拉的内容包括至高无上的神道主义原则、公正和文明的人道主义原则、团结统一的民族原则、协商和代表制下以明智决策为导向的民主原则、全印尼人民的社会公正原则，五项内容之下又细化为36条具体规定。作为一种实践哲学，潘查希拉构建了从目标、条件到制度构想的国家政治框架，其内涵与时俱进。潘查希拉及其蕴含的世界观、价值观既作为目标，又作为系统性因素和国内资源，影响甚至决定着印尼的对外交往。在政治上，一直将华人视为异己，虽然印尼华侨中的绝大多数已经归化为印尼公民，但华人却长期处于二等公民的地位，为了以示区别，甚至在华人的身份证明

---

① 吴银泉：《印度尼西亚华人的同化》，载比利时卢万《文化与发展》，1968年第一卷第一期（Go Given Tjwan, The Assimilation of the Chinese in Indonesia, in Cultures et Development, Louvain, Belgique, Vol. 1 No. 1. 1968, p. 43）。

上打上特殊的记号。1966 年 7 月印度尼西亚通过的临时人民协商会议第 3 号决议规定：全国人民必须以潘查希拉作为指导思想，取缔一切同潘查希拉相矛盾的学说，例如马克思列宁主义；反对双重国籍，加速华裔公民的同化进程，消除一切会导致同原住民公民的关系不协调的障碍；巩固民族团结和统一，在社会和国家生活方面实现"殊途同归"。在实践上，苏哈托政府鼓励和促使华裔公民大搞群众性的宣誓效忠仪式，用法律的形式命令华裔公民改名换姓。印尼政府为了彻底割断华侨华人与其祖籍国的联系，通过政府法令，比如，印尼内阁主席团 1966 年的 31 号和 127 号的决定书、内政部长和司法部长 1967 年的联合通知、内政部长 1969 年的第 6 号指示等推行将华人姓名改换为印尼姓名。

教育同化

苏哈托意识到教育会对华人思想产生极大的影响，严令政府严格管控华侨华人教育，力图通过教育途径促使华人"印度尼西亚化"，在思想上断绝同中国的联系，消除他们与原住民公民之间在心理上的分界线。印尼政府长期以来一直将印尼语作为实施一元化的必要工具。在教育上贯彻以印尼语为单一语言文字，并对华文教育不断强化限制直至取消华文教育的同化政策。从 1966 年开始，陆续在各地关闭华文学校。1967 年第 37 号法令规定，除了外国使节为他们的家庭成员所办的学校外，一概不得有外国学校。在这种高压政策下，华文学校被迫停办，华文教育被取消，华人子女完全丧失了接受华文教育的机会。为了彻底消灭华文与华语，印尼政府从 1966 年开始逐步颁布法令，在日常生活中实行禁止华人讲华语、使用汉字等强制性的同化政策。包括取消华文报刊，商店不得挂中文招牌，禁止中文书刊进口发行，禁止进口和流通华人录影、录影带和影片，将华文出版物列为危险品，甚至连姓氏联姻四字和菜单上的华文名称也被禁止，等等。目前年轻一代华人已经基本不会说华语，为了实现教育同化，印度尼西亚政府规定所有学校和班级中外侨学生人数不得超过印度尼西亚学生人数。

社会文化同化

苏哈托政府试图把印尼社会上的中国文化消灭干净，消灭华文（汉字）。民族文化是一个民族体现族群特征、增强民族凝聚力的重要因素。印度尼西亚政府对此也非常敏感，因此在文化政策上对华人的强制性同化表现尤为突出，力图从更深的层面消灭华人文化，消除华人在印尼经济生活中的影响并防止华人在印尼与中国的关系中成为"第五纵队"的可能，从而达到彻底同化华人的目的。1967年12月6日印尼政府颁布了《关于华人宗教信仰和风俗习惯的第14号总统决定书》，禁止华人在公共场所举行中国传统的宗教仪式、宴会和庆祝活动，只准许他们在家庭或私人范围内举行上述活动。印尼政府提倡异族自由恋爱和通婚，提倡华人放弃儒教、道教，改奉多数民族的宗教信仰，即伊斯兰教、新教或天主教等。1978年12月印度尼西亚贸易和合作社规定禁止进口、出售和发行华文印刷品，其中包括书籍、刊物、传单、小册子和报纸。次年，规定禁止进口华语录像带。1980年10月印尼政府要求把所有华文招牌和广告一律改为印度尼西亚文。

经济同化

经济利益问题是华侨华人和印尼原住民之间发生紧张关系、矛盾和周期性反华的关键原因。印尼政府为了保护其民族工商业者的利益，往往给原住民提供许多优惠，目的在于排挤、歧视和限制华侨华人工商活动的经济同化措施。苏哈托执政期间，大力推行经济同化政策，他们掌管各种经济经营许可证，要求合资企业中印度尼西亚非原住民生意伙伴应由原住民来代替，非原住民必须把50%的股份转卖给原住民企业并由原住民担任企业负责人。1980年又颁布了第18号总统决定书，主要限制华人资本，包括华侨国内资本和华裔公民资本的活动范围，以扩大原住民的营业机会。

苏哈托政府推行的华人同化政策在某些方面或某种程度上达到了预期的目的，例如华人必须接受印尼教育、通婚或加强异族社交活动、华人同化于印尼政治等。然而在印尼发生的周期性的反华骚乱，深受伤害的有华侨，也有加入印度尼西亚籍的华裔，由此可见，印尼华人同化政策存在很多问题和矛盾，对加入印尼国籍的华裔，虽然他们作为印度尼西亚公民在法律上享有同原住民平等的地位和权利，但实际上在政治、经济、教育、就业等方面往往受到排挤、歧视和限制。纵观历史，任何快速同化、突击同化或强迫同化都是行不通的，印尼政府希望在短时间内实现华人与印度尼西亚人的民族融合其实就是排斥外来文化，就是种族主义或狭隘民族主义。尽管印尼政府试图在各个层面同化印尼华人，但在全球化时代，文化归属感和文化认同成为印尼华人必须思考和做出抉择的问题，特别是在现代网络信息技术的推动下，激活了印尼华人潜在的民族认同意识，印尼华人历尽印尼社会诸多善变的华人政策，残忍的反华等恶性事件，他们认识到：国家必须民主化，不能再出一个苏哈托来独裁。必须传承本族的文化，否则就会任由"主体民族"的排挤和同化。唯有认同中华文化，强化华人的文化特点，才能赢得外族的尊重。印尼的第四任总统阿卜杜拉赫曼·瓦希德（华人后代，华语姓氏陈，祖籍福建泉州，先祖是随着郑和下西洋前往印尼传道）就曾经明言："全球华人必须效忠地主国，但也绝不能放弃中华文化。"

"认同"，这一概念是由艾瑞克·埃里克森（Erik Erikson）提出，他被称为"认同概念之父"，"认同"是一个心理学术语，弗洛伊德（Sigmund Freud）认为："认同"是个人与他人，群体或模仿人物在感情上、心理上趋同的过程。"对于大多数社会中的人来说，认同是历史演进的最终结果，其包含了共同的祖先，共同的经历，共同的族源，共同的语言，共同的文化，通常还包括共同的宗教。"

关于东南亚华侨华人认同问题，主要体现在国家认同、文化认同或族群认同三个方面。汉唐以来，华侨已经出现在东南亚地区，到了明清时期，政府实行海禁和朝贡贸易政策，禁止国人往国外迁移，然而，为了生计，沿海居民通过非法手段进行海上贸易或偷渡进行移民活动。此时在海外的华人社会中，没有清晰的国家意识，取而代之的是用各种方言、家族体制、宗族或宗教集团作为纽带而群居在一起，他们守望相助，彼此爱护，按中国的习俗和道德生活，处理人际关系等来维系大家的共同利益，海外华人只是认同于血缘和地缘上的初级群体，主导思想是如何衣锦还乡、荣归故里或落叶归根。"有家无国"是彼时的故土情结，也是最原始的情感认同。在全球化和网络时代，国家认同、文化认同或族群认同日益成为一个需要思考和做出选择的问题，全球化加深了文化归属感的危机，本土的或地方的文化认同，地方共同体主义以及在多元民族社会的民族主义在世界不同的国家和地区出现了复苏、复兴和重构的势头。华人虽已非中国国籍，但文化上更加强了对原籍的认同。

二战后，印尼华人的政治认同发生了翻天覆地的变化，到了 20 世纪 80 年代初基本上完成了从华侨到华人国籍身份的变化，大多数华人在政治认同上也从中国转为居住国，印尼新政府领导人取消了一些针对华人歧视的政策，如取消华人身份证的特殊记号，取消原住民与非原住民的提法，允许华人组织社团和政党，宣布孔教（儒教）为合法宗教，华人可以取中文名，不再禁止华文书刊进口，承认中国传统节日等。随着中国经济和综合国力的提升，印尼与中国的关系也慢慢获得改善。在这样的情况下，政治上认同印尼、文化上保持自己的族群特性成为华人共识。坚持国家认同意识，热爱印尼，这种观念从 20 世纪 50 年代开始慢慢在印尼华人根深蒂固，但不失对自身根源的追溯。华人学习华文，拥有自己的文化团体，同时印尼华人也凸显他们的爱国热情，每年印尼国庆日，印尼华社都会举办印尼国庆升国旗，华人妇女表演印尼传统文艺等，以此表达对印尼国家的情感。

1998年的印尼排华暴动增强华人族群意识。之前多数人仅持有一种乡土观念和历史国家观念的文化自觉。19世纪末20世纪初，伴随着亚洲的民族觉醒，特别是中国革命思想的传播以及中华民国的建立，身为中国子民的华侨对此感到非常自豪，而这自豪感随即发展成对中国的政治认同。华文报刊、中华会馆、中华学校和书报社在印尼各地不断建立，华侨开始学习华语、中华文化、政治。华侨的政治思想觉悟上升到国家高度。在辛亥革命前后，各地华侨积极响应孙中山领导的推翻清政府的革命运动，大力发动募捐活动，为支援中国革命运动提供了大量资金和物质。华侨与祖国在经济、政治等方面的联系与互动日益频繁，对传统乡土文化的认同也逐渐上升为对祖国革命政权的支持及对新兴国家的认同，主动关心和推动祖国的前途和发展，华侨的爱国情操及关心祖国命运的感情被激发出来，提高了华人的民族自尊心，促进华侨对中国文化认同导向。由于荷兰殖民者对华侨倾向中国并支持中国革命可能带来的影响感到恐惧与担忧，于是荷印尼政府便开始分化和打击华侨内部联系以及华侨与其他族群之间的关系，挑拨族群的矛盾，荷印尼政府加大教育和宣传，煽动华侨和其他族群内部的亲荷派，由于华侨政治目标不同，华侨内部产生分裂，对中华民国的失望，加上当时严重的世界经济危机，东南亚一度陷入严重的经济萧条，华人为了生存，各自忙于生计。经济危机以及荷兰殖民政府变本加厉的剥削政策，使各地华侨苦不堪言。各地华侨包括外岛华侨更关注如何营生而再无精力投入政治，书刊社的影响力也逐渐降低，只剩下少数人仍坚持遵循民国政府的政策。"再华化"逐渐销声匿迹，对祖国的政治热情也慢慢减弱下来。

20世纪中期印尼华侨华人的"再华化"

抗日战争期间，印尼华侨积极支援祖国抗战，以各种方式融入中国抗日民族统一战线，抗战全面爆发后，华侨社团积极动员组织广大华侨通过多渠道多形式在政治舆论上开展争取国际声援活动，订阅当地宣传抗日的华文报纸，在抗日救国的崇高精神激励下，印尼华侨纷纷响应，慷慨解囊，捐款捐物。新加坡侨领陈嘉庚先生曾生动形象地描绘道：对祖国战区的筹赈工作，风起云涌，海啸山呼，热烈情形，得未曾有；富商巨贾既不吝金钱，小贩劳工亦尽倾血汗。在经济不景气下，印尼华人为了支持祖国抗战，购买国债，不以营利为目的。为了支援抗战，组织专业技术人员回国，如筹建华侨救护队、战地记者通讯团。回国从戎，在军事力量上支持祖国抗战。印尼华侨的爱国热情再度被激发出来，他们用实际行动表达对祖国的支持和政治认同，印尼归侨李林曾就读于陈嘉庚创办的集美学校，在校主陈嘉庚爱国思想的濡染下，她投笔从戎，练就了高超的骑术和马背上使用双枪的本领，"甘愿征战血染衣，不平倭寇誓不休"，在晋绥边区领导抗日游击队英勇奋战，她是中国历史上唯一的华侨抗日女游击队长，周恩来总理说"她是我们的民族英雄"。抗战胜利后，爱国华侨社团，华校教育和华文报刊发展迅速，为土生华侨宣传爱国主义思想普及中华文化，出现了"再华化"热潮。印尼共和政府成立后，政府开始处理境内华侨问题，华侨的国籍问题被提上议程，大多数印尼华侨坚定不移地选择中国国籍，出现了辛亥革命之后的又一次"再中国化"。

21 世纪后印尼华人的"再华化"

印尼华人政治上认同印尼为自己的祖国，在政治舞台上积极参政议政和参加各种活动，随着党禁的解除，印尼华商牵头为了华人的政治地位，保护合法权益，组建了几个由华人主导的政党，如印尼同化党、印尼中华改革党、印尼大同党、印尼佛教民主党等，印尼中华改革党在建党声明："成为华裔发表政见的渠道，并通过推进同化工作，消除原住民与非原住民（华裔）之间的隔阂。"或"鼓励华人参政，争取政治权利，联合其他族裔共同建立和谐的社会"。中国对他们来说已经成为祖籍国，与自己的族群文化同宗同源，在社会和政局相对稳定之后，印尼华人开始积极寻求语言和文化的复兴，创办华人社团，开展华文教育和推动华人文化发展。中国设立的孔子学院也成为当地华人学习中华传统文化的途径，2001 年 10 月，中国汉语水平考试 HSK 第一次引进印尼，2004 年，中国政府应印尼政府的要求，派遣 20 名汉语教师前往印尼援助汉语教学，截至 2023 年印尼共有 8 所孔子学院，分别是：丹戎布拉大学孔子学院（广西民族大学）、阿拉扎大学孔子学院（福建师范大学）、玛琅国立大学孔子学院（广西师范大学）、玛拉拿达基督教大学孔子学院（河北师范大学）、泗水国立大学孔子学院（华中师范大学）、哈山努丁大学孔子学院（南昌大学）、三一一大学孔子学院（西华大学）、乌达雅纳大学、旅游孔子学院（南昌大学、南昌师范学院）。

这一时期的印尼华人"再华化"并非"再中国化"，而是去政治化，例如，华人社会出现的"华文热"就是为了现实利益，追求文化复兴以及族群认同感和自豪感。他们在印尼创建三语学校（印尼文、中文和英文），华文补习班同 20 世纪 60 年代的华校教育有明显的不同，他们立足于印尼的社会，努力寻求族群的文化复兴。随着西方文化的传播，印尼华人改变传统的宗教信仰，信奉基督教和天主教。

全球化加强民族国家和区域间的横向联系，也影响了人们的生活方式、社会情景和时空观念。全球认同所倡导的是施动者能超越民族国家或地区利益，站在服务于全球利益的高度进行国家和国际制度建设，所以人类既要干预历史，又要提高干预的质量。互联网已经让这个世界彻底全球化。越来越多外籍人士和外国公司进驻印尼——其中许多来自中国。这些来自中国的商人不会说英语或印尼语，但他们有胆量在这里投资与创业。印尼华人身份在某种程度上会让印尼华人感到困扰，担心在社会上会受到歧视或排挤，生活上购物会被抬高价格。商业机遇和文化归属感是现在印尼华人学习中国文化的主要动因，目前有大量的中国投资公司在印尼设置分公司或办事处，会说中文的员工薪水更高，而且更讨老板喜欢。印尼华人尽管认同印尼，但对印尼的不确定的安全感还心存疑虑；虽念及祖籍国，又存在很多不解；既有着对自我文化的自豪，又有着迷思。印尼华人在政治倾向和价值观上保留有中国的印记，但又有融合外部文化的痕迹。很多印尼华人都存在这样的困惑。

2005 年，中印尼两国确立战略伙伴关系，彰显了印尼对华关系的日益协调，主流社会对华认知也开始放下陈旧的偏见，朝着健康、稳定的方向调整。在印尼国内，族群间的平等与融合成为社会认知的主流。2006 年颁布的新《国籍法》，印尼华人首享平等公民权利，种族歧视的观念已逐渐为大多数人所抛弃。同时，印尼国内华文环境日趋宽松，孔子学院的建立就是印尼社会对中华文化艰难包容的最好例证。尽管印尼视中国为意识形态威胁的顾虑不断减少，但主流社会特别是政治精英对中国的猜疑还是普遍存在。这些猜忌有时让印尼更愿意与中国保持距离。2013 年，两国双边关系升级为全面战略伙伴关系，各项合作朝着能源、交通、金融、旅游、文化教育等方向全面地发展。印尼虽是"21 世纪海上丝绸之路"的首倡之地，但是苏西洛政府最初持观望态度。佐科当选后，推进本国"全球海洋支点"战略与"一带一路"倡议对接，两国关系的深度融合成为对华理性认知的压舱石。随着中国在世界各经济体中的排名不断上升，印尼媒体表现出希望分享中国发展红利的迫切心理，同时也认识到经过 30 年的发展，中印尼已逐渐融为利益和命运的共同体。纵观复交 30 年来印尼对华认知的演变，影响印尼对华认知最大的变量是印尼自身的变化，并且呈现为不同时期执政者因理念差异而使用不同的透镜看待中国，进而影响社会的认知。追溯两国关系的演变轨迹，可见中印尼没有根本性的利益冲突。两国关系所经历的曲折，某种意义上说主要障碍在于彼此的战略不信任，或者说是"想象的隔阂""想象中的对抗"。中印尼两国友好关系的发展需要两国决策者展现外交智慧，大力推进人文交流，有效管控分歧,增进长期战略互信,共同筑牢两国关系健康发展的基石。中印尼人文交流源远流长,加强两国人文交流,扩大民间往来,积极开展文明对话,通过互学互鉴,增进相互了解与合作,才能够不断加深两国人民的传统友谊,也有利于提升我国的国际认同。"国之交在于民相亲",只有让双方民众真正理解对方国家的文化传统,才能从根本上消除误会,实现两国稳定发展。

参考文献

[1] 周南京. 印度尼西亚华侨华人研究 [M]. 香港:香港社会科学出版社有限公司,2006.

[2] 杨宏云. 东南亚华侨华人的跨国实践与认同流变——以印尼华商为例 [M]. 厦门:厦门大学出版社,2017.

[3] 张小倩. 印尼华侨华人"再华化"研究 [M]. 厦门:厦门大学出版社,2022.

[4] 郑一省. 印度尼西亚华人民间信仰研究 [M]. 北京:中国社会科学出版社,2021.

[5] 窦筠韵. 在印尼寻找印尼 [M]. 上海:文汇出版社,2015.

[6] 沈燕清. 荷印殖民政府鸦片税收政策及其对爪哇华人社会的影响 [M]. 厦门:厦门大学出版社,2013.

[7] 廖建裕. 东南亚与华人族群研究 [M]. 新加坡:青年书局,2008.

[8] 韩震. 全球化时代的华侨华人文化认同的特点 [J]. 学术界,2009(02):50-60.

[9] 严庆,周涵. 浅谈跨界民族的认同构成及调控 [J]. 民族论坛,2012(12):5-10.

[10] 陈文献. 印尼的"主公":苏哈托军人集团上台后的新兴印尼华人大企业家阶层 [J]. 南洋问题,1983(01):102-110.

[11] 张全义. 全球认同生成路径及其困境分析——世界国家还是国家世家?[J]. 国际政治研究,2011,32(2):9+120-134.

明末清初厦门港兴起的历史过程及启示研究

黄燕[①]

厦门位于福建省东南部九龙江的入海口,面朝大海,是一座因海而生的城市,其海岸线蜿蜒曲折,周边岛屿星罗棋布,向东可见金门诸岛,与台湾岛和澎湖列岛隔海相望,内连漳州泉州平原,自古以来凭借港阔水深、不淤不冻的优势成为天然良港。自宋至明,泉州港和漳州月港先后兴起,厦门港就成为著名的转口贸易港。明末清初,随着地理变迁、明清改朝换代以及海外贸易政策的演变,厦门迅速发展成东南沿海对外贸易的重要港口。

一、明末清初海外贸易政策的演变

明末清初正值世界大航海时代以及欧洲资本主义萌芽与对外殖民扩张时期,世界格局发生了翻天覆地的变化。欧洲君主们践行重商主义,积极推动海外扩张以满足国内日益增长的经济需求。作为航海古国的中国,明末清初的航海事业与海外贸易没有乘势而上,其根本原因在于当时明清政府采取了总体趋于保守的海外贸易政策。

明朝伊始,明太祖朱元璋为了巩固政权,谋求政治上的长治久安,对外推行"厚往薄来"的朝贡体制,通过"怀柔远人"以期实现"万邦来朝,四海宾服"

[①] 集美大学外国语学院。

的盛世景象；对内颁布禁海令，"禁濒海民私通海外诸国"，严禁民间商人出海贸易。其后永乐、宣德、正统直至嘉靖期间，海禁政策虽时宽时严，但统治者基本都遵循祖制，一以贯之，即使沿海居民为了生计时有违禁下海，最后都遭到官方的严厉打击和无情镇压，以至于民间海外贸易力量在相当长的时间里几乎丧失了生存空间。

及至明朝末年，由于朝贡体制式微以及长期的海禁造成对外贸易萧条，地方经济不景气，加上倭患严重，为了抗倭保民，明朝政府军事负担日渐加重，财政面临严重危机。为了扭转这一局面，隆庆初年，明穆宗采纳了福建巡抚涂泽民的建议，宣布解除海禁，调整对外贸易政策，"先发舶于南诏之梅岭，后以盗贼梗阻，改道海澄"，开放福建漳州海澄月港，准贩东西二洋，惟禁与日本通商，史称"隆庆开关"。当然，"隆庆开关"并非全面开禁而是仅限于开放漳州月港这一港口。民间贸易合法化使私人海外贸易终于摆脱了走私的非法境地，外商可来华贸易，华商可远贩二洋。民间海外贸易的繁荣给明朝地方政府带来了丰厚的收益，番舶税成为当地经济收入的重要来源。曾任应天巡抚的周起元在《东西洋考》序中写道："我穆庙时除贩夷之律，于是五方之贾，熙熙水国，刳舻艎，分市东西路。其捆载珍奇，故异物不足述，而所贸金钱，岁无虑数十万。公私并赖，其殆天子之南库也。"然而好景不长，万历二十一年（1593年），由于日本侵略朝鲜，中国海防受到威胁，明朝下令禁海；万历二十七年（1599年），日本从朝鲜退兵，明朝恢复市舶司，重新开放海禁。万历后期，海氛不靖，葡萄牙人、荷兰人相继东来，横行海上，劫船掠货，"贩海之禁，屡经申饬"。明天启年间（1621—1627年），随着官吏强取豪夺贸易之利以及欧洲殖民者与海上私人武装集团不断扩张，商民合法的出海贸易受到很大的冲击，月港海舶"格于红夷，内不敢出，外不敢入"，形成了"洋舡不通，海禁日严，民生憔悴"的局面。崇祯元年（1628年），福建巡按御史赵荫昌请"禁洋舡下海"获朝廷批准，此后直至明朝灭亡基本保持海禁政策。

清朝初年，为了稳固政治，恢复经济，清政府保留了明朝的朝贡体系；同时为了围剿反清复明势力，延续了明朝的海禁政策。先后于顺治十二年（1655年）、十三年（1656年），康熙四年（1665年）、十一年（1672年）、十四年（1675年）五次颁布禁海令，下令"无许片帆入海"；并于顺治十七年（1660年）、康熙十一年（1672年）、十七年（1678年）三次下达迁界令。迁界令比禁海令更严苛残酷。清政府强行将山东、江苏、浙江、福建、广东等沿海地区人民内迁数十里，"所有沿海船只悉行烧毁，寸板不许下海。凡溪河桩栅，货物不许越界，时刻瞭望，违者死无赦"，划界立碑，严禁逾越，沿海人民流离失所，民死过半。这种对沿海地区夷其土地、空其人民的做法目的是制造一个无人区以切断明郑集团与内地的联系。

康熙二十年（1681年）三藩之乱平定以及康熙二十二年（1683年）收复台湾之后，康熙以开海既"于闽粤边海生民有益"，又可"充闽粤军饷"为由，于康熙二十三年（1684年）开放海禁。此后两年内，清政府在福建厦门、广东广州、浙江宁波以及江南松江设立闽、粤、浙、江四个海关，管理海外贸易实务。康熙年间的开海是全方位的，不仅准许海商远贩东西二洋，而且也开放了严禁日久的对日通商。开海之后，民间贸易蓬勃发展，海外贸易的船只数量成倍增长，贸易量亦急剧上升，中外贸易尤其是民间商贸往来呈现前所未有的兴旺景象。康熙末年，随着"海寇"骚扰日益严重，西方势力在东南亚海域不断扩张，以及抗清失利后不少南明人士流亡南洋，长留聚集，或危及清朝统治，康熙五十五年（1716年），清政府以"海防为要"开始收紧全面的海外贸易政策，规定"内地商船，东洋行走犹可，南洋不许行走"。次年，正式实行海禁，这就是南洋禁海令。南洋禁海令虽不是全面禁海，却对中国发展中的民间贸易造成一次严厉的打击。禁令一行，东南闽粤之地经济很快陷入困境，百货不通，民生日蹙。南洋禁海令实行了十年之后，清政府迫于朝野反对的声浪，于雍正五年（1727年）恢复与南洋贸易。

二、明末清初海外贸易政策的成因

明清两代的海外政策虽然是在不同的历史时代和形势背景下提出来的，但它们却有一脉相承的思想根源。首先，明朝对外实行的"朝贡"体制是中国传统夷夏观的体现，之后清承明制。明清两代统治者接受儒家夷夏观的核心"莅中国而抚四夷"的思想，强调华夏为尊，天下一统，为国以礼，德被天下，即以中国为中心来处理对外关系，认为中华文明优于其他任何文明。于是，有关夷夏秩序的构想是双方形成一种君臣的隶属关系。中国居于统治的中心，是"君主"，其他纳入朝贡的国家是"臣子"。"臣子"必须承认、遵从与维护"君主"所规定的秩序模式，遵守"臣节"，而"君主"通过册封等方式树立威信，通过政治上"怀柔远人"与经济上"厚往薄来"维持华夷秩序，对朝贡国极尽优厚待遇。其次，明清两代政府对本国商人实行的"海禁"政策除了考虑稳固海疆、抗倭保民之外，同时也是中国封建传统的"重农抑商"思想的反映。"重农抑商"思想始自战国时期商鞅等人，他们认为富国富民的源泉在于农业，国家当以农业为本，把工商业等称为末，主张重农就必须抑末。于是，"重农抑商""强本抑末"的经济思想贯穿于历代封建政权的统治，成为治国理政的基本国策。明太祖朱元璋曾说"朕思足食在于禁末作"。正是由于明清两代统治者对农业与工商业关系的片面认识导致封建王朝秉持"以农为本，故常厚之；以商为末，故常抑之"的基本立场。同时他们认为商业的发展势必会动摇其统治的根基，造成社会不稳定。因此，即使明穆宗实行"隆庆开关"，他也是基于"于通之之中，寓禁之之法"的立场，而清政府在开海时期，对出海贸易的船只无论是数量、交易时间还是交易商品等都进行严格管控，这些都是抑商的表现。

三、明末清初厦门港的兴起

厦门僻处海岛，山多地少，且"田多斥卤，地瘠民稠，不敷所食"，因此"民以海为田，以船为家，以贩番为命"，早期不过是个籍籍无名的小岛，却在明末清初"似禁非禁，似通非通，时禁时通，似禁似通，禁时有通，通时有禁"的海外贸易政策以及欧洲资本主义国家急于寻求海外殖民市场的夹缝中求生存，以其得天独厚的自然优势与特殊的地理位置，抓住了历史机遇从而迅速发展成为一个繁荣的对外贸易港口。

有关厦门具体的地理位置在（道光）《厦门志》卷二中有如下记载：

厦门四面皆海，西接宝珠、高浦；东联烈屿、金门；太武当其南，丙洲横于北；西南界海澄、龙溪、白礁峙焉；东南出大担、小担、澎湖通焉。西北有美人、天马之奇，东南拥鸿渐、香山之秀。洵泉郡之名区，海滨之要地也。

厦门港位于九龙江入海口处，"为漳泉之咽喉，台澎之门户，海疆之要区"，其战略地位不言而喻。同时，由于港阔水深、不淤不冻的优越条件，早在宋元时期，当泉州港（时称刺桐港）作为中国海上丝绸之路的起点盛极一时，厦门港就成为其外围辅助港，设了五通与东渡两个官渡。

自明太祖朱元璋下令"寸板不许下海"之后，明朝开始实行长达近两个世纪遏制民间对外贸易的海禁政策。然而，闽南人心向大海，官禁海，民走私。明中叶正德年间，漳州就有豪民无视海禁政策，制造大船，从事私人海外贸易，并在月港和九龙江入海口一系列的港澳中寻求走私的庇护所。隆庆开关后，月港成为当时福建乃至全国唯一合法的民间外贸港口，作为外港的厦门港是商船启航的盘验之处往返洋船的必经之地，因而开辟了多条海上丝绸之路。明万历后期，鉴于地理变迁、航运不便以及饷额屡缩等原因，月港日趋没落，取而代之的厦门港发展成为重要的对外贸易港口。明天启年间（1621—1627年），由于明熹宗重申海禁以及荷兰殖民者与海寇的骚扰，厦门作为中外海商进行走私贸易中心的作用日益凸显，尤其以郑芝龙为首的郑氏海商集团以厦门为据点大力发展海外贸易。崇祯元年（1628年），接受明朝招抚的郑芝龙担任海防游击将军后，以厦门为其战船与对外贸易的基地之一，消灭和兼并其他海上势力，垄断沿海贸易。此外，郑芝龙与荷兰人私下贸易甚密，荷兰商船"岁岁舶中左"为的就是从他手中购取中国商品。崇祯六年（1633年），为了实现利益最大化，荷兰东印度公司组成舰队，突袭厦门。之后在金门料罗湾海战中，郑芝龙带兵痛击荷兰殖民者，粉碎了他们意图通过武力威胁来实现直接对华贸易，确保了厦门进一步的发展与繁荣。

入清之后，顺治三年（1646年），清军大举入闽，郑芝龙降清，其子郑成功起兵抗清。顺治八年（1651年），郑成功控制厦门、金门二岛，改厦门为思明州，制定了"固守各岛，以拒来敌；兴贩洋道，以足粮饷；攻取漳泉，以为基业；水陆并进，夺取八闽"的战略方针，实行"通洋裕国"政策。首先，郑成功将厦门作为军事基地，扩军练兵，修造战船。其次，以厦门为根据地，开创山海五路交通贸易网络，即在京师、苏、杭、山东等地设立金、木、水、火、土山路五大商行，负责采购生丝、丝织品等商品，运往厦门港；在厦门设立仁、义、礼、智、信海路五大商行，负责出口贸易，从而建立起一个以厦门为中心，连接日本和东南亚的庞大贸易网络。此外，厦门本岛的筼筜港湾是天然的避风良港，当时闽南各路渔船常常来此，或贩卖渔获，或避风补给。由此可见，明郑时期，由于郑成功的精心经营，厦门作为军港、商港、渔港三港合一的港口城市大格局已初具规模。

为了阻止郑成功在厦门等沿海地区从事反清复明和海外贸易活动，清政府先后实施严厉的"禁海令""锁海令"以及残酷的"迁界令"，然而这些措施非但没有影响郑成功拓展海外贸易，反而使他独享通洋之利，此时作为外贸口岸的厦门比以往任何时候都繁华，帆樯林立，商旅云集。因此，明清鼎革，清军和反清复明的郑氏集团对峙虽然使厦门港成了明清两军交战的桥头堡，但也为厦门港的发展提供了难得的契机。1662年，郑成功病逝于台湾，其子郑经接管厦门。此后近二十年，厦门或因清军大举进攻，或因郑氏复岛历经了数度沉浮。康熙二十二年（1683年），郑克塽纳土登岸，清军平定台湾，郑氏集团退出历史舞台。翌年（1684年），清政府下令开海，恢复贩洋贸易，于1685年将闽海关两个衙门之一设于厦门，准许民间出洋贸易；同年，确定厦门为大陆与台湾鹿耳门港对渡的唯一口岸。厦门港的贸易活动迅速恢复起来，远洋贸易连年出超。康熙五十六年（1717年），南洋禁海令的颁布导致厦门港对南洋的贸易陡转直下。不过此次禁海令仅仅是部分禁海，厦门港的国内贸易未受影响，甚至与日本、琉球和安南的贸易依旧如故。雍正五年（1727年），南洋禁海令废止，厦门正式开辟为福建省唯一"通洋正口"，中外商船云集厦门，对外贸易再度繁荣起来。

四、厦门港的兴起对 21 世纪海上丝绸之路建设的启示

海上丝绸之路（简称"海丝"）古已有之，它是一条促进沿线各国贸易往来、增进沿线各国文化"美美与共"的沟通交流之路，体现了勇于开拓、开放包容、互学互鉴、互利合作的精神。明末清初的厦门港正是这种精神的践行者，它兴起的历史印证了厦门曾是"海丝"的重要枢纽，在"海丝"建设中发挥难以替代的作用。同时，厦门港的兴起离不开厦门人不畏强暴、敢于冒险、自强不息的海洋性格。自古以来，厦门人临江面海，依海谋生，在海商的引领下，不断地迎风搏浪、走向海洋，将闽南原始的海洋文明与中原深厚的农耕文明相结合，用勤劳与智慧生产出农产品与手工业品，依托海洋开展公平的海上贸易，创造出独具特色的厦门海洋历史文化，留下了璀璨的"海丝"遗产，这对于"21 世纪海丝"建设无疑具有重要的意义。

（一）挖掘"海丝"文化资源，凝练厦门"海丝"精神

厦门人曾在海上丝绸之路创造了辉煌的成就，我们应充分挖掘整理厦门与"海丝"相关的文化遗存，保护好相关的遗址、文物与文化史料，同时大力宣传对"海丝"产生深远影响的厦门先贤。目前已知厦门有不少与"海丝"相关的港口与货场遗址，如北宋时期在海沧一带设立的"场务"，月港繁盛时期，从九龙江出海的船只候风开驾的曾家澳（现曾厝垵）等；与"海丝"相关的外销瓷器生产遗址，如唐宋时期的翔安窑、宋代同安的汀溪窑、海沧的海沧窑等；厦门公认是海上茶叶之路的起点，与"海丝"茶叶贸易相关的商铺遗址有康熙十五年（1676 年）英国东印度公司在厦门设立的商馆；厦门人在与"海丝"相关的商贸活动中曾留下过重要印迹，如海沧青礁慈济东宫的"吧国缘主碑"，碑刻主要记载康熙三十六年，厦门人郭天榜、林印章等人在海外创业成功后，率众回乡，捐资修建青礁慈济宫的事迹等。此外，厦门还有众多令人敬仰的英雄人物以及筚路蓝缕、回馈桑梓的巨贾富商，如民族英雄郑成功、堪称"华侨旗帜，民族光辉"的陈嘉庚、茶叶大王张宝镜、棉布大王林云梯等，他们的传奇人生和爱国情怀都值得传颂与学习。毋庸置疑，厦门还有许许多多与"海丝"相关的人文与遗址在历史的沧海桑田中已难觅踪迹，如玉沙坡旁的"打字石"等，但厦门"海丝"精神却代代相传，成为厦门商人长盛不衰的关键。

厦门"海丝"精神根植于深厚的中国文化底蕴之中，同时又具有鲜明的闽南

特色。厦门人经商是恶劣生存条件下理性选择的结果。地瘠民稠的现实迫使人们耕海牧鱼，赁海为市，浩瀚的大海铸就了他们冒险开拓、敢拼爱赢、百折不挠、乐观向上的精神。在封建时期，由于闽南偏安东南沿海，游离于各朝各代的政治中心，故而受传统儒家文化"重农抑商"思想的影响甚微，加上滨海的地理位置与悠久的商业历史唤醒了人们的商业意识，"以商为荣""商能致富""学而优则商"的观念深入人心，建立了崇尚工商、务实求利的价值观。同时，厦门自古就有移民的传统，厦门人背井离乡，颠沛流离后在异域扎根创业，却总不忘回馈桑梓，经世济民，形成了浓厚的乡土意识和爱国情怀。此外，多元的厦门文化不仅得益于中原汉文化和闽越本土文化的滋养，而且与南洋文化、阿拉伯文化等海外文化长期交融碰撞，具有兼收并蓄、包容开放的特点与海纳百川的气度，这些特质都凝练成厦门"海丝"精神的精髓。因此，厦门"海丝"精神概而言之就是冒险开拓、百折不挠、重商务实、敢拼爱赢、回馈桑梓、经世济民、兼收并蓄、包容开放的精神。

（二）弘扬厦门"海丝"精神，助力21世纪海上丝绸之路建设

2013年10月，习近平主席为了进一步深化中国与东盟的合作，构建更加紧密的命运共同体，应邀在印度尼西亚国会发表演讲，首次提出共建"21世纪海上丝绸之路"的战略构想，得到相关国家与地区乃至全球的高度关注与强烈共鸣。"21世纪海上丝绸之路"是一条贯穿东亚、东南亚、南亚、中东波斯湾、北非、地中海沿岸以及太平洋岛国的海上运输线，是实现我国与沿线国家和地区互联互通与经济合作的重要航道，是我国"一带一路"倡议的重要组成部分。厦门作为"21世纪海丝"的战略支点城市，应大力弘扬独具特色的"海丝"精神，助力"21世纪海丝"建设。

1. 发挥地缘优势潜力，力争成为"21世纪海丝"中心枢纽城市

作为经济特区和"21世纪海丝"的战略支点城市，厦门既有深水良港的自然优势，又有独特的政策优势，营商环境友好，经济发展充满活力，创新能力不断增强。2023年是建设"21世纪海丝"构想提出十周年，十年来，厦门秉承"敢于冒险、勇于开拓"的"海丝"精神，主动融入世界经济大循环发展格局中，共缔结了16个友好港，其中3个是"21世纪海丝"沿线港口，积极开辟"21世纪海丝"航线，海上航线通达五洲，成为东南沿海国际航运枢纽和现代航运服务中心。同时，以创新驱动，不断推进厦门港与"海丝"沿线国家与地区互联互通，拓展合作的深度与广度，为将厦门打造成"21世纪海丝"中心枢纽城市而努力。

2. 发挥华人华侨优势，实现厦门与"21世纪海丝"沿线国家与地区民心相通

厦门是我国著名的侨乡之一，有浓郁的爱国爱乡文化。2017年，习近平主席在金砖国家领导人会晤时曾指出厦门还是著名的侨乡和闽南文化的发源地，中外文化在这里交融并蓄，造就了开放的性格和海纳百川的气度。历史上，厦门被认为是"南中国门户"，与东南亚有着深厚的历史渊源。时至今日，厦门籍海外华人华侨遍布全球70多个国家与地区，其中大多数人以"百折不挠，敢拼爱赢"的精神在异域扎根创业、开枝散叶，在经济、文化、科技、人脉资源方面实力雄厚且深谙当地的政治制度、法律法规等，为助推厦门与"海丝"沿线国家与地区交流合作发挥桥梁作用，因此通过有效整合厦门籍海外华人华侨资源，建立与华人华侨社团常态化联系沟通机制，加强文化认同，增进了解与友谊，以华人华侨为纽带，促进厦门与"21世纪海丝"沿线国家与地区在社会与人文方面深度融合，实现民心相通。

3. 发挥对台湾特有优势，打造海峡两岸"21世纪海丝"合作核心区

厦门与台湾有着源远流长的不解情缘：①地缘相近，厦门与台湾一衣带水、隔海相望，尤其厦金两岛几近"鸡犬之声相闻"。②血缘相亲，历史上，为了开发台湾，明末清初，大陆大量的人口涌入台湾，目前台湾80%的人口祖籍地是福建，特别是厦漳泉地区往返于两岸的人尤其多。③文缘相承，闽台两地无论是语言文化还是风俗民情几乎一脉相承，极其相似，而且闽南语是台湾比较通用的语言。④商缘宽广，闽台之间商业往来频繁，早在清康熙年间，厦门就被官方指定为闽台对渡的唯一口岸，独享对台贸易的天时地利，当时由于所有"台运"都集中到厦门，闽台对渡贸易呈现欣欣向荣的景象。如今，闽台企业经贸方面不断融合发展，深化合作。⑤法缘悠久，台湾自古就是中国领土不可分割的一部分。清政府于1684年设台湾府，隶属福建省。

海峡两岸经济上互通有无，文化上兼容并蓄的传统延续至今，目前"两岸一家亲，闽台亲上亲"的社会氛围愈加浓厚。2015年颁布的《福建省21世纪海上丝绸之路核心区建设方案》中提出"通过深化闽台交流合作促进核心区建设，通过核心区建设提升闽台交流合作水平"，厦门与台湾共同打造稳定、畅通的海上丝绸之路。2023年9月13日，中共中央、国务院出台了《关于支持福建探索海峡两岸融合发展新路，建设两岸融合发展示范区的意见》，厦门明确要进一步依托"五缘"优势，发挥对台优势和先行示范作用，践行"两岸一家亲"理念，推动厦门与金门融合发展示范效益，促进两岸产业深度合作，为打造海峡两岸"21世纪海丝"

合作核心区、铸牢中华民族共同体意识和推动构建人类命运共同体贡献厦门智慧。

参考文献

[1] 陈建标. 明末清初厦门港的崛起与陶瓷贸易 [J]. 南方文物, 2004 (2): 77-79.

[2] 尚畅. 从禁海到闭关锁国——试论明清两代海外贸易制度的演变 [J]. 湖北经济学院学报, 2007 (10): 63-64.

[3] 陈尚胜. 明与清前期海外贸易政策比较——从万明《中国融入世界的步履》一书谈起 [J]. 历史研究, 2003 (06): 45-57+190.

[4] 夏秀瑞. 清代前期的海外贸易政策 [J]. 广东社会科学, 1988 (02): 87-92.

[5] 韦庆远. 论康熙时期从禁海到开海的政策演变 [J]. 中国人民大学学报, 1989 (03): 103-111.

[6] 范金民. 明清海洋政策对民间海洋事业的阻碍 [J]. 学术月刊, 2006 (03): 138-144.

[7] 沈定平. 明清之际中西文化交流史. 明季: 趋同与辨异 (上下册) [M]. 北京: 商务印书馆, 2012.

[8] 陈尚胜. 怀夷与抑商——明代海洋力量兴衰研究 [M]. 济南: 山东人民出版社, 1997.

[9] 陈东有. 试论明代后期对外贸易的禁通之争 [J]. 南昌大学学报 (社会科学版), 1997 (02): 101-106.

[10] 欧长胜. 厦门领跑"海上丝绸之路"的文化资源优势研究 [J]. 厦门特区党校学报, 2015 (02): 20-24.

[11] 周洁英. 闽南商业精神的历史文化解读 [J]. 商业现代化, 2007 (10): 47-48.

[12] 叶翀, 肖金成, 陈雨虹. 构建海峡经济区的思路与对策 [J]. 中国投资 (中英文), 2023 (24): 27-31.